JN203123

教師のための教育保健学

子どもの健康を守り育てる実践と理論

東山書房

発刊に寄せて

　学校教育を担う教師は、教育基本法が示す「教育の目的」（教育は、人格の完成を目指し、平和で民主的な国家及び社会の形成者として必要な資質を備えた心身ともに健康な国民の育成を期して行われなければならない）の実現を目指して指導にあたる。そのために、教師には実現を目指した指導が可能な資質能力が要求される。

　教師の資質の基準を国として定めたのが教育職員免許法である。「この法律は、教育職員の免許に関する基準を定め、教育職員の資質の保持と向上を図ることを目的とする」と謳っている。そして修得することを必要とする最低単位数を示している。

　本書で対象としているのは、この免許基準での「教職に関する科目」であり、既存の科目で言うならば普及していないが、「学校保健」（学校における児童生徒及び職員の健康の保持増進を図るため、～省略～もって学校教育の円滑な実施とその成果の確保に資することを目的とする：学校保健安全法　第一条　目的）に相当あるいは関連するものである。

　しかし、その既存の学校保健（小児保健、精神保健、学校安全及び救急処置を含む）では充分ではない、と考える人たちによって組織されたのが日本教育保健学会である。その経緯や新たに「教育保健」という名称の科目を提案する狙いや根拠については、本書の「Ⅰ　教育保健の理念と方法」及び「Ⅴ　教育保健の歴史と教育保健学の今後」で詳しく論じられている。

　教職科目である教育心理学や教育社会学などの用語規定に則るならば、「教育保健学は、教育を保健学の理論や手法を用いて分析することを目的とする」となる。しかし、本書を読むと気づくと思うが、必ずしもそうはなっていない。その理由についても、ⅠとⅤから読み取れるであろう。納得できるかどうか、読者の忌憚のないご批判を期待したい。

　この機会に、筆者が教育保健の立場から教師の資質として要求したいことは、子ども・子どもの行動・子どもを取り巻く環境に対する「直観とひらめき」である。教育の世界でよく使われる「気づき」や「見える」と言ってもよいだろう。このことを特に強調しておきたいと思いたったのは、2015年のノーベル医学生理学賞を受賞した大村智氏や1981年にノーベル化学賞を受賞した福井謙一氏も日ごろ発している言葉であることを知ったからである（馬場錬成著『大村智―2億人を病魔から守った化学者』中央公論新社、2012年）。直観とひらめきと言っても、偶然の刹那の思い付きではない、と大村は説明している。氏の表現を借用すれば、「直観とひらめきとは自身の目標に向かい、日ごろからの知識や技術の向上、先人の優れた研究論文と出会うなどの研鑽の積み重ねの中で出てくるものである」と言うのである。

　本書を日々の実践と対比しながら読むならば、教育保健を目指す教師としての「直観とひらめき」、そしてそれを基に「どう対応すべきか・働きかけるべきか」を考える契機となり、教師として教育保健の視角から必要とされる資質能力の向上発展に役立つであろう。

　最後に、執筆者各位に期待したいことは、読者との対話による研究の深化であり、科学的根拠（エビデンス）を示すことへの挑戦である。

筑波大学・びわこ成蹊スポーツ大学名誉教授

森　昭三

序

　本書は、その表題が示すように、学校のすべての教育職員および教育職員をめざしている人たちに向けて、子どもの健康を守り育てるとはどういうことか、またそのための学校における保健にかかわるさまざまな活動を教育の一環として展開するにはどうすればよいのかについて、できるかぎり読者が実践的イメージをもって理解できるように論じ、そのあり方を提起したものである。

　日本教育保健学会では、従来、学校保健と呼んできた事柄を教育の内実が伴ったものでなければならないと考え、あえて学校保健という語に代えて教育保健という語を用いて、その活動や営みの意味とそれらのあり方を追究し、その前身である日本教育保健研究会としての発足（1993年）以来、教育保健学の探究と構築を標榜して実践・研究の交流と共同研究を積み重ねてきた。本書はその20年余の蓄積をもとに、実践と研究の今日的水準でその全体像を描き出すべく、学会の総力をあげて編纂したものである。

　学会の総力をあげたと豪語するのにはそれなりの理由がある。それは本書の編集体制と数多くの執筆陣がまさに総力をあげたと言うにふさわしい（本学会を共に構成する実践家と研究者による共同の）陣容となっていることと、その陣容にもとづく企画・編集・執筆の過程が組織的討議と集団的検討によって本書に編み上げられたからである。2013年の秋に学会研究部のメンバーを中心に発起人会を立ち上げ、翌年1月に第1回企画編集会議を開いて以来、この2年余の間に企画の策定や章立ての検討と執筆候補の選定、執筆構想の検討と第1次稿の検討などのために、延べ10回に及ぶ会議を積み重ねてきた。さらに、原稿執筆にあたっては、各執筆者が立てた執筆構想を学会員に向けた公開の研究会で報告・検討し、そこでの集団討議を経て原稿化されるというプロセスをとった。したがって、本書の各稿は稿末に文責者名を記してはいるが、いずれも公開研究会あるいは編集委員会での集団的議論を多少なりとも反映したものである。

　10回に及ぶ編集会議の内、その半数を超える前半の数回は本書の構成（章立て）をめぐる議論に費やされた。本書の編集意図からすればこれに多くの時間とエネルギーを割くことは至極当然のことであった。それには、本学会が教育保健学という名を冠する以上、この20年余の研究と議論の蓄積をふまえてその理論的・実践的成果を世に問うには、少なくとも現段階で示しうるその学的体系を示したいという思いがあったからである。

　本書の目次立ては、読者の読みやすさと理解の得やすさを配慮した編成をとっているが、同時に、全体として教育保健学としての体系的要素を提示したつもりである。もちろんこれは、あくまで本学会の現段階で示しうる体系であって、将来のいっそうの充実・発展に向けての仮説的体系に過ぎないことは言うまでもない。読者の方々の賢明なご指摘、ご議論をいただいて、本書の刊行を機に実践に根ざした子どものための教育保健学のいっそうの深化と体系化が進むことを祈念している。

2016年3月

日本教育保健学会出版企画プロジェクト

目 次

執筆者一覧

●編集委員・著者

代　表　藤田　和也（一橋大学名誉教授）

幹　事　数見　隆生（東北福祉大学教授）　　　近藤　真庸（岐阜大学教授）

　　　　宍戸　洲美（帝京短期大学教授）　　　下村　義夫（元順天堂大学教授）

　　　　野井　真吾（日本体育大学教授）

委　員　岩辺　京子（聖路加国際大学客員教授）　鈴木世津子（淑徳大学非常勤講師）

　　　　富山芙美子（帝京短期大学養護教諭）　友定　保博（宇部フロンティア大学教授）

事務局　中村　千景（帝京短期大学講師）

●著者（50音順）

朝倉　隆司（東京学芸大学教授）　　　　　　新谷ますみ（青森県中学校養護教諭）

猪狩恵美子（福岡女学院大学教授）　　　　　伊藤　常久（東北生活文化大学短期大学部准教授）

猪瀬　里美（埼玉県小学校栄養教諭）　　　　植田　誠治（聖心女子大学教授）

内山　有子（日本女子体育大学准教授）　　　岡﨑　勝博（東海大学教授）

小久貫君代（山形県高等学校養護教諭）　　　鎌田　克信（宮城県小学校教諭）

河田　史宝（金沢大学教授）　　　　　　　　黒川　修行（宮城教育大学准教授）

黒澤　恵美（山形県小学校養護教諭）　　　　小林　央美（弘前大学准教授）

小林美穂子（元長野県養護教諭）　　　　　　齋藤　治俊（元岐阜聖徳学園大学准教授）

佐伯里英子（宇部フロンティア大学非常勤講師）　佐藤　理（福島学院大学教授）

塩澤真穂美（東京都小学校養護教諭）　　　　鹿野　晶子（日本体育大学一般研究員・非常勤講師）

新開　奏恵（山口県養護教諭）　　　　　　　関口　久志（京都教育大学教授）

高橋　裕子（愛知教育大学教授）　　　　　　髙山みつる（元山形県養護教諭）

瀧澤　利行（茨城大学教授）　　　　　　　　田口喜久恵（元常葉大学教授・常葉大学客員研究員）

千葉　保夫（宮城教育大学非常勤講師）　　　戸野塚厚子（宮城学院女子大学教授）

中島　綾子（文教大学付属小学校養護教諭）　中村　好子（京都市小学校養護教諭）

七木田文彦（埼玉大学准教授）　　　　　　　藤田　照子（岡山県養護教諭）

布施谷留美子（長野県中学校養護教諭）　　　舟見　久子（元東京都養護教諭）

堀井　雅道（国士舘大学講師）　　　　　　　三浦　正行（立命館大学名誉教授）

面澤　和子（弘前大学教授）　　　　　　　　山内　康彦（帝京大学可児小学校教諭）

山梨八重子（熊本大学教授）　　　　　　　　山本　浩子（愛知県小学校養護教諭）

山本万喜雄（聖カタリナ大学教授）

森　　昭三（筑波大学・びわこ成蹊スポーツ大学名誉教授）

和唐　正勝（宇都宮大学・新潟医療福祉大学名誉教授）

2016年3月現在

I

教育保健の理念と方法

1

教育保健の考え方

① >> 教育保健の理念

1．子どもの健康を守り育てるという理念

　子どもの健康を守り育てる。この言葉は教育保健の考え方を最も端的に言い表したフレーズである。教育保健とは、子どもの健康を守ることと育てることを一体としてとらえることを主張している言葉だからである。この主張は、従来の学校保健がその役割ないしは仕事を子どもの健康保護と教育、すなわち健康管理と健康教育に二分するとらえ方をしてきたことに対する、ある種のアンチテーゼ（反省と批判を含んだ提起）としての意味合いを持っている。

　従来、学校において子どもたちが健康で安全に過ごすことができ、心身の健やかな成長を図ることを目的として営まれる活動と、その理論・制度・研究において、「学校保健」という語が用いられてきた。そして現在もなお、この語は広く使われている。「教育保健」はその学校保健という語が対象とする事柄（活動、制度、理論、研究など）と対象をほぼ同じくするが、その対象へのアプローチのしかたに違いがあり、その違いを強く意識した概念である。

　そのアプローチの違いとは、次のような点である。従来の学校保健は、学校という場における保健的配慮や整備、あるいはその活動を指す概念であり、その活動のあり方をとらえるときの対象へのアプローチのしかたは、主として医学的・保健学的手法がとられる。これに対して教育保健は、教育という営みに伴う保健のあり方を教育機能とのかかわりでとらえようとする概念であり、その方法は単なる医学的・保健学的手法の適用ないしは応用ではなく、その方法に基づきつつも、同時にその教育的意味や教育作用とのかかわりでそのあり方に迫ろうとする。この違いを端的に言えば、学校保健は、対象を保健的な方法でとらえてそのあり方を追究ないしは具体化しようとするが、教育保健は同じ対象を保健と教育の両視点でとらえてそのあり方を追究し、具体化する。

　それでは、「保健と教育の両視点で対象をとらえる」とは具体的にはどういうことか？　これは文字どおり、守ること（保健）と育てること（教育）の両方の視点で対象（教育事象や教育の場における保健的事象）をとらえることを指している。これをもう少しくだいて説明すると、子どもと教育にかかわるあらゆる営み（教育事象）を保健的視点でとらえて、その教育のあり方を考えることであり、また、健康を守るための営みを教育的視点でとらえて、健康を守るための働きかけや条件整備（保健的事象）のあり方を考えることである。教育保健ではその両過程（両側面）をとらえてそのあり方を考えるのである。

　このような方法意識に基づいて営まれる教育保健の実践と研究は、学校における保健的諸活動や環境・条件の保健的整備、そのための制度・行政のあり方などについて、教育機能との密接なかかわりにおいて、それらがどのように教育機能に寄与するのか、あるいは教育機能と不可分に密接するのか、あるいはまた、それ自体がどのように教育機能の内実をなすのかについて追究しようとするのである。

　教育保健が学校における保健的諸活動のあり方を教育とのかかわりにおいてとらえようとすることを

強く意識するのは、冒頭でも触れたように、従来の学校保健が学校という教育の場での営みでありながら、そのあり方を教育とのかかわりでとらえようとする方法意識に弱さ・不十分さがあったことに対する反省と批判に基づいている。別稿（Ⅰ部2章の1）で教育保健の提唱や主張の歩みが辿られているように、そこにはこうした問題意識が通底していて、日本教育保健学会はこの問題意識を継承しながら発足し、今日もなお継続して追究を続けている。

2．子どもを健康と発達の主体に育てるという理念

　教育保健がもう一つ大事にしているのは、子どもを健康と発達の主体としてとらえるという思想（姿勢）である。健康と発達の主体としてとらえるということは、子どもたちを単に守り育てる対象（守られ、育てられる存在）としてのみとらえるのではなく、同時に子どもたち自らが健康を維持し、獲得していく存在であり、人間として自ら育つ主体であるととらえる。それ故、教育保健は発達途上にある子どもたちに、健康に生き生活していける力と、人間として成長・発達していく主体性をどう育てるか、そのための支援や働きかけのあり方を常に問い続ける必要がある。

　こうした姿勢は、国連・子どもの権利条約の理念と重なり合う。この条約は1989年に国連で採択され、1994年に日本でも批准されたが、その理念の特徴は、子どもを発達可能態であると同時に権利行使の主体であるととらえ、子どもの最善の利益をあらゆる面において確保することを唱っているところにある。特に、教育保健の立場からは次の諸点に注目する必要がある。

　一つは、子どもに関する社会のあらゆる措置をとるにあたって、子どもの最善の利益を重視する（主として考慮する）と宣言していることである（第3条）。教育保健では、学校における保健的整備や諸活動が子どもの最善の利益を十分に考慮して行われているかを常に吟味することが求められる。

　二つは、子どもの生命・生存・発達への権利を最大限に確保することを唱っていることである（第6条）。教育保健はまさにこの遂行に最大限の努力を払う必要があることは言うまでもない。

　三つは、子どもを権利行使の主体である（生命、意見表明、表現・思想・宗教の自由、健康・医療、教育、等々への権利主体）ととらえていることである（6条、12条、13・14条、24条、28条ほか）。したがって、教育の場においては子どもたちがその行使主体として育つように支援と働きかけをすることが求められる。

　このように、子どもの健康を守り育てるという教育保健の理念は子どもの権利条約の精神にそのまま重なり、子どもを健康の主体、発達の主体としてとらえ、その生存権・健康権・発達権を保障すると同時に、その権利行使の主体に育てることを任務としている。

（藤田和也）

② ≫ 学校の機能と教育保健

　教育保健を前節１．のようにとらえると、学校におけるあらゆる保健的活動（子どもの発育・健康・安全にかかわるケアと教育の諸活動、通学路を含む学校環境・施設設備・教育条件等の保健的整備など）を教育機能とのかかわりにおいてそのあり方を考える必要がある。そこで、学校における教育保健のあり方を考えるためには、教育保健が学校の機能とどのようなかかわりがあるのか、あるいは学校の機能に教育保健はどのように位置づくのかについて整理しておく必要がある。

１．学校の機能をどうとらえるか

　学校の機能は、次の三つの側面からとらえることができる。一つは、現代の学校が近代学校（近代社会が社会の担い手を養成するために子どもたちに等しく教育を受けさせる必要を自覚して生み出してきた公教育制度）の性格を継承してきている側面、二つは、学校が社会に対して歴史的に果たしてきている役割（社会的機能）の側面、三つは、学校が直接的に子どもたちに対して負っている責任（目的的機能）の側面、である。

　現代の学校は基本的には近代学校の性格を受け継いできていると言える。近代学校は、近代市民社会に必要な知識や技術（近代社会が急速かつ膨大に生み出した新しい知識や技術）を、次の社会を担う子どもたちに教授するという知識学校としての性格（任務）を担って成立してきた。同時に、近代学校は近代社会を担うにふさわしい従順な市民を育てるという訓育機能を発揮することが求められた。そして、やがて近代社会は義務教育制度を成立させて、子どもたちはこぞって学校に通うようになり、学校は親や地域から子どもを預かるという性格を帯びるようになった。この三つの性格を学校が持つ以上、子どものいのちと健康を守り、健全な発育を促すことは学校の基本的な任務（機能）であるということができる。（以下の詳細な検討については脚注１）２）を参照されたい）

　学校の機能をとらえる場合、学校という社会的設営がその社会に対してどのような役割を果たしてきているかという視点からも、その機能を規定する必要がある。社会が学校に対して期待ないしは要請する役割は、時代によって、また社会によって一様ではないが、時代貫通的に、いかなる社会においても共通に求められる基本的な役割機能は、次世代への文化伝達の機能、将来の社会の担い手を育てる機能、地域から子どもを預かり保護する社会的保護機能、でとらえることができる。

　学校の機能へのもう一つのアプローチは、学校の目的である子どもに対して直接負っている責任としての目的的な機能をとらえる方法である。それは、文化的能力・社会的能力・労働能力などの人間的諸能力の育成、これらの能力の育成に伴って形成される価値意識を中核にした人格の形成、子どもの養育と保護、の３機能で押さえることができる。以上の学校の機能を整理すると次のようになる。

近代学校の性格	社会的機能	目的的機能
・知識学校としての機能 ・訓育的機能 ・子ども預かり所的機能	・文化伝達 ・次世代（社会と労働の担い手）の養成 ・子どもの社会的保護	・人間的諸能力（文化的・社会的・労働能力）の育成 ・人格の形成 ・子どもの身体・健康の養護

　これら3側面からとらえた学校の機能を整理統合して、現代学校の機能として、①近代学校の性格を継承しつつ、②時代・社会貫通的に果たしてきた社会的機能を通して、③子どもたちに対しどのような機能を果たしているか、を規定すると次のように整理できる。

（1）知識学校としての性格を継承しながら人類の文化遺産の伝達を通して、子どもたちに文化的能力を育成する機能（文化的能力の育成）

（2）訓育的・徳育的機能を果たしつつ、次の社会を担うにふさわしい世代を養成するために子どもたちの社会的・労働能力と人格の形成を促す機能（社会的・労働能力と人格の形成）

（3）地域から子どもを預かり、子どもの社会的保護という一定の福祉的機能を果たすことを通して子どもたちを養育・保護する機能（心身の保護と養成）

　以上のように整理された機能に即して現代の学校の活動をとらえると、その諸活動は次のように整理できる。

　1）教授＝学習活動の組織化（教科の授業や総合学習、学級指導や委員会指導の一部も）

　2）自主的・集団的（自治的）活動の組織化（学級活動、学校行事、委員会活動など）

　3）身体・健康の養護活動の組織化（学校保健・安全、学校給食、体育的行事など）

　これらは現代の学校においてそれぞれ独自の教育機能を果たしているということができ、いわば現代学校の教育課程の3分野ととらえることができる。

2．学校の機能における教育保健の位置

　学校の機能に対応させて学校の諸活動をこのように整理すると、教育保健活動（学校における保健的諸活動の教育的展開をこう呼ぶことにする）の学校の機能に占める位置が見えてくる。教育保健活動を「子どもの健康を保護しつつ、同時に人間的成長・発達を促し、現在と将来にわたって健康を自治的・社会的に達成していくことのできる能力を育てるための諸活動」としてとらえると、それは、上記の学校の活動の3）を中核としつつ、1）と2）の活動を分け持っているということができる。たとえば、健康診断や健康相談、環境衛生やその他諸々の健康・安全上の配慮や世話などを目的とした活動は、3）の活動の中核的な位置を占める。また、教授＝学習過程をとる保健学習や保健指導は1）の活動に組み込まれ、学級や保健委員会などでの保健自治活動は、いうまでもなく2）の活動に含まれる。したがって、教育保健の学校の機能に占める位置も、3）の心身の養育と保護（身体と健康の養護）の機能を主要に担いつつ、1）の保健に関する文化的能力の育成と2）の社会的能力と人格の形成をも担っている、ということができる。

　以上、教育保健の機能と学校の機能における位置をこのようにとらえると、教育保健は、学校の教育活動を根底で支えると同時に教育的な働きかけを通して、子どもたちの人間的成長・発達を促す役割を担っているということを改めて確認することができる。

（藤田和也）

●脚注
1）藤田和也：学校の機能と学校保健、子どもの健康と学校保健、学習研究社、1984
2）藤田和也：養護機能は学校の本来的機能、教育2002年1月号、国土社

③ >> 教育保健の機能としての養護

1. 法規・法律に見る「養護」

　「養護」は、学校教育法第37条12項「養護教諭は児童の養護をつかさどる」の一文にすでに自明な言葉のように登場し、養護教諭の役割を規定する。この一文は、戦前の国民学校令（1941年）での一般教師の規程「訓導は児童の教育を掌る」に準じて示された、「養護訓導は児童の養護を掌る」にその源流を見ることができる。

　法および制度の成立過程を見るとき、学校看護婦や学校衛生婦を教員として位置づけた国民学校令の法制過程で、「養護」という言葉を職名に冠し、「養護」を打ち出し強調せざるを得なかった背景がそこにはあった。それは、学校看護婦を医療保健職とするかそれとも教育職とするかで、当時の内務省（今で言う厚生労働省）との軋轢があったこと、そしてその職務を「学校における衛生養護」と表記したことで、それが教育の仕事と言えるのかという法制局からの指摘を受けたことである。最終的に「児童の養護」は、教授訓練と不可分なのもので、それを担う者もまた教授や訓練を担う教師と同等であるとの解釈によって、「養護」を担う養護訓導も教師として位置づけていく。教育職員としての位置づけを明確に示すために、もっぱら教育学用語として使われていた「養護」を採用し、職種名を「養護訓導」とし、その任務を「児童の養護を掌る」とする規定が誕生したのである（杉浦守邦『養護教員の歴史』東山書房、1974、杉浦守邦『養護教諭の実際活動』東山書房、1977）。

　学校教育に関する戦前と戦後の二つの法律を比較すれば、「訓導」から「教諭」に置き換えられたにすぎないことから、「養護」の内容は戦前のまま戦後に継承されたと解釈しうる。またつかさどる対象を比較すれば、一般教師が「教育」であるのに対し、養護教諭がそれは「養護」である。つまりそのつかさどる対象が両者を分けており、そこに養護教諭が一般教師と異なる独自性／専門職性を有しているとも言え、養護教諭がつかさどる「養護」は、教師の行う「教育」の範疇にとどまらない独自性がそこにあるということである。

2. 教育学における「養護」の位置づけ

　日本の教育学において「養護」という言葉が登場するのは、明治初期、盛んに紹介された欧米の教育思想や教育学で、教育方法としての「教授・訓練・養護」は教育界を席巻した。そして養護は当時の教育学の多くで、教育の基礎として位置づけられていることから、教育学上の専門用語と言える（山梨八重子「明治大正期の教育学に見る『養護』概念の再考—『養護』の教育的意味に注目して—」、日本教育保健学会年報、2014）。

　さらに、養護という言葉や概念は、『カント教育学』にまで遡ることができる（『カント全集17　論理学・教育学』岩波書店、2001）。カントは、人間は教育を必要とする唯一の被造物であるとし、続けて「教育とは、『養育（養護・保育：Wartung）』と『訓練（訓育）』および『人間形成をともなった知育』を意味している」と定義する。また人間は動物と異なり、「養護と人間形成（訓育と知育）を必要と」する存在とも言う。カントの言う「養護（保育）」とは単なる保護ではなく、栄養や睡眠などの健康にかかわる生活習慣や衛生であり、子どもがその能力を誤って使用しないように両親があらかじめ配慮す

ることで、子どもが内在している育ちの自然の力を引き出し、幼い子どもの健康な発達過程を見守るという大人側の配慮である。カント教育学によれば、人間は養護を含めた教育によってはじめて人間になることができるととらえられる。このことから「養護」は、人間の生命の保護や成長の支援で、人間形成という教育の営みに、不可欠なものとして埋め込まれていると言える。

　一方、日本でも、「養護」はその語源が中国に由来し、平安時代の易林本節用集という辞書に養性、養育の類語として示され、人の健康を維持し安寧な状態を作り出す摂生／節制および養生を意味し、養性は天性のものを育てるという意味が示されている（熊野中国大辞典、大漢語辞書）。このように見ると、養護は時代や国をこえた普遍的営みを指し、人の健康や安全に配慮し、人を人に育てていくことを意味する概念である。実際の生活に即せば、家庭での子育てや学校教育における子どもの身体および精神の発育に対して払われるべき配慮である。これらから、人を人として育てるうえで養護は不可欠なものであるという共通理解が古くからあるとも言える。

　ところが明治期、実際の学校現場で、教育機能の一つとして養護が十全に展開されることはなかった。教師であった羽村好作はその著書『小学校に於ける科外教育の理論と実際』（1911（明治44）年）の中で養護教育を取りあげ、教育現場で教授・訓練に比し「養護」が停滞している状況を苦慮している。羽村の言う養護教育とは、疾病やけがの救急処置に関する衛生的内容にとどまっている。このことから当時、養護は救急処置などの衛生的対応や衛生管理であって、人格形成／人間形成を包含した「養護」のとらえ方にはいたっていなかったと言えよう。さらにそのような見方の根底には、養護は本来家庭での機能であり、教育の外、ないし周辺にある営みとのとらえ方が反映された結果とも推察される。このような養護のとらえ方が、人間形成につながる教育としての「養護」の機能をとらえることをなおざりにしてきたと言えるだろう。

　しかしながらカント教育学に即せば、養護は教育の一領域に位置づく人間形成にまでつながる機能を包含する営みで、人間を人間として育てる普遍的営みなのである。だから教育学及び教育理論から疎外され排他されてきた「養護」を、教育に不可欠なものとして理論的にとらえ直すことが求められている。

　以上のことから、教育において子どもの心身の状態や健康を世話する機能を担っている養護は、教育の基礎でありかつ人格形成／人間形成を含む教育の一領域である。そして教師が子どもの教育を行うとき、養護は養護教諭を含めた一般教師にも課せられていると言える。

3．教育保健と養護論

　「養護」は心身の衛生や健康保護としてとらえられていたため、人間形成にかかわる養護の機能の追究は脆弱であったが、近年、教育保健概念と関連し養護の本質に迫る研究が展開されている。

　教育保健の概念やその定義をめぐる活発な議論（日本教育保健学会研究部編『わたしたちの教育保健論』、2010）を踏まえると、「教育保健」とは、公衆衛生という枠でとらえきれない学校保健の独自性を基点にして、子どもの生存や健康の実現と保障と同時に、子どもの特性である成長発達の実現と保障という二側面を統合した教育活動である、ととらえられる。また前者は国民の生存権の保障とすれば、後者は教養形成と人格形成を実現する学校の果たすべき役割の実現につながる健康にかかわる創造的な営み（瀧澤利行編著『基礎から学ぶ学校保健』建帛社、2008）で、学習／発達権の保障とも言える。つまり教育保健とは、健康保護と発達保障を中核に置く概念と言えよう。

　このような教育保健概念とこれまで述べてきた「養護」は、健康保護と発達保障を担う点で重なり合

い、両者には強い親和性がある。見方を変えれば、両者は合わせ鏡的関係にあり、教育保健が理論概念とすれば、養護は実践概念とも言える。さらに両者の関係に踏み込んで、藤田和也は教育保健の核に養護があるとし、養護概念をとらえている（藤田和也『養護教諭の教育実践の地平』東山書房、1999、藤田和也『養護教諭が担う「教育」とは何か』農文協、2008）。

　藤田は養護教諭の養護実践が健康保護的機能にとどまらず発達支援的機能を発揮していることから、養護とはこの二つの機能が不可分に「ないあわされ」、子どもを「守り、教え、育てる」営みであり、それらが三位一体となって養護は実現するととらえる。しかもこれら三つは、個別の子どもとのかかわりにおいて、個別の状況における文脈的判断によって異なる現れ方をする。たとえば、直接的には個別の子どもに「教え」ることがその子どもを「守り」、間接的には、それが仲間や周辺他者・環境への配慮や思いやりという人間としての「育ち」へとつながっていく。このように「養護」は、教育保健が提起する健康保護と発達保障を相互に連動させる営みであることから、教育保健の核と言える。そしてこのような教育保健概念に裏打ちされるとき、健康保護と子どもの人格形成へとつながる成長発達保障との二側面を内在した教育の一分野としての「養護」の本質をとらえることができよう。

　これまで見てきたように「養護」には、養護教諭を含め教師全体が担う養護（広義の養護）があり、さらに養護教諭がもっぱら固有に担う養護（狭義の養護）がある。藤田が提起する「養護」概念は、養護教諭を含めた教師が担う教育の一分野としての養護の機能でもある。そのとき養護教諭のつかさどる固有の「養護」の独自性とは、「養護」が教育活動の中で十全に発揮されるよう、教師や学校教育組織に働きかけるその機能にある。言い換えれば、養護教諭のつかさどる固有の「養護」は、その対象は子どもにとどまるのではなく、子どもの周辺他者や社会的環境を含む対象にも拡大し、それへ働きかけることによって、子どもに対する多様で多元的な養護を引き出す機能を担うのである。それが今日、養護教諭がつかさどるところの「養護」と言えるだろう。

　さらに、人間形成へとつながる発達保障を同時に実現する「養護」の視点から教育保健をとらえ返すと、問われるのは主体者としての子どもの存在をどのようにとらえるのかである。この視点に立つならば、教育保健は子どもの要求の代弁者（advocator）としての役割を包含しており、教育保健は、教師や大人、そして社会の視点で語られる事象に子どもの眼差しを反映させ、解釈しなおすことが求められる。教育保健が生存と健康の保障と発達保障を核とするならば、教育活動としての保健管理に対しても、主体者としての「子どもからの異議申し立て」に耳を傾ける必要がある。そしてこの子どもからの申し立ては、養護という営みの中で教師・養護教諭に感知され、とらえられていくのである。養護の営みによって受け止めた子どもの思いを反映させたものが教育保健の特質であるとすれば、そこに学校保健との差異がもう一つ浮かび上がるだろう。

４．ケアと養護

　教育保健概念と重なり合う「養護」は、人として教育され育まれることから疎外される子どもに、人間として寄り添うことを必然的に要請する。そしてそれを実現することが、普遍的な人の営みである養護の原初とも言える。これを今日のケア論と重ね合わせて養護をとらえてみよう（山梨八重子「ケア概念からとらえる養護―養護におけるケアの独自性―」『第12回日本教育保健学会講演集』、2015）。

　ケアの今日的概念は自己／他者への関心や気遣い配慮であり、それは存在レベルで人間を人間たらしめる根源的なもので、近代に登場する正義、公平、普遍性そして自律性などの正義の倫理への異議申し

立てとして対置し、かつ正義を補完するものであり、正義の倫理同様に不可欠なものととらえられている。ケアの視点から見ると、学校における養護は第一義的に健康面での世話や手当てを行うことであるが、しかし子どもが生活の中で、人間らしく生きることが阻害／疎外され生きづらくなってきた状況の中で、今日的意味でのケアが養護実践でも自覚化され論議が重ねられている。

　養護実践で子どもに寄り添うことは、その子どもを気にかけることから始まる。それはその子どもの存在を無視することなく、感知し承認することである。一方、子どもは自分の存在を他者によって承認されることで、他者から承認される自分の存在を確認する。この子どもの存在を承認することが養護の原初で、それが寄り添い、受け止めることである。人を人としてケアすることは、人の存在をケアすることであるならば、「養護」とは、子どもの存在をケアすることと言えよう（中安紀美子「養護教諭の〈養護〉とは何か」『日本教育保健研究会年報』第10号、2003、中安紀美子「養護教諭の〈養護〉概念をめぐって―子ども観・発達観・共同論の視点から―」第52回日本学校保健学会、2005）。ケアという意味からも、「養護」は人の根源的営みであると言えるのである。

＊　　　　　　　　　＊　　　　　　　　　＊

　以上のことから、「守り、教え、育てる」の三位一体化した養護は、人間を人間に育てていくという人間形成を内在させたものであり、子どもと養護教諭を含めた教師のかかわりによって創出される教育の営みで、そしてそれは根源的に人の存在そのものをケアすることと通底しているのである。

（山梨八重子）

●参考文献

1）藤田和也：養護教諭実践論―新しい養護教諭像を求めて―、青木書店、1985
2）藤田和也：養護教諭が担う「教育」とは何か、農山漁村文化協会、2008
3）山梨八重子：ケアと正義の視点からとらえる養護教諭の存在意義とその独自性―倫理学におけるケアと正義の対立を手がかりに―、熊本大学教育学部紀要 Vol. 62、2013

教育保健の思想と方法

① >> 「教育保健」概念の源流とその後の発展

1．「教育保健」思想の源流

　「教育保健」概念が使われ出したのは第二次大戦後のことであるが、その考え方の源流はすでにその大戦前からあった。

　わが国の主な学校保健事業（学校医や学校看護婦の出現、身体検査の制度、国や地方の学校衛生行政と衛生対策、等）の出発は明治の末期からであり、おおまかに言ってその導入は、開国と海外進出に伴う感染症の広がりの中での公衆衛生対策事業の一環であると共に、富国強兵策時代における兵隊予備軍としての青少年の体力と健康の確保が主目的であったと言える。1880年代後半（明治30年前後）に、学校衛生に関する諸法令（学校清潔法など）が出され、身体検査規定、学校医制度、文部省内に学校衛生課設置、等々が具体化され、後に「医学的学校衛生」と称される学校への医学的対応が始まったのである。

　1890年代後半（明治40年代）に入ると学校看護婦が小学校に置かれ始め、徐々に増えていくことになる。そして、同時に学校給食や障害児・虚弱児の教育が細々ながら始まった。それらは後に「社会事業的学校衛生」と称される大正デモクラシー期の諸策であった。この頃までの主な学校衛生施策は、公衆衛生事業の一環であり、地域と職場と学校という集団の場に感染防止の網をかけ、国民の健康を感染症の流行から守ろうとするものであった。

　しかし、大正の末から昭和期になると、当時文部省の学校衛生課長をしていた大西永次郎は「教育的学校衛生」の概念を用いて学校衛生を教育的に進めようとした。また、神戸大学教授だった竹村一は「教育としての学校衛生」の概念を用いて研究者の立場から学校衛生の教育学的解釈を打ち出すようになる。つまり、前述したごとく明治から大正期にかけての学校衛生は、もっぱら学校という場における集団と環境に対する医学的な衛生管理対策であり、そのことから「学校衛生」の用語（概念）が用いられてきたのであるが、昭和期に入り学校における教育の機能（習慣形成や衛生道徳の涵養）に注目した対応や指向が出てきたのである。その背景には、第一次大戦から第二次大戦に向かう軍国主義的国家体制化が進む中で、軍備拡張に伴う財政的不備を補うものとして、つまり学校の環境整備を中心とする金のかさむ衛生管理的対策が十分とれない中で、子ども自らが衛生上の身辺処理をしたり衛生習慣や衛生道徳に留意したりすることに意識が向けられたのである。

2．戦後における「教育保健」的志向の台頭

　戦後、学校衛生を復興・充実させようとする動きは文部省と各地域の学校衛生関係者の間で起こり、1947年から全国学校衛生大会を開催し、1951年に全国学校保健大会となるまでの間、教職員部会、校医部会、養護教員部会、栄養士部会の分科会および全体会を催し、「学校保健法の制定」や「学校保健学

会」の設立に向けた話し合いがなされた。

　1950年には研究者による北陸学校保健学会が開かれると、1952年には九州と関東で、1953年に東北と近畿で、さらに1954年には東海と中四国で、と次々に地方学会が誕生し、ついに1954年に第1回日本学校保健学会（島根大学）が組織された。その学会発足時の理念として、「医学各領域、教育学、心理学、社会科学関連領域など、相協力して新しき学校保健に関する協同作業をさらに強化すること」と唱われ、発足時の役員には、栗山重信（小児科学）が会長、長田新（教育学会長）と高木貞不二（心理学会長）が副会長、役員には石山脩平、梅根悟、依田新など教育学のメンバーが名を連ねた。つまり、「学校保健」という応用科学の一研究分野としては、医学や心理学を基礎科学におきながらも学校という実践分野につながる教育学の位置づけは不可欠だと考えたのであろう。

　1960年代に入ると、教育の視点から身体や健康、衛生問題を問い直す発想が主に衛生学・生理学等の研究者から学会講演や論説・出版物等により打ち出されてくる。「教育衛生学（佐守信夫・唐津秀雄）」「教育健康学（野尻与市・小倉学）」「教育生理学（須藤春一・猪飼道夫）」といった概念であり、それらはもっぱら医学畑の研究者が、自らの専門の立場から教育という営みと児童生徒の成長発達・健康を学問化しようと試みたのである。

3．学会等における「教育保健」への志向と唐津秀雄の問題提起

　1970年代に入ると学会のシンポジウムや一般発表でもこうした報告が出始め、医学畑だけでなく、森昭三をはじめとする保健学と教育学を学んだ学校保健プロパーの主張も出てくる。1971年に森は学校保健学会の一般発表で「教育保健序説〜その概念をめぐって」を報告する。それは、1960年代に出された諸種の主張を整理し、保健管理面の強い学校保健を教育の独自性の観点から問い直す理論化の主張（前掲の唐津・小倉）と教職必須の学校保健理論化の主張（黒田芳夫、1968）に分け、後者の実質化のためには前者の研究の必要性を論じた。また、1972年から1974年までの3年にわたって数見は「教育保健理論化の基礎作業」と題し、各々に次のサブタイトルを付け報告した。①戦前の学校衛生理念の総括（特に「教育的」「教育としての」の主張が出た背景の考察）、②「生活教育」思想との関連（健康の「生活化・実践化」発想の問題点を、子どもの生活現実から批判）、③健康と発達保障理念との関連（健康を教育の視点からとらえるとは、子どもを発達的存在ととらえ健康の主体に育むことと考察）、の三つであった。学会シンポジウムでも、1972年には「学校保健の理論的構築のために」が開催され、子どもたちのいのちや健康の課題を、学校という教育現場に浸透させる模索が若手とベテラン研究者の率直な協議により創出しようとされた。その議論では、学校保健研究は単に子どもや学校の場を対象にするだけで成立するのではなく、教育という独自性の観点からとらえ直す必要があることが論じられた。また1975年には教育学者や養護教諭もシンポジストになり、「教育における学校保健の役割」をテーマに論じられた。その議論では健康診断等の管理の仕事も学校では大事な教育過程の仕事という位置づけが注目された。また、この1975年には『教師のための学校保健〜教育保健学試論』（ぎょうせい）が教員養成系の学校保健担当者数名の執筆で出版されている。

　こうした1970年代における動向の中でも、教育保健学の構築を意識的に提起したのは唐津秀雄であった。氏は愛媛大学の退官記念論文で「教育保健学への模索」（1973年）を書き、そこに教育保健学の自立・対象・方法、そして構築の考え方を述べた。氏は1960年代に「板書視力に関する研究」を衛生学雑誌に発表していたが、そうした実証研究にも教育的視点が貫かれていた。健康診断で行う視力検査は、

視力異常の有無を判別はするが、その状況が子どもの学校での教育活動とは無関係な検診になっていることが多い。教室で後部座席の子にとって、教師の書くどのくらいの字がどのくらいの視力で、どう見えているのか、それを実証しようとしたものだった。つまり、学校保健の事業や活動が、単なる保健管理の業務でなく、教育の活動とどうかかわっているのか、1960〜70年代の唐津の研究と主張は、学校保健の研究を志す者にとって強い見直しの刺激となったのである。

４．実践的発想の「教育としての学校保健」概念と研究的発想の「教育保健」概念の進展

　1960年代後半から70年代にかけて、養護教諭たちは子どもたちの心身の現状とそれに対する取り組みについての自主的な研究交流（サークル活動）を始めた。東京で始まった活動（芽の会）は数年のうちに全国に広がった。この時期は、高度経済成長の後半期で国民生活（子どもの生活を含む）が大きく変化し、健康問題も質的に大転換した時期である。夜型の生活になり睡眠や食生活、運動や遊びが変質し受験勉強等のストレスや人間関係等にも異変が生じ、保健室に来る児童生徒の様相も変化した。多くの養護教諭が、そうした子どもの課題の変化に誠実に対応することによって、保健室機能は救急処置や応急看護中心の保健室から子どもに寄り添う相談機能や保健指導機能を発揮する場へと役割を広げていった。「用のないもの立ち入り禁止」式の管理的保健室は、次第に開放的で教育空間としての機能をも持つ場へと変化していった。保健室のあり方だけではなく、健康診断等も疾病や異常の発見という管理的事業としてだけではなく、そのあり方を問い直し、その機会を通して自分の健康状態を見つめ、自らの心身を大切にできるような子どもに育てる機会として位置づける教育的営みとしての実践が始まったのである。

　そうした現場からの動きと呼応して1980年代には研究者の間からも『教育としての学校保健』（数見隆生、青木書店、1980）や『養護教諭のしごと』（森昭三、ぎょうせい、1981）、『養護教諭実践論』（藤田和也、青木書店、1985）など、学校保健や養護教諭の仕事を教育的視点からとらえ返す理論書が提起されるようになってくる。

　「教育保健」概念については、先に示した唐津が1980年代に入り「教育保健論〜学問的自立のための再提言」と「教育法学的学校保健論の試み〜教育保健学の構築」の２本の論文を書き、「教育保健とは何か」「何を研究するのか」「どのように研究をすすめるのか」、つまり教育保健研究の対象・領域・方法を提起した。そして、1993年の第40回日本学校保健学会時に、「教育保健の概念をめぐって」と題したシンポジウムを開き、その終了後に森昭三を代表とする「日本教育保健研究会」を立ち上げたのだった。それからの約10年間は研究会としての取り組みを継続するが、その間には教育保健概念の検討や養護教諭の「養護」概念の討議、学校保健活動・事業の教育的とらえ返し等の研究が蓄積された。

　教育保健の概念を明確化しようとしたプロジェクト研究では、1996年に「当面」と付しながら、研究の対象と方法について、次の二つのアプローチの視点を提起した。

　一つは、「様々な教育的現実に対して保健学的な分析や検討を加え、その科学的解明をしたり、課題解決の提起をしたりする研究」であり、もう一つは、「学齢期の子どもたちの示す様々な保健的現実や学校保健諸活動に対し、教育学的照射をすることで、課題の解決や実践の原則を導く研究」である。

　2004年の岡山集会より、教育保健研究会から教育保健学会としての組織・運営に切り変え、それ以降、また10年あまりが経過した。この間、教育現場における実践（教育としての学校保健）と研究視点からの教育保健（学）が関連しながら深化・発展してきている。　　　　　　　　　　　　　　　　（数見隆生）

②≫ 「健康」概念の教育学的検討

1．「健康」概念を教育学的にとらえることの意義

　人間の健康を生物学的・医学的にとらえることと、社会学的・教育学的にとらえることでは意味は異なるものと考えられる。これまで、健康は病気との対比で考え医学的な観点から「心身に異常が見られない状態」と解釈されてきた。もちろん、そうした医学的な客観的検査や診断を行うことにより、心身の異常を早期に発見・治療がなされることは大事なことであるし、そうした医療の科学や技術を発展させることで人類の健康や長寿を伸展させてきたと言える。現代では、そうした健康状態をさらに増進する医科学や技術も発展させてきている。その意味で、人間の心身を客観的にとらえることは重要だと言える。

　しかし、「人間の健康とは何か」という観点で考えた場合、医学的検査により異常が見つかればその人を「不健康」な人間と言っていいのか、という問題が残るだろう。

　障害や難病を抱えている人や不登校で心身症的な愁訴のある子に「不健康」とか「不適応」な存在と言っていいのか、という問題である。また、人間の健康状態、とりわけ発達期にある子どもの健康に関しては、医学的な治療を要するまでではないが、体調不良や心のケアを要する状態の問題は多様に生じているし、そうした状況は、その人の生きている環境や生活条件、あるいはそれまでの生育歴に規定されている場合が多いのである。

　つまり、健康という概念を教育分野においてとらえる場合、時に医療的対応の必要な場合もあるが、その子の生活背景にある課題への対応や本人の自覚的な改善行動を支援することにより課題解決する場合が多い。子どもたちの健康状態は、その人間の生きている生存の姿そのものであり、心身に生起している現象とその背景も絡めて丸ごととらえ、発達を支援する教育的な働きかけを意図した取り組みが必要なのである。

　また、人間の健康という視点からとらえた場合、医学的・保健学的な知見を学びつつ、生活や環境を改善し、自らの心身を健康的なものに創造していけるのも人間だからである。そうした自らの健康を、改善・創造しうる能力を持つ存在であるととらえる点も、教育的視点からとらえる意味であると考えることができよう。

2．「健康」概念を教育学的にとらえるということ

1）「健康」は人間だけに使う価値概念ではないか

　「健康」の概念は、人間以外の生物に使うことはない。動物病院があり獣医師がいるように犬や猫にも病気は生じるし無病の状態はあるが、「あの犬は健康だ」「あれは健康な馬だ」とは言わないだろう。それはどうしてだろうか。丈夫とか元気という言葉は動物にも使うし、丈夫は無生物にも使う。なのに、「健康」は人間だけに使う概念だとすれば、人間は意志を持ち、科学や文化をつくり、協力して人間の心身の状態をも改善、予防、創造していける存在であり、そういう可変性のある恣意的概念ではないのかと推察するのである。そしてまた、人間は病気でなければいいとか健康のために生きている存在ではなく、生きる目的を持ち、生きがいのある人生を創造していく存在である、という点に特徴がある。よ

って、その心身を持った人間丸ごとの生きている姿に対して「健康」の概念があるとも考えられるのである。

　もちろん、人間の場合でも医療の分野で健康を問題にするときは、心身に異常や障害がない状態を客観的に把握し、回復に向けた対処をするため「健康は病気でない状態」という理解になるだろう。しかし、人間として生きている存在の観点から見た場合、障害や難病を抱えながらもその今ある心身の状態で精一杯生きている人に対して「不健康な人」と言えるだろうか、言っていいのだろうか。

　日野秀逸は、人間の健康と医療のあり方を考察する中で、「人間の健康は、動物一般の健康を土台にしながらも、人間独自のものとおさえるならば、自然を変え、社会を変え、自分自身を変え、そして人生を楽しむという四つの人間独自の活動ができるような身体的、精神的、あるいは社会的な状態のことである。」と述べている（『健康と医療の思想』労働旬報社、1986）。人間の健康をこのように広義にとらえるなら、少なくとも人間の生き方を育む教育の分野では、人間の生き方やその活動とかかわって、その心身の生かされ方も含めて健康をとらえる必要があるのではないか。

２）健康は生きるための手段か目的か

　人間の健康状態は、その個体の持って生まれた生物学的な内的条件を前提にしながらも、その人の生きている（生きてきた）環境や生活条件に影響を受け、かつその人の生きる意欲やそれを反映した日常的な生活行動に起因していると言える。

　今日の子どもたちの心身の健康状態や特徴を考えるとき、その置かれた環境や育ちの影響をもろに受けていることが指摘できる。生活リズムが乱れ体調不良を起こしていたり、様々な生きづらさの中で心にキズを負い不登校や保健室登校に陥っていたり、人間関係が築けずいじめに悩んでいたり、虐待にあっていたり、と様々である。他方で、子どもたちの中には、自らやりたいことを持ち、外に向かって躍動的に自己を表現しながら生きている子もいる。そういう子は、いかにも健康そうに見える。例えて言うならば、何かのスポーツに生きがいを持って一生懸命打ち込んでいる若者は、自分のからだの状態に気を遣い、その状態や健康に最大級の配慮をするであろう。しかし、生きる目的を見失い、生きがいを見出せないで荒れてしまったり、落ち込んでしまったりすると、からだや健康への志向を見失い、ないがしろにしてしまうことがよくある。夜更かしをしたり、買い食いをしたり、たばこやアルコール、ドラッグに手を出す、といったことである。このように考えると、人間の健康志向は、目的でもあり、手段でもあるのである。やりがいのある仕事の遂行や生きがいにつながる活動のためには健康は手段であるが、そうした生き方のできる自己実現活動やその心身丸ごとが健康なのだとも言えるであろう。そして、そうした自分の意思で人生を創造しようとする姿勢と、自分のいのちを大切にし心身の健康状態を確保しようとする意識は、その自立性において共通する相互補完的関係にあると言えよう。

　学校教育の課題とかかわって言うなら、子どもたちが楽しくて仕方がないという教育活動を実践している学校とそうでもない一般的な学校を比較すると、明らかに前者のほうが子どもたちのイキイキ度は高いし、主観的な健康状態も良好である。かつてそういう比較調査の研究を行ったことがあるが、優れた学校づくり実践校で朝起きたときに「早く学校に行きたい」と思う子どもの多い学校では、他の一般校に比べ基本的な生活習慣は良好（早寝早起き等）であったし、健康に関する心身の自覚症状調査でも特段に良好であった。このように、人間の心身の状態（健康）は生きている姿と一体のものだと言える。

３）心身の健康は主体と環境の相互作用に規定される

　現在の子どもは６人に１人が貧困と言われている（厚生労働省調査、17歳以下の子16.3%、2012年度）。経済格差の広がる家庭状況の中、朝食が食べられず朝に保健室に駆け込む子が増えている。ここ20年ほどの間に児童相談所に持ち込まれる虐待の相談件数は著しく増加した。いじめや不登校、体罰問題など、様々な心のケアを要する子どもが増えてきた。家庭環境や人間関係など、子どもの背後にある環境的変化の中で、生きづらさを背負いそれが心身の健康状態に大きく反映してきている。

　学校という教育環境も、時として発達的環境になりえず子どもの心身に負担となり、不健康状態をもたらしている場合がある。体罰やいじめが起こるような人間関係が生じている学校環境、学力競争と塾通い等による疲労の蓄積や心理的プレッシャーと孤立感を生む環境などである。また教育環境ではないけれども、テレビゲームや携帯電話、パソコンやスマートフォンといったSNS、IT社会は、子どもの慢性疲労や不定愁訴、関係性やコミュニケーション力低下をもたらす問題になっている。今日の子どもの不健康問題は、こうした様々な環境に影響されている側面があるであろう。

　もともと人間の健康は、主体―環境系（相互関係）でとらえるのが保健学的定石と言えるが、とりわけ発達過程にある子どもの心身の問題は、日常生活の基本的な生活習慣の崩れや育ちの環境、人間関係に影響される。そう考えると、今日の子どもたちに現れている不健康現象は、主体（子ども）の側の問題というより、その背景（環境）に問題がある場合が多いとも言える。さらに言うなら、子どもに現れている心身症的愁訴や不登校現象も、その背景や環境に視点の向かない大人・教師にとっては環境への不適応現象とみなし本人の弱さや問題としてとらえ説教や指導に走るが、逆に環境が問題だととらえる立場から見ると、その育ちの条件や環境を改善することなしに克服はないと考え、保護者への協力のもとに環境や生活改善、育ちそびれへの支援を行うことになるであろう。

　このように、健康の概念は、その主体の置かれている状況や条件との関係で常に問い直されなければならず、その主体の生きている姿や意識、背景にあるものとの関係で考察し、教育的働きかけを考えなければならないと言えるだろう。

３．子どもの健康に対するとらえ方と教育

１）発達過程にある子どもの健康把握

　人間らしく、子どもらしく生を充実させ、精一杯活動的に生きている姿は、まさに健康的なイメージであるし、望ましく発達している青少年像を想起させる。では、生きづらさを感じて自らの生き方を自問し、まわりの環境や仲間に適応できずに悩み、不登校や保健室登校に陥っている子は「不健康」で「不適応」な人間なのだろうか。そういうとらえ方をしていいのだろうか。かつて登校拒否問題が出始めたとき、研究会での養護教諭のレポートに「不適応症候群の子どもへの対応」という報告があり、違和感を覚えたことがある。

　モラトリアムという言葉が日本でも使われ始めた時期でもあった。思春期・青年期が長い時代となり、大人になるための自分探しで揺れ、心身に様々な屈折した現象が現れる。発達のつまずきの現象を、精神医療的現象と見ていいのかという問題である。

　臨床心理学者の河合隼雄は、人生というものを常に「生」や「健康」の視点からだけ見ないで「死」や「病気」の視点からも見る必要を論じている（『子どもと学校』岩波書店、1992）。そこでは、病より健康のほうがいいが、病時には外的活動は制限されるものの自分の内的活動を促してくれる。人間の成

長には外的活動だけでなく内的世界を豊かにすることも大事なのだ、という旨の論述である。とりわけ、発達の過程にある子どもたちの心身は揺れつ戻りつ変化し、大人になっていくものである。

時に、私たちは病気とか障害、老化、そして不登校とかいう状態をマイナス現象としてとらえがちである。体力があり、元気で外で活動的に生きている状態のみを健康とか発達と意識しがちである。つまり、外に現れた外面的な姿や活動に目が奪われ、そう判断してしまうのである。しかし、外面的には暗い表情をし、部屋に閉じこもってしまう不登校の子も、心の内面の世界では生き方について激しく葛藤をし、自問・模索を重ね、「自分探し」の活動を展開している場合がある。成長期にある子どもたちにとっては、そうした模索それ自体、「人間化」のための大事な過程であり、極めて貴重な経験・教育的営みでもあるのである。そう考えると、発達過程にある子どもの問題の多くは、病理的現象ではなく、発達課題を抱えた子どもの問題であり教育的対応こそが重要だと言えよう。

2）今日の子どもの健康課題に果たす教育の役割

今日の児童生徒の「いのち」や「心身の健康」の問題として現象している事柄の多くは、必ずしも医療的対処の要する問題ではない。「いのち」にかかわる問題で言えば、その多くは事件や事故、災害であったり、事態の背景に家庭や社会的問題とかいじめ等の人間関係の問題の存在する自殺や殺傷事件であったりしている。様々に生じている健康問題も医療機関で治療を要する問題というよりも、体調不良や不定愁訴であるとか心理的ストレスを抱え心のケアを求めているといった事柄であり、子どもの生きづらい環境の改善や子どもに生きる力を育む大人たちや教師の支援こそが求められている課題である。

医療的対応の必要な健康課題の場合は、心身に現れた症状をなくすことを目的に治療的行為が行われ、その現象がなくなることを目指すが、それ以外の軽度な健康問題は、その現象をなくすことが目的ではなく、本人やその周りの支援する人間がその現象を起こしている環境や生活条件を改善したり、育ちそびれをしている発達課題を克服させたり、健康問題に要因している生活行動を改善させるなど、本人への働きかけも含めた課題に取り組むことで問題の克服を図るのである。とりわけ、教育的課題としては、本人自身に健康課題に気づかせ、自らその課題に取り組む能動性を育て、発達の主体として育て、そのことの自覚的実践により結果として健康問題の現象がなくなっていくのである。

人間の心身の健康は生きている姿そのものであり、生きている環境やその中での生活行動に規定されている。とりわけ、そうした状況下において、発達過程にある子どもにとっては養育環境に多大な影響を受ける。その意味で、その子の養育過程や養育環境の検討を踏まえ、また現在の生存の様相をしっかり把握しながら対応することが極めて重要である。

教育学的に子どもの健康問題を見つめ、実践的対応をするためには、子どもの生き様をしっかりと見つめ、その背景にある発達的課題との関連で健康問題を把握し、対応することである。また、子どもの健康問題はまさにその時代や社会の様相とかかわった姿そのものであり、子どもの生きる力の育成という教育課題は、その様相の克服と裏腹の関係にあるものとのとらえ方が必要であろう。

（数見隆生）

③ >> 教育保健の方法

「教育保健の方法」とは、子どもの教育を営む場において、子どもの健康を守り育てる活動（子どもへの働きかけ、世話や配慮、環境整備などのあらゆる活動を指す）を進めるうえでの、あるいはそのあり方や進め方を考えたり、研究したりするうえでの最も基本的な視点（見方）のことをいう。

教育保健には次の三つの基本的な視点（方法）がある。一つは、健康保護と発達保障の両視点で子どもや仕事をとらえるという方法である。二つは、教育保健の活動では子どもをどうとらえるかが決定的に重要であるが、その子ども把握の方法として、子どもを健康保護と発達保障の両方で複眼的にとらえながら、その子の健康問題の解決に向けての課題（健康課題ないしは解決課題）と、加えてその子がそれを機に人間的により成長する課題（発達課題）との両課題をとらえるという方法である。三つは、教育保健の営みを、①健康保護と発育保障、②就学・学習条件の保健的整備、③保健についての学習保障、の三つの機能でとらえる方法である。

1. 健康保護と発達保障の両視点でとらえる

教育保健は、その目的である子どもと教育保健の仕事を健康保護と発達保障の両方の視点で常にとらえることを基本に据える。両視点でとらえるとは、それが子どもであっても、仕事であっても、それをとらえるときには片方の視点だけで見るのではなく、常に両方の視点で子どもをとらえ、仕事のあり方を考えるようにすることを意味する。

たとえば、健康にかかわって気になる子どもの様子をとらえる場合、教師としては気になるその子の健康上の様子をとらえるために観察したり、探りを入れたりして様相をつかもうとする。それはその子の健康にかかわってどのような対応（言葉かけ、見守りや手当て、あるいは指示や指導）をすることが必要かを見極めるためである。

ただ、それによって、健康上の様子の正確な把握と的確な判断と対処がなされれば、健康保護の仕事としては適切であったと言える。しかし、教育保健の視点からはそれでは必ずしも十分とは言えない。その子の気になる様子を発達保障の視点から見ると、その子の発達や人間的成長にとってプラスに作用するような（時には、マイナスに影響しそうな事態を避けるための）配慮や言葉かけが必要なことに気づけるような見方が必要である。

同じようなことは仕事のとらえ方についても言える。応急手当や救急処置、健康診断などは健康保護上の代表的な仕事であるが、応急手当や救急処置ではけがや容態について的確な判断をし、素早い対応や適切な処置によって事態に対処できれば、また、健康診断が周到な準備とスムーズな運営で滞りなく進めば、それらは健康保護活動としては十分であるが、教育保健の視点（ことに発達保障の視点）から見れば必ずしも十分とは言えない。

たとえば、けがをした子どもに対処する場合、けがの状態をとらえてそれがその場での応急手当で済むのか、速やかにあるいは念のため医療につなぐ必要があるのかの判断と対応が必要であるが、同時に、その事態やけがの状態をその子自身がどのようにとらえているかをも観察や対話を通してつかみ、必要な配慮や言葉かけを伴わせるのが教育保健的な仕事ぶりということができる。

健康診断においても同様である。学校における健康診断は、その実施のしかた、すなわち、事前・実

施時・事後においてどのような保健指導的工夫や発達支援的配慮を組み込むかによって、教育的な意義や効果が全く異なってくる。それを単なる集団検診ととらえて、発育状況や疾病異常などのスクリーニングを実施し、健診後には有所見者に事後措置（事後指導、精密検査や治療・矯正などの勧告）を行ったり、統計処理をして全体傾向を見たりすれば、公衆衛生的・保健的集団検診としては十分であると言える。しかし、教育という営みの場で行われる健康診断としては、健康診断が子どもたちにとって自分の身体や健康について様々な発見・気づきの機会となるように、あるいはそれぞれの検査・測定と身体の仕組みや働きとの関係についての理解を深めたり、自分の身体の計測結果や診断結果と日常の生活ぶりとの関連を考えたり、見つめたりする機会となるように、事前・事後の指導や実施時の工夫を組み込むことが教育保健として求められる。こうした教育的配慮や工夫が組み込まれてこそ、教育保健的な健康診断ということができる。

２．子ども把握の方法―健康課題と発達課題をとらえる

　教育の営みにおいて、教育的な働きかけの対象である子どもをつかむあるいは理解することは、本質的に不可欠なことである。働きかける対象を知らずして、あるいは無視して一方的に働きかけるのは、効果的でないばかりか逆効果でさえありうる。しっかりと子どもを理解できていれば、その理解に基づいてその子どもの認識や理解度に合った課題提示や働きかけができる。あるいは、その子の思いや心情に沿った対応（言葉かけや配慮）ができて、その子の安心感や信頼関係を得ながらより確かな働きかけや支援が可能となる。

　学校における保健活動にとっても子ども把握は不可欠である。ただし、教育保健における子ども把握は、教育保健なりの固有の意味（方法視点）を持っている。それは、前項１．と重なり合っているものであるが、子どもを見るとき、子どもを守る目（前出の健康保護の視点）と育てる目（発達保障の視点）の両方の目が必要であり、さらに、それぞれの目を通してとらえた子どもの様子や実態から、それぞれの課題をとらえることを意味している。それぞれの課題とは、前者は健康保護の視点から見た課題＝健康課題であり、後者は発達保障の視点から見た課題＝発達課題である。

　この子ども把握の方法を実践的な場面で説明すると次のようになる。たとえば、保健室に体調不良を訴えて来室した子どもへの対応の場合、まず、その子が訴える体調不良を見極め、どのような措置が必要かを判断するためにその子を観察し、対話を通して訴えの内容を確かめ、その体調不良の様相からどのような処置が必要か、たとえば、簡単なアドバイスをして授業参加を勧めるのか、保健室で休ませてもう少し様子を見るのか、下校して病院受診を促すのか、あるいはまた学校から直接病院受診の手配をとるのか、等々の判断をしようとする。養護教諭ならばその専門性としてごく当然の子ども把握のプロセスである。

　しかしこれは、この子の健康上の問題の解決・解消に向けての課題（対処の方途）を見出そうとするプロセスであり、教育保健の立場からすると、もう一方の視点からの子ども把握が必要である。それは、その子がその体調不良をどのように認識し、どう対処すべきと考えているのか、あるいはその不調の原因として思い当たるふしをどうとらえているのか、子ども自身が自分なりの判断や行動選択ができるようになるためにどのような問いかけや聞き取り方をすればいいか、などの視点からその子とどのような対話をするかに心をくだく必要がある。言い換えれば、この体験を機会にこの子に何に気づかせ、何を考えさせることが必要か、あるいは何を教えることが必要か、などという発達的課題を見極めるために

その子にかかわっていくようなアプローチが求められる。

　もちろん、個々の場面では、健康課題を見出すプロセスを先行させなければならない緊急な事態もありうるので、健康課題を見極め対応するというすじと、発達課題を見出してそれを支援していくというすじとの、両方を常に同時並行させなければならないというわけではない。どちらを優先するか、あるいは両方を並行させるかはそのときの状況やその子の状態によって選択される。

３．教育保健の３機能

　三つ目は、教育保健の活動とそのための理論の基本的な枠組みをどうとらえるか、その方法である。教育保健の活動は、その活動の目的である子どもたちのためにどのような機能を果たすかによって、次の三つに整理することができる。一つは、子どもの生命と健康を保護し、順調な発育を促すための配慮や世話をすること（健康と発育の保障）、二つは、子どもたちの就学（通学を含む）条件や学校での生活・学習条件の保健的整備をすること（就学・学習条件の保健的整備）、三つは、からだや健康維持についての学習機会を提供すること（からだ・健康についての学習保障）である。

　教育保健では、これらをいずれも学校で営まれる教育活動の一環としてとらえる。このように言い切ると、三つ目の健康についての学習保障はともかく、一つ目の健康保護の活動や二つ目の学習条件の保健的整備などは教育活動と言えるのか、という疑問が生じるかもしれない。しかしながら、前項（１．、２．）で述べてきたような視点をもってこれらに取り組むことによって、いずれの活動も子どもたちにとって発達的に意味を持つ（教育的な質を持った）活動となる。

　次に、これらの活動の教育的展開について具体例で確かめてみよう。

１）健康・発育保障の教育保健的展開

　応急手当、健康相談、健康診断、疾病予防等々は、学校で営まれる健康保護の活動（従来の保健学用語では健康管理活動）である。応急手当と健康診断については、１．で触れたので、ここでは健康相談と疾病予防を例にして述べる。

　健康相談は学校では保健室で行われることが多い。近年の保健室での相談活動は、体調不良や疾病不安、運動傷害などの直接に健康にかかわる問題に限らず、ちょっとした不安や悩みに関するものも含め、いわばよろず相談的な活動になっているので、狭い意味での健康相談に限定して解釈しないほうがよい。ここでは、不安や悩みを含んだ様々な相談活動ととらえておく。また、来室当初から、本人から相談したいことがあるとの表明がなされて始まることもあるが、日常的にはむしろその意思表示のないままに（場合によっては身体不調の訴えから始まることも）相談的対応を必要とする内容になっていることのほうが多いかもしれない。ともあれ、こうした相談的対応の過程で重要なことは、言うまでもなく、本人の困っていること、あるいは不安に思っていることの内容とその核心部分をつかむことであるが、同時に、その困っていたり、不安に思っていたりする本人の心境や問題に対する受け止め方（意識や認識）をつかむことも大事である。前者は、その問題を解決したり、解消したりするための方途（解決策＝健康課題あるいは解決課題）を探るために、後者は、本人自身がその問題とどのように向き合い、それを機にどのように成長するか（発達課題）を見極めるために。

　一方、インフルエンザや食中毒などの集団感染の防止も、季節や流行の予兆が見られるときには学校にとって極めて重要な予防活動であるが、これを単なる健康管理活動として処理するのではなく、子ど

もたちが主体的な意識と認識を持ってそれらの予防に役立つ生活のしかたや行動に取り組めるように、学級指導や全校指導、あるいは保健だよりや校内放送などを通して保健指導を展開しているはずである。食中毒の防止については、学校給食での周到な配慮と共に家庭での生活における注意事項などを保健指導や保健だよりに組み込んで、子どもや家庭に周知する取り組みもなされるのがふつうである。

さらには、学校給食、体育的行事、学校安全などの取り組みも発育・健康・安全の保障としての取り組みであると同時に、食育・スポーツ活動・安全指導などの学習機会としてしつらえられることは言うまでもない。

2）就学・学習条件の教育保健的整備

校地・校舎あるいは教室その他の施設設備の環境衛生と安全整備、校舎内の空気・水・明るさの調節、さらには授業時間・休憩・昼食などの生活時間構成などは、健康保護のための環境条件や生活条件の整備であるが、同時にそれらはいずれも学習環境としての条件整備でもある。したがって、これらの整備には、健康・安全上と教育・学習条件上の両視点からの整備が必要であることは言うまでもない。こうした環境条件や生活条件を整える活動も子どもたち自身の参加によって、環境や条件を整える意味と方法を学ぶ機会となり、自分たちで環境や生活条件を整える術（すべ）を身につける機会となるような工夫と配慮が必要である。

3）からだ・健康についての学習保障

子どもたちがからだの発達や健康の維持について学ぶ機会は、保健や体育の授業（教科指導）や学級指導における保健指導が主要な活動であるが、それ以外にもたくさんある。先に触れた健康診断や感染症予防などの保健的行事に伴う保健指導、体育的行事や宿泊行事に伴う保健指導などで、学級担任や校務分掌の保健担当教員と養護教諭が連携して取り組めば、数多くの学習機会が組み込める。あるいは、保健委員の子どもたちによるクラスや全校に働きかける活動も、効果的な学習機会となるはずである。また、養護教諭は、保健室に来室する子どもたちに対する個別的対応においても、からだや健康について学習する機会を提供していることは言うまでもない。

（藤田和也）

3

教育保健の枠組み

　教育保健の理解のためには、教育保健の理念・歴史・方法等についての理論上の理解に加え、実際に学校における保健の諸活動を振り返り、教育保健的に展望して考えることが必要である。学校における保健活動の中で、「教育保健」を意識して取り組むとはどういうことなのか、「学校保健」の取り組みとどのような違いがあるのか、教育保健では具体的な子どもとのかかわりや取り組みにおいて何が求められるのか、そして、いったい教育保健活動の全体像をどうとらえればよいのか、等について理解と納得が得られたときに、教育保健活動全体への見通しを持つことができるようになる。そこで本稿では、前節までに述べられてきた教育保健の理念と方法に即して、教育保健の活動の枠組みを提示する。本書のⅢ部とⅣ部は、この枠組みに即して章立てられている。

1．学校における教育保健の位置と役割

　本書では、Ⅰ部1章で述べたように、現代の学校が持っている目的的機能（学校が子どもたちに対して果たしている機能）を次の3点でとらえている。すなわち、（1）文化的能力の育成、（2）社会的・労働能力と人格の形成、（3）心身の保護と養成、の3機能である。この3機能に沿って今日の学校が共通に取り組んでいる活動は、1）教授＝学習活動の組織化、2）自主的・集団的（自治的）活動の組織化、3）身体・健康の養護活動の組織化、の三つに整理でき、これが現代の学校の共通の教育課程ということができる。

　教育保健の活動を「子どもの健康を保護して、同時に人間的成長・発達を促し、現在と将来にわたって健康を自治的・社会的に達成していくことのできる能力を育てるための諸活動」ととらえると、これらの活動は、先に述べた学校の目的的機能の（3）を中核としつつ、（1）と（2）の活動を分け持っているということができ、現代学校の教育課程においては、主として3）の活動に位置づき、同時に1）と2）の活動にも一部位置づいていると言える。

　教育保健の学校における位置づけと役割をこのようにとらえると、学校において子どもの生命と健康と安全を保障するあらゆる保健活動は、まさしく教育活動の一環としての取り組みであるということができる。したがって、学校では次のようなことが重要な課題となる。

　子どもの教育の場である学校は、組織的な計画と運営のもとで活動している。そこでは、異なる役割を持つ教育職がそれぞれの専門性を発揮すると共に責任を果たし、それぞれが有機的に連携をとりながら学校全体として子どもたちを受け止め、学校内のそれぞれのポジションから教育的な視点で保健活動を見直していくことが求められる。

　学校運営の要となる校長は、学校保健安全法への改正以後、その役割がさらに重要性を増している。校内で大多数を占める学級担任・教科担任は主に学力形成に携わっているが、同時に彼らが受け持つ子どもたちの心身の様子や変化をとらえている。保健活動の実質的なリーダーとして期待されている養護教諭は、その実践のあり様によってその学校の保健活動の水準に影響を及ぼすことが多い。こうしたそれぞれの職種が持つ特性と立場がいかに有効に機能しているかを確かめ検討する必要がある。また、子

どもたちの就学・学習条件が守られる場として、現場での実践や活動を振り返り、改めて教育行政の役割、学校の役割、教師の仕事について、それぞれのレベルで見直し、方策を練ることも必要である。

2．学校における教育保健活動の枠組み

　以上のような教育保健の視点から、学校における保健活動の枠組みをとらえると、おおむね次のような活動に整理できる。

1）子どもの健康実態把握の活動

　学校で子どもの健康実態を把握する方法として、健康診断や健康観察、諸調査等がある。これらの活動は、子どもの実態把握の意味においてそれなりの役割は果たしてきた。しかし、教育の課題として見たときに、子ども自身が主体的に自分と向き合い、自分なりの課題の発見や課題克服に向かう出発点となりえていたのか疑問が残る。子ども自身が自分の健康課題が見え、自分のからだへの自覚と生活の改善につながるような実態把握（健康診断、健康観察、健康調査など）のあり方や、結果の整理・分析等についての検討が必要である。

2）子どもの保健的ケアと教育の活動

（1）保健室におけるケアと教育

　養護教諭の仕事のベースキャンプとも言える保健室の役割は大きく変容した。「オアシス」「駆け込み寺」「からだの教室」など時代や実際の使われ方により、様々な呼称も聞かれた。養護教諭が一貫して大切にしてきたのは、子どもたちにとっての「安心・安全の基地」としての保健室であった。教育職として位置づけられた養護教諭が、保健室で子どもに行うあらゆる教育実践を指す語として使われる保健室実践の中身について丁寧に見直し、その考え方や内容を共有することが必要である。また、避けては通れない養護教諭の活動に救急処置がある。先ずは応急的な手当てや苦痛の軽減への対応から、感染症を含む病気やけがの予防措置や再発防止等へ、さらに子どものからだの変化や社会のグローバル化の中で、新たな感染症や疾病にも対峙せざるを得ない現状である。子どもを健康の主体者として育てるという立場に立ったとき、教育の場における救急処置活動についての検討は不可欠である。さらに、保健室にやって来る子どもたちへの健康相談活動や、保健室登校についての考え方や支援のあり方についても再考が必要である。学校における安心と安全の基地としての保健室と養護教諭の役割について、教育の視点から問い直されなければならない。

　「ケア」とは何か、「教育」の視点でとらえるということの意味や内容を含め、養護教諭の基本とも言える保健室を中心とした仕事の教育実践としてのあり方について考える。

（2）学級担任による保健的ケアと教育

　学級担任は、クラスの子どもたちの保健的ケアと教育を担っている重要な存在である。子どもたちとの1日が始まる朝の会において、担任は子どもたちの大きな変化（欠席やけがの有無）や顔の表情や目の輝き、姿勢に現れるからだの状態や"やる気"など、子どもたちの心身の状態を判断する。普段とは異なる子どもの様子を発見し、「あれ、どうしたのかな？」と心に留めることもある。その結果を教育計画の進め方の判断材料として大切にする担任教師は多い。これは保健的ケアの第一歩であり、教育活動の基本でもある。担任の気づきや判断を、校内の教職員と共有することで、危険回避につながったり、

課題解決の糸口が見えてきたりする。そして、学校全体で子どもを育てる基盤づくりともなる。

3）身体と健康を教え、育てる活動

　子どもたちは、軽重の差や時期の違いはあるが、様々な健康課題や発達課題を持っている。そしてどの子も「元気に成長したい」「賢くなりたい」と願っている。それは、将来、自分の持てる力や能力を社会に活かしたいという願望につながっていると考える。しかし、課題を克服する基本となる人のからだや健康について学ぶ機会が少ない現実がある。生きている人のからだについて、また、エビデンスに基づいた健康に関する知識を学ぶ機会を保障することは正に教育保健の課題である。そのためには、保健学習や保健指導を重視し、現場の実践や理論に学ぶことが必要である。今日の子どもたちの健康課題と発達課題に見合った内容であるか、生きる力につながる保健学習や保健指導になっているかなど、教授法や進め方について「学ぶ教師」として到達点を展望しながら検討を重ねたい。

4）保健の文化的活動を育てる活動

　近年、学校教育の中で学級会活動や特別活動の時間の削減が進み、討議や協働作業の中でお互いを深く理解しあったり高めあったりする機会が減っている。その背景に、「個を育てる」ことや「学力重視」の教育の推進がある。核家族化や少子化が進み、地域での人間関係や友人との関係が希薄になり、個別化が進んでいる。かつて、子どもたちは、学校での豊かで密度の濃い自治活動や学級活動、班活動などを通じて、人間としての基礎・基本的なコミュニケーションの取り方や仲間で取り組むことの楽しさを知り、思いやりの気持ちを育んできた。地域の大人たちをモデルとして将来を考えることができた。その地域も崩壊しつつある。学校において、自分たちのいのちや健康などに目を向けさせた保健委員会活動や健康文化活動など自治の力を育てる取り組みをいかに取り戻すか、学校や地域と共に健康づくりをどう進めるか、教育的視点から再検討する意義は大きい。

5）教育保健活動の組織的展開

　学校保健委員会活動の組織的展開、教職員や地域を巻き込んだ健康づくり、等を通して子どもが健康の主体者として育つ取り組みの広がりと深まりが見られる。学校医などを中心に据えた学校保健委員会の設置や活発化など、行政サイドからの要請が続いてきたが、近年では従来の形を変えようとする動きが高まっている。保護者や地域の方々の声に耳を傾け、子どもの健康課題や発達課題を共有し、子ども自身が課題克服に向けて意識・行動できるよう、それぞれの立場から環境を整え援助する仕組みが模索されている。児童生徒の保健委員会が、学校保健委員会の中で活躍する場が組み込まれている例もあるなど、多様化している。健康づくりの主体者は子どもであることを確認し、先行実践に学び発展が望まれる。

6）子どものいのちと人権を守り育てる教育活動

　子どもたちのいじめや自殺企図、少年の殺人や傷害事件、増加の一途を辿る虐待など、子どものいのちや人権が軽んじられ、危惧される報道が続いている。様々な災害により犠牲となるいのち、深刻化するアレルギー対応、性を取り巻く現状と教育の遅れ等々、課題は山積している。意欲的な先行実践もあることに目を向けて取り組む姿勢が重要である。子どもの心身の健康の状況は社会の変化に影響を受ける。教育の現場では、子どものいのちや人権を守るために、子どもたちに必要な能力とは何か、学びを

深めることが急務である。

3．学校の教育保健活動を支える制度・行政と体制づくり

　教育保健活動の展開には、活動を支える諸条件の整備が必要である。法的な整備、行政や地域の専門家や機関による支援と保護者を含む地域住民等との連携が不可欠である。

1）教育保健活動を支える制度と行政

　「学校保健法」から「学校保健安全法」への転換は、環境整備や校長の役割など、学校の課題を促している。東日本大震災での地震・津波は、多くの犠牲者を出し、福島での原発事故による健康被害に不安が募っている。子どもが犠牲となる事件も多い。「子どもたちを守ることのできる学校」は喫緊の課題である。

　これらの実態を踏まえて、教育保健活動を支える法整備や行政の役割、学校医制度のあり方や保健所と学校の関係の見直しなどが求められる。教育保健活動の要となる養護教諭の複数化や男性養護教諭の課題等々、地域・子どもの実態に見合った展望が必要である。

2）教育活動を支える保健・安全環境の整備

　教育環境の整備は子どもたちの教育活動と密接な関係を持つ。国内の学校を少し見渡しただけでもその環境の違いに驚く。広々とした校地に広い校庭を持つ学校、都会の繁華街に猫の額ほどの校庭の学校、目を惹くデザインやオープンスペースの取り入れられた校舎も多い。子どもの成長発達にふさわしい学校建築、災害から子どもを守ることのできる学校の立地条件や設計・施工等の見直しや整備が求められる。

3）子どものいのちと健康を守る学校・家庭・地域の連携

　子ども虐待や子どもの貧困の深刻化、居場所を求める学齢期の子どもたちが事件に巻き込まれ犠牲となるなど、子どもたちのいのちと健康は危機的な状況にある。

　デンマークで見学した学童クラブは、学校近くに発達段階ごとに設置され、有資格の指導者が内容を工夫して対応していた。子どもの居場所が政策として保障されていると感じた。

　子どもを保護する養護施設や子ども支援センターなどが、真に子どものいのちや健康を守れるようなシステムや施設の充実、地域のソーシャルリソースの掘り起こし、連携に向けてのコーディネーター等が必要である。地域の中で子どものいのちと健康を守り育てる体制づくりと学校と家庭の血の通った連携の実施に、教師・養護教諭も検討に加わりたい。

（岩辺京子）

II

子どもの現状と
教育保健の課題

子どもの健康実態把握と教育保健

① ≫ 子どもの健康実態把握とその方法

1．教育保健にとっての子どもの健康実態把握

　子どもの健康を守り育てる活動（教育保健の活動）にとって、子どもの健康実態をとらえることは基本中の基本であると言える。その活動を的確に、また効果的に進めるためには、子どもたちの健康実態に即して、その実態が持つ課題に合ったものでなければならないからである。したがって、活動に取り組むにあたっては、まず、子どもの健康実態をしっかりととらえて、それに即して活動をどのように進めるべきかを見定める必要がある。養護教諭の間で「私たちの仕事は子どもの実態から出発する」という言い方が、いわば合い言葉のようにして使われてきたが、まさにこのことを端的に言い表している。

　また、子どもの実態把握は、実践の出発点であると同時に、取り組みの過程で常に立ち返るべき原点とも言える。子どもたちの実態は常に変化し、動いていくものである（取り組みによっても変化が生み出される）から、進めている活動を吟味するためにも常に子どもの実態に立ち返ってとらえ直す必要がある。その意味では、健康実態把握は、様々な教育保健の活動を進める上での起点（出発点）であり、同時に活動の方向を見定めたり、取り組みの過程でその活動が子どもの実態に即したものになっているかを吟味したりするために、常に立ち返るべき原点であるということができる。

2．健康実態をトータルにとらえる

　教育保健にとっての健康実態把握は、単に子どもたちのからだや健康の様相（例えば、病気や障害、心身の不調やおかしさなどの状態がどうなっているか、あるいは、そのような問題が子どもたちの間にどの程度見られるのかなど）だけに焦点を当ててとらえることを意味しているのではない。もちろん、それらが実態把握の中心的な内容であり、必須の要件であるが、教育保健の実態把握は、さらにその様相を呈している背景（個々の子どもの問題で言えば、その子の生活背景や家庭の事情、あるいは友だち関係などの背景的要因）をとらえることや、その問題によって困難になっているその子自身の内面の様子（その問題に対する意識や認識の実態）をもとらえることを必要とする。そうでないと、個々の実践や集団的な取り組みが、問題事象への対症療法的な、あるいは教育的配慮や視点を欠いた単なる問題処理的対応で済まされることになりかねないからである。

　教育保健では、こうした子ども（たち）の問題に即して、その問題解決に向けての取り組みの課題を明らかにするとともに、子ども（たち）自身がその問題と向き合ってそれを乗り越えていくための課題（発達課題）を明らかにすることを大事にするのである。そのためには、健康問題の実相だけでなく、問題の背景や問題に対する子ども（たち）の意識や認識の実態なども合わせて、トータルにとらえる必要がある。

　ちなみに、教育の営み（教育実践）における子どもの実態把握の重要さを表す言葉として、「子ども

を丸ごとつかむ」という言い方がなされてきた。これは主として民間教育運動の間で使われてきた言葉であるが、子どもの実態をトータルにとらえるという言い方と重なり合う意味合いを持っている。しかし、「丸ごとつかむ」という言い方には、先の「トータルな子ども把握」に加えて、次のような意味を含んでいることを確認しておきたい。

　すなわち、「丸ごと」という言い方には、子どもを「全人格的にとらえる」あるいは「丸ごとの人間存在としてとらえる」という意味合いがあり、「子どもを全人格的存在として受け止め、理解する、尊重する」という含意がある。また、「つかむ」という言い方にも、単に「とらえる」「理解する」という意味を超えて、「理解する側とされる側の信頼関係を築く」、さらには、それを通して「子どもに自らをとらえさせる」という、より積極的な概念を含んで使われてきた言葉である。

3．実態の個別的・実践的把握と全体的・統計的把握を組み合わせて

　こうした健康実態把握をする場合、日々の実践の中で個々の子どもとのかかわりを通して、そこに表出されている様相をつかみ、担任や保護者との連絡・連携などからその背景を探る。そして、子どもとの対話を通して、状態に対するその子なりの意識や認識を確かめるなどをしながら、実践的に子どもの具体的な様相をとらえようとする。これがいわば、個別的・実践的な実態把握である。

　他方で、こうした個々の子どもとのかかわりでとらえた問題が、他の子どもたちにも同じように見られるのではないかと予想される場合には、学年全体や学校全体でとらえることも必要になる。そこで、健康診断の集計結果と照らし合わせたり、それでは十分につかめない場合には、学年の教師たち、あるいは学校の教職員全体で子どもの実態を出し合ったり、アンケート調査などに取り組んだりして、全体的な傾向をとらえようとする。これが全体的・統計的な実態把握である。

　このように、子どもの健康実態把握の手法は大きく二つに分けることができるが、両者にはそれぞれに一長一短がある。前者は、個別具体的な様相をリアルにつかむことができ、より実践的な実態把握ができるという点で有効であるが、その実態はそのまま全体状況として一般化するにはやや無理がある。一方、後者の方法は、全体状況がつかめるので、その集団全体の傾向や共通の課題をつかむのに有効である。しかし、その方法だけでは全体的傾向はつかめても、個別具体的な様相がつかめない。したがって、実際にはその長短を互いに補い合うように、両方を組み合わせることによって、実態把握をより確かなものにする必要がある。

（塩澤真穂美・舟見久子）

② >> とらえた実態を教育の課題に

　前節で教育の営みにおいて子どもの実態（個々の子どもの様相と子どもたちの全体傾向や特徴的問題）をとらえることの重要性を述べてきたが、次いで重要なのは、とらえた実態をどのように教育課題に仕立てていくかである。ここでは、個々の子どもの実態から個別の支援や指導へとつなぐ場合と、集団的・全体的にとらえた実態から組織的に取り組む課題へとつなぐ場合に分けて考えることにしたい。

1. からだの実態から子どもの抱えている課題をとらえる

　集団への一斉指導が行われる際にいつも話を聞いていない（ように見える）子がいると、多くの場合、注意力に欠けるとか、状況が把握できていない（為すべきことがわかっていない）ととらえられて、子どもは注意を受ける場面が増える。その特徴が強ければ、まず発達障害を疑うことも多い。しかし話が聞けない子どもの理由はそればかりではない。

　身近な例を取り上げると、「小学校に入学したばかりの1年生で、いつも険しい表情で友だちとトラブルになることも多く、教師の指示や注意がなかなか通じない」と担任にとらえられていた子が、入学後の健康診断を通じて、痛みを伴わない中耳炎のためによく聞こえていなかったことがわかった。治療を始めると表情も明るくなり、友だちとのトラブルもなく、教師の話もよく理解できるようになった。小学校低学年では、聞こえていないことを自覚できていないこともあり、聞いていないのではなく「聞こえづらい」ために、集中して聴けなくなっている可能性がある。この状態は、全く聞こえないというわけではないため、周りからも気づかれにくく、健康診断によって発見されることも少なくない。教育実践を進めるにあたっては、話が聞けない子どもが「聞こえていない」のか、それとも「理解しづらい」のかは、今後の手だてを考えていく上では大きな違いとなる。

　把握しづらいからだの困難を抱えている子どもは、見え方の課題を持っている場合も多い。真っ先に思い浮かぶのは、両眼視力の低下である。教室でみなが黒板に向かう一斉授業では、黒板の字が見えづらくて作業が遅れがちになる。子どもの視力低下は年々進行しており（その全体の数的傾向の詳細は、Ⅱ部2章の4を参照されたい）、そのような視力低下の問題に加え、左右差が大きい不同視、遠視、二重焦点の問題など、現行の視力検査だけではつかみきれないものもある。

　さらに、視力検査では「見える」状態であっても、見えた文字を文字として認識することに困難がある子、黒板周囲の掲示物等に目移りしてしまい集中しづらいという特性を持った子、さらには、聞いたり話したりすることの困難さはないが「書く」という作業が極端に苦手だという特性を持っている子たちもいる。これは決してごく稀な子どもの話ではない。こうした課題を抱えながら学習している子どもはクラスに必ずいると考えてよい。同様に、色覚特性を持つ子についても配慮が必要である。色の見え方に特徴のある子どもが一定の割合でいることは確かである。2003年度から色覚検査が健康診断の必須項目より外されて以降、その特性に気づかれないままにいる子がいるかもしれないことを念頭に置いて、色使いに配慮をしたり、特性の有無を確かめたりすることも必要である。

　他方で、何か問題を抱えているときには、子どもならずとも当面する課題に取り組むことに困難さを覚える。大人であれば、ある程度の経験や知識から抱えている問題を整理して認識できるが、子どもはそれが困難である。そのため、うまくいかないことやできないことの多くを、自分の能力の低さによる

ものであると考え、自己肯定感を低くしてしまいがちである。

　子どもが大事なことを語るときに必要なのは「この人なら」という信頼である。からだの問題だけでなく、いじめ、不登校、虐待など、からだも心も萎縮してしまうような状態に陥ったときにはなおさらである。信頼のもとに子どもは語ることができる。そこから、時間をかけて思いを引き出し、課題に向き合い解決の手だてを探ることもできる。

　子ども自身に丁寧にかかわることで、問題の本質がわかり、課題が見えてきたとき、それを分析で終わりにしてはいけない。むしろそこからが実践のスタートである。子どもたちの成長発達にかかわる私たちがやっていくことは、ここから解決を図りながら子どもの成長と自立を支えていくことである。

2．子どもの実態の中から共通の課題をとらえて組織的に取り組む

　子どもの実態をとらえる方法としては、先に述べたような個々の子どもの実態を丁寧にとらえて、それをその子への支援や働きかけの課題として返していく取り組みのほかに、子どもたちに共通に見られる問題としてとらえ、学年や学校全体の課題に仕立てて取り組んでいくことも必要である。この場合、前節で触れたような個別的・実践的に実態をとらえる方法に加えて、全体的・統計的にとらえる方法が必要になる。

　これまでもこうした実態把握のもと、学年や学校ぐるみで取り組んできた経験を私たちは持っている。例えば、1970年代後半から指摘され出した子どものからだのおかしさの実態に対する取り組みがある。1980年代に入ったあたりでは、夜型にずれ込んだ子どもの生活リズムの実態が明らかにされ、基本的な生活習慣を立て直そうとする取り組みが学校ぐるみで展開され、その実践は全国的な広がりを見せた。さらに、1990年代に入ると、子どもたちにからだ・健康に対する認識を正しく、かつ豊かにとらえさせたいと、実態を踏まえた創造的な教育活動が広がっていった。からだから見えるものばかりでなく、例えば性に関して述べると、その意識や行動から見える実態があり、そうした実態を踏まえながら学年や学校ぐるみで教育活動としてどう取り組んでいくのか、様々な工夫がなされて実践が蓄積されてきた。こうして、実態から教育課題を仕立てて教職員集団で組織的に取り組んでいくという実践の道筋が創り出されてきたのである。今後もこうした経験の蓄積を生かし、子どもたちのからだや健康の実態を丁寧に掘り起こしながら、リアルに、かつ科学的・分析的に明らかにして、実践課題の追究を続けていく必要がある。

　学校はたくさんのいのちを預かる場である。大人たちは、子どものどのいのちも大切にされ、いきいきと活動でき、のびやかに成長し、それを仲間と一緒に喜び合えるような場にしていく責任がある。そのためには教師一人ひとりが子どもにしっかりと向き合うことと同時に、子どもを取り巻く様々な立場の人々とつながりながら見守っていくことが必要である。そのつながりをもって子どもの実態把握とその成長を確認し合えることで、独りよがりにならず、温かみのある眼差しで子どもに向き合うことができる。

（塩澤真穂美・舟見久子）

●参考文献
1）藤田和也：養護教諭の子ども把握と教育実践—子ども把握と教育実践・教育研究の関係を考える、教育61（4）、国土社、2011
2）藤田和也：子ども把握と教育実践—その積極性、子ども把握・省察との関連、教育（800）、かもがわ出版、2012

今日の子どもの健康実態と背景

① >> 今日の子どもの健康問題の特徴とその時代的背景

1. 戦後日本の子どもの健康問題はどのように変化してきたか

　戦後70年、わが国のすさまじいほどの社会文化的変貌の中、そうした時代背景の影響を受け、子どもたちの健康問題は大きく変容してきたと言える。その70年間を時代の特徴と子どもの健康問題の変遷を合わせて大まかに考察すると、ほぼ次の5期に時期区分することができるだろう。

> 第1期：終戦〜1950年代後半の中頃まで……敗戦から国民生活の一応の回復期
> 第2期：1950年代後半の中頃〜1970年代初頭……高度経済成長期の継続期
> 第3期：1970年代初頭〜1990年代半ば……低成長からバブル崩壊期まで
> 第4期：1990年代半ば〜2010年前後まで……少子高齢化から不安定社会の到来
> 第5期：2010年前後〜現在……格差と子どもの貧困の進行　東日本大震災

　※戦後の子ども（とりわけ児童生徒）の健康問題史を実証した研究は少ない。ここでは　藤田和也の1980年頃までの約35年間を分析した研究（「戦後の子どものからだ問題小史」『双書・子どものからだⅠ〜からだをみつめる』大修館書店、1981、p. 201〜262）を参照し、それ以降を含む全体の時期区分や分析は、一定の資料を参考にした筆者による大胆な仮説的考察・提案である。

　第1期は、戦後10年余りの期間で、戦争と敗戦による混乱から生活の建て直しを図った時期である。戦後まもなくの子どもたちの健康状況は食糧難や不衛生環境のもと、栄養不良による体位低下や諸種の感染症・寄生虫症を蔓延させた。よって、それらへの対応として、①体位・体力の低下や栄養不良の改善、②諸種の感染症（呼吸器・消化器・眼科・寄生虫等）への対応や予防接種事業、③不衛生環境（ハエ・カ・シラミ等）の改善、を主とした取り組みがなされた。

　第2期は、戦後10年余り経った1950年代後半の中頃から1970年代初頭までの高度経済成長期時代の頃である。日本は1953年頃から経済の成長が上向きに転じ、1960年から高度経済成長政策をとり一気に産業発展を遂げ始めるが、その急激な生活環境の変化は、子どもの健康問題にも大きく反映した。その特徴を整理すると、次の四つの大きな様相変化として反映したことがうかがえる。それは、①急性疾患から慢性疾患への移行であり、感染症が急速に減少する一方、むし歯・近視・肥満・腎疾患・大気汚染による呼吸器疾患などが増加（背景に水洗トイレの普及や農業の化学肥料化、大気汚染等による衛生環境の急変あり）、②急速な経済成長政策の下、道路整備と車社会の到来による交通事故、重化学工業の普及と都市化による公害問題、環境汚染の広がりによる健康問題、③生活の近代化（家電製品やテレビの普及等）、食生活の変化（加工食品・甘味食品・清涼飲料水等）による便利で楽な生活、生活リズムの変化による体調不良、④受験競争や人間関係の複雑化によるストレスや心の問題、である。

　第3期は、1972年のオイルショックにより高度成長が終息し、その負の遺産が後遺症・副作用のように子どもの心身に出現し始めた時期のことである。この期には、①子どもの体格は大きくなったが、体力はそれに伴っていない（栄養摂取過多と運動不足のアンバランス）という問題が進展、②「子どもの

からだのおかしさ（手指の不器用・土踏まず未形成・脊柱側彎・簡単な骨折・低体温・脳貧血・腰痛、等）」の指摘、③不定愁訴（疲労感・だるさ・反復腹痛・頭痛・慢性微熱、等）や心身症的愁訴、そして喘息やアトピー等のアレルギー問題、④校内暴力・いじめ・登校拒否・自殺などのとりわけ子どもたちの心の問題と荒れや引きこもりの両面の問題が顕在化してきた。

　第4期は、1990年代に入り、少子高齢社会が進行し財政的な行き詰まり感が広がる中、子どもの心の問題としては校内暴力等の荒れの方向から引きこもりの方向に質的に変化し、自己肯定感の低下や思春期の育ちが問題となった。この期には、①登校拒否が不登校と呼ばれるようになり、保健室登校の児童生徒も増加、②ノーマライゼーションの理念による発達支援教育の普及に伴う発達障害児への支援の広がり、③体調不良や不定愁訴（慢性疲労症状）の背景にある生活リズムの崩れとメディア問題（テレビ・テレビゲーム・ネット・携帯メール等）、それがもたらす遊びの室内化・個別化、社会性の喪失、いじめや殺傷事件への影響、④子どもの生活格差がもたらしている体位・体力の二極化、心の問題の両面化（荒れと引きこもり）、⑤思春期・青年期の延長時代における性行動の早期化と晩婚化問題、⑥青少年期の孤立化の問題や様々ないのちにかかわる事件の多発、などが生じた。

　第5期は、2010年代に入る頃からの変化であるが、日本経済の一層の行き詰まり感が広がる中、その政策的な背景の問題とかかわって格差社会が進行した。また、2011年には100年に一度と言われる東日本大震災が発生した。この期には、①「子どもの貧困」が広がるとともに、いのち、成長・発達、健康の危機的状況の出現、②乳幼児・児童の虐待の増加や子どもの養育機能低下の問題、男女関係と家族の絆の問題、③青少年の関係性の問題、孤立化といじめ問題の深刻化、SNS・LINE等IT社会の弊害問題、④東日本大震災がもたらしたいのちの問題と防災の課題、等が特徴である。

2．現在の子どもの健康問題とその背景をどうとらえるか

　今日の子どもたちの健康問題は、先に示した戦後70年の歴史的な時代背景を経て、それらを抱えた多様な形で表出しているものと思われる。そうした問題を教育課題との関連でとらえるとき、次のような特徴理解ができるのではないだろうか。

　第1の特徴は、今日の保健室で見られる子どもの体調不良や不定愁訴の多くは、高度経済成長期以降の日常生活の歪みや崩れに起因している問題である。それは、受験がらみの夜型生活という問題だけでなく、テレビやテレビゲーム、携帯電話やスマートフォンといった機器の普及した環境が夜更かし生活を常態化し、睡眠不足・運動不足・食生活の偏り等を助長してきた。コンビニ社会と言われるように、真夜中まで起きている人間が多数いる社会になっているが、何万年もの間、夜暗くなると寝て日中活動するようつくられてきた生体のリズムが大人のみならず子どもにまで影響を及ぼしている。

　第2の特徴は、からだと心の合わさった心身丸ごとのおかしさとなっている傾向がある。つまり、生活の歪みに加え、家族関係や育ちの環境、友だちや仲間関係、そして格差社会における進路問題等でストレスを抱えやすくなっており、一見、からだに現れている問題でも背後にある生活や生きざまを反映した心身症的問題を抱えている場合が多い。ちょっとした頭痛や腹痛、下痢や便秘、からだのだるさや疲労感の訴えも自律神経を介した心身丸ごとの愁訴であることが多く、そうしたことの支援にも背景への洞察が不可欠である。また時には、リストカットや拒食症になったり、鬱的な心的症状を訴えたりする場合も生じている。子どもたちにとっての今日の生きづらさは、多様な形で心身丸ごとの反応を起こさせている。よって、その複雑な背景と要因を支援しうる多様な人の情報を得ながらしっかりと見立て

（診立て）を行い取り組む必要があると言えよう。

　第3の特徴として、子どもの健康問題というのは「心身ともに成長・発達過程にある存在」に生じている課題であるという点である。乳幼児期から青少年期まで、大人になっていく心身の発達プロセスに様々な生活上の歪みや遅滞が生じると心身の健康状態にも異変を伴うことになる。子育て環境の変化（虐待の生じやすい環境、十分愛着を得られない環境での育ちの増加）や思春期という大人への過渡期における自我形成のしにくい環境での育ち（家族・家庭内環境、同世代の関係性の問題）等に十分な洞察が必要であろう。その過程に育ちそびれがあるとすれば、その発達の課題を明確化し、そこに働きかける支援が必要になる。また、発達問題とかかわって、近年特別な発達支援を要する発達障害の子どもの課題も生じている。こうした子どもの特徴をよく知り、その子らにあった支援が求められている。

　第4の特徴としては、これらの特徴理解の背後にある社会文化的な変化と流れをしっかりと踏まえることである。戦後の経済発展は総じて国民生活を豊かにしたとは言えるが、国民の安全性や健康を配慮せずに進めた開発は公害問題や原発問題を発生させた。また富の分配に大きな格差を生み出し多くの貧困家庭や貧困な子どもを生み出した。こうした社会背景が複雑に影響し、虐待やいじめ等の生きづらさを抱えた子どもたちを生み出している。また文化的背景でも、今日の大人が生み出したメディア環境、IT社会の下で、子どもたちが心身に大きな影響を受けている。これらは直ちに改善しうる問題ではないが、今日の子どもの健康問題とかかわって検討されねばならない。

3．戦後の子どもの健康問題の質的分類（四つのレベル性）とその特徴

　わが国の青少年の健康問題は、先に示したように戦後70年の間に、その時期の社会を反映した生活状況に影響を受けて、様々な様相の質的変化を呈してきた。今日でも、その生活の多様化と複雑化は、そのまま子どもたちの健康問題に反映しており、それらの問題を質的に分類すると次の四つのレベルで考察することができる。

　※正木健雄は、戦後1970年代までの子どもの健康問題を分析し、第1級～3級の問題に分類している。第1級が生存レベルの問題（生命）、第2級が健康と安全（病気とけが）、第3級が発育・発達（その歪みや遅滞）である（『双書・子どものからだⅠ～からだをみつめる』大修館書店、1981、p. 131～157）。筆者はそれを参考に、健康問題のレベルとして相対化し検討した。

　第1のレベルの問題は、人間の存在そのものであるいのちにかかわる重度なレベルの健康問題である。日本の子どもの健康問題は、戦後厳しい感染症の罹患を免れるようになり、致死率は著しく減少した。よって、今日ではいわゆる病気による重症化は極めて稀になってきている。しかし、事故（持久走等での突然死、給食等でのアナフィラキシー、プール・柔道事故）やいじめ等による自殺、等が課題になっている。

　第2のレベルの問題は、いわゆる病名のつく疾病レベルの問題である。これも感染症の減少により子どもの病気は減少したものの、相変わらず発症しているインフルエンザ等の感染症は少なからずあり、また腎臓疾患や喘息・アトピー等のアレルギー疾患、そして最近ではうつ病等の精神疾患や慢性疲労症候群といったかつて見られなかったような健康問題も出てきている。

　第3のレベルの問題は、明確な病名がつくわけではないが、何となく体調が不良といった不定愁訴問題が多く、こうした状態の子どもの問題で保健室が賑わっている。いわば、「病気でもないが健康でもない」といった半健康状態の子どもの増加である。からだのだるさや疲労感、頭痛や腹痛、微熱を出す、かぜをひきやすい、不定愁訴で保健室によく来る、もう少し重い課題を抱えると、リストカットや拒食

等の摂食障害への陥り、軽度な発達障害のある子どもの訴え、保健室登校への対応、などがある。

　第4のレベルの問題は、健康とか不健康という概念からは逸脱するものの、発達という点からすると少々気になる育ちそびれの子どもの問題である。肥満やるい痩といった体格上の問題、体力的な遅滞、精神的に幼児性が残り共生することの困難な子、その他、様々な心身の遅滞や歪みのある子、などの問題が指摘できる。

　これらの四つのレベルの問題は、あくまでも相対的なものであり、健康問題の実質は、生命にかかわるレベルから健康体までの間には、軽重の多様な問題が複雑に存在しており、それらは連続性をなしているものと考えられる。こうした健康のレベル性と教育保健的対応を図示すると次のようになる。

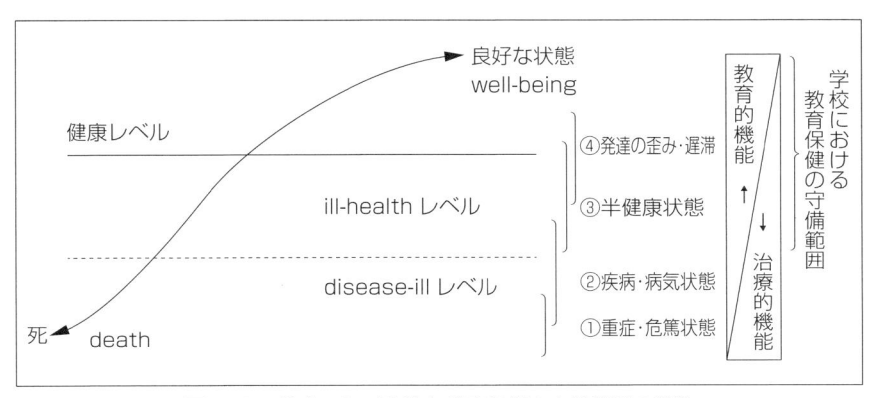

図Ⅱ-1　健康のレベル性と教育保健の守備範囲の構造

4．今日の子どもの健康課題と教育的対応の必要性

　今日の子どもたちの多くの健康課題は、すぐに医療的対応を要する問題というより、幼少期からの育ち環境の不備や子育て・学校教育環境の不十分さの中で生じている問題になっていると考えられる。先の健康のレベル性に照らして考えると、第1と第2のレベルの問題は医療的ケアの要する問題が主であるが、第3と第4のレベルの問題は子どもの生活改善や心身の発達を促し支援することが基本的な課題であり、まさに保護者や学校教育そのものが担わなければならない問題だと言えよう。

　しかし、今日の子どもたちの課題の質を考えると、生命にかかわる重いレベルの問題でも医療関係者にだけ依存すればいい問題なのではなく、事故や自殺など教育的対応の求められる課題も少なからず生じている。また、PTSDや摂食障害、重度な心身症など医療的・心理的ケアの必要な子どもの問題もそうした対応とかかわりながら発達支援という教育的対応も不可欠である。ただ、ケアと教育を相対的に考えた場合、今日の子どもたちの心身への対応としては、生活改善（家庭での子育て機能の充実）や学校における健康相談・保健指導機能の充実や健康的な学校生活・環境づくり（人間関係や教育活動の充実）という教育保健的な活動の活性化がとりわけ求められている。子どもの健康問題を教育の課題として考えるとき、個々の子どもの育ちや生活背景上の課題、自立と共生の力を育む支援の課題について、一人ひとりの教員が意識し、学校の教育課題にしていく状況を創り出していくことが求められていよう。

（数見隆生）

② >> 子どもの「からだのおかしさ」の発見・把握・解決の諸段階とそのとらえ方

1．子どもの「からだのおかしさ」をとらえるということ

　あらゆる教育活動は、教育を受ける側の子どもと教育する側の教職員とがともに健康でなければ、思うような成果を上げることができない。また、それぞれの子どもの発育・発達状況も考慮されなければならない。学校で健康診断や健康観察等が行われるのはそのためでもある。例えば、1コマの授業時間は小学校であれば45分間が一般的である。しかし、中学校、高等学校ではこれが50分間になり、大学では90分間になる。また、小学校における1クラスあたりの子ども数は40人学級が一つの基準であるが、現行では1年生に限ってこれが35人になる。すなわち、すべての教育活動は子どものからだと心の状況が考慮されて展開されている。また、そのような配慮は子どもの「学習権」を確実に保障する上でも重要なことである。

　一方、『子どものからだと心白書2015』（ブックハウス・エイチディ）によると、「遠足で最後まで歩けない子がいる」ことが東北教育科学研究会大会で指摘されたのは1960年のことであった。そのため、「子どものからだと心・連絡会議」では1960年を"子どものからだ元年"と位置づけて、子どものからだが「ちょっと気になる」「どこかおかしい」といった問題事象の解決に向けて議論を重ねてきた。ただ残念なことに、子どもの「からだのおかしさ」の問題はますます深刻化、多様化の様相を呈し、今では専門家でなくてもそれを実感する事態を招いている。したがって、子どものからだと心の状況を可能な限り正確に把握し、子どもを取り巻くすべての方々とそれを共有することは急務の課題と言える。

　あらゆる問題を解決するための「はじめの一歩」は、可能な限り正確に問題の所在を明らかにすることにある。それは、子どもの「からだのおかしさ」においても例外ではない。ただ、病気や障害ではないものの、さりとて健康とも言えない「からだのおかしさ」（図Ⅱ-2）については、学校で行われる健康診断やスポーツテストの結果では発見しにくい問題である。そのためまずは、子どものからだと心の何が心配されていて、何が問題なのかを明らかにする必要がある。いわば、「問題を発見する段階」と位置づけることができる作業である。さらに、子どもの「からだのおかしさ」の問題はそれが発見できたら終わりというわけにはいかない。当然、それを解決する必要があり、どのように解決、改善してい

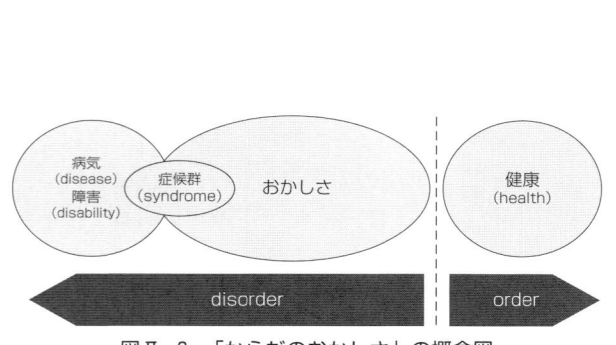

図Ⅱ-2　「からだのおかしさ」の概念図

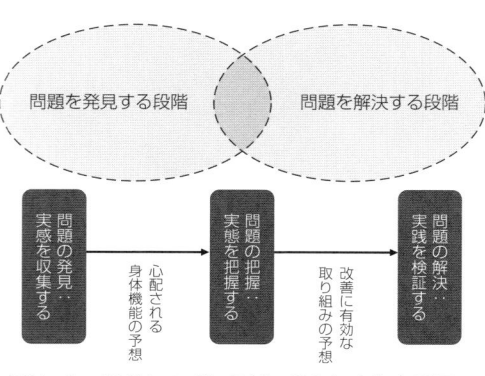

図Ⅱ-3　子どもの「からだのおかしさ」を発見、把握、解決するための段階と具体的作業

くかを明らかにしていく段階が必要である。いわば、「問題を解決する段階」と位置づけることができる作業である（図Ⅱ-３）。

　そこで本稿では、子どもの「からだのおかしさ」を発見し、問題の原因、要因を探り、その解決に向けて方策を考え、取り組んでいく諸段階とそのとらえ方を整理したい。

２．「からだのおかしさ」の発見・把握・解決の段階

１）問題の発見：実感を収集する

　「からだのおかしさ」を解決するための第一段階の作業は「問題の発見」である。これには、保育・教育現場の関係者や子育て中のお母さん、お父さんが抱いている子どものからだに関する"実感"が有効である。なぜならば、日常的に子どもと接している方々の"実感"は、きっと何かを物語っているだろうと予想できるからである。そのためまずは、関連の「実感を収集する」ことに努めたい。私たちがほぼ５年に１度のペースで子どもの"からだのおかしさ"に関する保育・教育現場の実感を調査し続けている所以でもある。通称「実感調査」と呼ばれているこの調査は、故・正木健雄が日本体育大学体育研究所所長を務めていた1978年にNHKとの共同調査として実施されたのがはじまりであった。

　表Ⅱ-１は、2015年調査の結果、「最近増えている」との回答が多かったワースト10の事象を学校段階別に示したものである。この表が示すように、いずれの学校段階においても「アレルギー」が第１位にランクされ、「すぐ"疲れた"という」もワースト５内にランクされている。加えて、ワースト５内ということでは、保育園、幼稚園、小学校では「背中ぐにゃ」が、保育園、小学校では「保育・授業中、じっとしていない」が、中学校、高等学校では「平熱36度未満」「首、肩のこり」「夜、眠れない」が、それぞれ共通していた。したがって、日本の子どものからだは"事実"としても、このような方向に変化してきていることを推測させるのである。

表Ⅱ-１　「最近増えている」という"からだのおかしさ"の実感・ワースト10（2015年調査）

保育園（n=199）		幼稚園（n=104）		小学校（n=518）		中学校（n=256）		高等学校（n=164）	
1. アレルギー	75.4	1. アレルギー	75.0	1. アレルギー	80.3	1. アレルギー	81.2	1. アレルギー	78.7
2. 背中ぐにゃ	72.4	2. 背中ぐにゃ	73.1	2. 視力が低い	65.6	2. 平熱36度未満	70.7	2. 夜、眠れない	68.9
3. 皮膚がカサカサ	71.9	3. すぐ「疲れた」という	71.2	3. 授業中、じっとしていない	65.4	3. 首、肩のこり	68.0	3. すぐ「疲れた」という	62.8
4. 保育中、じっとしていない	70.9	4. オムツがとれない	69.2	4. 背中ぐにゃ	63.9	4. 夜、眠れない	67.2	3. 首、肩のこり	62.8
5. すぐ「疲れた」という	67.3	4. 自閉傾向	69.2	5. すぐ「疲れた」という	62.9	5. すぐ「疲れた」という	66.4	5. 平熱36度未満	61.6
6. 噛まずに飲み込む	64.8	6. 保育中、じっとしていない	63.5	6. ボールが目や顔にあたる	60.6	6. 体が硬い	59.8	6. うつ傾向	59.1
7. 夜、眠れない	57.3	6. 発音が気になる	63.5	7. 平熱36度未満	59.3	7. 不登校	59.0	7. 腹痛・頭痛を訴える	57.3
8. 自閉傾向	56.8	8. 床にすぐ寝転がる	62.5	8. 絶えず何かをいじっている	58.1	8. 腹痛・頭痛を訴える	57.8	8. 腰痛	55.5
9. 床にすぐ寝転がる	52.8	9. 体が硬い	59.6	9. 皮膚がカサカサ	57.7	9. 視力が低い	57.4	9. 症状説明できない	54.9
10. 転んで手が出ない	51.8	10. つまずいてよく転ぶ	53.8	10. 休み明けの体調不良	57.1	10. 休み明けの体調不良	57.0	10. ちょっとしたことで骨折	52.4
10. つまずいてよく転ぶ	51.8	10. 皮膚がカサカサ	53.8						

注：数字は％を示す。また、小学校、中学校、高等学校は養護教諭による回答。
出典：野井真吾ほか（未発表資料）

２）問題の把握：実態を把握する

　とはいえ、このような実感調査の結果は、保育・教育現場の"実感"を集計したに過ぎないのも事実である。また、実際にそのような子どもがいるとしても、一体、どのくらいの子どもがそのような問題

を抱えているのか、また、それはどのような機能の問題なのかといった議論は別の次元の問題である。子どものからだと心に関する事実調査の必要性が叫ばれる所以である。この段階の作業で私たちが一つこだわっていることに、たとえそれが"心"の問題として片付けられてしまうような問題事象であっても、"からだ"の反応にこだわってその「実態を把握する」ということがある。そして、実感により示された各問題事象と関連する身体機能の事実調査に努めている。ここでは、種々の事実調査の中から、いわゆる"心"の身体的基盤である前頭葉機能に関する調査結果をご覧いただきたい。

　日頃私たちは、go/no-go課題という手法を用いて子どもの前頭葉機能の特徴を観察している。具体的には、go/no-go課題により得られたデータを基に、それぞれの子どもの前頭葉機能の特徴を五つのタイプのいずれかに判定している。これら五つのタイプは、最も幼稚なタイプから子どもらしい興奮の時期を経て、次第に成人らしいタイプに変化していくものと考えられてきた。ところが近年では、この機能の順調な発達がなかなか見受けられなくなってしまったのである。

　例えば図Ⅱ-4には、五つのタイプの中で最も幼稚な不活発型の出現率と加齢的推移を示した。図が示すように、1969年調査の6〜7歳では1〜2割程度の子どもたちにしか観察されないのがこのタイプであった。ところが、男子ではその割合が次第に増加していき、2007〜08年調査では7割前後にまで達している。そればかりか、およそ5割の男子はこのタイプのまま中学校に入学しようとしている様子をうかがうこともできるのである。

　わが国において、「学級崩壊」や「小1プロブレム」という問題が叫ばれはじめたのは、1990年代のことであった。しかし、不活発型の子どもたちは、集中に必要な興奮過程も、気持ちを抑えるのに必要な抑制過程も、十分に強くないために集中が持続せず、いつも"そわそわ""キョロキョロ"していて、落ち着きがないという特徴を持っている。かつては、小学校に入学する頃になるとそのような子どもたちはクラスの少数派であったが、1990年代以降の調査では多数派とも言える状況が小学校の低学年のクラスで見られるというのだから、「学級崩壊」や「小1プロブレム」といった問題が起こってしまうのも、ある程度うなずけるのではないだろうか。

　前頭葉機能に関する事実調査で確認されたこのような子どもの身体機能の心配は、自律神経機能においても、睡眠・覚醒機能においても、体温調節機能においても確認されている。したがって、それらの

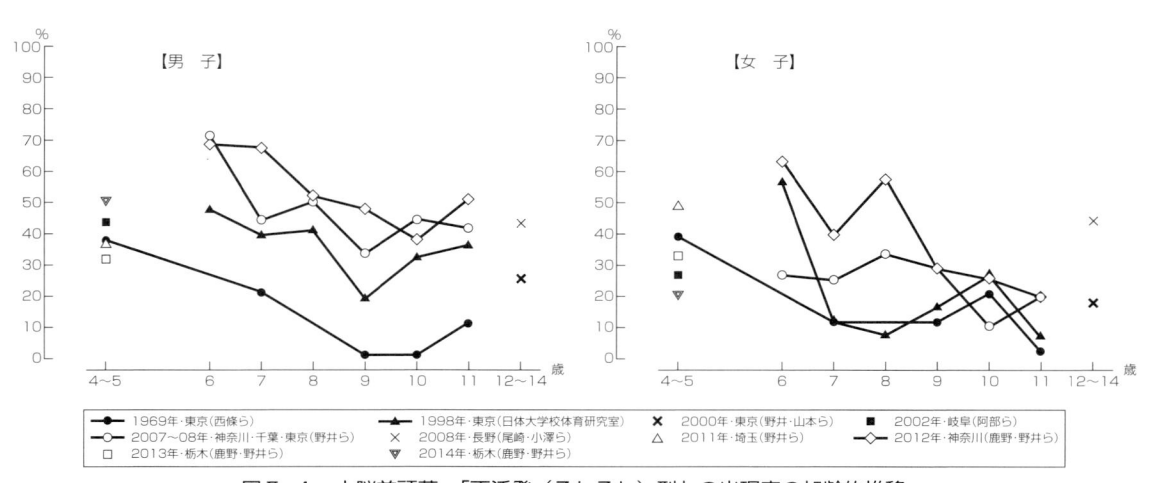

図Ⅱ-4　大脳前頭葉・「不活発（そわそわ）型」の出現率の加齢的推移
出典：子どものからだと心・連絡会議編『子どものからだと心白書2015』ブックハウス・エイチディ、p. 132、2015

機能の改善が次の課題ということになってくる。と同時に、保育・教育現場の"実感"に導かれて実施されてきた子どものからだに関する種々の事実調査の結果は、日々子どもと接している方々の"実感"のすごさ、すなわち、感度のよさとアンテナの高さを物語っているとも思うのである。

３）問題の解決：実践を検証する

　上記のように、「問題の発見」「問題の把握」の段階を経て第３段階の作業として行われるのが「問題の解決」である。この段階の作業は、「からだのおかしさ」の問題を解決する仮説を立てて、それを実践し、その「実践を検証する」ことが必要である。ここでは、種々の実践研究の中から、事実調査同様、前頭葉機能に関する調査結果を紹介したい。

　先に示した図Ⅱ-4を注意深く観察すると、毎朝の登園後20〜30分間、子どもも、教師も、そして親も一緒になってからだを使って思い切り取っ組み合う「じゃれつき遊び」と呼ばれる活動を30年間以上に亘って続けている宇都宮市のある幼稚園では、幼児でありながらこの不活発型が極端に少ない様子をうかがうことができる（2013年・2014年、栃木）。さらに、この「じゃれつき遊び」をヒントに実践されている相模原市のある小学校の「ワクワク・ドキドキ活動」の取り組みでも、不活発型が有意に低値を示す様子が確認されている。

　これらの取り組みでは、子どもたちが笑顔でいきいきと活動する様子が印象的である。そのため、朝一番の主体的な身体活動が子どもの"心"、すなわち前頭葉機能の発達不全と不調の問題を解決する可能性を推測させるのである。

３．教育活動の土台を耕す"からだづくり"を！

　「朝の活動で子どもたちがしっかり"興奮"できた日ほど、その後の生活が落ち着いて授業もやりやすい」。これは、ワクワク・ドキドキ活動を実践している上記の小学校におけるある教師の一言である。このことは、"からだづくり"が「体育」の学習の一つとしてだけ存在しているわけではないことを如実に物語ってくれている。

　言うまでもなく、ヒトの活動はすべて"からだ"を媒介として行われている。そのため、すべての活動をその根底で保障しているのは、紛れもなく"からだ"である。例えば、１時間座っていることができなければ多くの授業は成立しないだろう。また、学校が始まる時間に合わせて起きられるような生活リズムが確立していなければ、毎日の通学さえ困難であろう。

　したがって、「からだのおかしさ」の問題を発見、把握し、それを解決に導くための"からだづくり"は、すべての教育活動の土台を耕すことに通じる作業とも位置づけることができるのである。

（野井真吾）

③ >> 子どもの生存（生命）にかかわる健康問題

　戦後、日本の子どもの死亡率は著しく低下し、特に栄養不良や感染症による乳幼児の死亡は急減した。近年では先天的な障害や悪性新生物、心疾患、不慮の事故などが相対的に上位になっている。また、虐待、給食によるアナフィラキシー事故、いじめ問題や学校での体罰や殺傷事件などがメディアで大きく取り上げられ、体育活動中の事故（プール・柔道・持久走・組体操等）も問題になっている。

1．子どもの死亡率の年次推移と死亡原因

　日本の子どもの死亡率は5歳未満、5〜9歳、10〜14歳、15〜19歳のいずれの年齢階級でも、年々減少し、周産期死亡率、新生児死亡率、乳児死亡率は世界でもトップクラスの低い国となっている（図Ⅱ-5、表Ⅱ-2）。

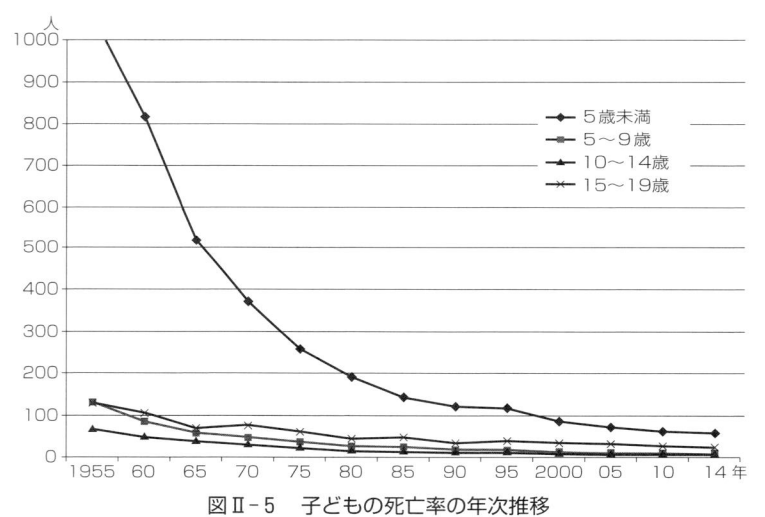

図Ⅱ-5　子どもの死亡率の年次推移
出典：厚生労働省『平成26年度人口動態統計』

表Ⅱ-2　乳幼児死亡率の国際比較
出典：厚生労働省『国民衛生の動向2015/2016』
※国名の後ろの括弧は調査年

【0歳】　　　　　　　　　　　　　　　　（人口10万人対の死亡率）

	男			女	
1	日本（13）	226.1	1	日本（13）	197.5
2	スウェーデン（12）	288.8	2	スウェーデン（12）	229.2
3	イタリア（12）	309.9	3	イタリア（12）	273.9
4	ドイツ（12）	355.5	4	ドイツ（12）	308.0
5	オーストラリア（12）	370.1	5	フランス（12）	311.1
6	フランス（12）	377.0	6	オランダ（12）	319.6
7	オランダ（12）	384.5	7	オーストラリア（12）	322.3
8	イギリス（12）	441.5	8	イギリス（12）	348.8
9	ニュージーランド（13）	480.7	9	ニュージーランド（13）	385.7
10	カナダ（08）	567.0	10	カナダ（08）	482.4
11	アメリカ合衆国（10）	680.2	11	アメリカ合衆国（10）	564.0

【1〜4歳】　　　　　　　　　　　　　　（人口10万人対の死亡率）

	男			女	
1	イタリア（12）	13.4	1	スウェーデン（12）	10.3
2	スウェーデン（12）	15.3	2	イタリア（12）	12.6
3	ドイツ（12）	17.1	3	オランダ（12）	13.6
4	ニュージーランド（13）	18.1	4	ドイツ（12）	13.7
5	オーストラリア（12）	19.1	5	フランス（12）	14.6
6	フランス（12）	19.4	6	オーストラリア（12）	15.1
7	日本（13）	20.0	7	イギリス（12）	16.0
8	イギリス（12）	20.1	8	カナダ（08）	16.1
9	オランダ（12）	20.6	9	日本（13）	17.2
10	カナダ（08）	20.9	10	ニュージーランド（13）	22.4
11	アメリカ合衆国（10）	29.6	11	アメリカ合衆国（10）	23.3

表Ⅱ-3　死因原因の順位
出典：厚生労働省『平成26年度人口動態統計』

上段：死亡数　中段：死亡率（10万人対）　下段：割合（%）

	第1位		第2位		第3位		第4位		第5位	
総　数	悪性新生物	368,103 293.5 28.9	心　疾　患	196,926 157.0 15.5	肺　　炎	119,650 95.4 9.4	脳血管疾患	114,207 91.1 9.0	老　　衰	75,389 60.1 5.9
0歳	先天奇形、変形及び染色体異常	751 74.8 36.1	周産期に特異的な呼吸障害等	261 26.0 12.5	乳幼児突然死症候群	146 14.5 7.0	不慮の事故	78 7.8 3.8	胎児及び新生児の出血性障害等	63 6.3 3.0
1～4歳	先天奇形、変形及び染色体異常	146 3.5 18.2	不慮の事故	113 2.7 14.1	悪性新生物	88 2.1 11.0	肺　　炎	56 1.3 7.0	心　疾　患	40 1.0 5.0
5～9歳	悪性新生物	103 2.0 22.4	不慮の事故	102 1.9 22.2	先天奇形、変形及び染色体異常	37 0.7 8.0	その他の新生物	23 0.4 5.0	心　疾　患	19 0.4 4.1
10～14歳	悪性新生物	101 1.8 20.2	自　　殺	100 1.8 20.0	不慮の事故	85 1.5 17.0	心　疾　患	26 0.5 5.2	先天奇形、変形及び染色体異常	24 0.4 4.8
15～19歳	自　　殺	434 7.3 36.0	不慮の事故	312 5.3 25.9	悪性新生物	141 2.4 11.7	心　疾　患	62 1.0 5.1	先天奇形、変形及び染色体異常	28 0.5 2.3

　また、50年以上前の日本では子どもの死亡原因の上位は感染症であったが、2014（平成26）年の死亡原因を年齢階級別に見ると、0歳と1～4歳は先天奇形、変形及び染色体異常、5～9歳と10～14歳は悪性新生物、15～19歳は自殺が第1位となり、大きく変化してきている。中でも不慮の事故は、いずれの年齢階級の死亡原因でも長年にわたり継続して上位に入っている（表Ⅱ-3）。

　このような死亡原因の変化、および死亡率の低下には、近年の日本における医療の進歩、衛生環境の改善、良好な栄養状態など、乳幼児を取り巻く社会的条件の改善とともに、学校の人的・環境的な健康・安全への対応努力もかかわっていると思われる。

2．統計的に見た子どもの生存（生命）にかかわる問題の状況

1）子どもの自殺

　2014（平成26）年の自殺者数は5～9歳は2名（人口10万対死亡率：0.0%）、10～14歳は100名（1.8%）、15～19歳は434名（7.3%）で、10～14歳の死亡原因の第2位、15～19歳の死亡原因の第1位が自殺であった。そのうち、小学生が20名（0.3%）、中学生が104名（3.0%）と自殺者数、自殺率ともに年々増加傾向にある。2013（平成25）年にWHO（世界保健機関）が作成した「Preventing Suicide：a global imperative（世界自殺レポート）」によると、日本は先進国の中で自殺が多い国であり、深刻な社会的問題として認識されている。

　このような背景を受け、文部科学省は2014（平成26）年7月に『子供に伝えたい自殺予防　学校における自殺予防教育導入の手引』を作成したり、2011（平成23）年より継続的に児童生徒の自殺の背景や事実関係に関するデータを収集・分析し、子どもの自殺対策に資するため「児童生徒の自殺等に関する実態調査」を実施したりして、自殺防止教育に取り組んでいる。

　自殺は様々な原因が複雑に関連して生じ、さらに複数の要因が関与すると危険度が増すため、学校において「自尊感情の低下」「自殺をほのめかす」「死を話題にする」など孤立感や無価値感を訴えるときは危険を示す重要なサインととらえ、しっかり受け止め適切な対応をする必要がある。

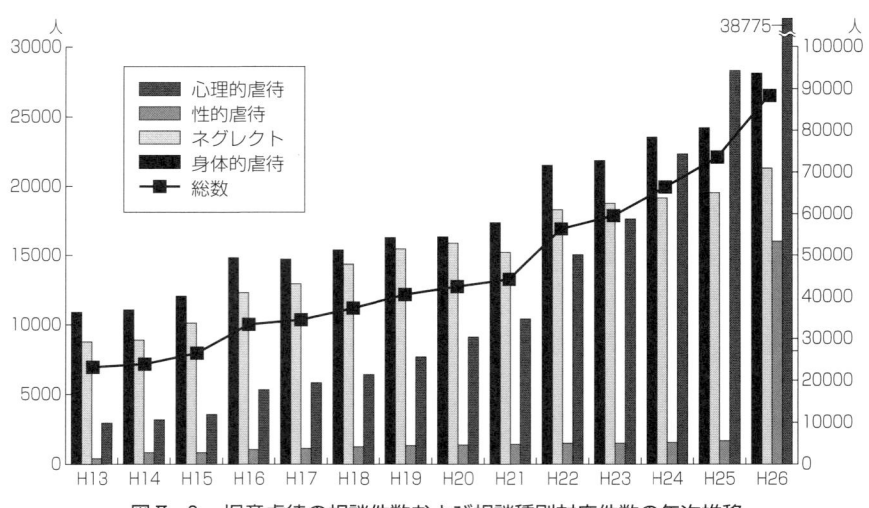

図Ⅱ-6　児童虐待の相談件数および相談種別対応件数の年次推移

出典：厚生労働省『福祉行政報告例の概況』

２）児童虐待

　厚生労働省の「子ども虐待による死亡事例等の検証結果等について（第11次報告）」によると、2014（平成26）年度に児童相談所が児童虐待相談として対応した件数は88,931件で、1990（平成２）年の統計開始時より年々増加し続けている。虐待の相談種別は、以前は「身体的虐待」が最も多く見られたが、2010（平成22）年頃から「心理的虐待」が増加している（図Ⅱ-6）。

　日本における全出生数のうち母親の年齢が若年（10代）の割合は約1.3％前後であるが、心中以外の虐待死事例における「若年（10代）妊娠」の割合は約16.6％前後であることより、「望まない妊娠／計画していない妊娠」「若年（10代）妊娠」は、虐待を引き起こす原因の一つとして考慮すべき点である。また、子育て経験の乏しさによる育児不安や子どもの障害などの養育上の困難さ、昨今の親の経済状況による子どもの貧困問題も虐待の背景の一つと認識されている。

　児童虐待が行われていると気づいた場合は、児童相談所へ通告する義務があり、2000（平成12）年に制定された「児童虐待防止法」には、学校の職員、児童福祉施設の職員、医師、保健師、弁護士その他児童の福祉に職務上関係のある者に対して、児童虐待の早期発見に努めるように明記されている。

　学校現場では「不自然なけが、繰り返すけが」「低身長や体重減少」「持続的な疲労感、無気力」「異常な食行動」「衣服が汚れている、着替えをしたがらない」「理由の不明確な遅刻や欠席が多い」などの子どもの様子や、「連絡が取りにくい」「人前で子どもを厳しく叱る、叩く」「子どもへの近づき方、距離感が不自然」などの保護者の様子に気づいた際は、その子どもにかかわる教員がチームを組んで情報を集め、状況判断をする。特に、教室以外の場で第三者的にかかわる養護教諭、スクールカウンセラーなどからの情報は重要で、「いつもと違う」「何か不自然だ」と感じたときは、子どもと親の様子を総合的に見てかかわりを深めていく必要がある。

３）学校管理下での事故

　学校管理下で負傷・疾病などの発生にともなう独立行政法人日本スポーツ振興センターの災害共済給付よる医療費の受給は、近年、いずれの校種でも横ばい傾向にある。特に小学校、中学校での給付に関しては、近年、子どもへの医療費助成制度を小学校または中学校卒業時までに拡大している市区町村が

増加したことにより、この助成制度を利用してスポーツ振興センターの給付を受けない児童生徒が増えてきている。

　日本スポーツ振興センターは外部の有識者を含めた「学校災害防止調査研究委員会」を設置し、災害共済給付によって得られる学校の管理下の災害事例や統計情報を分析して事故防止対策について調査研究している。その結果、学校の管理下における体育活動中の事故として「柔道事故」や「組体操事故」の実態や危険性などが明らかとなり、子どもたちの発育・発達と安全な体育の関連性が問われている。

　子どもたちが集団で長時間過ごす学校を安全な場所にするため、安全教育や安全管理を行うとともに、学校安全計画の中で安全な学校環境の確保や危険等発生時対処要領の作成等を重要視する必要がある。学校の管理下において災害が発生した場合には、子どもと教職員の安全確保を図るため、迅速な通報を行うとともに、止血や心肺蘇生法などの適切な処置を施さなければならない。また、危機管理として、警察や消防などの学外の関係機関と連携し、学校安全体制の強化を図ることも重要である。

4）東日本大震災での子どもの死亡

　2011年3月11日に発生した東日本大震災では、津波によりいのちを奪われた（行方不明含む）幼稚園児、小・中・高・特別支援学校生は岩手・宮城・福島3県で617名いた（数見隆生『子どもの命は守られたのか』かもがわ出版、2011）。その中でも1校で児童108名中74名、教職員13名中10名の尊いいのちが奪われた小学校があり、また保護者に引き渡した後に被災した児童生徒が3県で115名いたという（前掲書）。こうした人的被災の多くは、決して想定外のやむをえなかった事故ではないし、天災にしてはならない課題である。起こりうる災害として考え、子どもたちのいのちを守る十分な備えをしておかなければならない。

3．子どものいのちを守る学校の課題

　子どもの生存（生命）にかかわる健康問題は、かつてのような感染症等による病死はかなり減少したものの、社会の複雑な変化の中で、思いがけない事件や事故に巻き込まれることが増えたり、人間関係によるストレスや養育機能の喪失を背景とした問題等、極めて多様化してきている。

　こうした複雑な背景があるにしても、文部科学省が「学校は子どもたちの健やかな成長と自己実現を目指して学習活動を行うところであり、その基盤として安全で安心な環境が確保されている必要がある」と述べているように、すべての教育活動は子どもたちの生存（生命）の安全を確保した上で行われなければならない。

　今日の学校教育において学力形成は重要な課題ではあるものの、生命や健康を損なっては実現できない。子どもたちのいのちを守り育む活動こそ教育の根幹に位置づけ、学校運営がされなければならない。

（内山有子）

●参考文献
1）WHO（翻訳：独立行政法人 国立精神・神経医療研究センター 精神保健研究所 自殺予防総合対策センター）：Preventing Suicide：a global imperative、2013
2）西澤哲：子ども虐待、講談社現代新書、2010
3）川崎二三彦：児童虐待—現場からの提言、岩波新書、2006
4）内田良：柔道事故、河出書房新社、2013

④ >> 子どもの保護（疾病等）にかかわる健康問題

1. 健康診断から見える疾病等

　子どもの疾病等について考えるとき、毎年学校で行われている健康診断の結果は一つの指標となる。学校健康診断に限らず、われわれは生まれたときから数か月ごと、1年ごとと、定期的に健康診断を受け続けている。このように毎年欠かさず健康診断を実施し、これらのデータを丁寧に蓄積している国は日本以外にはなく、日本の子どもたちの健康状態を把握する上で貴重な資料になっている。

　図Ⅱ-7は文部科学省の『学校保健統計調査報告書』を基に、5歳、11歳、14歳における疾病・異常被患率の年次推移を示したものである。これを見ると1960年代から1980年代にかけては、どの年齢段階でも、「う歯被患率」が90％前後で最多となっていたが、1990年代以降は減少し続けている。この背景には、学校で丁寧な歯科保健指導が行われ、自治体によるフッ素洗口などの取り組みが行われていることがある。また近年では「う歯は感染症である」ということが乳幼児検診等でも重点的に指導されるようになり、保護者のう歯に関する意識の高まりもあることが考えられる。その結果、2013（平成25）年度には、いずれの年齢段階においても、う歯被患率は過去最低値を示している。しかしながら、まだまだ減少の余地はあるため、この下降傾向を持続していくことが期待されることから、引き続き学校においても歯科保健活動を充実させていくことが必要である。

　一方、1960年代は20％前後であった「裸眼視力1.0未満」の者の割合は、どの年齢段階においても年々増加傾向にある様子を見ることができる。その結果、14歳においては、2010（平成22）年度にう歯被患率の割合との順位が入れ替わり、第1の健康問題に浮上している。近年ではスマートフォンやタブレットなどの電子メディアが子どもたちの生活に欠かせない物となり、その使い方や長時間の利用が問題となっている。特に幼少期からの長時間のメディア接触は非常に問題であり、今後子どもの視力問題がますます深刻化の一途をたどっていくことが懸念される。このようなことから、14歳だけではなく、5歳、11歳でも裸眼視力1.0未満と、う歯被患率との順位が入れ替わる時期は近いことが予想される。

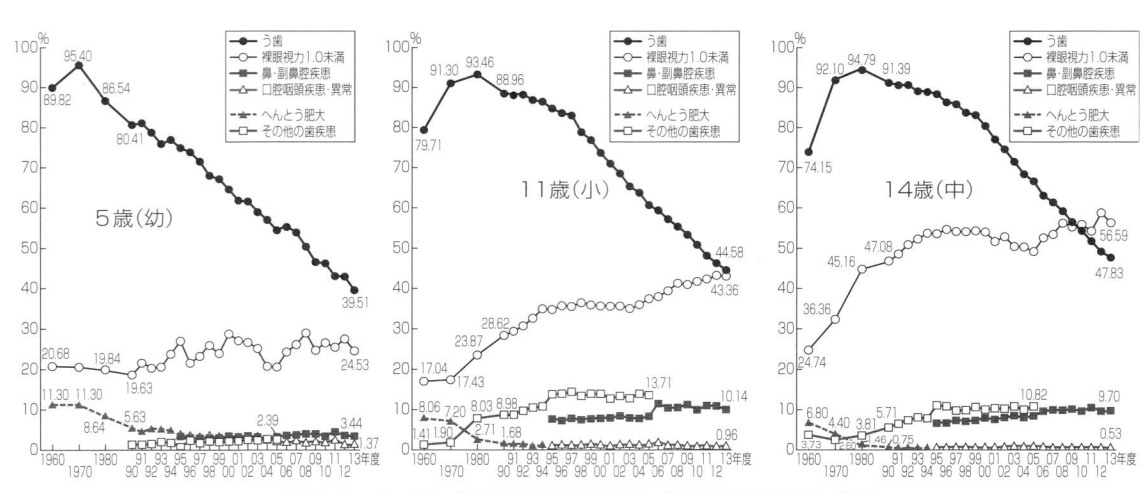

図Ⅱ-7　5・11・14歳児における疾病・異常被患率の年次推移

出典：子どものからだと心・連絡会議編『子どものからだと心白書2014』ブックハウス・エイチディ、p. 85、2014

２．実態が見えにくい視力問題

　今後も視力の低下が心配されるところだが、その実態が見えにくくなっているという問題がある。図Ⅱ-8には裸眼視力1.0未満の者の年次推移を示した。これを見ると、それまでの緩やかな上昇傾向が1975年頃から20年余り、勾配が急になって増え続けてきた。ところが、1990年代中頃からはその増加に歯止めがかかったかのような横ばい状態が続いている。

　この一見横ばい状態が続いているという点については、この20年ほどの間に、学校健康診断で行われている視力検査の測定方法や集計方法が数回にわたって変更されてきたことが影響している。この間の変更は、子どもの視力の実態を的確に把握できなくなったという大きな問題を招いている。

　現状の視力検査では「裸眼視力検査を省略した者の所属する学級は集計の対象外」とされている。そのため、裸眼視力検査を行わない「矯正視力のみ」を測定した子どもが１人でも学級にいた場合には、この学級自体が統計に含まれないことになってしまう。その結果、『平成26年度学校保健統計調査報告書』の都道府県別年齢別疾病・異常被患率（計15歳）では、ほとんどの都道府県で「×（疾病・異常被患率等の標準誤差が５以上、受検者数が100人未満、回答校が１校以下又は疾病・異常被患率が100.0％のため統計数値を公表しない）」が並んでいる。これでは日本の子どもの視力についての正確な実態をとらえることができない。先ほど14歳で、裸眼視力1.0未満が第１の健康問題になっていることを述べたが、このような統計の仕方を考慮すると、どの年齢段階でも順位が入れ替わっていることが予想される。

　一方、「近年、眼鏡やコンタクトレンズの使用などにより裸眼視力を測定していない者が増加している」との認識に立つ東京都教育委員会は、2001（平成13）年度まで従来の裸眼視力の測定を続けていた。また、2002（平成14）年度以降も、『矯正視力のみを測定した者』の数も調査し、それを公表している。そのような統計値を活用して、「子どものからだと心・連絡会議」では、「1.0未満の者」の割合に「矯正のみの者」の割合を加算して図Ⅱ-9を示している。これを見ると、どの年齢段階でも視力問題が依然として拡大していることがわかり、このまま手をこまねいていることはできない問題である。

　対象物がよく見えず、認識できない場合は、知識として脳に定着していかないだけでなく、創造的な

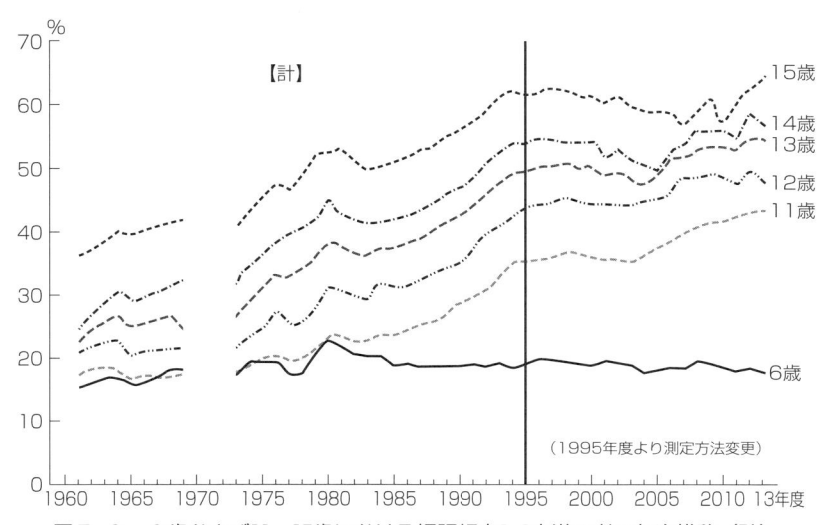

図Ⅱ-8　６歳および11〜15歳における裸眼視力1.0未満の者の年次推移（計）
出典：文部科学省『学校保健統計調査報告書』のデータから、子どものからだと心・連絡会議編『子どものからだと心白書2014』ブックハウス・エイチディ、p. 89、2014

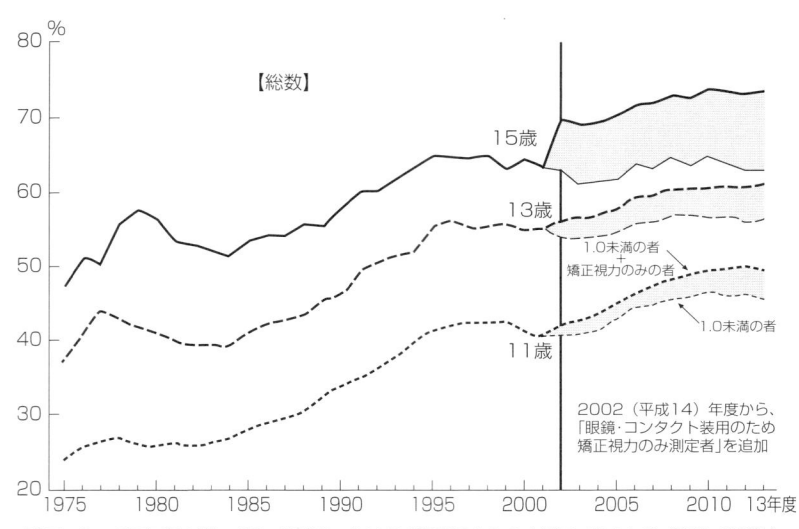

図Ⅱ-9　東京都の11・13・15歳における裸眼視力1.0未満の者の年次推移（総数）
出典：文部科学省『学校保健統計調査報告書』のデータから、子どものからだと心・連絡会議編『子どものからだと心白書2014』ブックハウス・エイチディ、p. 91、2014

思考も形成されないことが指摘されている。そのため、「よく見える」ということを幼少期から保障していくことは、子どもの学習権の保障という点でも極めて重要である。加えて、子どもの電子メディアへの接触がますます心配されている。このような状況を踏まえると、子どもの視力問題の実態を正確に把握し、近視が増加し続ける原因の解明と改善策を見出していくことは喫緊の課題であると言える。そのためにも、子どもの視力の正確な実態が見えるような視力測定と集計の方法が整備・徹底される必要がある。

3．食物アレルギーへの対応

　2012（平成24）年12月、東京都調布市において食物アレルギーのアナフィラキシーショックで女児が亡くなるという痛ましい事故が起こってしまった。2008（平成20）年に「学校のアレルギー疾患に対する取り組みガイドライン」が文部科学省・公益財団法人日本学校保健会から示され、統一された様式「学校生活管理指導表（アレルギー疾患用）」を活用して食物アレルギーに対応する学校が増えつつあるところだった。また、2010（平成22）年に『食に関する指導の手引』が改訂され、そこには「食物アレルギーの児童が健康被害の心配なく、成長に合わせ十分な栄養を摂取し、楽しい食事ができるよう、相談指導と併せて可能な限り給食提供面での対応が望まれます」とも示されていたのであった。このような改訂に沿って食物アレルギー対応をしているさなかであっただけに、とても残念な事故であった。

　『平成24年度児童生徒の健康状態サーベイランス事業報告書』（日本学校保健会、2014）によると、アレルギーの有病率（現在医師に診断され治療・対応をしている）と既往歴（過去に医師に診断されたが現在は治っている）を合計した割合に占める有病率の割合は、スギ花粉症が78％で最も高く、次いでアレルギー性鼻炎64％、アレルギー性結膜炎51％となっている（図Ⅱ-10）。食物アレルギーについては32％と、その他のアレルギーと比較すると、その割合はそう高くないことがわかる。しかし、アレルギー疾患別の学校での対応率は97.6％と他のアレルギー対応と比べて学校での対応率がかなり高くなっている。

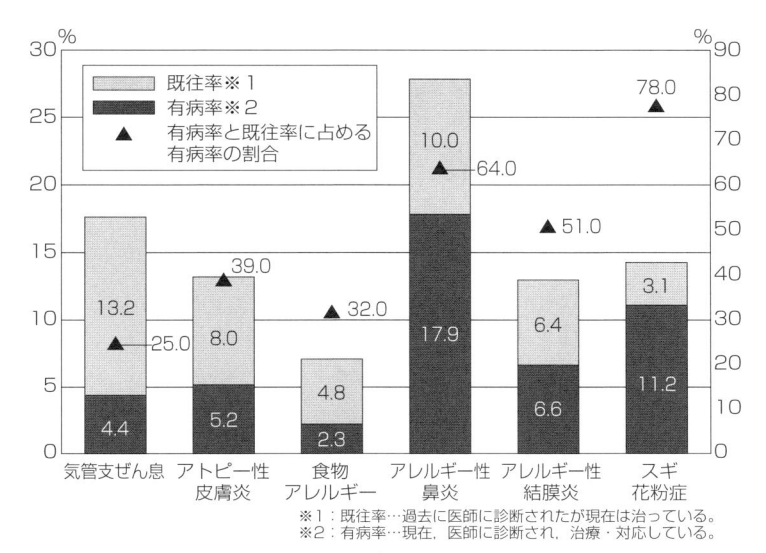

図Ⅱ-10　アレルギーの疾病別の有病率

出典：日本学校保健会『平成24年度児童生徒の健康状態サーベイランス事業報告書』
のデータから、子どものからだと心・連絡会議編『子どものからだと心白書
2014』ブックハウス・エイチディ、p. 99、2014

　学校給食では、「学校生活管理指導表」や医師による除去食品一覧を提出してもらい、保護者と担任・本人・栄養士らとの面談等を行った上で、食物アレルギーへの対応を行うことになる。しかし、除去食や代替え食を提供するにしても調理場環境が十分でなかったり、人材が不足していたり、常勤栄養士の在籍率が低かったりという様々な問題を抱えた中で対応しているのも事実である。今やアレルギー対応食は欠かせないものとなっているが、そのためにはそれを十分に保障することができる安全な人的・物理的環境を整えていくことが不可欠である。食物アレルギーを有する子どもとかかわるすべての大人が、食物アレルギーやアナフィラキシーに関して正しい知識を持ち、緊急時の具体的な対応策など、適切に行動できるよう日頃から意識を高めておくことも必要である。全国で15〜30万人いると言われている食物アレルギーを有する子どもたちのいのちはもちろん、学習権と発達権をも確実に保障するために、適切な給食提供ができる環境を整えていく必要がある。

＊　　　　　　　＊　　　　　　　＊

　子どものからだと心を守り育てることは、教育保健における重要な課題の一つである。そのためには、子どものからだと心の状態を的確に把握することが不可欠である。学校で毎年行われている健康診断は、子どもの健康状態を把握するために重要な役割を果たしている。また、保護者に記入してもらう保健調査票も子どもの健康状態を知るための貴重な情報源となる。しかしながら、前述したように健康診断の測定方法や集計方法が変更されることで、子どもの健康課題を把握できないという問題が生じている。この点については、継続した蓄積ができるように働きかけていかなければならない。さらに、健康診断の結果や保健調査票から得られた結果について、子ども自身も自分のからだのこととして結果と向き合い、健康課題を克服しながら、より健康に生きていくための力をつけることも不可欠である。　（中島綾子）

●参考文献
1）子どものからだと心・連絡会議編：子どものからだと心白書2014、ブックハウス・エイチディ、2014
2）子どものからだと心・連絡会議編：子どものからだと心白書2013、ブックハウス・エイチディ、2013
3）野井真吾：いるいる！そんな子、うちの子　からだの"おかしさ"を科学する、かもがわ出版、2007

⑤ ≫ 子どもの発達にかかわる健康問題

1. 子どもの発達を保障する義務

　子どもの権利条約では、「締約国は、児童の生存及び発達を可能な最大限の範囲において確保」（第6条）し、「到達可能な最高水準の健康を享受すること並びに病気の治療及び健康の回復のための便宜を与えられることについての児童の権利を認める。締約国は、いかなる児童もこのような保健サービスを利用する権利が奪われないことを確保するために努力する」（第24条；いずれも政府訳）と定めている。すなわち、子どもの「発達」を到達可能な最高水準にまで達する権利を保障することは、私たち大人に課せられている義務なのである。はたしてその権利は確実に保障されていると言えるのだろうか？　本稿では、現代的な生活の中でその発達が心配されている体幹筋力、自律神経機能、前頭葉機能を取り上げ、種々の統計結果を基に具体的な事象とも重ね合わせながら実態をとらえ、その背景や問題点、さらには改善のための取り組み策を紹介したい。

2. 体幹筋力の低下

　「背中がぐにゃぐにゃして姿勢を保てない子」「腰痛を訴える子」等の子どもの様子を心配する保育・教育現場の教師が少なくない。このような事象の背景として、体幹筋力の低下が指摘されているが、1997（平成9）年度まで行われていたスポーツテストでは、背筋力が測定されていたため、体幹筋力の指標としてその実態を把握することができた。図Ⅱ-11には、スポーツテストにおける11・14・17歳の背筋力指数（背筋力／体重）の年次推移を示した。これを見ると、1964年度の測定開始当初から右肩下がりに低下し続けている様子を確認することができる。「子どものからだと心・連絡会議」では高校卒業時の到達目標として、男子は自分の体重と同じくらいの人をおぶって歩くことができる「介護」に必要な筋力として2.0を、女子は赤ちゃんを抱っこして歩くことができる「育児」に必要な筋力として1.5を提案しているが、1990年代の女子はすでにその目標値に達していない様子も観察できる。

　このような状況の中、1998（平成10）年度から測定項目を見直して実施されている「新体力テスト」では、「必ずしも背筋力だけを測っていない」「測定時の姿勢や動作を誤ると傷害を発生する危険性がある」等の理由で背筋力が測定項目から外されてしまった。その結果、子どもの体幹筋力の発達を保障できているかどうかを確認できない状況が続いている。

　ただ、学校によっては独自に背筋力測定を継続しているところもあり、前述の連絡会議は、各地での測定値を蒐集し子どもの体幹筋力の指標としてその推移を観察し続けている。図中の1998年度以降に、「連絡会議しらべ」として示しているのがそれである。それによると、1998年度以降も低下傾向に歯止めがかかることはなく、依然として下がり続けている様子が示されている。一方で、正しい姿勢による測定を心がけることにより腰痛等を引き起こすことがないことも確認されている。そのため、背筋力を測定し、子どもの体幹筋力を観察し続けることは「発達」の権利を保障するためにできる必要最低限の取り組みであると言えよう。

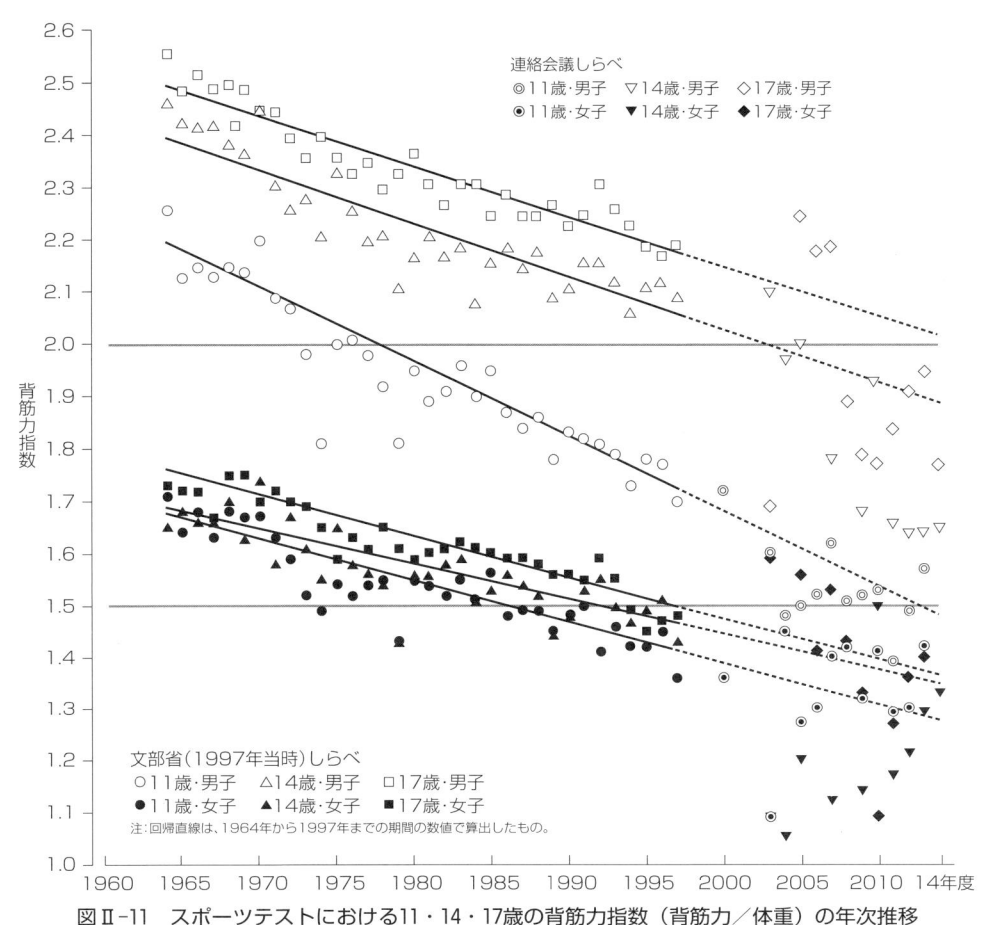

図Ⅱ-11　スポーツテストにおける11・14・17歳の背筋力指数（背筋力／体重）の年次推移
出典：子どものからだと心・連絡会議編『子どものからだと心白書2014』ブックハウス・エイチディ、p. 132、2014

3．自律神経機能の発達不全と不調

　朝から不調を訴える子どもの中には、頭痛や腹痛など自律神経機能の不調を予想させる症状を併せて訴える子どもが少なくない。また、週初めの月曜日に体調不良者が多いという事実は、土日の生活リズムの乱れが自律神経機能の不調を引き起こしているのではないかということを予想させる。このような心配も受けて、自律神経機能の実態把握も進められている。図Ⅱ-12には、寒冷昇圧試験による昇圧反応の加齢的推移を示した。この手法は、自律神経機能のより簡便な測定方法として教育現場で実施可能であると注目されている。片手を4℃の氷水に1分間浸したときの血圧反応から自律神経機能の調子を判定することができる。図には、冷水刺激による血圧上昇の程度（昇圧反応）を日本と中国とにおける調査に分けて示した。これを見ると、日本で行われた調査結果よりも、中国・昆明で行われた調査結果のほうが、昇圧反応が小さく、日本の子どもの交感神経が過剰に反応していることがわかる。外界の刺激に対する過度な反応は、疲労をため込んでしまうことにもつながる。実際、小学生を対象とした別の調査では、昇圧反応が大きい子ほど、多くの疲労感を抱えていることが確認されている。

　このような結果は、日本の子どもの自律神経機能が育ちにくい、あるいは調子を整えにくいことを示唆していると言えよう。そもそも自律神経機能は、緊張時に交感神経が作動し、休息時に副交感神経が

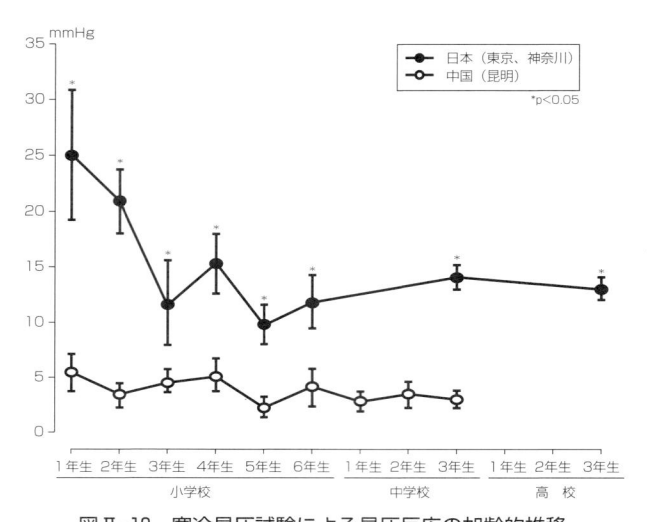

図Ⅱ-12　寒冷昇圧試験による昇圧反応の加齢的推移
出典：子どものからだと心・連絡会議編『子どものからだと心白書2008』ブックハウス・エイチディ、p. 38、2008

作動する。そのような働きを持つ自律神経機能を発達させるには、適度な緊張と十分な休息といった刺激が必要であると言えるが、便利で快適すぎる現代生活では、それがなかなか保障できているとは言いにくい。「よく遊び、よく眠る」といったごくごく当たり前の健康的な生活習慣を確立させるとともに、「階段を使う」「冷水で顔を洗う」といった自律神経機能への発達刺激を意識的に与えることが、現代的な課題の一つであると言われる所以である。

4．前頭葉機能、いわゆる"心"の発達不全と不調

　さらに、保育・教育現場の教師が心配している「保育・授業中、じっとしていない」「絶えず何かをいじっている」「すぐ疲れたという」「自閉傾向」「うつ傾向」「不登校」等々の様子は、いわゆる"心"の身体的基盤である前頭葉機能にも発達の問題が生じていることを予想させる。実際、この機能の実態把握のために行われている go/no-go 課題（光刺激に対して、ルール通りにゴム球を握ったり、握らなかったりできるかどうかを観察する）の結果、幼稚なタイプである「不活発型」の存在が心配されている様子は前述した通りである（Ⅱ部2章の2を参照）。この「不活発型」とともに、心配されているタイプに「抑制型」がある。

　図Ⅱ-13には、このタイプの出現率とその加齢的推移を示した。この図を見ると、1969年調査では1人も観察されないのがこのタイプであったことがわかる。そもそも子どもは、元気で、やんちゃで、落ち着かない存在であったと言える。そのため、当時は「抑制型」の子どもは存在しないであろうとも思いながら調査を行っていたと聞く。ところが、頑固に同じ手法を用いて、この調査を繰り返していると、1998年調査では、このタイプの子どもたちが少しずつ観察されはじめ、それ以降の調査では、どの年齢段階においても1〜2割程度ずつ存在するタイプになってしまった様子が示されている。

　このタイプの子どもたちは、集中に必要な"興奮"の強さも、気持ちを抑えるのに必要な"抑制"の強さもある程度備わっているものの、そのバランスが悪く、"抑制"が優位なタイプである。そのため、周囲の人からは一見"おとなしく、何の問題も起こしそうにない子"と見られているが、いったんその

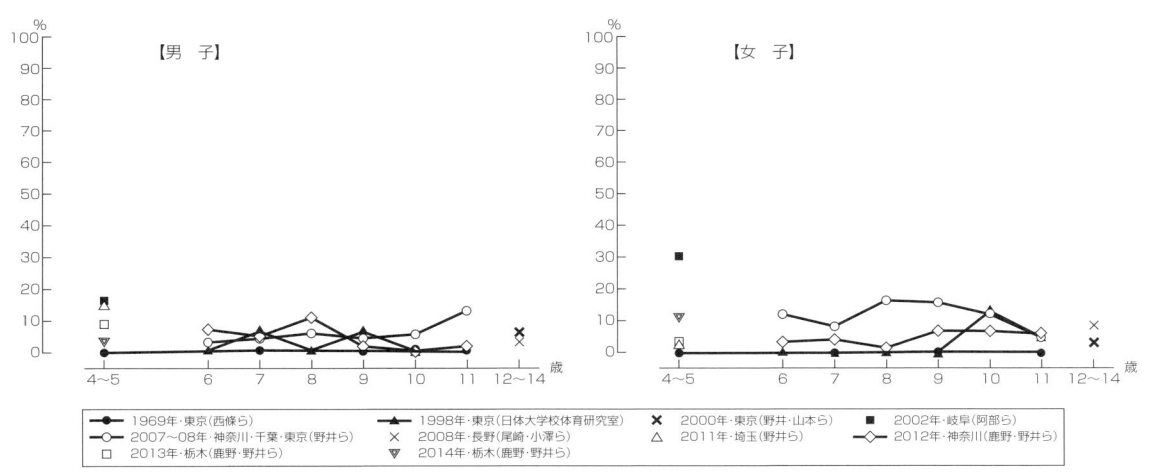

図Ⅱ-13　大脳前頭葉・「抑制型」の出現率の加齢的推移
出典：子どものからだと心・連絡会議編『子どものからだと心白書2014』ブックハウス・エイチディ、p. 134、2014

　抑制が外れてしまうと本人さえ記憶がないほどに興奮が突き出て、突発的な行動に出てしまう、いわゆる "キレる" という事象を引き起こしてしまうのではないかとも予想されている（野井、2013）。幼い頃からの "超早期教育" や厳しすぎる "しつけ教育"、あるいは "道徳教育" により、常に "よい子" でいることを強いられ、興奮を抑えられてきたために、日頃から必要以上の抑制が強く働きすぎてしまうのではないだろうか。

　前述した「不活発型」の増加問題とも併せて、現代の子どもたちの前頭葉機能の発達傾向はかつての子どもたちのそれとは明らかに変化してきている。言い換えると、現代の子どもたちが生活する社会環境は、子どもが子どもらしく興奮をむき出しにしてはしゃいだり、ふざけたりしにくい環境であると言える。最近では、ワクワク・ドキドキするような "興奮" が前頭葉機能を発達させる刺激になることが報告されている。子どもの "心" の発達を目指して、子どもが子どもらしく "興奮" できるような社会環境を創造することが急務の課題であると言えよう。

　本稿で紹介した種々の健康問題は、子どもの「発達」を到達可能な最高水準にまで達する権利を保障しているとは言いにくい現状を示していると言えよう。さらに、一つひとつの事象に注目して見ると、それらが病気や障害とは言えないものの、さりとて健康とも言えないような、学校生活の中でよく見受けられる体調不良、いわゆる「からだのおかしさ」とまとめることができる健康問題であることもわかる。そのような子どもたちを前に私たちに今求められていること、それは、「からだのおかしさ」の実態を可能な限り正確に把握し、改善のために必要な実践を創造することにより発達権を保障することなのだと言える。また、そのような発達権の保障は、子どもの学習権を保障することに他ならない。ここに、教師が教育保健学を学ぶ必要性と意義がある。

（鹿野晶子）

●参考文献
1）子どものからだと心・連絡会議編：子どものからだと心白書2014、ブックハウス・エイチディ、2014
2）野井真吾：新版 からだの "おかしさ" を科学する すこやかな子どもへ6つの提案、かもがわ出版、2013
3）子どものからだと心・連絡会議編：子どものからだと心白書2008、ブックハウス・エイチディ、2008

⑥ ≫ 子どもの体位・体力にかかわる健康問題とその課題

　身体状態を正確に評価することは、健康状態評価のための必須条件であり、成長途上にある子どもの場合には、身体の発育・発達状態の評価が健康状態把握の基本的条件となる。また、肥満や痩せ、巨人・小人症など、体型に現れる病気のスクリーニングとしても必要な情報となる（東郷正美、身体計測による発育学、1998）。

　子どもの体格が大きくなってきたと言われはじめてから久しいが、地域住民でもある子どもたちは、その地域の様々な社会問題や環境の中で成長している。したがって、子どもの発育・発達には、彼らを取り囲む、もしくは取り囲んできた生活環境、そしてその変化が何らかの形で影響を及ぼしていると考えられるのではないだろうか。本稿では、子どもたちの体格の現状を示し、そこに関連する健康事象である肥満・痩せや体力の課題について述べる。

1．子どもの体格

1）体格の推移

　児童生徒の体位に関する調査は、文部省（現：文部科学省、以下文科省）では明治期より行っており、その結果は年報に掲載されてきた。また、1948（昭和23）年より文科省では、毎年4月〜6月の間に学校保健統計調査を実施している。図Ⅱ-14、Ⅱ-15に学校保健統計調査報告書から抜粋した数値を用いて、小学校6年生（11歳）の身長と体重の平均値の推移を示した。この報告によれば、子どもたちの身長と体重は年々増加していることを確認することができる。1990年代以降の学校保健統計調査の身長の平均値の推移を見ると、1990年代後半まで徐々に身長の平均値が増加しており、2000年代前半頃にその値が最も大きくなることを見ることができる。しかしその後、男女および各学年ともに、身長の平均値の伸びが小さくなる、あるいは横ばい状態になることを観察することができる。また、体重について見ると、身長同様の傾向を示すが、1990年代半ば頃まで年々増加し、1990年代後半から2000年代前半頃に最も重くなり、横ばい状態が示された。しかし、後述する肥満傾向児の出現率と関連するが、ここ10年程度、その平均値は非常に小さな変化ではあるものの、年々減少する傾向にある。

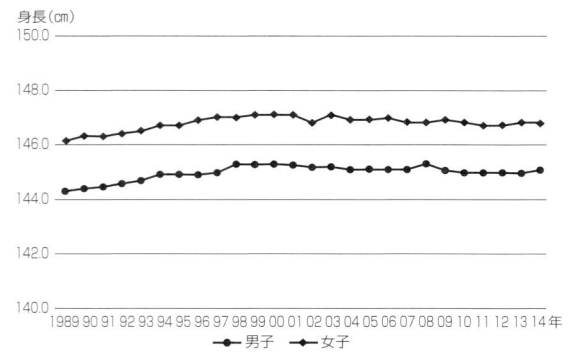

図Ⅱ-14　小学校6年生の平均身長の推移

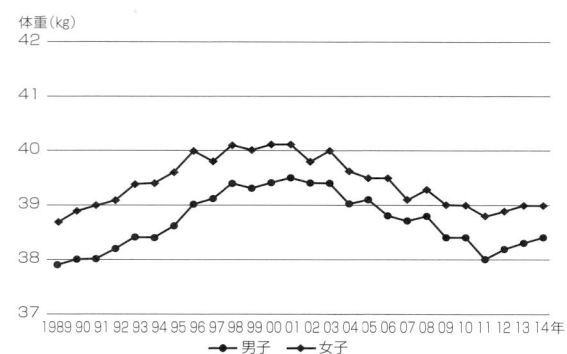

図Ⅱ-15　小学校6年生の平均体重の推移

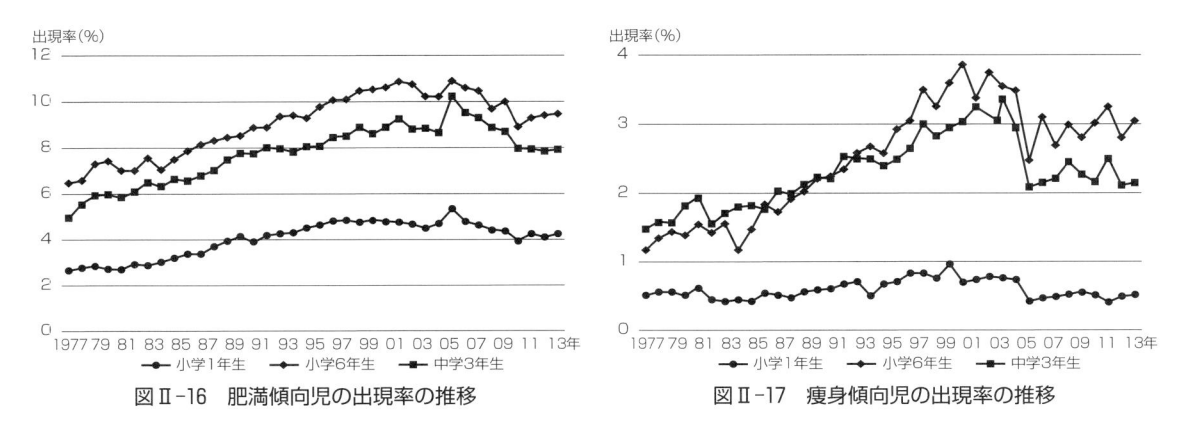

図Ⅱ-16　肥満傾向児の出現率の推移　　　　図Ⅱ-17　痩身傾向児の出現率の推移

2）子どもの肥満および痩せの出現率の推移

　学校保健統計調査報告書には、1977（昭和52）年から肥満傾向児および痩身傾向児の出現率が示されている（図Ⅱ-16、Ⅱ-17）。なお、平成17年度までは性・年齢別・身長別「平均体重」を用いた肥満度の算出であり、平成18年度以降は性・年齢別・身長別「標準体重」による肥満度の算出となっており、判定指標が異なっているので注意が必要である。「肥満児」の出現について言われるようになったのは、1970年代に入った頃からであった。それから40年余が経過したが、近年出現率の傾向が変化してきている。出現率が掲載されてから、長い間、出現率の上昇が報告されていた。しかし、体重の減少とリンクする形で、ここ10年くらいの間、肥満傾向児の出現率が減少傾向にあることが確認できる。痩身傾向児の出現率について見ると、年々上昇傾向が続いていた。2006（平成18）年に肥満と同様に判定基準値が変更になったことから、単純な比較はできないものの、近年は年ごとにその出現率が変動しているが、長期的な傾向として見ると増加傾向にあると考えられる。痩身傾向児の出現率は小学生に比し、中学生で多いことを確認することができる。しかし、無理な食事制限等によるダイエットの経験者が小学生においても散見されることが報告されており、今後の痩身傾向児の出現率の推移については、注意が必要である。肥満や痩せの出現率の増加は、社会的要因によりもたらされる。近年、子どもの貧困と肥満・痩せに関するデータも多数報告されるようになっている。貧困状態になると、単位重量あたり安価な炭水化物を多く摂取し、空腹感を満たせるが、肥満を引き起こすリスクが高まる。一方で、成長期に食事を十分に摂ることができないために、痩せてしまう子の存在も知られている。肥満や痩せの改善には、単に運動不足や食生活の乱れ、といった生活習慣に注目するだけでなく、子どもの生活環境なども考慮する必要がある。

　学齢期における肥満、あるいは痩せに対して、その改善に向けた取り組みなどを行わずに放置していた場合には、その状態が継続するトラッキング現象の存在が指摘されている。単に肥満、あるいは痩せの状態が続いているだけではなく、成人期以降における高血圧症、脂質異常症や糖尿病などの生活習慣病の発症、および死亡リスクが高まることが報告されており、若年期からの対応が重要である。

2．子どもの体力

　体力とは、行動体力と防衛体力からなっており（猪飼道夫『運動生理学入門』杏林書院、1969）、行動体力は筋力、瞬発力、持久力などといった要素であり、一般的に「体力」を指すときには、この行動体力のことである。防衛体力は、ストレス等に対する抵抗力のことを指している。免疫的な側面や生理

的な側面を含め、外界からの刺激に対応するための能力、すなわち恒常性（ホメオスタシス）を保つ能力と言える。

1）子どもの行動体力の現状について

体力・運動能力に関する調査は、1964（昭和39）年から行われている。なお、これらの調査結果については、文科省のホームページに掲載されているので参考にされたい。体力・運動能力テストが実施されて以来1980（昭和55）年代頃まで、行動体力は向上傾向にあったと言える。しかし、それ以降低下する経過を示しており、全国的に子どもの体力向上は喫緊の課題となっている。なお、1999（平成11）年度の体力・運動能力調査から導入した「新体力テスト」において、それまで行われていた種目が見直され変更されている。長期的に結果を観察することができる種目の握力、50m走、ボール投げや立ち幅跳びの記録について見ると、体力水準の高かった昭和60年頃に比較すると、全体的に記録の低い状況が続いている。しかしながら、新体力テストの始まった時期から見ると、記録の向上傾向が確認されている。特に新たに導入された20mシャトルランや上体起こしの項目の数値が増加していることが認められる。このことからも、体力低下の下げ止まりが起こっているのではないかと期待することができる。しかしながら、各種目の記録の平均値について見ると、その変動が安定してきている代わりに、記録のばらつき具合を示す標準偏差が大きくなってきていることも確認できる。すなわち、このことは個人差が拡がってきていることを示しており、体力のある子どもとそうではない子どもの差が拡大していると解釈することができる。

2）子どもの防衛体力について

からだの抵抗力を示す防衛体力について関連している、いわゆるかぜをひきやすい、疲れやすい、いつも眠さを感じているような子どもの存在は以前より知られていた。このことに関連する子どもの状況が近年報告されるようになってきた。野井らにより精力的に記録が残されているが、例えば、最近の子どもたちは体温水準が低い傾向にあることが報告されている。起床時の体温が36度に達していない子どもは活動水準が低いこと、特に男子では低体温傾向群のネット・携帯電話使用時間が長く、就床時刻が遅く、睡眠時間が短い様子が示されている（中島綾子ら、発育発達研究、2011）。睡眠は成長にかかわるホルモン状況に影響を与えることが知られており、子どもの成長と強く関連する。血圧変動に関する調査でも、子どもたちの過緊張状態が示唆される結果も示されており、自律神経活動の発達について危惧される。人間は危険などから自己を防衛する自己防衛機能を持っているが、その代表的なものとして反射がある。これも防衛体力の構成要素として考えることができる。近年、反射が鈍い事例などが報告されている。例えば、転んだときに手が出ないで、顔から地面にぶつかってしまう、あるいは、ボールなどの物が飛んできても、とっさに避けることができず、ぶつかってしまうといった例である。その事例は決して多くないようであるが、防衛体力の発達の観点から見ると、注意が必要であると考える。

3）行動体力と防衛体力の考え方

行動体力、防衛体力ともに、単に運動することによって向上するものではない。食事や睡眠などの生活習慣、あるいは運動をする環境や機会などによっても、大きな影響を受けることが知られている。また、行動体力と防衛体力は、それぞれが独立しているのではなく、互いに連関し合っていることが明らかとなっている。例えば、適度な運動を行うと免疫に関係する細胞の活性が高まることなどが知られて

いる。このことは行動体力を向上させることにより、防衛体力も高めるといった可能性を示唆している。一方で、強度の高い運動トレーニングをすることで、かぜの症状が出現しやすくなるといった免疫力が低下することも報告されている。このようなことも考慮した上で、発育期にある子どもたちの体力について再考する必要があると考える。

3．子どもの発育・発達を考え、教育現場で活用するために

　学校で子どもたちの発育状況を観察することは、健康の維持増進が目的であることに間違いない。しかし、予防医学や公衆衛生学的なアプローチとの違いは、子どもたちの発育・発達を最大限保障していくという教育上の責任を持っている点である。子どもたちの健康管理や保健指導の中では、子どもたちの発育・発達の状況が必ず考慮されなければならないし、個人的な接近、あるいは集団的な接近においても、それぞれの立場から考える必要がある。子どもたちの発育・発達状況は、歴年齢と相関するが一致するものではない。遺伝や性の影響も受けて、性徴の発現やその経過に違いがあることからも、歴年齢だけで発育状態を判断することは適切ではない。そして、個人間の発育・発達の違いが存在し、常に変動し、子ども自らが変化していることを感じ取りながら成長している。このような子どもたちの感じ方は、教育活動にも関連してくるだろう。言い換えれば、子どもたちの発育・発達の程度、健康状態や体力水準が教育効果に大きくかかわってくるのであろう。子どもの身体発育および発達は、常に高次の段階へと変化していくとともに、そこには時間が必要となる。スキャモンの発育曲線やWISC等の様々な発達検査に見られるように、子どもの発育・発達は一定の順序がある。教育においては、そのタイミングを逸することなく、発育・発達状況を考慮したアプローチを子どもたちにする必要があろう。

　その把握をするために必要なことは「測定する」ということである。子どもは自分の周囲の環境の変化に感受性が高い。社会で大きな事象が発生した場合には、その事実を受け止めた子どもたちは言葉には何も表さなくても、からだで示すこともあるだろう。例えば、戦中から戦後の子どもたちのからだに大きな変化が見られていることは明らかである。また、人類が便利さ、快適さや楽しさを求めて、人工的に創り出した文明や文化様式によって、肥満傾向児の出現率などが変化している。このような生活環境の変化に合わせ発育や発達状態が変化していることは、人間の身体機能を変える可能性を示唆しているとも考えられ注意が必要である。1993（平成5）年には胸囲の測定、2016（平成28）年には座高の測定、また行動体力について見ると、新体力テストになって背筋力の測定がそれぞれ廃止となり、子どもたちの発育や発達に関する指標が減っている。一つの問題が解決すれば、また新たな問題が生まれ、そのときには別の役割を持つのが子どもたちの発育状況を示す測定値である。特に発育期にある子どもたちは常にその測定値が変化している。集団としての、あるいは個人としての子どもたちの健康状態を理解するためには、子どもたちのからだに関する指標を測定し続け、評価し続けることが、最低限必要である。

（黒川修行）

●参考文献

1）前川峯男、寿原健吉、長尾十三二、東洋編、教育学全集10 身体と教育、小学館、1968

2）財団法人 食生活研究会、学童の発育と食べもの―学童の体位向上を願って40年―東北大学名誉教授近藤正二博士講演記録、財団法人 食生活研究会、1972

3）Kondo S, et al. Secular trends in height and weight of Japanese pupils. Tohoku J Exp Med. 126巻3号、p. 203-213、1978

⑦ ≫ 子どもの心と性をめぐる健康問題とその課題

　いじめや不登校、性の逸脱行為をはじめとした子どもの心と性の健康問題は、実に多様であり深刻さを増している。いじめや摂食障害、自殺企図、薬物への依存、リストカット、望まない妊娠等、生命の危険と隣り合わせにあり、教職員や保護者はもとより、医療機関等との連携で早急な介入が必要な場合もある。また、不登校や保健室登校、ネット社会から生じる友人や異性とのトラブル、発達に課題を有すると思われる子どもやその二次障害による自己肯定感の低さ、性同一性障害*やLGBT（レズビアン、ゲイ、バイセクシャル、トランスジェンダーの頭文字から）、デートDV等、長期にかかわることが必要な場合もある。さらには、子どもの発達過程における不安定さから生じる心や性をめぐる健康問題もある。

　そのような心や性の健康問題について子ども自身がSOSを出していく場の一つとして、学校の保健室がある。そこで本稿では、保健室を訪れる子どもの様子から、子どもの心と性をめぐる健康問題について考え、その上で、どのような教育が求められているかについて言及したい。

＊性同一性障害は、「性同一性障害者の性別の取り扱いの特例に関する法律」の第2条に示されているように、一定の基準を満たしたトランスジェンダーに対する医学的診断名である。

1．子どもの心の健康問題の背景と課題

> 【実態：友人関係で我慢を強いられる中学2年生の女子】
>
> 　仲がよく、音楽室等への授業による教室の移動のときも、学校帰りも一緒の中2女子3人組。いつも楽しそうにおしゃべりをしている。リーダー格のA子、おっとりのB子、おとなしそうなC子である。
>
> 　ある日のこと、C子が保健室に来室。「実は……」と話し出す。「A子の言いなりになることが多くいつも我慢してきた。もう我慢できない。でも、A子にその気持ちを伝えることは難しい」。母に相談したら、「LINE（ライン）で言えば？　とアドバイスされたけど、そうするのはやっぱりこわい……。先生、どうしたらいいですか？」

1）人間関係づくりの未熟さ

　中学生期の子どもの発達課題を見ると、今まで依存してきた大人（特に親）から自立し、同世代の仲間を求め、仲間と共に生きることで社会性を身につけていく時期である。しかし、この3人の様子からは、その発達課題を乗り越えていくにはずいぶんと時間がかかりそうである。なぜなのだろうか。

　幼少期からの母子関係や家族関係の中での基本的な信頼感が育まれているのだろうかという疑問が湧いてくる。信頼関係で結ばれた親子関係があることで、はじめて友人を信頼し、かかわっていくことができる。「ビクビクとした遠慮の中」での友人関係ではなく、互いに信頼し尊重し合う関係性を築くことができるような育ち直しが必要であろう。事例のような小集団での友人関係のつまずきは、学級集団等への不適応につながることもあり、いじめや不登校といった問題を引き起こしてしまうこともある。

　子ども同士が互いに相手を尊重しながらも、単に表面的に行動を共にするというのではなく、感情の

交流を含めた信頼に裏付けられた人間関係づくりの体験が求められる。

2）コミュニケーション力の課題

　人間関係づくりにはコミュニケーション力が不可欠である。「お腹が痛い」と来室した生徒に「どれ
ぐらい痛い？」と聞くと「ビミョウ」と答える。期末テストが終わって来室した生徒に「テスト、どう
だった？」と聞くと「ビミョウ」と答える。また、動物を見ても、本の表紙を見ても……「かわいい」
を連発する。

　一つには、子ども自身が自己の感情と丁寧に向き合い、その気持ちはどのようなことなのか、何を感
じているのかを表現する経験が少ないのではないかと思われる。生活全般においてスピード化が進み、
効率的なものがよいとされる文化の中で、子どものペースでゆったりと子どもの声に耳を傾ける大人が
少ないのかもしれない。二つ目として、信頼関係が持てない中で自己の感情を自由に表出ができないと
いうことがあるのではないかと考える。

　このように感情表出がうまくいかないままでは、必要以上の我慢を強いられる友人関係がつくられて
しまったり、逆に適度な距離感が保てずに共依存のようなことも起こったりする。また、不用意な強い
言葉で友人を傷つけることもある。そのような中で何か問題が生じても、友人同士で感情の疎通ができ
ず、人間関係のつまずきから人とのかかわり方を学び、人間関係を再構築することは難しい。子ども自
身が自己の感情と向き合い、言語で表現し、かつ、それを伝えることを大人が肯定し、学ばせていくよ
うにかかわることが求められる。

3）子どもの成長を阻む環境

　子どもの心の成長は、発達課題を丁寧に乗り越える経験の積み重ねである。幼少期の小さなけんかも
思春期の友人関係のトラブルにしても、その関係性の中で、時には大人の力を借りながらもその年齢な
りに折り合いをつけて解決策を模索していく。その過程で自他を尊重し協力していくような気持ちを育
み、また、その解決に至ることで成就感を感じ、自己を信じ肯定する心を育むこととなる。しかし、大
人が幼少期から友だちとのトラブルを回避させようとするあまり、早急に介入することで子どもの自立
を阻むこともありうる。

　また、本事例で見られたように、親自身がLINE（ライン）で人間関係の修復を示唆するというよう
に、大人自身も感情を通わせた人間関係構築の重要性を自覚していない場合もあるだろう。子どもと共
に大人自身が子育てを通して学びを深めることが必要と言える。

2．子どもの性をめぐる実態と課題

【実態】

○出会い系サイトで出会った男性との交際を繰り返す中2のD子は、その男性との時間を保健室で
　こう語る。「D子の話を聞いてくれるんだよね。受け止めてくれるって感じなんだ……」

○「先生、妊娠したかもしれない」と突然来室し、悪びれる様子もなく語る高2のE子。「F男に
　薬局で妊娠検査薬を買わせて検査した。陰性だったけど、生理が来ない……」という訴えである。
　うろたえるF男とは対照的に、大きな声で話すE子……。

○中２のG男の保健室での会話。「先生、ラブホ（ラブホテル）って何？　結婚しなくてもセフレ（セックスフレンド）がいればいいんだよね……」と言いつつも、心身の変化に戸惑い異性への恋愛感情にドキドキしている。氾濫する性情報と実体験のずれに戸惑う中学生の姿がある。

1）心の居場所を求める性の逸脱行為

　D子やE子のように、性の逸脱行為に陥ってしまう子どもたちの多くに共通することとして、自分の心の居場所がない寂しさを感じていることがある。例えば、母が再婚し弟や妹が生まれ、家族が弟や妹中心の生活に変わり自分のことには見向きもしてくれない。また、エリート大学出身の父母の期待に応える優秀な兄や姉に比べて、期待通りに成績の伸びない自分はいつも家庭に居場所がなく、自己嫌悪の毎日であった等である。思春期に入り自我の形成期に自分自身を等身大で認めてほしいと思ったり、自立へ向かう不安感と向き合うときに、丸ごと受け入れてくれる親や大人を求めている。その切なさに寄り添ってくれるような理解者がいたら、性の逸脱行為へは向かわなかったかもしれない。

2）生き方の選択につながる性の指導の必要性

　二次性徴の発現とそれに続く性の成熟過程において、子どもはその身体的変化を受け入れ、それに伴う心の変化や、ある時には性衝動のコントロールと向き合うこととなる。その大きな変化の中で、特に異性とのかかわりでのよりよい行動選択に結びつく性に関する指導が求められる。

　性交体験の低年齢化が進み、性交そのものがカジュアル化しているのではないかと言われている。その風潮の中でE子やF男のような言動が出てくるのかもしれない。しかし、保健室でのこうした場面は重要な学びの場である。その行為を善し悪しで評価する指導にとどまることなく、自己の身体で起こっていることと向き合わせることで身体観を育て、生命の大切さに気づいていけるようなかかわりが求められる。

3）性の情報の氾濫・カジュアル化に翻弄される子どもたち

　過激な性の情報が氾濫している。性への興味関心が高まる時期である子どもたちにとって刺激的な情報である。しかし、性成熟に向かう子どもにとって、未知なる性についてどう学び、どうとらえていくかは性行動の選択において重要な鍵となる。異性間（またはLGBTの求めるそれぞれの性）において、まずは相手に対し人としての尊厳を持ち、相手を尊重できる性を学ばせたい。しかし、商品化された手っ取り早い性情報が席巻する時代の中で、カジュアル化する性文化に翻弄される子どもたちがいるのである。時には簡単に性犯罪に巻き込まれてしまう危険性とも隣り合わせである。性情報を禁欲的に必要以上に遠ざけるのではなく、商品化のために作り上げられた偽りの情報に気づき、科学的で正確な情報をキャッチできるような性の情報リテラシーの育成が求められる。

4）氾濫する性情報と子どもの現実との解離

　実際の子どもたちは身体的、精神的な小さい変化にさえ不思議さや戸惑いを感じ、異性への恋愛感情も「あの人が気になる。好きなのに意地悪をしてしまう」といったピュアな気持ちを抱いている。純粋な愛情を信じている子どものそのような実体験と過激な性情報とが解離している。子どもたちはその狭間で悩んでいるとも言える。子どもの身体的、精神的成長の実態を丁寧に掘り起こしながら、子どもが

自分自身の正直な気持ちを肯定し向き合うことができるような大人のかかわりが求められる。

　また、実態にあるＧ男の発言には、大人の性行動や性文化への批判もあるだろう。表面的で過激な発言をたしなめるのではなく、子どもが納得できる自己の性アイデンティティの確立を促していけるようにかかわりたいものである。

3．子どもの心と性をめぐる問題にどうかかわっていくのか

　子どもの心と性をめぐる問題の解決は、いずれも子どもの成長過程において「子ども同士や大人との関係性の課題」としてとらえることができるだろう。子どもが自己と向き合いながら、課題解決を通して主体的に友人や異性とのかかわり方を獲得していくことが必要である。

　子ども自身が主体的に課題解決を通して成長するためには、安心・安全であること、自分自身を丸ごと受け入れてもらえること、善し悪しの評価ではなく、その子の個性や存在そのものを認めてもらえるといった、子どもの基本的なニーズを満たすようなかかわりが必要である。その上で、子どものペースや子どもが自身の感情を大事にしながら、他者とのかかわりの中で気持ちを表現したり、気持ちの交流を大事にした友人関係を築いていく成長に寄り添うことが求められる。その際には、学校だけではなく保護者や家族を巻き込んだかかわりで、子どもと保護者の共育ちを支えることも必要である。

　摂食障害、リストカット、不登校、いじめや性の問題等、多様な課題にはその課題特性に合った方策も忘れられないが、子どもを主体とし、子どもの存在を肯定しながら共育ちしていくということはいずれの課題にも共通する基盤であるととらえる。

　また、思春期には、子どもは初めて自己の内面に目を向け、「自分は何者か」と問いかけ、自立していく不安と孤独に向き合うことになる。性の課題についても、大人は制度的に満たされた結婚後の生殖を目的とする性交のみを正当化するのではなく、性情報の氾濫で翻弄されながら自己の性アイデンティティの確立に苦悩する子どもと、自己の生き方としての性や恋愛を語りあえることが求められる。

4．多様な性のあり方と教育

　性は大きく四つの軸でとらえることができる。一つ目は生物学的性で、内・外性器や性染色体、二つ目は、どう自分の性を認識するかという性自認、三つ目は、どのような性別の恋愛や性愛の対象とするかの性的指向、四つ目は、自分の性別を服装や行動でどう表現するかという性表現である。この四つの軸がかけ合わさって性をとらえていくこととなる。

　学校も社会も多くの場合、生物学的性でその活動は進められている。多様な性を持つ子どもが存在することを自覚し、制服、髪型、トイレや更衣室の使用、健康診断、体育の授業、修学旅行での入浴や部屋割り等多くの配慮が必要となる。それらの配慮のあり方を共に考え行動することは、性的マイノリティの子どもも、周りの子どもも教師も、人権意識を持ち、人として成長していく好機ととらえ、前向きに向き合いたい新たな課題である。

（小林央美・新谷ますみ）

●参考文献

1）薬師実芳：LGBT の子どもも過ごしやすい学校について考える、早稲田大学教育総合研究所（監修）「LGBT 問題と教育現場—いま、わたしたちにできること—」、学文社、2015、p. 5〜26

⑧ >> 健康問題の背景としての生活・環境問題

1. 子どもの生活問題

1) 生活のリズムとその乱れ

　子どもの心身の健康を左右する背景にあるもの、それは日々の生活や環境である。生活は年齢が進むにつれて主体的に形成されていくが、学童期ではまだ親を中心とした家族の影響も大きい。したがって、望ましい生活リズムを整え定着させることは、家庭と学校の一つの目標と言っても過言ではない。

　生活リズムとは、活動と休息を基盤とした生活時間構成のことを指すが、子どもにおいては「睡眠と食事を軸に1日の生活を規則的に刻むこと」であると言えよう。平成23年社会生活基本調査（総務省統計局）によれば、平日の起床時刻は、小学生（10歳以上）・中学生・高校生で、それぞれ6時38分、41分、36分とほぼ同じである。だが、就寝時刻は小・中・高校生で、それぞれ21時57分、22時55分、23時42分となっており、学年段階が上がるほど遅い。この中で、小学生は平成18年と比べて就寝・起床時間は早くなっており、「早寝早起き朝ごはん」運動推進の成果と推察される。

　就寝時刻を性別で見ると、いずれの学年段階も男子に比べて女子のほうが遅く、小学5・6年生以降の起床時刻は女子のほうが早まる傾向にある。その結果、『平成24年度児童生徒の健康状態サーベイランス事業報告書』によると、睡眠時間は男子よりも女子のほうが短くなり、その開きは最大18分（中学生、平成24年度）となっている（図Ⅱ-18）。過去20年間の睡眠時間の推移では、睡眠時間が改善される学年もあるが、全体では小・中・高校生とも徐々に短くなる傾向が見てとれる。

　睡眠時間の短縮化は、質の面にも影響する可能性がある。同事業報告書では、学年段階が上がるにつれて「すっきり目覚める」割合は減少し、睡眠不足感を抱く割合も増加の傾向にある。特に高校生の3人に2人は睡眠不足感を有する状況となっている。

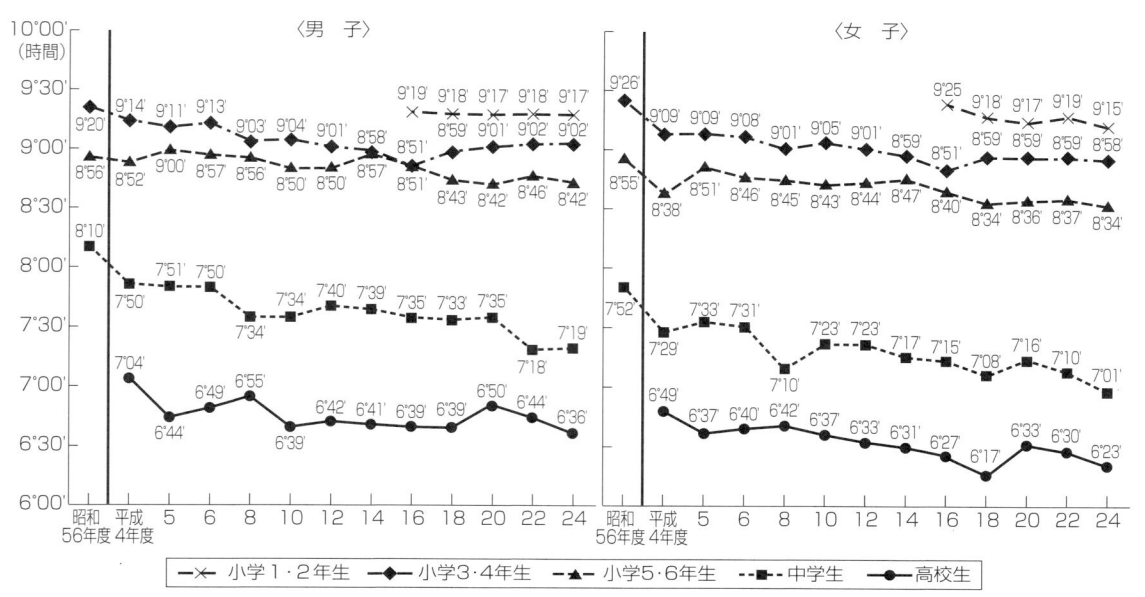

図Ⅱ-18　小・中・高校生の睡眠時間の平均値の推移

出典：公益財団法人日本学校保健会『平成24年度児童生徒の健康状態サーベイランス事業報告書』、p. 30、2014

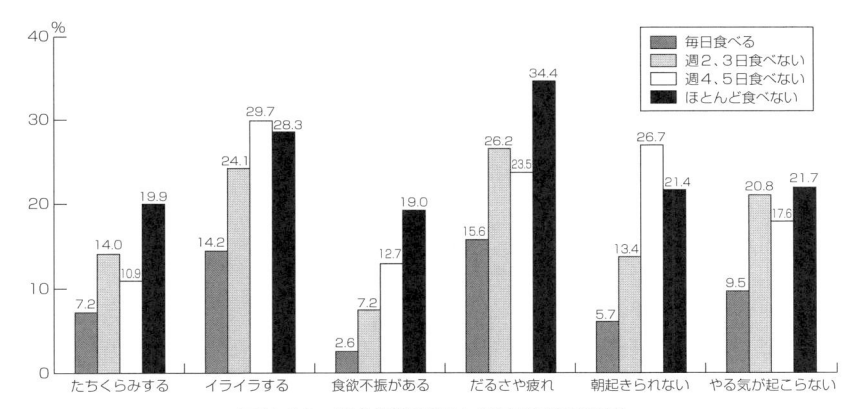

図Ⅱ-19　朝食摂取状況と健康状態の関係

出典：独立行政法人日本スポーツ振興センター『平成22年度児童生徒の食事状況等調査』から、子どもの
からだと心・連絡会議編『子どものからだと心白書2014』ブックハウス・エイチディ、p. 77、2014

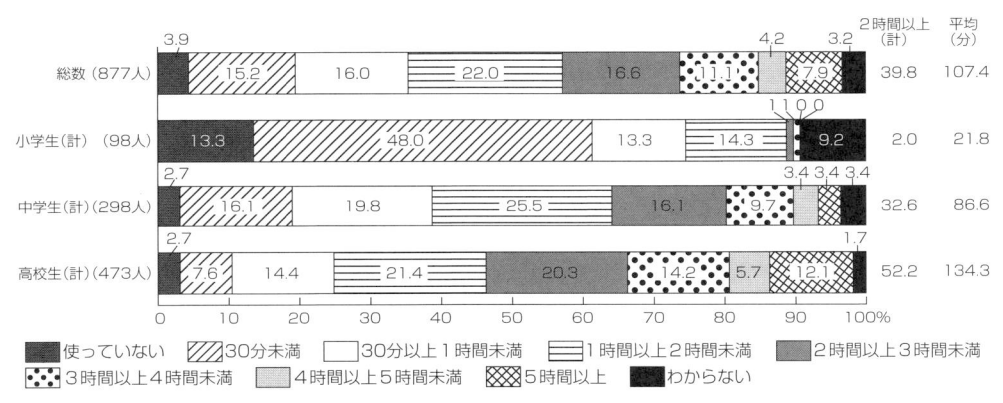

図Ⅱ-20　小・中・高校生の携帯電話によるインターネットの平均的な利用時間（平成25年度）

出典：内閣府政策統括官『平成25年度青少年のインターネット利用環境実態調査報告書』

　図Ⅱ-19の調査に見るように、朝食の摂取状況と健康状態との関係では、朝食を摂取しない者に比べて摂取している者のほうが体調不良や精神不安定・気力低下の割合が少なく、食欲や朝起きの状態もよい。また、朝食の不摂取状態は、学習をはじめとして睡眠や運動、排便等の不良や低下を招きやすい傾向にある。早寝早起きの習慣化は朝食摂取の安定にも影響し、健康生活全般を良好にすると言えよう。

2）生活時間と情報メディア

　日々の過ごし方（時間）として、近年特に気になるのは、メディアとのかかわりであろう。NHK放送文化研究所によれば、平成25年の幼児全体の平日テレビ視聴時間は1時間39分とされ、子どもとメディアとの接触は1歳を迎える前からすでに始まると指摘されている。

　子どもが勉強や宿題の時間以外に室内で過ごす時間として最も多いのは、学年段階を問わず「テレビ・ビデオ・DVD」の視聴である。次に多いのが、中・高校生では「インターネット・携帯メール」であり、さらに「コンピュータおよびテレビゲーム」が3番目（小学生では2番目）にあがっている。最近ではタブレット端末やスマートフォン等の高機能化と普及に伴い、アプリケーションソフトやインターネットの利用増加も著しい。なお、携帯電話によるインターネットの平日利用時間が2時間以上という割合は、中学生では32.6％だが、高校生では52.2％と半数を超えている（図Ⅱ-20）。家族や友人と一緒にいても互いに話をするわけでもなく、まるで幼児期の「平行遊び」のように各々がスマホや携帯

ゲーム機に夢中となる光景は、今では普通のことになりつつある。昔と比べ、年齢を超えて子ども同士が交わる時間は随分と窮屈になっているという印象は否めない。

2．子どもを取り巻く環境問題とその弊害

1）社会的な交流と情報メディア

　子どもの健康に関連するもう一つの背景は、環境問題である。ただし、ここでは気温や大気といった物理・化学的、あるいは衛生的な環境要因ではなく、むしろ、社会・経済・文化的な環境とその問題について取り上げてみたい。子どもにとって、他者とのかかわりは健康に成長する上で不可欠な保健的社会化を促し、豊かな社会性を育む上で極めて重要である。特に幼少・学童期〜青年期は、親や先生、友人とのかかわりが緊密であることから、彼らから受ける影響も大きい。しかし、今日では少子化・核家族化が進み、家族構成員間での多様な交流が減少する半面、情報メディアやネット社会の発展に伴って他者と直接かかわる機会が乏しくなっているとも言われる。携帯可能な端末が身近にある生活は様々な利便性をもたらす一方、子どもがインターネットでトラブルに見舞われたり、SNSでいじめを助長したりするといった新たな問題を生じさせている。加えて、「歩きスマホ」に代表されるように携帯電話やスマートフォンが常時手放せない、さらには「ネット依存」のように実生活に支障が出るほどの状態まで達する場合もある等、思春期特有の心理（親への反発とともに友人や恋人とのつながりを切望する傾向）との関連が危惧される。また、現実社会の対人関係の困難さ・寂しさからバーチャルな社会に居場所を求めるケースやメディア世界の質的な貧困とかかわって性問題へと発展するケース等、メディア・リテラシーについての課題も大きい。さらに、子どもの身体的な健康問題とのかかわりでは、視力の問題や運動不足による肥満、持久力の低下等の問題も心配されている。

2）子どもの居場所

　子どもは学校以外の時間をどこで過ごしているのか。普段の遊び場として最も多いのは、各学年段階を通じて「友だちの家（小学生：72.6%、中学生：65.3%、高校生：55.3%）」であり、次いで小学5・6年生と中学生では「自宅」、高校生等（専修学校等の生徒を含む）では「商店街・デパート」の順となっている（厚生労働省・平成21年）。自宅や友だちの家以外の居場所は、学年が上がるにつれて、近所の公園や学校校庭及び体育館での遊び（運動）から、街の中（商店街、デパートや本屋・CD屋、ゲームセンター等）へシフトし、さらに長い時間でも店内にいられるファミリーレストランやファストフード店へと移行する様子がうかがえる。文部科学省と厚生労働省は、平成26年度より「放課後子ども総合プラン」を策定し、児童の安心・安全な居場所づくりを推進しているが、思春期・青年期の健やかな育ちに結びつくような居場所づくりの検討や具体的な取り組みは残念ながら進んでいるとは言い難い。

3）都市化と外遊び・自然

　都市化の現象も子どもの居場所に一考を要する側面がある。都市化は様々な社会的基盤の整備や高度な情報網による利便性・快適性を人々にもたらす一方、日常生活での活動性を抑制する他、身近な自然環境を喪失させ、生態系を破壊する事例も少なくない。国立青少年教育振興機構の平成24年度の調査では、自然体験としての「海や川で泳ぐ」「昆虫を捕まえる」は半数以上であったものの、「海や川で貝を取ったり魚を釣ったりする」「大きな木に登る」「自分の足で高い山に登る」等の経験は3割程度に留ま

っている。ごく身近にあった遊びや生活・文化的な体験の場、あるいは自然を含めた「本物」に触れる機会等が少なくなったことは、様々な経験を日常的に積み重ねて成長するという子ども本来の学びそのものを奪っているのではなかろうか。

4）格差社会と子どもの貧困

　環境や現代社会の問題として、看過できないのは貧困についてである。子どもの貧困とは、その国の貧困線（等価可処分所得の中央値50％）以下の所得で暮らす子どもの存在や生活状況を表す概念であり、保護者の生活基盤に依るところが大きい。国民生活基礎調査（厚生労働省）によれば、子どもの相対的貧困率は20年ほど前から徐々に上昇を示し、平成24年には16.3％となった。特に大人が1人の現役世帯の相対的貧困率は54.6％と大人が2人以上いる世帯の貧困率（15.1％）に比べて著しく高く、母子家庭では貧困率が高い傾向にある。また、経済的理由により就学援助を受けている小・中学生は平成24年には155万人と10年間では上昇傾向にあり、就学援助率も15.6％と過去最も高い。経済状況と子どもの食生活では、低所得の家庭の子どもは休日の朝食を抜きがちで、野菜はあまり食べず、インスタント食品をよく食べているといった報告もあり、健やかな育ちを考える上で憂慮される面が少なくない。

3．生活・環境問題への取り組みとその展望

生活リズム改善に向けた小学校での実践

　現代社会の健康問題は、生活習慣がその原因の半分以上を占めると言われる。特に子どもの生活とその問題は、健やかな発育・発達に直接結びつく「今・現在」の課題としてだけでなく、成人期まで継承されていく「将来」への課題という点でも極めて重要である。こうした課題性を踏まえると共に、子どもたちの健全な生活づくりは必ず学力や生きる力の形成に跳ね返ると考え、保護者と連携して取り組んだ学校（仙台市立Ｉ小学校）の事例がある（伊藤・数見「児童の生活リズムの改善が学校生活に及ぼす実践的研究」第11回日本教育保健学会講演集）。この学校では、子どもの生活実態を探るべく、養護教諭や栄養教諭が中心となって食事と生活に関する全児童対象のアンケート調査を行った。睡眠を軸として生活リズムと健康との関連を検討したところ、就寝時刻が遅い子どもは目覚めの悪さだけでなく、朝の食欲がなく栄養バランスの偏った朝食を摂取していた。また、疲れや眠気といった心身の不調を訴える傾向も多かった。こうした問題把握から、生活リズムの重要性を学級担任や教職員と共有し、同時に家庭（保護者）に向けて保健だよりや学級通信、授業参観の機会を活用して情報発信を行い、朝型の生活リズムに切り替える教育実践への巻き込みを積極的に展開した。一方、子どもには日頃の生活の中で何が問題であるのかについて気づき、自分がどうしたよいのかを考えかつ実践することで、主体的な経験と納得の積み重ねを意識できるよう配慮しながら、睡眠と健康に関する話や給食での食育指導等の働きかけを継続的に実施した。その結果、1年後には早い時間に就寝する割合が有意に増加し、生活リズムが早寝早起きへとシフトしていた。さらに登校前の身支度を整えるという割合が増加しただけでなく、夕食後の間食・夜食を摂取する割合も減少する等、一定の成果を上げている。

＊　　　　　　　　＊　　　　　　　　＊

　現在直面する健康課題とその背景要因である生活・環境に対し、子どもが本来持っている健全な発育発達とそれに則した生活をどう立て直していくか、困難な課題は多い。だが、学校と保護者、地域が協力し、その共通理解に基づく実践と省察により改善を図ることは可能であると思われる。　（伊藤常久）

III

教育としての保健活動

1 教育としての保健活動

① >> 学校の保健活動を教育活動に

1. 従来の学校保健活動から教育としての保健活動へ

1) 教育保健の視点から従来の学校保健活動を見直す

数見はその著書『教育保健学の構図』（大修館書店、1994）の中で、今日の子どもたちの健康問題が医療的な対応より教育的な対応が必要なものに変化してきていることを指摘している。その中で健康を教育の問題としてとらえるということは、「子育てや教育のあり方を問い直し、子どもを取り巻く生活条件や環境を問い直すことであり、そこから教育課題を明確にしつつ、具体的な実践的課題を示唆していくことではないか」と投げかけている。

こうした考え方にも学びながら、養護教諭が実践の根底に子どもの健康保護と発達保障という二つの視点を持って子どもたちの健康課題に向き合うという実践を広げてきた。これらのことは、まさに「教育保健」の視点でもある。しかし、一方では、学校保健活動が相変わらず管理と教育という2本立てで考えられ、管理面に重点が置かれていることは否めない。歴史的に見ても、学校保健活動は管理に重点が置かれてきたこともあり、子どもたちが自らの問題に主体的に向き合い、どうしたら改善していけるのかという力をつけるような実践は十分に広がっていない。

子どもが置かれている今日的な状況を考えたとき、学校全体が子どもたちの心身の健康や発達を保障し、いきいきと育っていくことを目指すことが迫られている。そのためには教師自身が日常の教育活動の中に教育保健的な思想を持つことと合わせて、学校の施設・設備などの環境や学校規模、学級の人数、教育課程なども教育保健という視点から見直していくことが必要である。

2) 教育保健における学校の役割

日本の学校では、ほぼどこでも教育目標に「健康なからだや心づくり」が掲げられているが、そのことが教育課程の中にしっかりと位置づけられているところは少ない。

WHO やユニセフ・ユネスコは常に子どもの権利条約をベースに置き、「学校は、子どもの健康と幸福を図る重要な役割を担っている」として、「ヘルスプロモーティングスクール」「包括的学校保健」「子どもにやさしい学校づくり」などの取り組みを推奨している。こうした取り組みが進んでいる中で、成果として「健康は子どもたちに学習意欲や学力の向上をもたらすことも明らかである」と言われている。こうした世界の潮流を踏まえて今日の日本の学校を見たとき、不登校や保健室登校の問題、いじめや暴力の問題、視力不良やアレルギー、からだの発育・発達不全など、取り組むべき多くの課題があることに気づかされる。

子どもたちのからだや健康問題の現実から出発し、教育活動全体の中で子どもの健康を保障し、子どもの発達を支えていくことが学校に求められている。学力が重視され、過度な競争で子どもたちをさらに追い詰めているが、子どもたちの現実をしっかり見つめ直し、今、何が大切かを子どもの実態からと

らえ直したい。今日の子どもたちの健康問題を考えたとき、過度な競争をやめ学校全体がいのちや健康を大切にできる教育の推進を図りたい。そのために、教育課程を見直したり、学校の物理的な環境や社会的な環境も見直していく必要がある。

3）教育保健を進める教師の仕事

　管理職も含め教師が、養成教育の中で学校保健について学ぶ機会がなく、学校保健活動のほとんどが学校では養護教諭の仕事として考えられ対応されていることが多い。また、保健活動が管理と教育に二分され、健康診断等も管理としてのみ意識されていることも多く、保健活動を通して子どもたちが健康に生きる力をつけていくことを意識した取り組みはまだ少ない。こうした活動の教育的な意味を理解し、学校の教職員すべてが組織的に取り組んでいくことが必要である。そのためには、教員の養成課程で子どものからだや健康、あるいは学校保健活動について学ぶ必要があり、教師が日常の教育活動の中で保健的配慮や保健指導に取り組んでいく力をつけることも不可欠である。合わせて、教師になって現場で子どもたちと向き合うときに、目の前の子どものからだや健康の現実をしっかり見つめ、子どもを育てるという視点から教育活動を展開していくことも求められる。その意味で現職教員も「教育としての学校保健」の重要性について学ぶ機会を増やしていきたい。

2．学校における教育保健活動の展開

1）教師の仕事としての教育保健活動の要点

　教師が学級活動や教室の環境整備、生活指導や教科指導などにかかわって、子どものからだと健康を守り育てるという教育保健の視点から見直し、工夫することは重要である。

（1）教育課程の見直し

　朝から元気のない子どもたちの実態を改善するために、どの学校でも朝の15分ぐらいの朝会や集会、学級活動の中で、読書や話し合い活動などを入れている。A校では週3回が読書タイムにあてられていた。生活リズムの乱れから、この時間は多くの子どもたちがあまり活発に活動していない。そのまま授業に入ると中には眠ってしまう子どもたちもいる。遅刻も増えてきている。かつては、朝のうちの頭がさえている時間に算数や国語の授業を入れようという傾向があったが、「2時間目ぐらいまでは授業にならない」と感じている教師が多かった。そこで、こうした実態を改善するために提案したのが、朝遊びの導入である。週4回、たった15分間ではあるが、教師と子どもが全員校庭に出て鬼ごっこやしっぽ取りゲームなどでからだを動かし、ドキドキわくわくする活動を取り入れた。その結果、子どもたちのからだが目覚め、脳も覚醒して午前中の授業への集中力が高まった。

（2）教室環境の工夫

　教室の座席の配置や空き空間の活用は教育効果に大きく影響する。発達障害や、個別に目と手をかける必要がある子どもたちが増えてくる中で、どのような座席配置にするかは十分に考慮する必要がある。あるクラスが学級崩壊に近い状態になり、授業中の保健室来室者が多くなった。座席をどのように決めたか担任に問うとくじ引きをしたという。一見公平で問題がないように思われるが、小学生の段階では座席にもすべての子どもの学習保障という視点から教育的に配慮しなければならない要素が多い。担任が子どもたちの座席を決めるとき、子どもたちの特徴や友だち関係、個別の指導が必要な子どもなどをどの席に座らせるかによって教育効果に大きく影響する。

発達障害の傾向がある子どもたちが数名、虐待を受けて情緒的に落ち着かない子どももいるクラスを持ったベテランの先生の取り組みを紹介する。

　まず、教室の一角に畳１枚を入れ、その周りを学級図書の本箱で囲った。そこには、自閉傾向でこだわりの強い子どもの好きな絵本やぬいぐるみなどが置いてあった。パニックを起こしそうな子どもが出ると「はい、Ｂちゃんクールダウンスペースに行っていいよ」と授業中に声をかける。Ｂちゃんは、そのスペースで好きな鉄道の絵本を見ながら落ち着きを取り戻し、「もう大丈夫」と座席に戻る。このスペースは、休み時間にはどの子どもも自由に活用できる。

　すぐに立ち上がり動きたくなるＣちゃんの席は一番前の先生のそばである。Ｃちゃんがもじもじし始めるとすぐに声をかける。「Ｃちゃん、先生、保健室の先生に持って行かなければいけないお手紙を忘れてしまったから、悪いけど急いで届けてくれないかな」と自然に動ける機会を設ける。

　身体的に問題を抱えた子どもも、その子どもができるだけ不自由なく活動に参加できるかは座席だけでなく、黒板や掲示板、あるいはアレルギーのある子どもと小動物の飼育など、多くの配慮をしなければならない課題が出てくる。

（３）学校給食を教育としての活動に──子どもの実態を踏まえた取り組み

　新任として小学５年生を担任したＤ先生は給食指導に悩み、養護教諭に相談に来る。「子どもたちの偏食がひどく、嫌いなものははじめから食べようとしない。気になるが、あまり偏食を矯正するような指導を行うと不登校になることもあるので、気をつけるようにという新採指導を受けた。この子どもたちは、給食の好き嫌いだけではなく、友だち関係や、教科指導においても嫌なことは受け入れない」という。このような相談を受けた養護教諭は、他の先生方がどのような給食指導をしているのか、まずはあたってみることを勧めた。その結果、１年生から６年生まで一貫した給食指導はなく、担任によりバラバラで、子どもたちは担任が変わるたびに異なった指導を受けているという実態が明らかになった。

　こうした現状を問題に感じたＤ先生は、養護教諭のアドバイスを受け生活指導部会に問題提起した。生活指導部では給食指導を通して子どもたちにどのような力をつけていくかを話し合い、同じ方向で指導をしようということになった。保護者にも一緒に考えてもらうことが必要だということになり、その年の学校保健委員会にも子どもたちの実態を報告した。その結果、子どもや保護者も巻き込んで学校全体の「食の取り組み」が始まった。

　この教師のように、子どものからだや健康の問題をどうしたらよいのか悩むことが教育活動の出発である。また、それを学校全体の問題として取り組む必要があることに気づく力も必要である。

（４）子どもの発達や健康問題に見合った服装の見直し

　体育館履きのない小学校では、バレエシューズのような上履きがそのまま体育館履きとして使用され、高学年の体育の授業で足首の捻挫が続出した。こうしたことから、養護教諭は足をしっかり保護できる紐靴を上履きに導入したいと提案するが、紐を結べない子どもが多いので、かえって危ないという反対意見が多くすぐに変更ができなかった。そこで取り組んだのが「ひも結びチャレンジ」である。古くなったモップの棒を廊下にかけ、綴じ紐とストップウォッチを準備して１分間に何本"正結び"ができるか自分の記録を伸ばす取り組みである。最初は保健室の前だけで行っていたが、子どもや他の教師の希望から高学年の教室の廊下でもできるようにした。５・６年生だけに取り組ませたが、４年生以下の子どもたちも興味を示し、やがて全校に広がる。この成果を生かして紐靴が導入され、しかも５・６年生だけでなく自分のからだにあった上履きを選ぶことができるようになった。このほかにも、化繊の混じった体育着は、アトピー性皮膚炎のある子どもにとっては着心地が悪く、皮膚炎そのものも悪化させて

しまう。綿100パーセントのＴシャツの使用や、全員の体育着を綿製品に替えるなどの取り組みもある。

このように、学校の保健活動を教育活動にしていくためには、常に子どもの健康を考え、成長・発達にとって何が必要かという視点から見直していくことが必要である。

2）養護教諭と学校保健活動

その学校の学校保健活動が活発になるかどうかは、養護教諭の力量にかかっていると言っても過言ではない。多くの学校では、学校保健活動を主として担うのは養護教諭や学校医、栄養職員などだと考えられている。他の教師は養護教諭が決めた内容に関してお手伝いをするという構えである。力のある養護教諭は、学校全体を巻き込み教師の意識まで変えていくような取り組みをしているが、その数はそれほど多くない。養護教諭が動かなければ、その学校の保健活動は停滞したまま過ぎていく。

今日、養護教諭の優れた実践には、学校全体ですべての教職員や保護者を巻き込み、さらに子どもたちの主体的な活動も促しながら学校保健活動を展開している。こうした実践には教育としての学校保健活動が取り組まれており、そこから学ぶことは多い。

3）教育保健の視点から見た学校保健の今日的課題

今日の学校教育活動を見たとき、子どもの発育や発達に即したものに見直していくべき課題は多い。

（1）教育課程や授業時間、時間割、学級の人数の問題

一つは、発達段階を考慮した教育課程や授業時間の工夫である。現在は、授業時間は小学1年生から6年生まで同じ45分である。1年生の集中力と6年生の集中力にはかなりの差がある。それぞれの発達段階や授業の特性によって、もっと自由に授業時間を選択できるような工夫が必要である。学習指導要領が変わるたびに子どもの授業時間数や学ぶ内容が変わり、教科書の厚さも変わる。1・2年生から5・6時間目まで授業があるのもきついという教師の声も多い。また、1クラスの人数も日本はきわめて多い。欧米諸国が20人前後であるのに対し、日本はその倍である。その中で子どもたちは競わされ、早い段階から「できる子」と「できない子」に分断されていく。それが不登校や保健室登校、いじめなどの問題ともつながっている。これらは一見、教育保健と直接かかわりがなさそうに見えるが、子どもの発育や発達にもっと丁寧に寄り添った教育の条件整備を教育保健の視点からも追究していく必要がある。

（2）保健の学力を保障する教育活動

子どもたちの健康問題の背景には「よくわからない」から「できないこと」がたくさんある。もちろん子どもの健康行動にはその他の要素もあるが、「わかること」が「できること」につながることは多い。例えば、中学生や高校生になると、健康診断の受診率が下がる。健康問題が顕著に出ている子どもはすでに医療機関につながっているが、特に健康問題を意識しない子どもにとっては毎年の健康診断は煩わしい。その結果、大学生になっても「尿の検査は何のためにするのか？」という質問に答えられる学生は少ない。そんな問題意識もあり、本学会から『教育としての健康診断』（大修館書店、2003）という本を出版している。子どもたちが日常の生活の仕方と自分のからだの問題を関連させて見つめ直し、健康診断の結果を生かして教育的な要求をしていく実践事例などが紹介されている。

以前より「保健学習」や「保健指導」が活発に行われるようにはなったが、学校間の格差も大きい。それは教師の意識や学校のカリキュラムづくりともかかわっている。

しかし、先にも述べたように、子どもたちの今日的な健康問題を改善していくためには「子ども自身

がわかり」「子ども自身がやってみよう」という意識と意欲を育てる必要がある。そのためには、小学校卒業までには、中学校卒業までにはと、それぞれどのようなことを学べばよいかという目標が必要である。その目標にしたがって系統的に健康教育を考え教育課程の中に位置づけていく。中でも、若者の自殺の問題や、HIV の感染の増加などから「生と性の教育」の充実は喫緊の課題である。また、「生活リズムの改善」や「アレルギー」に対する、子ども自身の理解と対応力なども育てていく必要がある。特に食物アレルギーに対するアナフィラキシー事故の防止には、子ども自身が自ら防いでいけるような力をつけることが重要である。

4）子どもの安全を保障する教育活動

　先の大震災では多くの子どもや教師がいのちを落とした。原発による放射能汚染の問題はまったく解決していない。こうした問題の中にも教育保健の課題は潜んでいる。学校は本来、子どもにとって最も安全な場所であった。それが今日では、様々な問題と多くの課題を抱えている。子どもの安全を保障すると同時に、子どもたち自身が主体的に安全な生活を獲得していくための力をつける必要がある。原発による放射能汚染に関しては様々な考え方があるが、子ども自身が自分の問題としてしっかり向き合い、自己の価値観を創造していけるような教育が必要である。

　日本では「子どもの権利条約」に関して子どもたちに教育をしているところは少ない。子どもが自らの権利という視点で健康を考え、健康な生活が保障されるためにはどうしたらよいかを考え、学校や社会、ひいては国に要求していくような力も育てたい。こうしたことが教育保健の目指すことではないか。

（宍戸洲美）

●参考文献
1）数見隆生：教育保健学への構図—「教育としての学校保健」の進展のために、大修館書店、1994
2）日本教育保健研究会健康診断プロジェクト：教育としての健康診断、大修館書店、2003

② >> 健康な学校づくりと校長の役割

　それぞれの学校の実態は、校種・地域の状況・学校規模等様々であるが、いずれの学校においてもその教育活動を"健康"の視点から見つめ直すと、内容の適否を再検討しなければならないことが数多くある。例えば次のようなことである。

　①熱中症が危惧される気象条件下において、スポーツ活動や運動会を実施していること。

　②たくさんの教科書や副読本等を入れた重いランドセル等を背負って、毎日長い距離を通学する児童生徒の発育・健康上の問題。

　③早朝練習を含めて、ほぼ毎日行われる部活動の心身への過剰な負担。

　④"これが教師の言葉だろうか？"と疑われるような威圧的・命令的な教師の言動に晒される子どもたちの心の負担。

　⑤教師の無理解や不見識、あるいは歪んだ価値観等による差別的発言・不適切発言等により子どもたちの発達が阻害される問題（特別支援教育にかかわる問題を含む）。

　このような、ともするとこれまで問題として顕在化していなかったこと、あるいは自覚していなかったことであっても、改めて健康づくりから見つめ直したとき、問題点や不適切さがあることに気づく。

　学校教育において「子どもたちの健康は何よりも大切にされなければならない」ということには誰も異論はないであろう。しかし教育活動の実態を具体的に検討してみると、前述したように多くの問題点があることは否定できない。

　なぜそのようなことが行われるのだろうか？　学校には継続的に実施してきたことはそのまま容認する風潮があることが考えられる。また、一定の教育的価値があるとされることについては、少々のリスクがあっても許容される風潮があることも否めない。そのような中では「子どもたちの健康は何よりも大切にされなければならない」という教育活動を展開するうえでの基盤とも言えるこの考え方は、単なる建前となってしまいかねない。教職員は日々の教育活動を点検評価し、問題点については改善しなくてはならない。校長はこのことについてリーダーシップを発揮しなければならないし、大きな責任と影響力を持っている。本稿では、教育活動において「子どもたちの健康は何よりも大切にされなければならない」ことの実体化を進めるうえで、校長の果たす役割について事例を含めて考えてみたい。

1．学校の教育目標等に、健康を位置づける

　学校では"教育目標、あるいは重点目標"（以下、教育目標等）が掲げられている。校長は教育目標等を提案し設定する責任がある。教育目標等の提案において校長は次の（1）～（3）を検討する。

（1）自校の子どもたちの実態

　学校の教育目標等は、自校の子どもたちの実態を踏まえて、子どもたちが獲得してほしい力や達成してほしい姿を掲げる。

（2）学校の実態（特色ある学校、特色ある教育活動）

　学校には地域的事情と結びついて長年蓄積されてきた特色ある教育活動があり、いわば伝統となっている場合もある。校長はそれら地域的特色や伝統的活動の充実を目指した教育目標等を掲げる。

（3）学校ビジョンとしての校長の願い

　校長は、それまでの教育実践で蓄積された経験や考え方を、学校づくりに反映させようと考える。それは校長の学校づくりのビジョンであり、教育目標等に表現される。

　ところで、健康を教育目標等に掲げ学校づくりに取り入れようとするとき（3）の視点が影響する。校長が健康を自校の教育課題としてどのように把握するかによってその位置づけ方は大きく影響される。場合によっては、教育目標等において健康について触れられない学校もある。

　学校ではいろいろな教育問題を抱えている。学校事故・いじめ・不登校・保健室登校・体罰・生徒指導問題等である。これら教育問題の防止・克服のためには、健康を切り口（視点）にしてその要因や背景を理解し、指導や援助を進めることが有効かつ必要である。その点においても健康を教育目標等に位置づけることは重要である。教育目標等は決して形式的文言ではない。教育目標等はその学校のすべての教育活動に組み込まれ、その方向性を示す存在である。

　また、教育目標等は教育活動を評価する基準となる。学校では区切りの時期に年間数回、学校評価を行っている。学校評価には教職員・保護者・地域住民・児童生徒が評価者として参加する。健康を教育目標等に掲げることにより、健康な学校づくりの実体が確認され、教育活動の見直しが図られることになる。その議論の中で教職員は自らの指導の成果を確認し課題を共有する。児童生徒はこの評価活動に参加することにより、健康についての考えを深めいのちや健康を豊かに理解する機会となり、人間的成長が促される。

　筆者が小学校校長のとき、健康を教育目標等に位置づけることを意図し、学校運営方針の一つとして次のような提案を行った。

【運営方針】

　学校は子どもたち一人ひとりの成長のためにある。したがって学校運営では、子どもたちの成長に必要な事柄が最優先される。学校や教師の都合を優先してはいけない。教師の経験のみに基づく判断や考え方は誤りである場合も少なくない。教師は自らの指導に謙虚でありたい。そして自分の指導は「独断的指導ではないか？」と常に自問したい。学校観・教育観・子ども観・発達観等について従来の見方や考え方・習慣や経験を常に問い直したい。問い直しの視点は「子ども一人ひとりの心身の状態を考慮して対応しているか」「一人ひとりの子どもはそれぞれ個性や家庭環境等が異なる。単一な指導ではなく多様な指導を模索しているか」である。具体的な例をあげてみよう。

（例1）授業中に騒がしい。

・これを問題行動であるとの見方をすると、排除するため恫喝することになる。

・これを学習欲求の歪んだ表現であるとの見方をすると、指導法の工夫を考える。

・発達上の課題があるかもしれないとの見方をすると、環境の工夫等の特別支援教育の視点で考えることになる。

（例2）給食でピーマンを食べられない。

・偏食は甘えであるとの見方をすると、無理やり食べさせることになる。

・香りや歯ざわりが苦手との見方をすると、細かくしたり好きなものに混ぜたりする。または食育の充実を考えることになる。

（例3）忘れ物が多い。宿題をやってこない。

・だらしない性格であるとの見方をすると、プレッシャーや罰を与えることになる。

・家庭環境に問題がないだろうかとの見方をすると、家庭環境の確認を行い、どんな支援ができるだろうかと考えることになる。

　このように、いろいろな可能性を考えて子ども理解を進めたい。また指導や支援を工夫したい。その中で子どもとの信頼関係は深まり、教師としての指導力は高まる。

　この小学校では不登校・保健室登校・教師の一方的指導・児童の学習意欲低下等の課題があった。また中堅ベテラン教師が多かったため教員同士の意見交換が少なく、指導のあり方を見直す機会が少なかった。そこで経営方針では「子ども一人ひとりの心身の状態を考慮して対応する」「子どもは教育によって発達・成長することを確信し指導する」「一人ひとりの子どもはそれぞれ個性や家庭環境等が異なる。したがって単一な指導ではなく多様な指導を模索する必要がある」等を大切にしようと提起した。さらに、特別支援教育の考え方を指導に組み入れる必要性を明記した。これらは指導に健康の視点を組み入れることを求めていた。この運営方針を掲げたことにより日々の教育活動を見つめ直す視点がはっきりし、教職員間の意見交換が活発になり指導に活かされていった。また教職員の自己研鑽・相互研鑽が進められた。

2．教育課程編成と健康な学校づくり

　教育課程編成においては、学習指導要領の「拘束」を受けながらも日課編成・学校行事・児童生徒活動・総合的な学習の時間・部活動等について学校独自の編成を行う余地は少なくない。教育課程編成にあたっては多様な意見がある。一つひとつの意見にはそれぞれ基盤となる考え方が反映している。何を重視するかによって、それぞれの扱い方や方向性が大きく変わってくる。

　日課編成において"午前5時間制"を取り入れている小学校がある。静岡県焼津市のある小学校では2015年度から"午前5時間制"を導入した。このことが地元新聞、地元テレビで報道された。学校現場ではその目新しさから話題になった。午前5時間制は1990年代から青森県・岡山県・滋賀県・東京都などでそれぞれ1〜2校の小学校で実施されていた。午前5時間制の日課編成には、授業時間数の確保・補充学習時間確保を目指す考え方がその基盤にある。午前5時間制を採用している東京・武蔵村山市の小学校では「保護者向け通信」でこの仕組みには大きなメリットがあると以下の3点を示している。

　①授業時数の増加（十分な確保）。年間76時間の授業数を増やすことができた。

　②生活リズムの改善・定着、他校と比較して登校時間が20分早く給食時間が15分ほど遅くなる。そのため朝食をしっかり摂らせることを保護者にお願いしている。結果として早寝、早起き、朝ご飯を推進することになり学力向上にも結びついている。

　③午後に生み出された余裕の時間（20分程）にクラブ活動・プリント学習・補習教室（教員資格を持つ外部講師）・放課後指導（担任による補習や相談）が実施できる。

　午前5時間制には別の見解を持つこともできる。子どもたちの健康を重視する視点からの見解である。この立場からは午前5時間制に疑問を投げかけることとなる。起床時刻が早まり負担となる。給食時刻が遅くなり朝食から昼食までの時間が長くなる。授業の緊張感が長時間化し子どもの疲労が蓄積する。このような問題点を指摘する意見である。教師の健康や教育効果から疑問視する意見もある。教師の生活リズムが圧迫され疲労が蓄積する。授業の準備や児童生徒とのゆとりある交流ができない。このような意見である。

午前5時間制を一例としたが、教育課程編成では何を重視するかが問われる。校長は、その議論において大きな責任と役割を負っている。授業時間数の確保等を重視するのか、子どもたちの健康等を重視するのか、校長にはこの判断が問われる。前述したが、生徒指導問題をはじめ不登校・いじめ等の教育問題に対して、その防止や克服のためには健康を切り口（視点）にすることが有効かつ必要である。子どもたちの健康を大切にする視点は教育活動の基盤・根幹に位置するものであり、教育活動のあり方に大きな影響を与える。このことは教育課程編成のすべての事項について考慮されなければならない。

3．教育実践リーダーとしての校長の役割

　子どもたちへの直接的指導を担うのは主に教諭等である。校長は同僚である教諭等に対して自らの考えや見解を示し、意見交換を積み重ね、指導に具体化することを求める役割がある。校長の示す考えや見解は根拠のあるものでなければ教諭等の理解は得られない。校長の考えや見解は学校の現状・教育活動の具体的状況や指導場面・子どもたちの実態（心身の健康状況・喜びや不満）等に根ざしていなければならない。校長は日々学校に勤務し教育活動の現場にいる。しかし教育活動のすべてに直接関与するわけではない。校長が日々の教育活動の実態の認識・児童生徒の様子の確認・自校の教育課題や問題点の的確な把握を行うためには、できる限り授業場面・児童生徒の活動場面・学校生活場面等を観察することが必要である。

　本稿の冒頭で①〜⑤を例示したように、学校には"健康"の視点から見つめ直すと再検討しなければならないことが数多くある。学校運営は組織によって展開される。そのため、校長は教員組織の円滑な展開に尽力する。校長がある方向性を重視して学校運営をしようとするとき、その方向性を進める視点から教育活動を直接的に確認する必要がある。

　東京教育研究所発行『若い教師のための授業改善ヒント集』に「校長先生、教室をのぞいていますか？」の項目があり、校長に対して次のように提案している。「校長は、教室を回り、子どもたちのがんばりを見なければ、本当の学校の姿、そして、今の学校の姿をわかることはできないと考える。…若い先生が増えている中で、みんな悩みながら授業を展開している。…教室を回って気がついたことをきっかけにし、ちょっとした声かけで、授業の仕方や準備など、職員室が以前のように意見交換できる場になれば、すばらしいと考える。」（東研研究報告、No. 263、2015年2月、p. 51）

　健康な学校づくりに向けて、校長は以下のことを継続的に実施することを提案したい。

○保健室に出向きたい。保健室に来ている子どもたちと会話し、養護教諭の意見を聞く。このことを行うことにより学校運営の問題点・教師の指導上の問題点等、修正が必要なことに気づくことができる。健康な学校づくりにおいて、養護教諭・スクールカウンセラー・相談員の連携を推進し、学校全体の指導改善に反映する手立てを講ずることが必要である。

○特別支援学級に出向きたい。特別支援学級は学校生活の流れの中では独自の動きを行っているように見える。しかし、通常学級の子どもたちとの交流はかなり頻繁である。学校の中では特別支援学級の活動への注目度は決して小さくない。特別支援学級から見て新たな課題に気づくこともある。特別支援教育の対象は障害児だけではない。特別支援教育の視点は指導全般の視点として援用される。一般教員が特別支援教育を理解し指導を展開することについてはまだまだ課題がある。健康な学校づくりを進めるうえで校長は特別支援教育の紹介・啓発・推進について大きな役割を担っている。

○中学校では部活動に注目したい。子どもたちの疲労状況の把握はもちろんだが、上級生と下級生の関

係・指導教員の部活動指導の考え方・暴力的言動・不適切な関係等に気づくことがある。また中学校における生徒指導問題の多くは部活動に関係している実態がある。

○給食時間（準備、喫食中、片付けを含めて）における教室の雰囲気や子どもたちの姿を見ることで多くのトラブルに気づくことがある。学級運営上の問題・児童生徒間の人間関係の問題・いじめ問題等である。

○学習活動（授業）の場においても担当教師の学習観・子ども観・教材観等を知ることができる。学習活動（授業）を進める中でも"健康"の視点を組み入れた展開が図られる必要がある。授業で賞賛されることは子どもたちにとって大きな励ましとなるが、納得できない叱責は子どもたちを傷つけることとなる。

○学校行事（運動会や修学旅行等）においては、校長は計画立案の段階から関与したい。準備や活動が進み出してから修正することは簡単ではない。不適切な内容は計画段階で修正することが必要である。例えば、運動会の演技・組み体操の立体ピラミッド（10段、高さ7メートル）における事故が起こり、その実施の是非が議論されていることが報道された。この立体ピラミッド実施の教育的意義は、力を合わせる・我慢し耐える・達成感の獲得等の価値が主張される。しかし、安全及び危険回避を軽視してはならない。立体ピラミッド演技の実施の是非について、校長は「健康（安全を含む）」の視点から判断する必要がある。

○学校生活の中で校長が直接子どもたちに語りかけ働きかける場面も多くある。全校集会や行事等の場面で子どもたちに直接語りかけることができる。校長としての考え方や見方を伝えることができる。この語りかけは教職員も一緒に聴いており、その機会に教職員は健康を組み入れた指導について一層理解を深め自分の指導のあり方を見直すことができる。

＊　　　　　　　　　＊　　　　　　　　　＊

　健康な学校づくりは「健康の視点を組み入れた教育活動」を展開することであり、児童生徒一人ひとりの事情に寄り添い、より大事にされることを目指している。校長は健康な学校づくりを進めるために、健康を教育目標等に掲げ、教育課程に具体化し、日々の教育活動について自らの見解を示したい。

（齋藤治俊）

③ >> 養護教諭が取り組む健康教育活動

　養護教諭は、日常の学校生活の中で、子どもたちがけがをしたり、体調を崩したり、悩みや不安を抱えたりしたとき、子どもの生活の様子を聞き取りながら、背景にあるものをつかもうとする。つかんだ健康課題を他の子どもたちにも理解しておいてほしいと思うことがあれば、子どもたちと学び合う取り組みに発展させていく。養護教諭自らが行うこともあれば、教職員と子どもの実態を共有しながら、子どもたちのニーズに合わせて、健康生活に役立つ学習を組織的に取り組むこともある。実践の内容は子どもの感想を含めて保健だより等で保護者にも伝え、みんなに役立つものにしていく。

　ここでは、こうした実践の一部を紹介しながら、そのあり方を考えることにしたい。

１．子どもの実態から出発する

　筆者の勤務校は、自然環境に恵まれ、子どもたちが山や川で遊ぼうと思えば自由に遊べる地域にある。しかし、「家の中でテレビやゲームで過ごしてくれたほうが安心だ」という家庭もあり、地域で外遊びをする姿をほとんど見ることはなかった。家庭に数台のテレビがあり、録画もできるので、自分が見たい番組を自由に見ることができる。三世代同居でもそれぞれテレビやゲームをして過ごし、からだを通したかかわりが乏しくなっている。夜遅くまで起きて画面を見ているため、自立起床ができず、基本的生活習慣が乱れる子どもが増えていた。また、安全面から車での送迎が増えていた。一方で、運動会の練習がある９月は日中の運動量が増えるため、子どもたちは疲れて早く眠ることができ、生活リズムが整っていくことにも気づいていた。

　学校では姿勢の崩れと握力や上半身の力の弱さ、柔軟性の乏しさが気になった。雑巾を上手に絞ったり、鉛筆や箸を正しく持ったりできる子がほとんどいなかった。また、視力低下が急増していた。偏食が多く、便秘に悩む子、鼻炎や中耳炎になる子が多く、口をいつもポカンと開けている子がいることなどが気になっていた。

２．あらゆる機会を学びの場に…けがの手当てや体調不良への対応にも

　切り傷や擦り傷で来室した場合は、ただ、手当てをするだけではすませない。「今出ている血液はどんな働きをしているのかな？」「痛いのがわからなかったら、どうなる？」「傷はどうなって治っていく？」「早く治せるいい方法があるかな？」等々、いくらでも子どもと一緒に考えることができる。すぐに答えず、「一緒に研究してみよう」とか「どっちが早く治るか比べてみようか」と、からだへの興味関心を高めるよう心がけている。

　体調不良で来室した場合は、おでこに手をあて、熱を確かめ、「37℃ちょっとかな」などと予想を言いながら体温計を挟ませる。うまく計れないことが多いので、二度目は挟み方を指導しながら手を添えて一緒に計ることも多い。額は熱いのに手足を触ってみると氷のように冷たい子がいる。そんなときは、「足湯をしようか」と声をかける。足や手を温浴し、マッサージしながらゆったりと昨日からの生活を振り返ってみる。おなかがグルグルと動き出し、トイレに行ってすっきりすることもあり、気持ちがほぐれて、不安や悩みを打ち明けることもある。そのまま、ぐっすり眠って元気になることも多い。

　痛みやしんどさで困っているとき、どんなふうに気遣ってもらい、大切に世話をしてもらったか、この体験があれば、身近な人が自分と同じように困ったとき、思いやりを持った行動ができるのではないかと思う。病気やけがをすべて専門家任せにするのではなく、自分たちにもできることがあること、病気やけがを治す力はその人自身の中にあることにも気づかせたい。

3．日々の生活の中で健康づくり…授業・食事・掃除・遊び

　新たな時間確保は困難でも、日常の生活を見直し、健康やからだづくりを意識して取り組んでみようと考えた。

　担任からも要望があり、朝の健康観察で教室を回っているとき、姿勢が崩れている子に気づいたら教室に入り、そっとからだに触って整えるようにした。担任が、「藤田先生に触られたら、運動場を走ることにしようか」と言うと、子どもたちはゲーム感覚で「立腰（りつよう）」（森信三先生提唱）を楽しんでするようになった。「藤田警報発令」と一番にみんなに知らせるのは、腰椎が後傾して固まったようになっていたＳ君だった。どうしようもないとあきらめかけていたが、Ｓ君の腰がいつの間にか伸びていた。楽しんで取り組む効果を実感した。

　掃除の雑巾がけの効果もあった。雑巾を絞れなかった子がだんだん上手に絞れるようになっていった。ほとんどの子が全国平均より低かった握力は、ほぼ全員、全国平均より1kg以上高くなった。体育館での雑巾がけレースで力試しをしながら取り組んできた成果だ。

　休憩時間の遊びはサッカー中心だったが、子どもたちの中から「他の遊びもしたい」と声があがり、週2回の全校遊びの取り組みが始まった。今では遊びのレパートリーが増え、休憩時間はみんなで楽しんで遊べるようになった。

　これらは、日常的に気になる子どもの健康課題を職員室で話題にし、対策を考え、試しにやってみて効果を確認しつつ進めてきた結果だ。

4．委員会の子どもたちと全員参加の健康体操に取り組む

　話し合って目標を持って活動し、「やったぁ！」と成果を喜び合い、自分たちの健康な生活に役立つように条件を改善していくといった自治の力を育てたい。そのために委員会活動を大切にしたい。

1）みんなの願いを大事にして参加型で

　着任して2～3年経ったとき、「健康委員が劇をして、みんなが観るという今まで通りの集会じゃなくて、全員参加の集会にしたい！」と意見が出た。話し合いを進める中で、「夢をかなえる健康体操」というテーマで、初めての全員参加型の健康集会に取り組むことになった。保健室で子どもたちに教えてきた体操を使って健康委員たちがシナリオを作った。かなえたい夢や願いは、「身長を伸ばしたい」「うんこを気持ちよく出したい」「マラソン大会で力いっぱい走りたい」というもの。

　健康委員のメンバーは夢をかなえるための効果的な体操をマスターし、気持ちよさを実感したことで、シナリオを上手に書き上げた。劇は大好評で二つの健康体操（キンギョ・ブルブル）の意欲を高め、どの子も一生懸命チャレンジした。健康委員は体操のコツを一人ひとりのからだに触れながら、丁寧にアドバイスしていた。

気持ちよさや効果を実感でき、自分のからだを通してつかんだコツは、友だちや家族にいきいきと伝えることができた。「とっても教えるのがうまかった」とみんなに喜んでもらっていた。また、スポーツが大好きなD君は、「次はどうやったら、からだがやわらかくなるか教えて」と要望を書いていた。取り組みをすれば、次の課題に気づくことができる。

2）「なぜ？」と問う気持ちを大切に

　「なんでテレビやゲームのことをいちいちうるさく言われるんだろう」と、ゲームに長時間夢中になっている健康委員が言った。健康集会のテーマを話し合うと、「朝、起きられなくて集合時刻に間に合わない子がいるから、早寝早起きの大切さがわかる劇にしたい」「そのためには、脳の中に入っていく劇にしたらどうか」と話し合いがまとまっていった。そして、遅れて1人登校中、眠ってしまったA君の脳の中になぞの怪人フ・クロウが入っていって松果体について説明する「フ・クロウに負けるな」という劇に仕上げた。集会の後、子どもたちは自分の脳の松果体に手紙を書いた。「これからは暗い所で早く寝て、松果体さんにやさしくします」「夜の明るい光が苦手と聞いたので、夜は早めに暗くして寝るよ」等、書いていた。

　夜のまぶしい光がなぜ脳やからだに悪いのかがわかったところで、生活チェックの取り組みを行った。子どもの感想や保護者のコメントを読むと、真剣に目標を決めてのがんばりが家族にも認められていることがわかる。

3）自分のからだを思いやる

　給食のお代わりはいつも特定の子になり、食べ過ぎて5時間目に眠ってしまうことがあった。「たくさん食べるのは元気な子」ととらえ、残飯がないように食べさせてしまいがちな教職員に問題提起をしたいと考えていた。

　委員会で、「昼休みの後の掃除時間にトイレにこもってうんちをする子がいる」「一緒に掃除をしたいけど、うんこを我慢するのはよくないし、どうすればいいんだろう」「おなかのことを研究したい」と意見が出て、「前期は脳の中だったけど、後期はおなかの中に入っていこう」と話し合いが始まった。「ぼくは大腸になる」「ぼくは小腸をする」と立候補し、それぞれが本で調べてセリフを書いた。私が、「それはどうして？」「どうしてそうなるの？」と問いかけると、メモを整理していき、うんこさんと大腸・小腸・ココロさんが語り合う場面ができた。その語り合いの中で、きれいに消化するためには、食べ過ぎないことや野菜も大事で、食欲をコントロールできる心が重要だとわかっていった。そして、便秘に悩む直樹君にうんこダスマンが体操を教えてくれるシナリオができあがった。

　「みんなとダスマン体操をしたら、本当にトイレに駆け込みたくなった」と多くの子が感想を書いていた。そして、大腸や小腸に手紙を書いてみた。「小腸さんは、なぜ、そんなに長いのですか？」と手紙に質問を書いた子がいた。私は小腸になりきって返事を書き、それを保健だよりに載せた。集会で見たおなかから出た7mの小腸にびっくりしていたが、長い小腸は、生きているからだの中では2〜3mということもわかった。からだのパーツになってみると、からだにはもっと知りたいと思える不思議がいっぱいだと関心が高まった。

4）成果を大切に次につなぐ

　健康集会の後は、劇の場面を撮った写真とセリフを掲示物にして廊下の壁に貼り、物語を振り返るこ

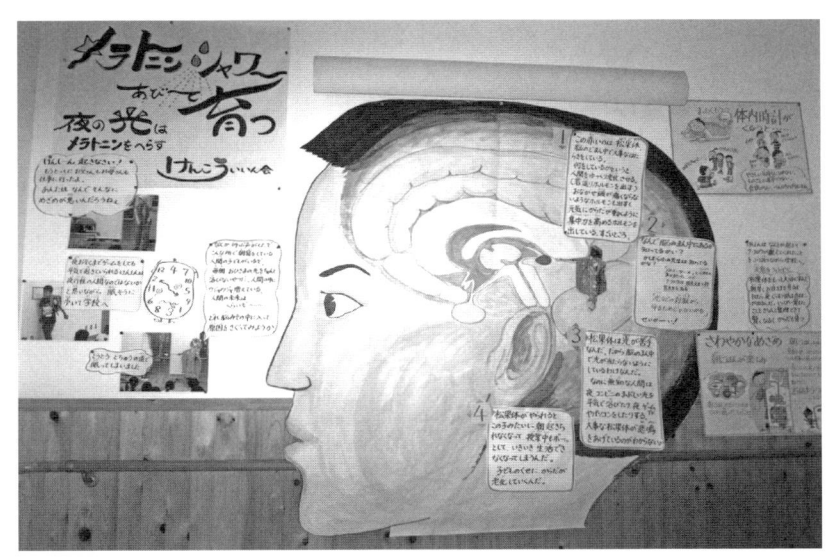

健康集会後の掲示物

とができるようにした（写真）。保健だよりでも家庭に報告し、集会を映像にまとめ、学校保健委員会で見てもらっている。全員の感想文集はまとめて子どもたちが読むことができ、参観日には保護者も見ている。

　健康委員たちは、「みんなが喜んでくれたり、満足してくれたりしたら一番うれしい」と言う。ハラハラドキドキしても、みんなの笑顔にホッとし、「やったぁ！」と喜びが湧いてくるそうだ。健康委員以外の子どもたちも「自分たちがするときは…」と次のことを考え始めている。

　健康委員たちと日頃から語り合って、養護教諭として考えていることを伝えておくと、それをヒントに子どもたちが動き出す。子どもの力を信じて任せることができる関係を作っておくことがコツだ。「伝えたい！」と健康委員が発信するメッセージは、教師から発信するより子どもたちに届きやすいのを実感している。

5．継続と「気持ちいい！」という実感が大事

　「毎日コツコツ続けられることが何かできたらいいね」という校長のつぶやきで、「子どものからだが硬い」と気になっていた私は、「キッズヨガ」の取り組みを参考に「カッシーストレッチ」（校名から名づけた）を始めた。

　まず、ポーズと効能を書いた掲示物を作り、貼り出した。「えー⁉　こんなことができるわけがない」と驚く子どもたちばかりだった。それでも「お楽しみカード」を作り、課題ができたらシールを貼って励みにすると、みるみるできるようになっていった。取り組みを始めた2週間後の運動能力テストで長座体前屈の記録がぐんとアップしていた。できなかったことができるようになる自分のからだの変化がわかりやすかったことと「痛、気持ちいい」というすっきり感を味わって、「カッシーストレッチ」はブームになっていった。健康委員たちも自然に励まし役になり、「見本を示さねば」と張り切っていた。

　そして、前期健康集会は、「カッシーストレッチ」を使って「全員参加の忍者修行をしよう」という

ことが決まった。前年の運動会で、風呂敷を頭巾にして忍者合戦を楽しんだ後から子どもたちは忍者が大好きになっていた。忍者学校の入学式のシナリオができ、校長先生には「シナリオ」を渡して「励ましの言葉」を、先生たちには各修行場所でチェックし、シール貼りをお願いした。個人差が大きいので、縦割り班で2人組を作り、競争することになった。「どうぶつコース」「ほぐしコース」から三つずつ修行の項目を選んだ。体育館の大縄にぶら下がって5往復揺れる項目と棒につかまって足を3回上げる項目をプラスした。2人組で修行を終えたら、巻物を見つけて問題（選んだポーズの効果等）を解いて終わるという設定だった。この集会までにどのペアも難度の高いポーズを選んで練習を重ねていた。

　この集会の後のインタビューで多くの子が答えたからだの変化は、「けがをしなくなった」ことだった。野球をしている子は「膝の痛みがなくなった」と言い、自転車に乗る子は「転ばなくなった」と答えた。どの子も「カッシーストレッチ」の効果を実感できていた。

　後期の委員会のメンバーは、「さらにバージョンアップする。今度はダンスをしたい！」と言い出した。委員長が、「私たちの健康課題は、視力と筋力と柔軟とバランスですね」と言ったかと思うと、あっと言う間に既存のアニメの曲に合わせて替え歌を作り、「カッシーストレッチ」を取り入れて振り付けをしていた。「カッシー体操第一」として歌を吹き込み、掲示物を作り、給食時間には歌を流し、休み時間には体育館にみんなを集めて教えていた。本番は教職員が見守る中、子どもたちだけで健康集会ができた。

　コツコツ毎日続けていると、あるとき「できた！」という瞬間が訪れることを子どもたちが実感できた。健康集会を節目に「カッシーストレッチ」の気持ちよさとみんなでする楽しさを実感できた1年間だった。健康委員たちは「私たちが卒業してからもカッシー体操を続けてほしい」と感想を書いていた。

＊　　　　　　＊　　　　　　＊

　取り組みの成果を家庭や地域に広げたい。「子どもたちの笑顔やがんばりをみんなに知ってもらいたい」「こんなにいいこと、みんなにも知ってほしい」。取り組みが進めば、教職員にそんな思いが広がっていく。「読み応えのある保健だよりをホームページに載せよう」「学校保健委員会での成果の報告が楽しみ」と期待されるようになる。情報を受け取ってもらう人たちに役立つばかりでなく、期待されることで、取り組む側の養護教諭や子どもたちの励みになり、実践も高まっていく。

　「先生が言うことだから」「学校がしなさいと言うから」と、子どもや保護者が意味も理解できないまま形だけ整えていくような取り組みをさせたくはない。健康は「子ども自身が幸せに生きる」ために役立つこと、そのために、「選ぶ力」「自分で判断する力」「仲間を信頼し、手をつなぐ力」「困ったとき『助けて』と言える力」を育てていきたい。そのために、委員会の子どもたちが意欲を高め、楽しみながら取り組めるように、からだの学習をつみ重ねていきたいと思う。

（藤田照子）

子どもの健康と発達の様相をとらえる仕事

① >> 教育としての健康診断

1. 日本の学校健康診断の歩みとその必要性

　日本における学校健康診断は、1888（明治21）年に文部省（当時）が直轄学校での「活力検査」の実施を指示して以来、120年余の歴史がある。第二次大戦前は主として国家の兵力管理の手段として、大戦後は国の保健医療政策を補完する役割を果たしてきたという側面もある。しかし、1958（昭和33）年の学校保健法の施行により学習指導要領における特別活動の学校行事として、保健管理の中核であると同時に教育活動として今日の学校健康診断の形が作られてきた。この間、健康診断による国家管理的色彩を警戒する意見や、子どもの健康管理機能を家庭や地域に戻そうとする考え方、集団検診が個々のプライバシーを侵害しているとか検診結果が「異常」のラベルを貼り差別や健康不安を生み出しているという指摘、などがあり、これらはいずれも一面では正当性を持った見解であった。

　やがて、1990年代に入ると「学校保健法施行規則の一部改正」が行われ、「学校健康診断は集団を対象としたスクリーニングである」という考え方がより強く打ち出され、視力測定や歯科検診の簡略化（視力測定のいわゆる370方式、歯科検診結果の記載の簡略化など）が進んだ。これを契機に学校現場では、真に子どものための健康診断とは何かを問い、どのように実施すれば子どものためになるのかを実践的に模索する取り組みが広がった。こうして、この改正を機に、健康診断を通して子どもの「からだ観」や「健康観」をどう育てるのかが問い直され、子どもたちの身体認識や健康認識の発達を視野に入れた健康診断のあり方が実践的に追究された。そうした追究を通して、「子どもの最善の利益と健康への権利」（子どもの権利条約）を保障する健康診断、子どもが主体的に参加する健康診断、子どもたちが自分のからだの変化や成長について認識し、自らの生活の改善と健康づくりに主体的に取り組んでいくことができる力を育てる「教育としての健康診断」のあり方が追究されてきた。

　こうした歩みを通して、日本の学校健康診断は、学齢期の子どもたちのかなり詳細な健康・発育状況を毎年とらえ、健康を守り育てるうえでとても重要な役割を果たしている。日本は学校健康診断をはじめ、学校三師（学校医、学校歯科医、学校薬剤師）制度や養護教諭制度など、諸外国には類を見ない独自の体制を学校教育の中に位置づけ、子どもの健康を守り育てる営みを学校という場で行うという形で発展させてきたということができる。

2. 教育としての健康診断の進め方

　2003（平成15）年に日本教育保健学会が刊行した『教育としての健康診断』（大修館書店）は、先述した1990年代の健康診断をめぐる議論と実践的模索の成果を整理したものであるが、そこでは、健康診断を教育的に展開していくための原則を次の三点に整理して提起している。

　①子どもの人権・健康権を保障する健康診断

・子どもの健康・発達の実態とそのニーズに合った健康診断項目と実施方法

・子どものプライバシーや人権に配慮した実施の仕方

・子どもたちが自分たちの権利として受けるようになる健康診断

・子どもたちの意見を聞きながら子どもたちと共に工夫する健康診断

②子どもたちの学習権を保障し、子どもが主体的に参加する健康診断

・健康診断の意義や方法について、学習の機会を保障する

・子ども自らが、課題や目的、要求を持って主体的に参加する

・子どもの知りたいからだの科学を学べる機会にする

③子ども、養護教諭、担任、学校医、保護者らが連携し合う健康診断

・職場の教師集団での話し合いや、担任との連携に基づいて進める

・学校医、保護者や地域と連携・共同して取り組む

3．子どもの人権・健康権・学習権を保障する健康診断

以下、地域の仲間の実践を紹介しながら、「教育としての健康診断」に迫ってみたい。

1）からだ観を育む発育測定

1995（平成7）年の「学校保健法施行規則一部改正」で胸囲を測定しなくてもよいことになったとき、改めて胸囲を測る意味について考えた。折しも学校健康診断が子どものプライバシーを侵害しているといった批判が聞かれるようになったときである。地域の小児科医から「発育測定の意味」について学んだとき、医師は資料として「成熟時臓器重量に対する各年齢時臓器重量の百分率」のグラフを示してくれた。小学6年生ぐらいだと心臓はまだ成人の半分、肺はまだ30％ぐらいしか成長していないという。これまで内臓の成長状態までとらえる視点を持って子どものからだに向き合ってこなかったことに気づかされた。以来、4月の「からだの学習」では「発育測定をする意味」について子どもたちと一緒に考えている。「発育測定って何を測っているの？」と問いかけると、身長では「骨」、体重では「脂肪」と即座に答える。「へ～え、増えるのは脂肪だけなんだね」と問い返すと、「肉も増える？」「血も増える？」「脳みそも？」と出てきた。高学年の子どもたちには、「成熟時臓器重量に対する各年齢時臓器重量の百分率」を見せる。「え～！　心臓はまだ半分しか重くなってないの？」「肺も小さいね！」と、びっくりした表情を見せる子どもたち。「体重が増えるのは悪」という偏ったからだ観から、成長・発育していくからだに対する認識が少しずつ深まり、自分の体重の増加を肯定的に受け止めるようになっている。

また、自分の測定結果が全国の子どもたちの成長の貴重なデータになっていることがわかると、測定を積極的に受ける気持ちになる。「でも胸囲の測定は恥ずかしい」という高学年の女子には、「気持ちよく測るにはどうしたらいい？」と聞くと、「1人ずつ他の人に見られないように測ってほしい」という。そこでベッド周りのカーテンを利用して、1人ずつ測るようにした。「これなら恥ずかしくない」「去年より胸囲が2cmも増えていた！」と、子どもたちは増えることを成長の喜びとして受け止め、測定を嫌がる子がいなくなったという。

子どもたちの要求を聞き、安心して測定が受けられるように工夫すれば、自分のからだに敏感になる思春期の子どもたちでも、「プライバシーを守ってもらいながら、必要なときには裸になってきちんとからだを診てもらうことは、自分たちの健康を守っていくために必要である」という意識を育てる機会

にもなり、内科検診もスムーズにできているという。

2）特別支援が必要な子どもたちの聴力・視力検査の工夫

　ダウン症のNさんは小学5年生になる。入学してからきちんと聴力検査ができなかった。というより、検査する方法がわからないでいた。しかし、養護学校の職員に、障害のある子でも検査ができることを教わり、検査器具を借りて実施してみた。器具をセットしてNさんの左後ろに立ち、左耳から50cm離れた所から音を出すと、Nさんは私のほうを振り向いた。聞こえたのだ。続けて右耳の後ろに立ち同じように音を出すと、今度は振り向かずに「クックックックックッ…」と笑った。

　同じくダウン症のY君は小学6年生。3年生のときに、やはり養護学校の職員から視力検査のときに使う「ドットカード」の存在を教わった。ウサギの絵が描かれているトランプのカードで、視力が上がっていくにしたがって目のドットが小さくなっていき、目が見えなくなったらその前の視力になる。3年生のときのY君はウサギのドットカードをチラッと見ただけだったが、4年生になるともう少しウサギのカードに集中できるようになった。そして0.4のカードになったときに「目がねえじゃねえか！」と叫んだ。このときのY君の視力は両目で0.3だった。家庭には、すぐに視力検査ができたことを知らせ、眼科の診察を受けることを勧めた。間もなく眼鏡をかけたY君の姿が学校で見られるようになった。入学してきたときは階段が怖くて降りられなかったY君の姿が思い出された。

　6年生になって視覚発達の支援ができる教師がいることを知り、視力検査をお願いした。「カラス・さかな・ちょうちょ・犬」の絵が描かれていて、その絵は楊枝の先についている。初めに手元で先生が絵を1枚取り「同じ絵を選んでごらん」というと、手元にある同じ絵を選ぶ。次に先生は絵のカードを持って5m離れて、先ほどと同じように絵を出した。Y君は先生と同じ絵を出して「それは犬だよ！」と大きな声で答えた。絵の検査では視力が0.2だった。念の為にもう一度5m離れた所で白黒の縦じまと灰色の団扇を二つ並べて見せる。片方は白と黒の大きな縞模様が描かれていて、もう片方の団扇は灰色である。白黒の縞模様の太さがだんだん細くなっていくと、隣の灰色の団扇と区別できなくなるのでそこで終了となる。検査の結果、やはり両眼で0.2の視力だったので、家庭に連絡をし、眼科を受診してレンズを替えてもらうことになったという。

　開発されたグッズを効果的に使うことによって、それまでは難しかった特別支援の子どもたちにも正確な検査ができる。学校における健康診断は、その子たちの実態に合った工夫が必要である。そして得られた結果から、その子なりの学習環境を整え、日常のちょっとした配慮につないでいくことになる。

3）色覚に異常のある生徒の訴えが全校のチョークを変えた

　5月の連休明け「先生、私の目のこと知っていますか？」といって中学1年生のAさんが保健室に入ってきた。このときAさんは、自分は色覚に異常があり、学校生活で困っていることは「信号の色が区別しにくい」「青・緑・赤で書かれた黒板の字がわからない」「女子バレー部のボールがピンクと白で見えにくく、サーブが当たってしまう」「小学校のときに描いた絵を男子に変といわれ、その男子が同じクラスにいるのでまた何かいわれそうで怖い」「急に目の前が白やいろいろな色になることがある」と話してくれた。今まで保健室に来たこともなかったAさんの心の中に、色覚に異常がある自分の学校生活に対してこんなにもたくさんの不安があったことに驚く。

　Aさんが安心して学校生活が送れるようにするために、Aさんの色覚のことを先生方に話すことの許可を得たうえで、まずは学級担任に相談をしたところ、担任は社会科の教師で色チョークをよく使うと

のこと。そして、「Ａ１人のためにチョークの色を限定することはできない」という言葉が返ってきた。Ａさんの生活のしづらさや、困っていることへの理解をしていない言葉だった。そこで、全職員が色覚に対する正しい知識と理解を持つ必要を感じ、生徒理解の時間に「Ａさんの色覚に関する相談内容」「養護教諭がＡさんに行った保健指導の内容」「眼科校医の所見」「学校における色のバリアフリーについて」等の資料を用意して教職員に説明した。

　眼科校医からの「色覚は治療するものではない。生まれたときから見ている色の感覚だから、本人はうまくつきあっていく。環境条件や周りの人が工夫する必要がある」という助言もあって、色が見分けにくい生徒の生活のしづらさや、他の生徒と同じ条件で学習するうえでの不都合さについて、多くの教師が理解して、色覚をサポートするチョークを全学級で使用することが決定された。

　学校生活では往々にして集団が優先され「１人のために特別な配慮はできない」と、教師たちは考えがちである。しかし、子どもたちがより快適に生活し、学習するためには、健康診断から見えてきた１人の子どもの結果が教育条件や環境を変える力になる。つまり、どの子にも等しく教育を受ける権利を保障することである。「色覚に異常があり、学校生活で困っている」という１人の生徒の訴えを本気で受け止め、色覚に対する確かな知識を提示して教職員と共有したことが、統計的にごく僅かであるが、色覚に異常を持つ生徒たちの学習環境を変えたのである。

４）子どもの学びを生み出す歯科検診

　健康診断を主体的に受けるためには、検査や測定の一つひとつについて、その意味や目的を子どもたちが認識して受けることができるような事前学習が大切である。そこで歯科検診では、担任と「健康診断ノート」を使って歯列や咬合、歯肉について学び、さらに「チェックカード」で自分が歯医者さんになって口の中の様子を観察した。小学校高学年では「奥歯の溝の所が少し茶色になっている、これってむし歯かな？」「上の前歯の歯肉が赤い」などの気づきがあった。低学年では、子どもの歯をチェックしたお母さんから「乳歯の内側に永久歯がはえてきていますが大丈夫でしょうか？」と、普段は子どもの口の中を見ることが少ない母子にとって、口の中の変化に気づくよい機会となった。

　歯科検診当日、子どもたちは校医の先生に、不安なことや疑問に思ったことを聞きたいと、期待を持って望んだ。「この歯は少し前に出ているけど、他の歯がこれからはえてくるからもう少し様子を見てみよう」「よく気がついたな、まだむし歯じゃないよ。この溝の所をよく磨くようにしたら、むし歯にならないから」と、質問に笑顔で答えながら校医の先生も、子どもたちとのやり取りに手ごたえを感じているようだった。そこで、検診前５分間の歯科指導をお願いすると快諾してくれた。１年生には「歯ブラシは機関車トーマスだよ。これからみんなの口の中の線路を10回走るよ」といってブラッシングの指導を、６年生はフロスを使うというサルの話を目を輝かせて聞いた。

　全校の歯科検診結果をまとめると、発育期における歯科疾患の特徴が出てくるので、それに基づいて歯科保健指導を行った。第一大臼歯を見つけた１年生が「大人の歯がはえてきた。歯の王様だ！」と驚きの声をあげる。さらに鏡でよく観察して「大きくて真ん中がへこんでいて、ゴツゴツしている。だから食べもののカスがたまってむし歯になりやすいんだね」と納得する。乳歯と永久歯が混在し、むし歯の本数も増えてくる４年生は、染め出しをした後、歯科衛生士から自分の歯列に合った磨き方を指導してもらい、鏡を見ながらブラシの毛先を歯にうまくあてるように工夫して歯みがきをしている姿が見られた。「家でも染め出しをしてみたい」という要望があり、夏休みに親子で染め出しをすることになった。第二大臼歯が萌出し、歯肉炎の増加が見られる６年生は、歯肉を意識して歯との境目を細かく振動

させて磨くことを学んだ。

　検診結果の通知は、むし歯だけでなく要観察歯についても知らせ、特に注意して歯みがきをするよう家庭向け保健だよりで注意を促したり、事前学習で用いた「チェックカード」とともに家庭に返すことで見返しができるようにもした。口の中の健康は、様々な病気を予防するためにも、生涯自分の歯で食事をおいしく食べ、健康でいきいきと生活していくために大変重要である。特に乳歯から永久歯がはえ揃う小学校の時期は、一人ひとりの子どもにドラマがあり、よい習慣を身につける基礎が作られるときである。事前・実施時・事後、それぞれの機会に担任と養護教諭の連携、校医や保護者の理解と協力の中で進めることによって、子どもたちの発育段階に合わせた学びの時間が創られることになる。

4．生きる力につながる学校健康診断の創造に向けて

　健康診断の検査項目は、今までにも何回かの改正を経て、胸囲や色覚が必須項目から削除され、視力や聴力、歯科検診においては簡略化がされてきた。そして平成26年度の改正では「座高」が省かれ、新たに「四肢の状態、運動器の機能」が加えられた。また「成長曲線」で発達を見ていくことも求められている。時代の変遷により子どもの生活やからだ、健康状態は変わっていく。したがって、検査項目の見直しは必要である。しかし、健康診断で子どもたちにどのような力を身につけさせるのか、例えば視力測定の370方式は、子どもたちに不満を残したままである。1.0が見えた子は1.5も2.0も測ってほしいし、0.3以下の子は自分の視力がわからないままに不安を抱えることになる。色覚に至っては改正から10年、自分の色覚の特性を知らないままに成長した子どもたちが、進路決定のときに受ける不利益を高校から指摘されることとなり、希望者に実施されることになった。検査の効率化を図るスクリーニングとしての意味やプライバシーが強調されすぎると、誰のための、何のための健康診断なのか、主人公である子どもが横に置かれてしまう。

　また日本には、僻地や無医村を抱えた地域が存在するが、長野県は40年余にわたって独自に貧血検査を行ってきた。針を指すという恐怖はリスクも伴うが、思春期の子どもの貧血症状を発見し、早期治療につなぐことは非常に有効である。貧血検査に合わせて「生活習慣病」の検査を取り入れている地域もあり、総合判定による「要指導・要観察」の児童生徒は20％という結果も出ている。このように、子どもたちの実態や地域の特性を考慮して、必要な項目を付け加えるという弾力的な実施も必要である。

＊　　　　　　　　＊　　　　　　　　＊

　1980年代以降、子どもたちにもっと自立的な生活をさせたい、自分のからだをわかる子どもに育てたいという強い思いにより、養護教諭による「からだの学習」が全国的な広がりを見せた。この流れに呼応して、1990年代には学校健康診断の改正を契機にして、「子どものための健康診断」の取り組みも進んだ。健康診断を通して、子どもたちが自分のからだの変化を知り、からだのしくみと働き、成長や健康な生活との関係を考える重要な機会となるよう、「生きる力」につながる「教育としての健康診断」の実践を、全教職員、学校医、保護者や地域と連携しながら創造していきたい。
（本稿は長野県佐久地域の養護教諭仲間、栁澤祐子・吉田アイ子・櫻井真澄・森沢繁子が実践を持ち寄り、話し合ったうえで小林がまとめた）　　　　　　　　　　　　　　　　　　　　　　（小林美穂子）

●参考文献
1）日本教育保健研究会健康診断プロジェクト編：教育としての健康診断、大修館書店、2003

② >> 健康観察や健康調査で子どもの実態をとらえる

　子どもは、心やからだの状態や変化を顔色、表情や体調として表すことが多い。近年の心やからだの健康問題は、多様化、複雑化、深刻化しているため、日常的な健康観察や健康調査を活用し、子どもたちの心身の状態をとらえた教育活動が重要になっている。また、教員は子ども一人ひとりの健康の様子を見る目を持つ必要があり、もう一方では、学級や学年、学校といった集団の健康実態が観察できる目を持ち実態をとらえる必要がある。その実態をとらえてこそ、その学校の教育保健の課題が見えてくるからである。

1．健康観察で子どもをとらえる

1）健康観察の意義
　健康観察は、学校生活全般を通して行われることから、子どもの心とからだの健康問題の早期発見、早期対応につながる。そのため、体調不良も早期に発見できるとともに、感染症の発生も早期にとらえることができ、感染症の集団発生の拡大を防ぐなど、素早い対応を取ることができる。また、健康観察からは、このような疾病のみならず、心理的ストレスや悩み、いじめ、不登校や虐待、精神疾患などにも気づくことができ、早期に適切な対応を取ることにつながる。したがって、朝の健康観察を中心に全教育課程で行う日常的な健康観察が重要である。
　また、健康観察を日常的に行うことによって、子どもたち自身が自分のからだや健康の状態に興味や関心を持つようになる。さらに、学級の他の人の健康にも関心を持つようにもなる。それが自分を含めて他の人の健康にも関心を持ち、子ども自身の自己管理能力にもつながる。そのためには、ただ観察にとどめずに、クラスでの健康観察で気づいた問題を学級保健指導につないだり、集計結果を保健だよりで全校の子どもたちに返したりすることを通して、健康観察が活かされていることが実感できる工夫が必要である。

2）健康観察の方法
　健康観察の方法には、子どもたち自身の主体的な活動を教員が支援しながら行うものと、教員の視点でとらえて行うものがある。観察項目や観察方法、手順は、各学校の実態に応じて行う。
（1）子どもたちの主体的な活動でとらえる
①児童生徒保健委員による朝の健康観察
　児童生徒の主体的な活動から全校の健康観察を行うことも多くの学校で取り入れられている。健康観察の方法は、学校の実態に合った方法が用いられ、健康観察簿を用いる方法やパソコンを活用する方法などがある。どのような方法を用いるにせよ、子ども任せにするのではなく、教員が子どもの活動を支援しつつ最終確認をする必要がある。
〈紙面（健康観察簿）を利用する方法〉
　子どもたちは、自分自身の体調を観察して、朝の健康観察に参加することになる。例えば、その日の当番や児童生徒保健委員会の子どもが、健康観察の時間に教室の前に出て「体調の悪い人はいませんか？」と尋ねて、学級の子どもたちが手を上げて答える。手を上げた人の状態を、保健委員が記録し、

学級担任が確認する。このような手順で行われている場合が多い。この場合の観察は、子どもの自覚的な頭痛、腹痛、発熱、目がかゆいなどが多く、元気がない、顔色が悪い、目が赤いなどであり、他覚的な観察は教員が行う必要がある。そのため、子どもの主体的な活動を活かしながら教員の健康観察や保護者からの連絡内容を合わせる工夫が必要である。

〈パソコン（PC）を利用する方法〉

　A中学校の実践では、各クラスに設置してあるPCから健康観察結果を入力している[1]。保健委員2人のうち1人が教室の前でクラスの子どもに健康状態を尋ね、もう1人がPCに入力する。そうすると、個別、クラス別、学年別の欠席状況、健康観察の結果を、保健室のPCや教員のPCで確認することができるシステムになっている。これらの結果を、感染症の報告書に連動させてあるため、インフルエンザ流行時の子どもへの対応と手続きの両面をスムーズに行うことができる。また、各学級のPC健康観察画面に養護教諭が気づいたメッセージを記録する工夫がされている。例えば「少しかぜをひいた人の人数が増えてきたようです。換気や手洗いを呼びかけてください」などである。

②健康観察から得た様子を児童生徒の自主的な活動につなぐ

　健康観察は子どもたちが「やらされている」活動ではなく、主体的な活動につないでいくことが大切である。紙面やPCを活用した健康観察の結果は、学校の健康状態を知るよい資料である。そのため、全校の健康観察の傾向をタイミングよく子どもたちに返していき、子どもたちがそれをもとにどのような活動に取り組むかを考えていく工夫をしたい。

　A中学校では、かぜ罹患者数の上昇傾向をキャッチしたときに、集計結果をクラス別積み上げ棒グラフにして傾向がわかるように示している。この罹患状況を見た保健委員会が中心となって換気活動に1週間取り組んでいる。また、日々の集計結果を随時子どもに示し、換気活動により罹患者数が低下したことを実感できるようにしている。

　このように、健康観察と保健委員会の活動をつないでいくと、保健委員も自らの活動を振り返り、評価することができる。継続的な活動の中で、毎朝行う健康観察が、自分や他者の健康に関心を持つことや、学校および学級の健康状態への関心につながる。さらにその健康への関心が、必要な場合は窓を開けて換気をしたりするなどの主体的な健康行動への実践につながる。

③教師の立場から活動を支え、子どもの心身の状態をとらえる

　教員の立場から、子どもたちの自主的な活動を支えて教育活動として行っていくことが必要である。健康観察を係の子どもにお任せにするのではなく、係の子どもと一緒に健康観察を行い、子どもの心身の状態をとらえていきたい。それと共に、その結果を学級活動や保健指導に活かしていくことが必要である。

（2）教員の視点でとらえる

　毎朝行われる健康観察は、その日の子どもの様子を知り、学校の教育活動を円滑に進めるために行う活動である。基本的には学級担任や養護教諭が中心となって行う。健康観察の方法は、教職員で共通理解して行う必要がある。子どもたちの主体的な活動を活用して健康観察を日常的に行う場合にも、子どもの行う範囲と教員の最終確認をどのように行っていくかなども決めておきたい。健康観察の観察項目や機会（時間や主な実施者、視点）、手順（いつまでに、どこへ提出するか、健康観察の実施から事後措置までの流れなど）、記録方法などは、組織的に行うことから、年度当初に共通理解を図っておく必要がある。

　健康観察を行っていく際には、教員は子どもの発達段階をおさえておくことはもちろんであるが、年

表Ⅲ-1　からだ、行動や態度、対人関係に表れるサインの例

からだに表れるサイン	○発熱が続く。○吐き気、おう吐、下痢等がよく見られる。○からだの痛み（頭痛、腹痛）をよく訴える。○急に視力や聴力が低下する。○めまいがする、体がだるい等の不定愁訴を訴える。○咳をしていることが多い。○極端にやせてきた、太ってきた。○目をぱちぱちさせる、首を振る、肩をすくめる。○理由のはっきりしない傷やあざができていることがある。○尿や便のお漏らしが目立つ。等
行動や態度に表れるサイン	○登校を渋ったり、遅刻や欠席が目立ってきた。○保健室や相談室を頻繁に利用する。○用事がないのに職員室に入ったり、トイレに閉じこもったりする。○部活動を以前に比べて休むことが多くなった。○家に帰りたがらない。○顔の表情が乏しい。○死を話題にする。○落ち着きがなく集中して学習に取り組めない。○おどおどした態度やぼんやりとした態度が目立つ。等
対人関係に表れるサイン	○１人だけの登下校だったり、友だちに避けられている。○登下校時や教室移動時に友だちの荷物を持たされたりしている。○ほとんど誰とも話さない、関係を持たない。○他の学年の子どもとばかり遊ぶ、低学年とばかり遊ぶ。○明るく振る舞っているときと、急にふさぎこんでいるときが極端である。○特定の子どもの給食の配膳が不自然（山盛り、配り忘れ）。○挨拶や呼名時に返事をしなかったり元気がないことが増えた。等

（文部科学省：教職員のための子どもの健康観察の方法と問題への対応、p. 17を参考に作成）

齢に応じてかかりやすい病気（感染症を含む）を理解したうえで行う必要がある。例えば、小学校低学年の子どもは自分の体調をうまく言葉で表現できないこともある。そのため、自覚症状を観察するだけでなく、教員の視点から他覚症状（元気がない、顔色が悪い、目が赤い、普段と違うなど）から感染症の症状も見ていく必要がある。

　からだの状態だけでなく、心の問題が顔の表情や行動に表れたり、身体症状になって表れたりすることがある（表Ⅲ-1）。子どもが訴える腹痛や頭痛などの身体症状は、病気の他にも心身症などが原因となっていることもある。このようなことから、健康観察の機会は朝だけでなく全教育活動の機会を通して行うことが必要であり、健康観察の項目は、心、からだ、行動・態度、対人関係に表れるサインを含めて観察する必要がある。これらのサインは発達の段階により違いがあり、表れた際には、状況に応じて専門機関との連携が必要となる。

（３）学校内や保護者、関連機関との連携

　健康観察の結果を保健指導や健康相談に有効活用していくことが必要である。各学級から提出された健康観察の結果は、学級別、学年別、疾病別に集計・分析される。その日の集計結果は、管理職へ報告し、事後措置を行うことになる。事後措置には、けがの手当て、早退、休養、医療機関受診の必要性、感染症予防のための措置、健康相談、保健指導（学校保健安全法第９条）などがある（図Ⅲ-1）。また、必要に応じて集団指導や個別指導、保健だよりによる保護者への啓発などにつないでいくことが教育活動として重要である。

（４）健康観察結果の活用と配慮事項

　出席簿と一緒に健康観察簿を教科担任が確認できるように教室に置いておくと、教科担任も健康観察を確認して授業を行うことができる。しかし、健康観察簿は、プライバシーに留意した取り扱いをする必要があるため、活用方法には工夫や配慮が必要である。

　健康観察の分析結果を学年会や職員会議で活用することは、教職員間で子どもの健康課題を協議するきっかけになる。個別、月別、学期別の単位の分析から、不登校傾向やいじめの早期発見につながったりすることがある。また、集団保健指導の必要性をとらえた場合は、教職員の共通理解のもと、時宜を

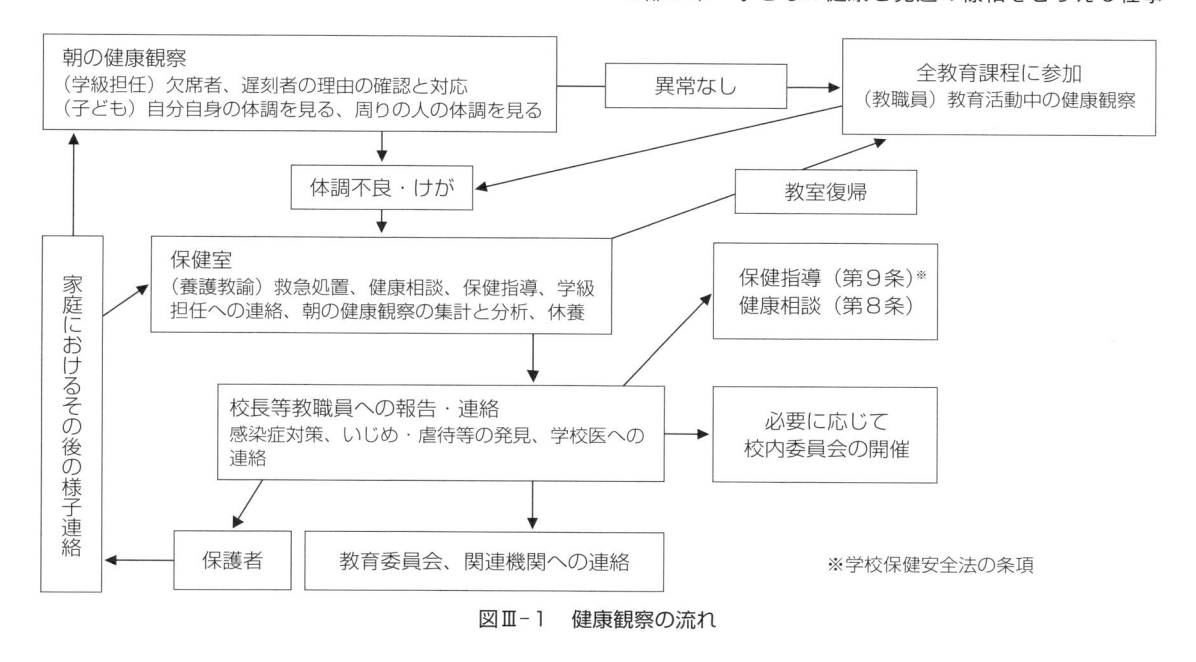

図Ⅲ-1　健康観察の流れ

得た保健指導を実施することが大切である。

2. 健康調査（保健調査）で実態をとらえる

1）学校で行われる健康調査の意義

　平成26年4月に通知された「学校保健安全法施行規則の一部改正等について（通知）」では、「保健調査（第11条関係）」について変更された。この調査は「効果的に健康診断を行うため」に、小学校入学時から高等学校、高等専門学校の全学年において行われることとなった。毎年行われる定期健康診断は4月から6月にかけて行われるため、健康調査では、7月以降の様子や、定期健康診断結果後の受診の結果や治療の様子を把握することができる。そのため、健康調査を有効活用することは、健康診断を的確に行うことや一人ひとりの子どもの健康の変化を的確に把握することにつながる。また、このような健康調査を行うことは、家庭でできる健康観察のきっかけや定期健康診断の事後措置の把握につながり、意義がある。

　単なる健康調査に終わるのではなく、学級担任や養護教諭が健康調査から一人ひとりの健康状態を把握し、保健指導や健康相談に活用するように工夫する必要がある。

2）健康調査を活用した健康診断

　前年度の健康診断以降の様子をとらえ、その年度の健康診断に活用することとなる。学校医の検診の際には、前年度の補助資料として活用することができる。健康調査の傾向をとらえるために統計処理をすることは、自校の実態を把握することにつながる。また、全国統計との比較から自校の様子を把握することにもつながる。一方、平均値や割合のみで判断していると、個人の実態を見失うことにもつながる。そのため、学校全体を広くみる視点と一人ひとりの子どもをみる視点の両方を活用していくことが大切である。

３）健康調査を活用した健康相談や保健指導

　疾患のある子どもや体調の変化により年度の途中で症状が変わる子どももいる。例えば、「学校生活管理指導表」の区分変更もある。その場合には、学級担任、教科担任、部活動顧問との連絡を取り、その子どもに合った適切な管理を行っていく必要がある。内容により、健康相談や保健指導の必要も生じてくる。そのため健康調査を適切に把握し、活用していくことが重要となる。

４）学校全体での理解と対応

　子どもたちは、全校の様々な場所で活動をしている。また、どのような教育課程の中で体調を崩すかはわからない。そのため、学級担任や養護教諭だけが子どもの健康状態を理解しておくのではなく、全教職員が共通理解をするとともに適切な対応をできるようにしておく必要がある。

　子どもに心的な負担を与えず、様々な疾患がある子どもも学校生活をスムーズに送ることができる（人的環境、物的環境）環境整備を行い、子どもの成長発達に寄り添っていく教育が必要である。

５）継続的な観察と支援（配慮）

　子どもたちのからだの様子はある一時点での観察だけでなく、教育活動全体を通して継続的に観察していく必要がある。例えば喘息のある子どもの症状も、一定ではなく日々変化している。そのため、体育のときのランニングや授業中の様子にも配慮が必要である。健康調査により把握する健康状態は、提出時点での状態であり、その後の変化があることもふまえて継続的な観察と支援が必要なことを全教職員で理解したい。

（河田史宝）

●参考文献
１）12月の保健室経営「健康観察」、健康な子ども No. 40、日本生活医学研究所、2006、pp. 40～41
２）文部科学省：教職員のための子どもの健康観察の方法と問題への対応、少年写真新聞社、2009

保健室におけるケアと教育

① >> 保健室の今日的役割と保健室実践

1. 保健室の今日的役割

　今日の子どもたちの健康・発達をめぐる状況は深刻さを増している。そうした中で現在の保健室は、子どもたちの発育・発達を支える重要な場の一つとしてその役割を担っている。子どもたちの中に広がっている発育・発達のゆがみを軸とした人間総体の崩れ、人間的な危機の問題は、心身の不調の訴えという症状をもって保健室に集中的に持ち込まれていて、保健室は子どもの中にある発育・発達をめぐる様々な問題の頂点が見えてくるところとなっている。保健室で子どもたちとかかわってみると、どの子もがもっと健康になりたい、もっと人間らしく生きたいと願っていることがわかる。こうした子どもたちの深い願い・ニーズに応えて、子どもたちの中に人間としての価値ある変化（発達的な変化）を生み出そうとする実践が1970年代以降積み重ねられてきた。こうした中から、保健室を子どもたちの心とからだの問題を通して子どもたちを生活と健康の主体に育てること、人格の形成を図る場とするという考え方と実践が生み出されてきた。こうした実践を「保健室実践」と位置づけてきた。今日、保健室の果たす役割はここにあると言える。

2. 保健室の教育的な機能

　現在、保健室はけがや病気のほかに、様々な心身の悩みや問題を抱えて子どもがやって来る場所になっている。特に1970年代以降、子どもたちの健康問題は大きく変化して、けがや病気よりも「いつも体調がよくない」「イライラする」などの不定愁訴が増えてきた。その背景に生活の困難（貧困や生活リズムの崩れなど）、人間関係の不全、学力競争、親の子育ての問題などが複雑に絡み合った状況があり、子どもたちが心身の発育・発達のゆがみやつまずきにかかわると思われる課題を抱えていることが明らかになってきた。こうした状況の下で保健室に求められているものは、医療的なケアよりも生活の仕方や人間関係づくりのあり方などを身につけることを通して子ども自身が自立していくことができるような教育的なかかわり方である。子どもの発達のつまずきに寄り添い、自立を支援するような教育的な働きかけが求められている。保健室が単にケアをする場所ではなく、教育として子どもの人格形成を促していく場所として大きな役割を持つようになってきたということである。

　こうした保健室の教育的役割の必要性が認識され、実践へとつながったのは、かつての「用事のない者は来てはいけない」という保健室から、「いつでも、誰でもが来ていい」場として子どもたちに保健室を開放・解放し、「子どもたちに向き合う仕事」を中心に据えるという養護教諭の保健室観の転換があったからである。保健室が主に医学的なケアを行う場所から、心身の健康と発達の課題に向き合う教育の場へと転換したと言える。

　また、従来、保健室における保健管理的な仕事と位置づけられてきた救急処置や測定、健康診断やそ

の事後措置なども、子どもが自分のからだを見つめる場、自分のからだの学びの場と位置づけて、保健室における「からだの学習」活動などの実践がなされ、保健指導・保健教育を含んで子どもを健康の主体に育て上げようとする機能を拡大させてきた。

また、健康相談活動は、すでに狭義の健康相談という域を超えて、保健室における子どもとのかかわりの中で、その子どもの抱える健康・発達の課題を子どもとともに引き出し、子ども自身の力で乗り越えさせるという活動を通して子どもの人格形成に働きかける教育活動へと発展させ、「保健室実践」として定着させてきた。子どもが保健室で訴える心身の問題は、すべて子どもの健康課題、発達課題として受け止めて支援するという実践のあり方が子どもの自立を支える教育の機能へつながっている。さらに、子どもたちの保健の自治活動である保健委員会活動の場としての機能も充実・発展させてきた。

こうした取り組みのもとで現在の保健室の持つ教育的な機能を次のように整理できる。

①子どもの健康・発達の課題を確かに把握する機能

②子どもにからだと生活を見つめさせ、科学的で人間的な健康の認識を育てる機能

③子どもとの人間的な交流を通して"生きる力"を育てる機能

④子どもたちの発達の危機（ヘルプ）を受け止め、自立を援助する場としての機能

⑤子どもたち自身の力で保健の自治活動（保健委員会活動）を作り上げていく場としての機能

⑥子どもを中心に教職員や父母・地域などと手を結び合っていく機能

保健室では一人ひとりに丁寧にかかわって子どもをとらえることができるという利点がある。からだを軸に心を統一して個々の健康課題と発達課題を把握する。保健室でとらえた子どもの健康課題と発達課題は、保健室に来室した個々の子どもの成長・発達の課題解決としての取り組みに終わらせることなく、全校の健康・発達課題として提起して、全校的な取り組みを組織していくという教育機能も重要である。

３．保健室運営

１）保健室運営の基本的な考え方

保健室は養護教諭にとってはその活動を展開するための拠点となる場であり、学校保健の中心的な役割を果たす場である。また一方、学校全体にとっては、その学校の教育の目的を果たすために存在している場でもある。したがって、保健室がその学校の中で果たす役割を明らかにし、養護教諭の活動を中心にしながらも、学校全体でその運営を行っていくことが必要である。保健室運営について一般的には「保健室経営」という言葉が使われることが多いが、「経営」よりも教職員や保護者、子どもの願いを含んでみんなで保健室を「運営」するという位置づけのほうがふさわしいと考えられる。

保健室が教育的な機能を果たすためには、保健室運営の目標・基本的な考え方、具体的な施策などについて明らかにし、その運営計画を立て、評価を組み込みながら実践していくことが必要である。

①保健室運営の目標・基本的な考え方には、どんな子ども像を目指すのかという養護教諭の子どもへの願いや子ども観と、そのために保健室をどのように運営するのかという保健室観を明確にしておくこと。

②学校の教育目標とのかかわりで、保健室がどのような役割を担うのかを明確にすること。

③その学校の子どもたちのからだや健康の実態、地域の実態に基づいた運営計画となっていること。

④実態を改善し、子どもの自立を進めるための具体的な施策が明らかになっていること。

　⑤これらの内容についての共通理解を図り、保健室運営についての職場の合意づくり（保健室運営計
　　画の共有）がなされていること。
　⑥教職員・父母・子ども・地域の要望、意見、評価などが反映されていること。

2）子どもにとって安心・安全な保健室づくりを進めるために

　今日の保健室が、子どもたちにとっては「ホッとする」「安心できる」「からだと心を一緒に受け止めてもらえる」など、学校内で唯一の安心と受容の場となっている。しかし、教育体制が管理的な傾向を強め、ゼロトレランスの考え方による生徒指導が強められてくる中で、保健室へ行くことが甘えやさぼり、怠けといった見方が教職員や保護者にも広がってきていて、子どもが安心して保健室に行くことができにくい状況が生まれつつある。また、保健室を「たまり場」にしないとして、「保健室閉鎖」といった問題も起きている。こうした問題に対応するために、養護教諭はその子どもにとって保健室における指導が必要だと判断したときには、子どもが安心して保健室で養護教諭の指導を受けることができるように教職員との共通理解を作り出すことが必要である。保健室登校を含め、保健室での教育を十分に保障する教職員集団づくりが求められる。そのためには保健室における子どもの状況と指導内容、子どもの変容の様子などを常に教職員に伝え、共有することが重要である。子どもはいつまでも保健室に留まりたいと思ってはいない。子どもに自信や見通しがつくまで、安心して保健室にいられるような保健室づくりをすることである。そのためには保健室運営が独善にならないよう、保健室づくりのあり方を教職員全体で共有することがことさら重要である。

4．保健室実践

1）保健室実践とは

　保健室実践とは、養護教諭が保健室に来た子どもとのかかわりの中で、子どもが抱えている問題の解決を通して子どもの中に発達的な変化を促し、自立を進めるという働きかけのことである。小さなけがや不定愁訴などの身体症状の訴えの背景や、子どもの些細な言動の陰に発達のつまずきの問題が隠れていることが多い。こうしたことを入り口にして、保健室における対話の活動を通して子どもの自立を支えていく取り組みである。文部科学省は健康相談と位置づけているが、狭い意味での健康相談ではなく、子どもが訴えてくる問題は広い意味ですべて健康と発達の問題だととらえて取り組む活動である。保健室実践を行ううえで重要なことは、次のようなことである。

（1）子どもをとらえる基本的な視点

　すべての子どもたちが基本的にもっと健康になりたい、人間らしく生きたいと思っている子どもととらえることである。多くの保健室実践で確かめられてきたことは、どんなに重い課題を抱えている子どもでも自分の成長発達を深く望んでいる。このことに信頼をかけて子どもとかかわるという視点を大切にしたい。

（2）子どもとしっかり向き合い、「丸ごととらえること」（実態把握）が出発点

　保健室実践を展開するときに、まずは子どもの実態や願いから出発する。子どもの実態把握とは子どもを丸ごととらえることである。丸ごと把握するというのは、子どもに表れている現象を子どもの発達の苦悩のサインだととらえ、背景要因と、子どもの深い願いであるもっと健康になりたいとか真っ当に生きたいという願いと一緒に把握するということである。子どもの言動に表れる"現象"だけに着目し

てしまうと現象に振り回されて問題解決が進まない。進まないだけではなく、かかわる側がバーンアウトしてしまう。現象と実態は違うということである。現象、背景の把握とともに子どもの深い願いを引き出すところまでを含めて実態把握といいたい。さらに、静的に把握するだけでなく、子どもに働きかけることを通して、一層深く把握することが必要である。

（3）子どもたちの様々な訴えを発達要求であるととらえる

　保健室に持ち込まれる様々な訴えは、すべて子どもたちの健康と発育・発達の要求であるととらえてかかわる姿勢が重要である。

２）保健室実践の展開

　子どもとのかかわりで養護教諭が行うことは、まずは子どもの心身の訴えに耳を傾け、丁寧に聞き取ることである。子どもの言い分がたとえ間違っているように感じられても、その子どもがそのときはそう考えるしか生きようがなかったのだと深く受け止めることが必要である。このことが子どもの心を開かせるきっかけになる。受容と傾聴である。

　子どもが養護教諭に求めてくるものは、からだの痛みをわかってほしい、話をじっくりと聞いてほしい、どうしたら、"もっと真っ当に生きられるか" 一緒に考えてほしい、からだと心のことがもっとわかるようにしてほしい、などである。養護教諭はこうした子どもたちの要求に応えるために、まずは子どもの心身の症状を受け入れ、その背後にある訴えに対して受容的にしっかりと耳を傾け、語らせることである。聴き取ることで子どもの安心感を引き出して共感関係を創る。そして子どもは自分のことを語ることで自分の内面と対面することになる。このことを通して子どもは自分の抱えている課題を自覚することになり、課題を解決したいという欲求が生まれ、そのための葛藤が内面に組織される。何を乗り越えたらいいのか、課題をどう乗り越えるのかなど、様々に葛藤する場面が生まれるのである。こうした場面での養護教諭との対話を通して、"こうありたい自分" "ここを乗り越えたい自分" などの子どもの深い願いがにじみ出してくる。養護教諭はそれを深くつかんで子どもと共有し、自覚された課題（発達課題）に対する子どもの取り組みを支援していく。

　子どもの自立支援の活動は保健室でのかかわりだけでは解決できないことが多い。その支援を進めるときに、学校や家族、地域の関係機関などとの連携を図り、組織的な取り組みのもとで子どもの自立を支援していくという働きかけが必要であり、このことも保健室実践の中では欠かすことができない。

５．保健室実践における「ケアと教育」

　保健室実践において「ケアと教育」という観点を意識しながら取り組むことで、より一層子どもの自立を進めることが可能になり、保健室実践の質を確かなものにする。

（1）アタッチメントの形成

　保健室に来室する多くの子どもは、心の安心安全・心の拠り所・心の解放の場としての保健室を求めている。アタッチメント形成の要求である。保健室で徹底した受容と傾聴を行い、共感関係を作る中で、課題を持つ子どもが本音を語り、心を解放させることによって安心・安全感を子どもの心の中に作り出す。このことによって、まずは子どもの心が癒やされていく（ケア）。そして子どもは自分が傾聴されるに値する存在であることを確認でき、他者と共に生きる希望を持つことによって自己の存在感や自己肯定感を獲得することができ、発達的な変化を作り出していく基礎ができる（教育）。こうした中で抱

えている様々な現象（非行や自傷行為など）が少なくなっていき、自分自身を見つめることができるようになる。このことはケアであり、即教育であると言える。あわせて子どもが本音を語る（語らせる）ということ自体が、子どもが自分自身の問題に向き合い課題を乗り越えようとする発達的な行動であり、発達支援という教育活動そのものであると考える。

（2）乗り越える課題を子どもとともに発見する

　保健室実践での取り組みは、受容と共感の関係づくりだけでは終わらない。子どもはどうしたらもっと人間らしく成長できるか、もっと健康に生きられるかを全身で求めている。一人ひとりの課題に即して、その子どもと一緒に考えることを通して乗り越える課題を一緒に発見しながら、自立や人格形成に働きかけるという教育活動が必要であり、重要である（教育）。子どもたちは過去の自分に向き合い、それを乗り越えようとすることで自分の抱えている生きづらさを受け入れていく（ケア）。乗り越える課題を発見できたときの安心感や充実感の獲得は心の深いケアになっていくと考える。

（3）からだや健康についての学びを深め、自立へ向けての取り組みを支援する

　保健室では、からだの学習を組み込むことによって、自分の問題にどう取り組んでよいかわからないという苦しみを子どもが乗り越えて行動することができるようになる。このことはケアを内包した教育活動であると言える。

（4）発達保障の視点を持って、教職員、保護者、地域の連携を図る体制づくり

　現在、学校現場では教職員が分断され連携することが難しい状況が広がっているが、養護教諭・保健室が中心となって課題を持った子どもについて〝ケース会議〞などの取り組みを作り広げて、つなげ・つながる取り組みに発展させている。深いケアと教育の取り組みである。

（富山芙美子）

② >> 教育としての救急処置

1. はじめに

　学校保健安全法第7条において「学校には、健康診断、健康相談、保健指導、救急処置その他の保健に関する措置を行うため、保健室を設けるものとする」とあるように、養護教諭にとって、学校において子どもへの救急処置や対応をすることは最優先に行うべき職務であり、1日中それに追われることも少なくない。また、学校保健の分野では、救急処置は「保健管理」の中に位置づけられ、「保健教育」と一線を画されて、教育的な視点でとらえられることは少なかったと思われる。

　しかし、子どもがけがをして来室すると、養護教諭はまずは「なぜ、そのようなけがをしたの？」と理由を尋ねる。理由を丁寧に聴いていくと、例えば友人間のトラブルがあることがわかり、さらに家庭にも課題を抱えているなど、その子どもの様々な背景が見えてくる。そして、その課題に対する支援の必要性や学校全体でのあり方が問われる場合もあり、教育活動と直結することも少なくない。つまり、学校における救急処置は、数分で終わるというような、いわゆるファーストエイドに留まらず、子どもたちの成長発達のあり方に様々なヒントや警鐘を与えてくれる機会であり、学校教育と深くかかわっていると言えることから、養護教諭には教育的なかかわりが求められていると考える。

　一方で、養護教諭がそれぞれの力量と考え方で救急処置を行っていることや、学校で事故が起きると管理的な指導やマニュアルづくりの強化が優先されることが多い現状がある。このような状況では、学校という教育施設にある保健室で、養護教諭が教育職として子どもたちを育てていると言えるであろうか。また、学校が子どもたちの活動制限や管理指導を強めることが、果たして子どもたちの発達を支えていることになるであろうか。

　養護教諭の保健室を中心とした実践例に目を向けながら、救急処置の意義や意味、プロセスの重要性を通して、改めて教育保健の視点から考えたい。

2. 学校における養護教諭の救急処置の実際から

　養護教諭養成課程の学生が、学校現場での演習中に救急処置に関する養護教諭の対応を観察して印象に残った事例と学校における実際の事例から、救急処置のプロセスに沿って本稿にかかわる要点を探る。

1）保健室来室時

【小学1年生女子】

　ほんの些細なことと思われることでも、訴えを丁寧に聴いて患部に触り、「痛いこと」をいたわりながら痛いと感じているところを一緒に確認していた。ただ「大丈夫だよ」と声をかけるのではなく、大丈夫と言える理由や根拠を、発達段階に合わせた言い方で、児童にわかりやすく伝えてから処置をしていた。

【中学1年生男子】

　「からだがだるい」と訴えてきた生徒は、入学後日も浅い初めての来室だった。バイタルなどに異常は見られなかったが、ひとまずソファーに座らせ、肩や背中をマッサージしながら話を聴いていた。生

徒はそのマッサージを受けながら、養護教諭の問いかけに答えを返していた。日頃の様子がわからないこともあり、養護教諭は丁寧にからだや生活全般のことを網羅的に聴いていた。教室に戻る際、「またいつでもおいで」と声をかけていた。

〈要点〉

　どの学年やいかなる校種であっても、けがをして来室した場合、まずは「痛かったね」と、その痛みに寄り添う。そして、緊張感を和らげ丁寧に聴き取り、相手が理解できる言葉で対話する。また、軽いマッサージやストレッチ等、非言語的コミュニケーションを活用している。マッサージはからだがほぐれることでリラックス効果もあり、面と向かわないことで、他者との距離の取り方に悩む思春期の生徒にとっては話しやすくなる効果をもたらす。からだに触れることは養護教諭の特権と考えられるが、触れることでわかる筋肉の緊張具合やおなかの動きなど、からだの声を受け取ったり、相手に安心感を与えたりするという効果がある。入学間もない1年生には、特に丁寧に網羅的に問いかけ「またいつでもおいで」と送り出す。このように、発達段階に合わせたコミュニケーション方法を駆使し、一人ひとりを大切な存在として認め、保健室が安心・安全な場所であることを知らせ、信頼関係を築こうとしている。

2）処置や方針の判断のプロセスにおいて

【中学2年生女子】

　腹痛の訴えで来室した生徒に、腹部の触診や月経周期に関する問診を行い、微温湯で湯たんぽを作り、腹部にあてた。触診を行いながら「腸の部分は硬くないから便秘から来てるわけではなさそうだね」など、問診や触診からわかったことを会話に盛り込み、生徒に伝えていた。

【高校2年生男子】

　4、5日前から熱と頭痛が続いていた。その日は朝からひどい頭痛と吐き気があり通学途中の駅のトイレで嘔吐し、登校後直ちに来室した。体温は38℃あり、また、話し方や、顔つきがいつもと違う感じを受けたため、保護者に連絡し、校医を受診することを勧めた。校医から髄膜炎の可能性を指摘されたため、自宅近くの総合病院を緊急受診したところ、髄膜炎と診断され、すぐに入院となった。

【幼稚園児】

　養護教諭が園児に対し、「ここまで血が止まったよ」「傷が乾くと痛いから、お薬塗るね」とけがの状態を見せ、園児の表情を確認しながら、処置の理由をわかりやすい言葉で説明していた。

【高校3年生男子】

　体育の授業でバスケットボールをしていて、相手チームの生徒と接触して転倒した生徒が、「右手を床につき、手首を痛めた」と来室。受傷部を確認し、アイシングをしながら経過観察をしたが、放課後「まだ痛い」というのでよく見ると、手関節、特に舟状骨あたりに強い痛みがあることがわかり、受診を勧めた。「大会が近いから練習を休めない」と受診を渋ったが「大会前だけど、これからバスケットを続けるためにも、今、しっかり診てもらうことが大事だよ」と話し、学校近くの病院で受診したところ「骨折ではなかった」と報告があり、部活に戻った。しかし、手の痛みがひかないため別の病院を受診したところ、舟状骨の骨折と診断され、ギプス固定された。後に、「けがの回復が思わしくなく、次の試合にも出られず、接触した相手の生徒を恨んでいる」という話をしに来室が続いた。

〈要点〉

　処置や方針の判断への過程は養護教諭にとって集中力と緊張感が伴う場面である。ここでは、五感を

使いながら情報を収集し、持っている知識を総動員して予測をする。その際には"普段の様子"を知っているかどうかも重要である。自ら判断したその内容や意味を子どもに伝えることで安心感を与え、子ども自身がからだへの関心を持つように引き出している。またそうなるような工夫もしている。この判断や見立てをしていくプロセスには、子どもをよく知る教師や保護者の力を借りることも大切と言える。けがをした子どもの湧き出る様々な思いを十分に聴き取り受け止めることで、乗り越える力を生むと考える。

3）回復までのプロセスにおいて

【中学3年生女子】

　今朝、来室時に貼った湿布を張り替えてほしいと再来室した生徒に、湿布を剥がし、筋を触るなどして状態の経過を確認した。「痛みが取れた」という発言に対し、痛みがないのは治ったのではなく、湿布の鎮痛作用によるものであって一時的であることを説明していた。

【中学3年生男子】

　膝の傷の経過を見せに来室した際、浸出液が浸みていないことやピンク色の皮膚が形成されていることを一緒に見て、傷の回復が順調であることを生徒と共に確認していた。また、ワセリンや絆創膏を手渡し、自分で処置をさせていた。

【小学2年生女子】

　よく鼻血を出す児童が、自分で鼻のキーゼルバッハ部位付近を押さえてきた際、「その押さえてる所いいね！」「どうしたらよいかがわかっているＡさんはプロだもんね」などと声をかけながら対応していた。児童はそれを聞き、少しうれしそうな表情をしていた。

【小学生全般】

　児童一人ひとりの顔と名前を把握し、個々の児童に合わせた声かけを行っていた。「ちゃんときれいに傷を洗ってきたから、きれいに治るね」といった児童の行動を認めて評価したり、「この後、どうするんだっけ？」といった児童自らが考えることを促すような声かけをしたりしていた。また、「次の時間は何？」と聞いて、処置の方法を考えていた。

〈要点〉

　回復に向けての時期は、本人が自分のけがと向き合う貴重な時期である。養護教諭は傷が治癒していく経過を一緒に見ながら確認し、学習の機会とする。浸出液が減り、新しい皮膚が再生している様子から、人のからだの治るしくみや本人が睡眠や食事などでがんばったことも関係していることに気づかせたり、本人自身ががんばったことも称えたりできる機会となる。低年齢であっても、自分でできた処置を認め、きちんと評価し、疑問を投げかけて考えるきっかけを作ることで、自信を持ち、さらに知識を深めることができる。

3．救急処置を行う養護教諭に期待されていること

　養護教諭は、学校においては、最も医療知識を持っている職種と理解されているが、救急処置に悩む養護教諭は80％以上にのぼるという調査結果（東京都養護教諭研究会『「養護教諭の救急対応（けが）に関する意識実態調査」研究報告書』、2012年3月）がある。一方で、看護師免許を有する養護教諭は救急処置に強いとの見方もある。しかし、実際に看護師経験を経た養護教諭は「学校での救急処置につ

いては一から学び直した」と語っている。養護実習（教育実習）と看護実習を経験した学生の学びから得た、養護教諭と看護師の共通点と相違点を通して、養護教諭への期待を探ってみた。

1）共通点

①対象にとって拠り所となる存在である。

②対象の健康と安全を保持・増進させるため、誠実に接しながら状態を理解する。

③五感を使って、情報収集やアセスメントをし、知識を駆使して処置や対応を行う。

④対象者の家族のことも含め、生き方やライフスタイルを尊重する。

⑤専門職者として、自らが中心となって他職種間の調整をする役割を担っている。

2）相違点

		養護教諭	看護師
対象と支援方法		・学校内のすべての子どもたちとかかわる。そのため、健康状態の幅が広く、時には集団、時には個人など、支援の方法や働きかけ方は多様である。	・疾患や何らかの健康問題を抱える子どもたちを対象とし、一番の目的は、患者を良好な状態にすることである。
処置やケア		・来室時からの対応・判断・処置までを1人で行うことが多い。そのため、情報収集力、けがや病気の知識、アセスメント能力、処置能力等を身につけ、優先順位や時間配分を考えて子どもに対応することが求められる。	・医師の判断のもと、または複数の看護師が情報を共有し、相談しながら適切な処置やケアを行う。
かかわり方		・養護教諭は、けがや体調不良を「自分のからだを知る」「生活を振り返って考えさせる」機会ととらえて子どもとの対話を大切にし、子どもの行動を見守り、子どもの気づきを促すための工夫をする等、養護教諭は「教育的なかかわり」が中心にある。	・多かれ少なかれ教育的な支援が含まれるが、それはあくまでも側面である。

3）養護教諭への期待

　本来、「教育職」と「医療職」という基盤の違いがあるため相違があるのは当然と言えるが、両者を比較して多くの共通点を見つけることができた。それはいのちや生活に深くかかわっていて、頼られる存在であるというところに起因している。そして顕著に「違い」として印象に残ったのが、「教育的なかかわり」であり、ここが養護教諭への期待ととらえることができる。

4．教育としての救急処置へ

　学校での救急処置の実際場面において、保健室来室時から回復までのプロセスの中での事例からだけでも、“教育的視点でかかわる”ヒントを得ることができた。つまり、①子どもに安心感を与える工夫や配慮をする。②発達段階に合わせた声かけや対応を行う。③けがの内容や処置の方法の根拠、確認を子どもと一緒に行い学びの場とする。④子ども自身が行った行為を認めて評価し励ますことで、子どもが持っている力をさらに引き出す。こうした対応ができることが教育としての救急処置における基本であると考える。さらに今後、多くの事例との出会いから、教育としての救急処置について検討を重ね、発展させていくことが求められる。

子どものからだの変化がもたらす思わぬけがやアレルギー症状を持つ子どもの増加、環境の変化やグローバル化の中で発生する新しい感染症など、今後も様々な救急対応が求められることが予測される。学校は、まずけがや事故の防止に向けての体制を構築するが、教育活動として、救急処置の場を含め、子どもが自分のからだに向き合う機会、子どもが自らけがや健康について考える機会ととらえたい。そして、予防教育に留まらず深い理解を得ることで「生きる力」につなげていきたいと願う。

　学校事故の防止や救急処置に関連して、学校と養護教諭の課題について考えたい。

1）学校の課題

①学校の施設・設備についての安全点検は、子どもたちの成長発達や生活の実態を踏まえて計画・実施をする。

②事故の再発防止のために、子どもたちの管理強化や活動制限を優先するのではなく、子どもたちの成長発達の観点から、指導のあり方やルールの見直しを検討する。

③校長・教職員は、学校ごとの実態や課題に合わせて緊急時の体制や基本的なマニュアルを作るだけでなく、実際に役立てることができるよう、校内研修を計画・実施をする。

④自らのいのちやからだを守り、大切にできる子どもを目指して「からだの学習」や「からだづくり」に取り組む。

2）養護教諭の課題

①けがや疾病の知識や技術の習得および向上、発達段階に応じた対応について学びを深める。

②けがの発生時には、本人の気持ちに寄り添い、けがの処置のみではなく人間関係など、その背景についても配慮する。また、明らかになったけがの背景に応じて校内の協力体制づくりの中心となって本人を支え、トラブルの回避等に努める。

③保健室には、からだに関する教材（模型・掲示物・図書など）を備え、処置にかかわっている短い時間の中でも子どもの学びにつながる対応をする。

④教育職であるという自覚や姿勢を持ち、救急処置から浮かび上がった子どもの実態から、「からだの学習」や「からだづくり」へ発展させる等、先行実践に学び、学校全体へ教育の課題として提起し、取り組むことができる力量をつける。

（岩辺京子）

●参考文献

1）ネル・ノディングズ著・佐藤学監訳：学校におけるケアの挑戦―もう一つの教育を求めて、ゆみる出版、2007

2）全養サ書籍編集委員会著、草川功監修：ここがポイント！学校救急処置：基本・実例、子どものなぜに答える、農山漁村文化協会、2013

③ ≫ 教育としての健康相談活動

1．養護教諭が行う健康相談活動

　日々多くの子どもたちが訪れる保健室には、様々な相談が持ち込まれる。けがの手当てを受けながらの些細な相談から、数日間、悩みに悩んでやっとという場合もある。その中身も、からだのことや学習のこと、友だち関係や担任との関係、家族のことなど多岐にわたる。中にはいじめや虐待についての相談というような、いのちにかかわる事例も見られる。私たち養護教諭は、ときに長期にわたることのあるその一つひとつに真摯に向き合い、丁寧にかかわろうと努力している。それは、健康相談活動が子どもの成長に寄り添い、発達を保障する役割を担っているからである。

　養護教諭は健康診断や保健指導などあらゆる場面で、子どもたちに「保健室はからだの教室」と伝えている。これら全体への働きかけに加え、けがや不調時の個々へのかかわり、また休み時間における他愛のない会話などの積み重ねの結果、子どもたちは「からだ（身体と心）のことは保健室の先生に」ととらえられるようになっていく。

　その基礎は、来室時「どうしたの？」とやさしく声をかけてもらえ、「いつでも見てくれる」というかかわりから、子どもが「ほっとする」「安心する」と感じていることにある。また「必要なときに叱ってくれる」という厳しさも、子どもたちは求めている。養護教諭のまなざし、子どもとの安心と信頼の人間関係が、健康相談活動の土台となるのである。

　同時にこのことは、子どもだけに限らず、教職員や保護者に対しても言えることであり、養護教諭が教職員・保護者と有機的につながる中で子どもを見ていくことが、教育的なかかわりを生み、子どもの発達を保障することにつながっていくと言える。

2．健康相談活動の実際

　教育としての健康相談活動のあり方について、学級崩壊からの立ち直りを担任と保護者と共に支えた事例を通して、その要点を述べることにする。

（1）気づきと働きかけの第一歩

　小学1年生の3学期に1人の転入生を迎えたことで、それまでも落ち着かなかった学級がどんどん荒れて崩壊していくという出来事があった。発達障害などの課題のある子どもが複数在籍する学級でありながら、担任の子どもへのかかわりは旧態依然であったという点に加え、転入生が被虐待児であったということが、その学級の崩壊を加速させてしまった。子どもたちは転入生の言動に過敏に反応し、荒れがその子への攻撃となってエスカレートしていく中で、担任の叱責もどんどん激しくなっていってしまった。担任外の教員が教室に入り複数体制をとるなど対応を模索していったが、根本的な解決には至らず、日々、同じような状態が続いていた。

　そんな中、数人の落ち着かない子どもたちのうちの1人、A君が、たびたび保健室を訪れるようになった。担任からは荒れの首謀者のように思われ、叱責の的になっていたA君の「しんどい」「べんきょうがいや」という訴えをまずは受け止め、その思いを丁寧に聴き取っていくことから始めることとした。

　これまで幾度となく学級が崩れていく様子を見てきたが、そのきっかけは必ずと言っていいほど「担

任と子どもの思いの些細なズレ」から始まっていたように思う。Ａ君の場合のように無理解な担任は今でこそ減ってきているが、荒れの前兆が「担任はわかってくれない」「思いを受け止めてくれない」といった訴えから始まることが多く見られる。担任は「そんなつもりではない」という場合が多いのだが、自分自身の言動を子どもがどう感じているか、どのように受け止めているかを、子どもの立場に立ってとらえ直すという視点が必要なのである。

一人ひとりの子どもの特性を理解すると共に、一人ひとりの思いをしっかりと受け止める。このことは、保健室であっても教室であっても基本であり、子どもとのかかわりの出発点である。

（２）安心と信頼の関係を築く中で

２年生になって学級の状況はさらに悪化し、複数の教員が対応しても落ち着かない日々が続く中、Ａ君の来室もますます頻繁になり、教室に戻りたがらないことが増えていった。学級崩壊の中で過ごすということは、ある意味「虐待」を受けているのと同じ状態であり、子どもたちの傷つきは計り知れないものがある。中でも「首謀者」のように扱われているＡ君にとって、教室はかなり居心地の悪い場所であったと考えられる。そのしんどさを受け止め、無理に教室に戻すことはせずにじっくりとかかわった。

自分の思いをなかなかうまく言葉にできないＡ君とは、トランプをしたり積み木をしたりしながら話をした。「好きなのは体育だけ。算数が一番いや」などと言う中に、「授業中15分ほどでからだがむずむずして座っていられなくなる」という言葉があった。そこから、Ａ君の落ち着きのなさは本人の特性によるものも大きいのかもしれないということに気づいた。

本来、子どもにとって「教室が安心でき落ち着ける場所」であってほしいと願うが、管理と競争の学校教育という現状の中では難しいことが多いと感じる。学校を安心できる場所にしていく学校づくりの第一歩として、まず保健室が子どもにとって安心できる空間であり、そこにいる養護教諭が信頼できる大人であることが求められる。

子どものつらさに寄り添い、子どもの言葉を丁寧に聴き取っていくというかかわりの中で、その内面にある思いを言語化させていく。その過程でお互いに気づきが生まれる。子どもとの安心と信頼の関係が、子どもの成長・発達を保障することにつながるのである。

（３）母親との出会い

Ａ君自身の困りを何とか母親に伝えたいと考えていた矢先、授業参観の折に思いがけず保健室を訪ねて来てくれるということがあった。「待っていたのよ」という養護教諭の言葉に、最初は怪訝そうな母親であったが、家でもなかなか学習に取り掛かれない、言われたことがちゃんとできないなど、「叱ってばかりいる」ことを打ち明けてくれた。「どうかかわってよいかわからない」という母親に、養護教諭からはＡ君の保健室での様子を伝え、困っているのはＡ君自身であることや、考えられるＡ君の特性についての話をした。

母親は涙を流しながら真剣に話を聴いてくれ、保健室に来てよかったと帰っていかれた。その後、早速、児童福祉センターの診療科を受診し、精神科の医師にもつながり、ペアレントトレーニングを受けながらＡ君を支えていくこととなった。

現在であれば、まずは校内でケース会議をもち、本人の見立て、短期や長期の目標を立てたうえで、どのように母親に伝えていくかという話し合いがなされる。しかし、当時は校内体制が整っておらず、担任とも話し合いができない状態であったため、養護教諭から直接働きかけることにした。

Ａ君の母親は、子どもを何とかしたいと困って保健室に来られたため、養護教諭の話を素直に受け止め、すぐに行動につなげてくれた。保護者面談を行う場合、その保護者の抱える事情や個性なども理解

したうえで話していくことがとても重要になってくる。「ゆっくりと信頼関係を築き、そこから…」という場合も少なくないのではと考えるが、A君の場合は早急の対応が功を奏して、どんどん落ち着きを取り戻していくことにつながった。

（4）担任・保護者とともに

　3年生からは母親・担任・養護教諭の三者で面談を行い、A君の成長を支えていった。家庭での様子や学校での様子に加え、ペアレントトレーニングで学んだこと、それを実践してどうだったか、学校でもできることは何かなど、前向きに、具体的に話し合いを重ねていった。

　3・4年生の担任は、母親からの提案を真摯に受け止め、教室での丁寧なかかわりに活かしてくれた。「ウロウロして困る」といったとらえ方をせず、「気分を変えたら集中しよう」との声かけにしてくれたり、交換ノートを作り、本人のがんばりを目に見える形にして母親に伝えてくれたりした。5・6年生は新採用の担任であったため、母親の学びを伝えることが担任の学びにつながっていった。母親は保護者懇談会の後には必ず保健室にも立ち寄り、担任と3人で話し合いの場をもった。A君の成長発達の保障を目指すかかわりが、母親をはじめ、担任・養護教諭の学びにもつながっていくこととなった。

　1・2年生のときの反省を踏まえ、担任とともにA君・保護者を支えていくことを念頭にかかわりを続けた。その子どもを中心に据え、関係する大人が丁寧に話し合うことが子ども理解につながり、その後のかかわりに活かすことができる。相談活動は、養護教諭と子どもだけでなく、保護者・担任との間でも行われるべきで、そのことがまた子どもへのかかわりにつながっていくのである。

（5）教職員集団の理解と連携のために

　A君以外にも発達障害の子どもたちが複数在籍し、それぞれが困りを感じていたり、いじめ・学級崩壊につながったりする場合もあり、その中で教室に行きにくい子どもたちが集団で保健室で過ごすことなども見られた。他の教職員からは「たまり場になっている」ととらえられてしまうこともあり、養護教諭も対応に苦慮することとなる。しかし、一人ひとりの子どもには保健室を訪れる理由があり、何かを求めているのである。子どもが今表している言動の奥に何があるのか、背景に何を抱えているのかを丁寧に見ていく必要がある。

　そのために、保健室でとらえた子どもの様子を教職員全体に発信し、みんなで子どもを見ていく体制づくりが必要である。それぞれの教職員が、教育相談会議・特別支援部会・生徒指導部会など、あらゆる場面で子どもを語り、それぞれの子ども理解を深められるように働きかけることが求められている。

　保健室でとらえた子どもの様子をどのように全体のものにしていくか、悩むことも多い。「たまり場」ととらえられ、「甘やかしている」と非難されることや、中学校などでは保健室閉鎖に追い込まれることもあると聞く。しかし、その中で困っているのは子どもであり、子どもの救いを求める姿が表れているのだと考え、養護教諭は「子どもの代弁者」として教職員に働きかけていく必要があると考える。その場合、養護教諭の孤軍奮闘とならないよう、つながれる担任・教職員を1人また1人と増やしていくことも大切である。その一歩一歩が組織づくりにつながり、学校づくりにつながっていくはずである。

（6）将来につなげる支援のあり方

　中学生になったA君は通常学級に在籍しながら、通級教室での学びを続けていた。これは小学校（学校長・担任・養護教諭それぞれ）からの引き継ぎに加え、母親自身の働きかけもあって実現したことである。通級教室での学びの中で、苦手だった学習にも向き合い、自分に合う高校を探して受験し、無事合格して現在は高校生としてがんばっている。

　A君とのかかわりを通して、私たちは目の前の子どもの現状をしっかりととらえ、その課題に働きか

けると共に、子どもの将来を見据え、どのように育ってほしいのか願いを持ち、どんなサポートができるのか具体的に考えながらかかわることが大切であると学ぶことができた。

3．生きづらさを抱えた子どもたちと共に歩む

　子どもの貧困率は16.3％（厚生労働省「国民生活基礎調査」2012）、6人に1人が貧困であると言われている。1人親世帯に限るとその貧困率は5割を超え、先進国で最も高い水準となっている。生活に追われ子どもを十分に見てやれない、保護者自身が精神疾患など様々な生きづらさを抱えているなど、子育てがしにくい状況に追い込まれている場合も少なくない。そんな中で虐待も増加の一途をたどり、子どもにとって家庭が安心できる居場所ではなくなっているという現状がある。

　保健室でのかかわりは、虐待・発達障害なども含め、様々な生きづらさを抱えた子どものつらさやしんどさをしっかりと受け止め、その訴えを丁寧に聴き取るところから始まる。その子どもとの対話と応答の関係を通して、本人の思いや生活背景、どう生きていきたいかという願いを知ることができるのである。そういう意味で私たち養護教諭が行う健康相談活動とは、「その背景までを含めた子どもを丸ごと受け止めるところから始まる」のであり、「子どもの人間らしい成長・発達の土台を支える」ものであると言える。そのうえで子どもの成長に寄り添い、共に歩んでいく。子どもの成長・発達とともに、養護教諭自身も成長・発達していくと言える。

4．学校づくりの中で子どもを育てる

　子どもの持つ課題が多様で複雑になる中では、養護教諭1人ではなく、教職員はもちろん、スクールカウンセラーやスクールソーシャルワーカーなどが、その職種の持つ専門性を活かしながら、組織として、みんなで子どもを見ていく必要がある。ケース会議や特別支援会議などで、1人の子どもを複数の目で丁寧にとらえ直し、教職員の子ども理解を深めていくことが求められている。

　同時に、休み時間や放課後など、何気ない場面で子どものことが語れるということも大切である。「職員室で子どもの話が聞かれなくなった」と言われ出して久しいが、みんなで子どもを見るための出発点は、みんなで子どもの話ができることである。安心して子どもが語れ、信頼して悩みが語れる…そんな学校を作ることが重要である。

　また、子育て支援センターや児童福祉センターなど、地域の中でのつながりも大切にしたい。その子どもの成長発達を保障するために何が必要かをしっかりと見極め、必要な支援が受けられるようにつないでいくことも課題であると言える。

　そのような横のつながりに加え、保育園・幼稚園から小学校、小学校から中学校……と縦のつながりも忘れてはいけない。丁寧な引き継ぎをし、連携していくことで、子どもの将来につながる支援ができるのである。

（中村好子）

●参考文献
1）藤田和也：養護教諭が担う「教育」とは何か―実践の考え方と進め方、農山漁村文化協会、2008

④ >> 保健室登校とその支援

1. 保健室登校とその支援

　保健室登校とは、児童生徒が登校後、保健室で、あるいは保健室を主たる居場所にして学校生活を過ごす状態のことである。1960年代の経済成長期を経て子どもたちを取り巻く環境や生活が大きく変わる中、様々な不定愁訴や心の問題が出てきて学校が荒れたり不登校の子どもが出てきたりするようになる。そして1970年代中頃から不登校の子どもが増え始め、不登校とまではいかなくても教室に入れずに保健室に居場所を求める子も増えていった。養護教諭がこれらの子どもたちの話を聞いたり不安や悩みの相談にのったりしていく中で、保健室は「心の居場所」「学校砂漠のオアシス」等と言われるようになっていった。こうした経過を経て、「保健室になら行ける」という子どもたちを保健室で受け入れる形の保健室登校が広がっていった。

　当初の保健室登校支援の目的は、教室にいづらくなった児童生徒の一時的な避難場所であったり、不登校から教室へ戻るための段階的な場所であったりと、あくまでも教室へ戻すための支援であった。また、養護教諭自身も受け入れるのが精一杯という状態であったが、保健室で子どもに寄り添いながらその子の抱える問題に対応していく中で、「課題は教室復帰ではなく自立させることである」と支援の目的をとらえ直し、保健室で自立を支援する実践が展開されるようになっていく。こうして保健室で養護教諭が子どもの発達課題に働きかけ、その子の自立を支援することは教育的な営みであることが自覚されていった。

　しかしながら他方で、保健室登校支援の取り組みが養護教諭の孤軍奮闘になってしまったり、担任や一般教師との考え方のずれによる対立が生じたりすることがあった。そのため、子どもの課題を解決するために教職員間の理解を深め、連携してその子を見ていく体制づくりを整えていく必要があった。

2. 保健室登校支援の実際

　保健室登校の支援のあり方について、クラス内でのいじめがきっかけで不登校になった生徒への支援事例に即して、その要点を述べることにする。

1) 問題の表出──受容と共感的理解

　中学1年生で不登校になったAは、登校できない自分を責め、壁に頭を打ちつける等の自傷行為を起こすようになった。母親はそれまでいい子だったAの変化に動揺し、そのことがAの不安にも連動しているととらえた養護教諭は、母親の話を聴く時間をとるようにした。そんな中で、Aが極端に食事をとらなくなって体重が激減したことを心配した母親から相談を受け、医療機関を紹介した。その結果「摂食障害」と診断され、治療を受けるようになった。養護教諭は母親と一緒に地域の家庭相談員に相談し、母親を支援する体制を整えた。そして、Aの「学校へ行きたい」という気持ちを汲み、Aの調子のよいときに教室棟とは離れた調理室でお菓子づくりを一緒にするようにした。また、そのことを教職員で共通理解しながら見守る体制を整えた。

　子どもに問題が表れたとき、まずはその子の現状を受け止め、そのつらさに寄り添いながら、その子との共感関係を築くことが重要である。いじめという直接のきっかけの背後には様々な要因がある。目に見える言動だけに対応するのではなく、その背景にあるその子なりの理由や事情までよく見ていくこ

とが必要である。そして、その子の今の状況や支援の方向を教職員にしっかりと伝え、みんなで見守る体制を作ることが重要である。また、医療機関や相談機関につなぐ必要性の見極めやそのタイミングを計ることも重要である。

2）安心できる空間を保障し心の安定を図る

　2年生に進級したことをきっかけに学級へ戻りたいと考えたAだが、登校しても車から降りることができず、本人にも母親にもあせりが見られた。Aは母親の「学校へ行ってほしい」という気持ちに何とか応えようするが、それができずに自分を責め、母親もまたAの気持ちをあれこれと先読みしてしまいがちで、Aの言動に振り回されていた。養護教諭は、Aが自分でやりたいと思ったことができたときに、母親がそれを認めるという体験を一つひとつ積み重ねることが必要と考え「無理に教室に行かなくても、まずは保健室でやりたいことを一つやることから始めよう」とAに提案した。気を遣いすぎて人に合わせてしまうAだが、保健室では安心して本音が出せ、自分がどうしたいかを考えることができるように、養護教諭はつとめてAの気持ちを聴き取るようにして、本音が言える関係を築いていった。Aは学校での居場所が決まり、気持ちが落ち着くと、自分なりの学習課題に取り組めるようになった。それと同時に、校内では支援会議が開かれ、担任や教科担任がAの現状を理解できるようになって、あたたかい言葉をかけてもらえるようになった。

　安心できる空間とは「教室に行けない、学習に取り組めない、そういう自分でも保健室にいていいんだ」と思えるような空間であり、そこにいて、その子の今ある状態をそのまま受け入れてくれるのが養護教諭である。保健室で養護教諭はその子のつらさや困難さを聴き取りながら、少しずつ本音でのやり取りができるような信頼関係を築いていく中で、その子の抱えている問題をとらえ、その子が問題を解決し乗り越えるために何が必要か、発達課題と支援の方向を見極めていくことが必要である。

3）課題の把握と共有

　Aが保健室で安定してくると、周囲は次の段階としてクラスへ戻したい、授業に参加させたいと考えるようになる。しかし、養護教諭はAが教室へ戻ることがAにとって必ずしも本当の解決ではないと考え、保健室で見えてきたAの課題とその課題に対する支援について担任と話し合い、次の点について確認した。

（1）自分のことを自分で認めることができるように

　自分に対して必要以上にハードルを上げてしまうAが、自分が今できることをやることに意味があると感じられるように、1日の振り返りをして自分ができたことにシールを貼るようにした。そして、たとえできなくてもがんばろうとした過程を認めるようにした。

（2）人（他人）のため、母親のためとなりがちなAの自分づくり
　　（自分のために自分で決めてやり遂げる経験を積む）

　自分の作ったお菓子を人に食べてもらい喜んでもらうことは、Aにとって大事な人とのつながり方である。そこで、放課後、調理室でお菓子を作り、カフェを開くことにした。「リフレッシュカフェ」と自分で名前をつけ、チラシや看板づくりに主体的に取り組んだ。オープン時間を1時間と決め、職員に寄ってもらった。職員には、「おいしかった」という声かけはいいが「またお願いね」は、先生たちのためのお菓子づくりになってしまうので言わないようにお願いしておいた。自分がやりたかったカフェを開くことができて楽しいのは自分、先生たちが来てくれてうれしいのは自分、先生たちが喜んでくれてうれしいのは自分、と人のためになってしまいがちな活動を自分のためにがんばった経験となるようにした。

●友だちとの関係づくり

　友だち関係に傷つき、自信をなくしているＡだが、保健室には様々な悩みを抱えた生徒がやってくる。その姿を見聞きすることで悩むのは自分だけではない、と感じることができた。また、がんばって保健室へ登校しているＡに対してやさしく声をかけてくれる先輩や友だちと、少しずつ打ち解け、楽しく会話ができるようになっていった。

●教室での居場所づくり

　担任はクラスで育てる花の種蒔きや世話をＡと一緒にしたり、保健室でのＡの様子をクラスの生徒に伝えたりと、Ａとクラスの生徒たちの関係が切れないようにした。

　　　　　　　＊　　　　　　　　　　＊　　　　　　　　　　＊

　保健室での支援の目的は形としての教室復帰ではなく、行けない状態を生み出している問題を乗り越えさせる力をつけることである。その子の課題は何か、その課題にどう働きかけていくのかをかかわる教職員で共有する必要がある。

4）課題解決に向けての連携

　こうした取り組みを通して、Ａは次第にクラスでみんなと授業を受けるようになりたいという願いを持つようになった。そこで教科担任の協力を得て、段階的に個別の学習の時間を持てるようにした。体育科教師はＡ１人のために、黙々と泳ぐＡをプールサイドで見守ってくれた。クラスメートの支えもあり、少しずつクラスでの授業に参加できるようになったＡは、生徒会の仕事をすることでみんなの役に立ちたいと考え、生徒会選挙に立候補することを決めた。そして選挙に出ることを通して自分に向き合っていった。養護教諭は担任と連携しながらその過程を励まし支えた。当選後は生徒会顧問とも連携しながら、仲間と協力する経験や失敗を乗り越える経験を通してＡの成長を支えていった。

　子どもの課題の解決のためには教職員で連携していく体制づくりが必要である。Ａの状況や課題、それに向けての支援をその都度、丁寧に教職員に伝えることで、Ａが自分で考えたやりたいこと（授業参加や生徒会）に向けて全職員で見守り、支える体制となっていった。このようにみんなで課題が共有できていると、教職員それぞれの経験や専門性を活かしてその子の自立を支援していくことができる。

　また、事例のように、Ａについては病院内のケース会議に学校側も参加して２年生時の校内体制を整え、通院の際も事前にＡの状況を主治医に伝えて助言を得るなど、医療機関等の外部のソーシャルリソースとの連携も重要である。

5）家庭支援

　家庭への支援として、スクールカウンセラーと連携しながら母親を支えるようにした。また、不安定なＡに養護教諭や担任が対応する間、事務職員が母親の話を聴く役割を担ってくれた。日頃から事務職員にも、Ａと母親の関係やそれに対しての担任や養護教諭の願いを伝え、Ａの事情を理解したうえでの対応をしてもらうようにした。

　さらに保護者との支援会議を定期的に開き、親の願いを聞いたり、学校でのＡの成長を伝えたりして、学校と家庭でＡを見守っていくことを確認した。父親には母親を支える役割をお願いした。

　子どもが家庭で安心できる状態になるように、家族を支えることも場合によっては必要である。家族を支え、学校で支援していることや本人の成長の様子を伝えることで、学校と家庭で共に子どもを見守り、育てていくことができる。

6）集団に戻った後の支援

　Ａが教室で過ごすことができるようになってからも、時々保健室に来て、がんばっている自分を振り

返る時間がとれるようにした。クラスへ戻った後も担任と養護教諭は教室と保健室でのAの様子を伝え合いながら、それぞれの立場でAを見守った。進路についての不安も養護教諭に話すことで気持ちを整理し、担任や家族に見守られながら自分で決めた進路に向かって壁を乗り越えていった。

クラスに戻ったからといって、養護教諭のかかわりが終わるのではなく、Aの課題に対する支援はまだ続いていく。心配な状態のときは必要な支援を関係する教職員で一緒に考え、よい状態のときはAの成長を確認し合う。教室と保健室、それぞれの場所で子どもの成長発達を支えるということである。

3. 子どもたちを取り巻く状況から見える今日的な課題

格差や貧困が広がる中、家庭や子どもを取り巻く状況はますます悪化している。親は生活に追われ、家族間のかかわりが薄くなり、安心できる家庭や家族の関係ができにくくなっている。また、地域でのかかわりも薄く、孤立しがちな子育ては親の不安や緊張を高め、虐待につながる要因にもなっている。そして、子どもたちが起こす問題の背景に虐待や愛着関係の未形成、発達障害が増えてきているため、問題の表れ方が多様化し複雑になってきている。その子の課題は何か、親の育ってきた背景も見ながら、その子だけでなく家庭も含めた支援をしていくことが必要になっている。そのために地域とつながり、保健師や療育コーディネーター、スクールソーシャルワーカーなど、福祉分野の専門家と連携しながら家庭丸ごとの支援体制を築く必要がある場合が少なくない。

また、人間関係のトラブルから不適応を起こす子どもが増えている。子どもたちを取り巻くネット等の環境が人間関係の育ちを困難にしていると言える。本来、人は様々な場面でトラブルを経験しながら関係性を学んでいくが、今日では早い段階でSNSという通信手段を通して、相手と直に少しずつ関係を深めていくという過程を経ないままにつながってしまう。顔の見えない相手とのつながりは相手意識を持ちにくく、一方的なものになり、自分の気持ちを伝えたり相手の気持ちを感じたりして関係を築いていくことを学ぶことができない。養護教諭が保健室で子どもとの信頼関係を築きながら、本音を聴き取り寄り添い、自立を支援する取り組みは、希薄な人間関係の中にいる子どもたちの関係性の発達を保障する大切な役割を持っていると言える。

一方、学校では多忙さが教職員の連携を困難にしている。そのため、教室へ行けないという表面的な問題に着目し、教室に戻すこと自体に気を取られてしまいがちである。問題の根底にあるその子の課題をつかみ、成長を促す働きかけをしていくことの大切さを保健室から発信し、教職員の子ども理解を深めていくこと、子どもを中心に、学級担任や教科担任、管理職も巻き込みながら支援の体制を整えていくことが必要である。

＊　　　　　　　＊　　　　　　　＊

保健室は、子どもたちが本音やSOSを出せ、信頼できる大人から気持ちを聴き取ってもらえる安心と安全が保障される場でなくてはならない。養護教諭の主な職務は、子どもを丸ごととらえ、個々の発達課題をつかみ、子ども自らが課題を克服しながら自立していく力を育むことである。保健室登校への支援は、子どもの成長発達に働きかける、教育的な営みなのである。

（布施谷留美子）

●参考文献

1）日本教育保健学会・数見隆生・藤田和也編：保健室登校で育つ子どもたち—その発達支援のあり方を探る、農山漁村文化協会、2005

学級担任による保健的ケアと教育

① >> 子どものいのちと健康を守り育てる教師の仕事（1）

　東日本大震災発生後、当時の勤務校は、すぐに避難所となった。宮城県・石巻市で残った数少ない病院、石巻赤十字病院が近くにあったので、救出された人々が自衛隊の車両で運ばれて来た。全身ずぶぬれの人や裸足の人もいた。ほとんどの人が、恐怖と戸惑いの表情を浮かべながら、「町が全滅した。なくなった…」と言う。災害発生時、学校はいのちを守る砦の一つである。それ以降、職員も避難者と協力して生活をした。1か月が過ぎ、電気や水道が復旧し、生活を取り戻し始めていた頃、4月21日の学校再開が決まった。

　学校に子どもたちが戻ってくる。とても喜ばしいことだ。しかしそれは、避難をしている人が移動しなければならないことを意味している。4月下旬になっても、水も電気もない過酷な状況の避難所に、「子どもたちのために」と多くの人々が移動した。

　子どもたちの姿は、私たち大人を励まし、希望の光を見せてくれた。学校に子どもたちがいるという当たり前の風景が、一番尊いものだということを実感した。同時に、多くの人に支えられ、子どもたちのいのちを守り育てるのが学校の原点だということを痛感した。

1．いのちと健康を守り育てる視点

　「子どものいのちと健康を守り育てる」という視点に立ち、日常の学校生活を振り返ってみると、私たちは、次のような視点を持って子どもたちと過ごしていると言える。

①からだはいのちそのものであり、心を含め、からだそのものを慈しみ育てていくことが、何より大切である。

②からだを大切にするためには、自分のからだを知り、他者のからだへも思いをはせることができるような感覚と力を育てることを大事にしたい。

③からだを学ぶためには、自分自身がどう感じているのか、どうからだをとらえているのかという視点が必要である。同時に、科学的な知見に支えられ、納得しながらからだを再認識していく過程が必要である。

④子どもたちを守り育てることは、教師1人でできることではない。学校という教師集団で子どもを守り育てる、保護者と連携して守り育てる、地域や関係団体と連携して守り育てる等、共に守り育てていく視点が重要である。

2．子どもたちと過ごす1日から

（1）始業前～子どもたちの様子と雰囲気をつかむ

　始業前、私たちはまず教室に行く。教室の雰囲気は、毎日少しずつ違っている。「おはようございま

す」と声をかけながら、その微妙な雰囲気を感じ、子どもたちの様子をつかんでいく。子どもたちの表情や声の調子も、子どもの今を探る重要な手がかりである。

（2）朝の会～健康観察と情報交換の機会として

健康観察は、教師自身が子どもたち全員の名前を呼び、声をかける絶好の機会である。表情や声の調子等、一人ひとりの様子を感じ取っていく。子どもの返事に対し、「はい」という言葉も含め、何かしら言葉を返していく。「先生の話」では、「保健だより」があれば読み合いながらからだや健康、安全に関する話をする。職員室にある出欠板へ記録する際は、「今日は全員揃いました」「○○さんが少し元気がないのですが」等と養護教諭にも声をかける。そうすることで、養護教諭の立場からの情報や意見をもらい、連携して子どもを支えるきっかけを作ることができる。

（3）授業～表情やしぐさ、声の張りなどに気を配りつつ

授業の中でも、子どもの表情・声・様子に気を配っていく。体調の変化や休み時間にあった出来事で、子どもたちの様子は変わってくる。また、具合が悪くても言い出せない子もいる。だるい、いつもと違うという体調の変化を自分自身ではつかみきれない子だっている。そんなとき、「どうした？ いつもと違うの？」と聞くと、ぽろぽろと大粒の涙を流す場合もある。不安で仕方がなかったのだ。

年に一度は、単元を通して授業記録を書くことも大切にしたい。目の前の子どもたちを思い浮かべながら教材研究と教具の作成をする。授業記録を書くときには、子どもたちの変化や子ども同士のかかわりが重要な要素であり、そこから子どもの生活が見えてくる。

授業は、からだで学び、からだを学ぶよい機会である。その際、感想を書かせることで、感じていること、考えていることを、子ども自身が自分のからだとその感覚で読み取っていくことになる。それを読む私たちは、さらに子どもの今を読み取っていくことになる。

授業づくりは、担任教師1人で行うだけではない。特に、からだにかかわる授業では、養護教諭や保護者との連携、協働が大切になってくる。

（4）休み時間～できる限り子どもたちと過ごす

休み時間は、教室で過ごすことも大切である。教師がゆったりしていると、子どもたちから寄ってきて、話をしてくれる。また、子どもたちのつぶやきが耳に入ってくる。

また、校庭で過ごすこともある。一緒に遊び、汗を流すことでわかること、一歩引いて校庭全体を見渡すことでわかることは違ってくる。

職員室で過ごすときは、子どもたちの情報の共有を行い、場合によっては協力の依頼をする。「気になる子がいるのですが、先生から見てどうですか？」と聞くと、様々な情報が集まってくることが多い。また、他の職員もその子に気を配り、声をかけてくれる。

（5）給食・弁当～子どもたちの生活ぶりが如実に表れるとき

給食や弁当の時間は、食べることについて考える絶好の機会であり、子どもたちの生活が如実に表れる瞬間である。好き嫌いだけでなく、普段の食生活の様子も知ることができる。また、思い出話も多く、子どもたちの育ちを少しずつ理解していくよい機会になる。

（6）放課後～そのときに出るつぶやきや相談を大切に

放課後は、子どもたちが1日で一番ほっとする時間である。そのときに出る子どもたちのつぶやきに耳を傾けることも大切にしたい。子どもたちが相談に来ることが多いのも、この放課後の時間である。子どもたちが帰った後の教室と下駄箱の様子を見ることも大切である。机の周りに落ちているもの、机の並べ方、椅子の様子等、その日の子どもの心の内を少なからず表している。下駄箱の様子も同様である。

3．からだを学ぶ機会

（1）授業

　からだを学ぶ機会は、思いのほか多くある。それは、からだそのものが私であり、考え、話し、書き、遊び、思うのもからだであるからだ。中でも、体育、学活、生活科、理科は、からだについて考えたり、試したり、動かしたりすることの多い学習である。

（2）健康診断

　健康診断や体位測定は、からだについて知るよい機会である。測定する項目を伝えるだけでなく、何を何のために測定するのかを考えることで、子どもたちは検査される立場から、自分のからだを知ろうとする主体になっていく。なぜ座高を測るのか、歯科検診で歯科医が話す「健全」「C2」等の意味を伝えると、検診の際、子どもたちは耳をそばだてて聞いている。測定後、それを話題にする子どもたちに声をかけていくことも大切である。

（3）けがや病気

　けがや病気は、子どもにとっても、私たちにとってもうれしくない事象ではあるが、学びを深めるよい機会にもなる。子どもに共感し、今のつらさを受け止めながら、適切な処置の仕方を伝えることができる。暑くなる前には熱中症、かぜがはやる前にかぜと戦うからだについて学ぶことで、子どもは自分のからだを守る主体となっていく。かぜをひいて熱を出したとき、熱は免疫がウイルスと戦っている証拠であり、無理をせずからだを休ませることで免疫の働きを援護しようと考えるようになる。また、適度にけがや病気をしながら、丈夫なからだになっていくことにも気づいていくのである。

（4）つぶやき

　子どもたちのつぶやきには、宝がちりばめられている。日記や感想もそうだ。子どもたちの様々な学びへの欲求が隠されている。それを見つけ、共感したり、取り上げたりすることで、子どもたちはからだに対する認識、いのちに対する思いを深めていく。

4．共に守り育てる営み

　理科の専科教員をしていたときのことだ。子どもが暴れているので、相談室に応援に行くよう話があった。相談室に近づくと、壁をける音や、「放せ！　うぜぇんだ！　消えろ」「死ね！」そう何度も繰り返している声が聞こえてくる。教室に入ると、担任の男の先生は、抱きかかえるようにしてからだをがっちり抑え、暴れる今に対処していた。その子は目に涙をためている。床には様々なものが転がっており、足の踏み場もないほどである。新任の養護教諭や別の先生も声をかけ、落ち着かせようとしている。担任の先生は、教室に子どもがいるので私が代わることにした。「手首つかむよ」そう話して、その子の手首を緩みは持たせるが、しっかりとつかんだ。完全につかむと、子どものからだに、どんな動きが起こっているかわからないからだ。はじめは、ぐっ、ぐっと振りほどこうとするが、次第に力が抜けていくのがわかる。「何かあったんだろう？」「許せないことがあったの？」そう聞くと、こくんとうなずき、手首の力が抜けていくのがわかる。手首をつかんだまま一緒に床に座ると、養護教諭がその子を後ろから抱きかかえ、背中に頬をあてた。私たちは、しばらく黙って床に座っていた。子どものからだから力が抜けていく。養護教諭は、「何でなの…どうしてなの…」と声をかける。ぽつり、ぽつりと事の次第を話し始める。背中の力がさらに抜けていくのがわかる。子どもの表情も穏やかになり、頬を涙が

伝わり始める。そして「謝る」、そう話すまでになる。

　学校には「先生」といっても、様々な立場の職員がいる。担任の先生は、その子の暴れる今に対処する。他の先生は、その子を抑えつつも、一歩引いて子どもの心に寄り添っていく。そして、このときの養護教諭は、抑えるのではなく、背中に頬と手をあて、子どもの心の内に思いを寄せ、語りかけていた。立場の違いが様々な寄り添いを生み出していく。

　担任の目、担任以外の教師の目、養護教諭の目、支援員の目、保護者の目。立場は違っても、子どもの真っ直ぐな成長と笑顔を望む思いは一緒である。協働して子どもに寄り添い、支えていくことが大切なのだと実感する。子どもを制するだけなく、寄り添うように問いかけ、時には黙ってそばにいることも大切であることを再認識した出来事であった。

5．実感を伴った授業

1）子どもたちの疑問から出発する

　授業は、子どもの疑問を出発点にすることを大切にしたい。はじめは素朴な疑問かもしれないが、学習を進めていくと、それが問いへと高まっていく。アンケート調査よりも、日記、作文、授業の感想文の中に、子どもの問いがちりばめられていることが多い。特にからだの学習の際、私は、単元の始めを、疑問を掘り出す時間にあてている。

　例えば、生命誕生の学習で、「私たちは、生まれる前、おなかの中でどのようにしていたのかな？」と子どもたちに問うと、様々な疑問が出され、黒板いっぱいに疑問が広がっていく。胎内での成長だけでなく、進化やいのちのゴールとしての死の学習等、様々な学習に広がっていくこともある。そのような学習をしていくと、子どもたちは「一つ疑問が解決すると、どんどんわからないことが増える」「わかると、なぜ？　が増えていく」等と話したり、書いたりする。学ぶことで、子どもが探求の主体になっていくのだ。

2）科学的な事実をもとに教材と教具を準備する

　子どもたちを探求の主体に育てていくためには、疑問や授業の課題に答えを用意するだけでは十分ではない。場合によっては、答えのないものもある。子どもが予想し、話し合う時間が大切である。子どもたちが、これまでの生活経験や知識を総動員してあれこれと考え、本当はどうなのかと探っていくことで、一人ひとりが探求の主体になっていく。また、それぞれの考えを出し合い、検討し合うことで、疑問がさらに深まったり、そうかもしれないという期待感を高めたりしていくことになる。そして、その疑問や課題に答えていくのは、科学的な事実である。「〜すべきである」というしつけとしての指導では、子どもたちは探求の主体になれない。そして、疑問を解き明かすための教具の工夫も大切である。実験をしたり、立体で表現したり、紙芝居で伝えたりと、様々な方法が考えられる。その際、養護教諭や他の教諭との連携も重要である。「からだの先生」としての養護教諭が語ると、子どもたちは私たち担任が話す以上に耳を傾ける。また、担任以外の先生が、体験を通して話すことで、子どもたちは新たな発見をしていくのである。

3）学習感想を書かせる

　授業の中で、子どもたちが自分の考えや感想を綴ることは、とても大切な活動である。子どもが何を

感じ、つかんだかが伝わってくる。観察しただけではわからない、発表だけではつかみきれない子どもたちの心の内側、思考過程が伝わってくる。何度も読み返していると、子どもたちが抱いた新たな疑問、発見、感動がちりばめられていることを発見することがある。その子の姿を思い描きながら読み返すことで、ぐっと胸に迫ってくる内容が書かれていることもある。また、生活と学びをつなぐうえでも、綴ることは重要である。文章の中に、生きた子どもの姿や生活が埋め込まれていく。それを読み解き、子どもを理解し、学習につなげていくのも、私たちの大切な仕事ではないだろうか。

4）保護者との連携

　子どもたちが家で授業の話をしたときの保護者の対応も、子どもたちの学びを深めるうえで重要である。けがの学習や二次性徴、生命誕生等の学習をすると、子どもたちは保護者自身の経験を聞きたがることが多い。また、飲酒や喫煙について学習した後は、酒やたばこを減らしたり、やめてもらったりするように話す子どもがいる。そんなとき、おたよりや懇談会で授業の内容や協力してほしいことを伝えたり、子どもたちの作文を掲載したりすることで、保護者の反応が大きく変わってくる。「今まで酒やたばこを飲んだり吸ったりしても大丈夫だから問題ない」と、否定されることも少なくなる。

　保護者との連携を深めるためには、子どもたちの問題点を伝えるだけでなく、活動の様子やそのよさを伝えていくことが、より有効であるような気がする。

6．教師として

　教師にとって大切なことは、訊くことである。子どもたちが話していることだけでなく、表情、しぐさ、行動、作文等、様々な形のメッセージを受け止めていくことである。さらに、共に子どもたちを守り育てていくパートナーとして、保護者や地域の願いに耳を傾けることも大切である。そのために私たちは学び続けている。子どもたちの素朴な姿に、私たちは励まされ、教えられている。よりよく生きるためにつながり、学び、寄り添っていく。それが、未来を生きる希望である子どもにとって大切なことだと確信している。

（鎌田克信）

② ≫ 子どものいのちと健康を守り育てる教師の仕事（２）

１.「教育と保健」をとらえる視点

１）新任当初の体験から

私は、新任の保健体育教師として意気揚々と担任をしていたときに、その当時の養護教諭から大切なことを学んだ。

それは、熱もなく、休み時間は元気にしているＡ子が、頻繁に保健室に行くようになったときのことである。私は、「熱がないのなら、様子を見て教室に戻してください」と対応したのである。すると、養護教諭は悲しい顔で「保健体育の専門の先生がそんな言い方をされるとは思わなかった。なぜＡ子さんが保健室に来たがるか知らないのですね。Ａ子さんは算数の授業の前に体調の不良を訴えるのです。Ａ子さんに本当に必要なのは算数の学習支援なんです」と指摘された。

養護教諭は、どんなときに保健室に来るのか気になって「今は何の時間なの？」と尋ねると、決まって「算数の時間」とＡ子が答えるので、「おやっ？」と思ったのである。そして、Ａ子の話をさらによく聞いてみると、「指を使って計算していることを、クラスの友だちから笑われたことが恥ずかしい」という事実を把握していたのである。

私は顔から火が出るほど恥ずかしくなった。保健体育専門の教師でありながら、子どもの体調不良の原因を考えなかったばかりか、Ａ子が本当に困っていることに対して目を向けて教育活動を改善しようとする姿勢がなかったのだから…。これでは、保健体育の専門どころか、教師失格である。

このように、子どもたちは心やからだの不調を訴えてよく保健室を訪れる。しかし、保健指導の範囲内で問題を解決しようとしても解決しないケースがあることを、私たち教師は自覚しなくてはならない。

私はこの事例を通して、子どもたちが健康で安全な学校生活を送ることができるようにするためには、あらゆる教育活動を改善していこうとする視点が大切であることを学んだ。そして、この視点は、担任はもちろん、すべての教育に携わる者が持つべきものであると考えるようになった。

私は幸運だった。なぜなら、教員１年目に教育保健の本質を教えてもらったのだから。

２）新任から12年を経て

その後、教員になって12年目。私は学年主任を任せられるようになった。自分の学級はもちろん、学年全体の子どもたちにも目を向けなくてはならなくなった。加えて、校内の保健安全部の指導部長となり、学校全体の健康安全について提案したり、まとめたりする立場になった。

そんなある日のことである。養護教諭が、「職員会に提案する視力検査の結果を資料にまとめたので、一度見てほしい」と相談に来た。その資料には、500人以上いる全校児童の視力が、Ａ（1.0以上）、Ｂ（0.9〜0.7）、Ｃ（0.6〜0.3）、Ｄ（0.3未満）と４段階でグラフになって丁寧にまとめられており、「視力が1.0未満の子どもたちが増えている」というまとめのコメントが付されていた。

私は、「こんなに視力1.0未満の子どもたちがいるとは思いませんでした。たくさんのデータをよくまとめましたね。ご苦労様でした」と話すと、その養護教諭は、「ありがとうございます。実は、昨日も

遅くまでがんばってまとめたのです」と、とても満足しているようだった。

　続けて私は、「私のクラスの結果はどうでしたか？」と尋ねた。すると養護教諭は、笑顔で、「安心してください。他のクラスと比べても特に視力の悪い子が多いということはなかったので大丈夫ですよ」と答えたのである。私は、そんな答えを期待してはいなかった。実は、担任している子どもたちの中の3人が、板書をノートに写すことがとても遅く、特に雨の日や曇りの日が顕著だったので、視力検査の後に結果を養護教諭に尋ねたのである。だから、「他のクラスに比べても悪い結果ではない」という返事ではなく、「3人の視力が低下しているようですが、大丈夫ですか？」という問いへの答えを求めていたのである。

　確かに、養護教諭は500人を超える子どもたちの全体傾向をとらえて、それを教職員に知らせようと考えたのであった。しかし、私は、板書の遅い原因が視力の低下によるものであるかを知りたかったことを伝えると共に、統計的な処理や考え方も大切だが、たとえクラスで3人でも、視力の低下という健康面で深刻な問題を抱えているかもしれないことに目を向け、その解決に向けて何ができるかを考えるほうがもっと大切で、決して他のクラスと比べて視力の悪い子が多くないから大丈夫ということにはならないのではないかと話した。さらに、職員会までに養護教諭と共に、全校の視力の悪い子とその座席の位置との関係について調べ、各担任に改善の必要を提起することにした。

　年数を経て、今度は私が子どもの教育保健的な見方を他の先生方へ拡げる機会を持つことになったのである。

3）行政職を体験して

　教員20年目、私は、教育委員会へ勤務する機会を得た。教育委員会事務局は、学校のあらゆる予算について考えるとともに、予算に対してどれだけの効果があったかを評価する。本来なら、子どもたち一人ひとりの健やかな成長を支える行政機関のはずが、実際には、全体のデータでしか見ないことがある現状に直面した。

　私が気をつけたことは、各学校が教育委員会からの評価を気にするあまり、全体のデータのみで指導することをしてはいけないということである。何％という数値は、時として一人ひとりの子どもの教育保健的な問題を隠す危険性があることを忘れてはいけないのである。

　教育委員会は、学校にかかわるすべての職員を管理・指導している。だからこそ、その中で、子どもたちの健康や安全に対して、あらゆる教育活動を改善していこうとする視点を持つことは、とても重要なことであると再確認することとなった。さらに、様々な教職員を対象とした研修を企画・運営していく中で、すべての教員にこのような視点を学ぶ機会を設ける必要性を強く感じた。

2．校内体制と具体的な支援のあり方

1）保健的な事象を教育活動全体の中で改善する

　子どもたちの心やからだの問題は、校内の様々な時間や場で起きる。そして、その状況に応じて担任や養護教諭、生徒指導主事等が支援を行う場合が多い。しかし、その多くは各担当教員が個別に対応して解決し、大きな問題でなければ連携を図るといっても、事後報告をする程度が大半を占める。現在、

学校現場では、校内における教職員の連携の重要性が叫ばれており、様々な校内委員会が位置づけられている。ところが、実際には日々の業務で手いっぱいで、大きな問題にならない限りなかなか校内委員会が実施されないのが現状である。

　私は、教育保健を実践するにあたって最も大切なことは、「保健的な事象を教育活動全体の中で改善する」という視点を持って支援するということである。

　特に子どもたちの心やからだの問題は、日々の些細な気になる点が大きな問題に発展する可能性を持っている。よって、関係する教師が連携を図って早期に対応し解決することが大切と考える。

　そこで私は、週1回、月曜日の2時間目に行う「月2会」と称するミニ校内委員会を開いて成果を上げた。

　このミニ校内委員会とは何か。メンバーは以下の通りである。

校長・教頭・教務主任・生徒指導主事・養護教諭・特別支援教育コーディネーター

　多くの学校では週のはじめに管理職を中心に打ち合わせを行うことが多い。この中に養護教諭や特別支援教育コーディネーターも加わり、子どもたちの細かな心とからだの変化についても報告する場を設けるのである。

　では、なぜ月曜日の2時間目に行うのか。それは、月曜日の登校時や1時間目は子どもたちの心やからだの変化が最もわかりやすいからである。

　具体的には、朝の会で行う健康観察結果を養護教諭が回収するときに、各クラスの様子も見ながら報告をする。そして、管理職を中心とした委員会のメンバーがその報告に対して、「いつ」「どの教員が」「どのような連携をとって」「どんな支援をするとよいか」といった支援体制について方針を決めて、早期の状態から連携をとって支援を行っていくのである。

２）実践事例を通して教育保健を考える

　小学6年生のB子は「頭痛」や「気持ち悪い」といった体調不良を訴え、ゴールデンウィークを過ぎたあたりから頻繁に保健室へ行くようになった。やがて遅刻や早退と共に欠席する日も増えていった。特に休み明けの月曜日の欠席が増え、一度欠席をすると数日休む日が続くようになってきた。

　このような事例の場合、ほとんどが担任の個別的な指導で行われ、問題が大きくなって初めて校内委員会等が開かれることが多い。そして、担任1人だけが大きな負担を抱えて苦慮することが現状である。しかし、私は校内委員会を通して、管理職の指導の下で、以下のような支援を学校全体の体制の中で行っていった。

　まず、保護者への対応である。忙しい共働きの家庭で、朝食の準備ができていないことや学校を欠席しても家庭内で1日中ほったらかしの状況であることが確認できたことから、家庭環境を改善するような働きかけをした。これは、保護者への指導となり、担任では難しいことから、管理職（教頭）が学校で懇談を行い保護者に対して指導を行った。朝食については毎日準備をするようお願いをした。また、毎朝気持ちよく起床ができるように、夜8時以降は食べさせないことや就寝時間については10時には消灯するよう約束をしてもらった。

　次に子どもへの対応である。B子に対してすばやく対応できるよう、登校時は生徒指導主事がB子の

自宅近くの通学路に立った。そして、通学指導をするかたわらB子が元気に登校できているかをいち早く把握できるようにした。登校したときはB子の気持ちに寄り添い、雑談をしながら一緒に学校まで歩いた。B子の登校が確認できないときには、保護者からの欠席連絡がある前に学校から連絡を入れて登校を促すように対応した。

　また、B子への直接の指導は、担任が教室を離れられないことや男性教諭でコミュニケーションがとりにくいという理由から、養護教諭が直接自宅へ迎えに行ったり、登校後、気分が優れないときには、まず保健室へ行って心やからだのケアをできる環境を整えたりできるようにした。担任はこの状況を受け入れ、B子の気持ちに寄り添いながら、いつでも教室に入ることができるよう、クラスの仲間にも働きかけをした。日課についても工夫を行った。B子が朝から気持ちよく学校生活が送れるように、月曜日や祝日明けの1時間目は、B子が最も得意で好きな教科である理科や家庭科を入れて、期待感を持たせて1週間の学校生活がスタートできるようにした。

　取り組みを始めて1週間ですぐに効果は現れた。学校全体で連携した支援を行うことで、B子の様子は大きく変わっていった。毎日朝食をとり、睡眠時間をしっかりとることで、朝から体調不良を訴えることがなくなった。また、たくさんの先生から認め励まされ、かかわることを通して、悩んでいることや不安なことを早めに相談できるようになった。そして、遅刻や早退、欠席日数が大きく減少していった。

　このように、学校長のマネジメントのもと、校内全体で連携を図って支援していくことは、支援の一貫性を生み、各教師の役割も明確になる。かつ、従来のように担任や養護教諭個人が不安を持ちながら孤軍奮闘するのではなく、管理職の理解のもとで安心して支援ができるのである。

　教育保健の実践は、保健的な事象を教育活動全体の中で改善し、学校職員全体が一致団結して行うことでより成果を発揮するのである。

（山内康彦）

子どもの健康・からだを教え、育てる

① ≫ 小学校における保健学習をつくる

1．これからの保健学習

　子どもたちが、自立した市民として、主権者として健康な社会づくりに参加していくことができるようになるために、「保健学習」を通してどのような「知」を育むべきか。これからの保健学習で重要なこととして、以下の二点をあげたい。

①健康課題を個人責任のみに還元するのではなく、社会の問題として構造的にとらえ、連携と協同によって解決に向かっていけるような見識を育むこと。
②違いを認め合いながら共に生きていくこと、すなわち「共生する社会」を担っていくための見識を育むこと。

　つまり、筆者の問題意識は、健康を個人が健康に生活するというレベルに止まらず、市民が共生するための基盤と見る立場にある。我々は、人的環境・社会環境に規定されて存在している。健康は個人の努力だけで守ることはできないものであり、健康な社会は他者との協力、連帯の中で創られるものなのである。藤田も「保健は個人生活における内容を扱う教科だからということで、思考・判断を促すための題材を個人的な身の回りの生活行動のレベルにのみ求めることは避けたい」（藤田和也「保健の学力とは　授業と教科書のあり方を考える」『教育ジャーナル』2010年8月号、学習研究社、pp. 34〜37）という見解を示している。また、森は保健学習の変遷を遡って検討し、保健科が取り扱ってきた教育内容の柱の一つとして「健康にかかわる公共的責任（人権・健康権・環境権）を育成する市民的教養主義の立場からの市民的教養教育」（森昭三「保健とは何を学ばせる教科か」『体育科教育』2004年8月号、大修館書店）があることを論じている。

　本稿では、個人の生活行動レベルに終始した学びから脱却し、他者と共に生きる「共生する社会」を担っていく市民を育む小学校版保健学習を目指し、特に「からだの学び」を創出することに焦点をあてた提案をする。

2．「共生」「共生する社会」の観点を取り入れた保健学習

1）「違い」、「多様性」を理解すること

　保健学習に「共生」の観点を取り入れるということは、「違い」や「多様性」を学ぶことだと考える。具体的には、「私たちは同じだけれど違う」「私たちは違うけれど同じ」ということを往来しながら、自己理解、そして他者理解をしていくことである。「他者理解」「共生」というアポリアを受け止め、悩み考えること、つまりは「トラブルの回避」のための学びから「問う」ことへの移行とも言える。

　保健の教科書には「発達には個人差がある」と明記されているが、その「個人差」をもう少し具体的に掘り下げること、それこそが「違い」や「多様性」を学ぶことなのではないだろうか。

　では「違い」、「多様性」を小学生がどのように学ぶのか、筆者がかかわった授業プランの一部を紹介しながら、そのあり方を考えることにしたい。

2）二次性徴における「違い」と「多様性」

　濱田純子は、「共生」の観点から二次性徴のカリキュラムを開発した。これは、小学4年生の単元『育ちゆく身体とわたし』の「大人に近づくからだ」と「からだの中で起こる変化」のところを「違い」、「多様性」の観点を取り入れて教材化したものである（濱田純子『共生の観点を入れた性教育のカリキュラム開発』宮城学院女子大学大学院健康栄養学研究科修士論文、2011年1月）。

　濱田は「性ホルモンが、大人のからだに変化させる」ことを「男性のからだにも女性ホルモンがあること、女性のからだにも男性ホルモンがあること」と説明し、そのうえで、ホルモンバランスは多様であることに気づかせるために「色のグラデーション」を教具として用いている。プランの詳細は誌面の関係上、すべてを掲載できないが、「違い」、「多様性」をどのように説明したかを紹介する。

　以下が黄色と緑の色のグラデーションがわかる教具を利用しての説明部分である。

【説明】

（黄色の色のグラデーションの画用紙を貼る）

　これは何色ですか？　これは黄色ですね？　この黄色が男性ホルモンだとします。この画用紙を見てください。よく見ると同じ色の仲間なのに、少しずつ微妙に色が違っています。

（緑の色のグラデーションの画用紙を貼る）

　では、これは何色ですか？　これは緑です。これを女性ホルモンだとします。これもよく見ると同じ緑なのに、少しずつ微妙に色が違います。このように男性ホルモン、女性ホルモンと言ってもいろいろです。毎日からだに出てくる量は同じではないし、男性ホルモンと女性ホルモンがからだの中に両方あると言いましたが、その組み合わせも毎日微妙に違っています。男性ホルモンと女性ホルモンの組み合わせは、数えられないほどたくさんあります。私たち一人ひとりのホルモンの状態も毎日違っているし、他の人とまったく同じホルモン状態であるということはありません。

　これは、からだのしくみ（一般）は同様でも、一人ひとり（具体）は異なっていることに気づけるように意図したプランである。

　教科書には「変化が起こる時期や変化の起こり方は一人ひとり違います」と記載されているが、本プランは「違い」をホルモンとそのバランスを視覚化させ、「からだの学び」を通して理解できるように試みたのである。

3）「目」のしくみから違いと多様性を考える

　同じく竹田彩香は、千葉県市川市の小学校の実践者である黒田洋子氏と戸野塚が共同開発した先行実践（戸野塚厚子「健康学習のこれまでとこれから」、2001・黒田洋子「みんなちがってみんないい〜肌の色、目の色、髪の色の違いを考えて問う〜」、2000）をもとに小学5年生を対象にした「目の多様性」を考えるカリキュラム開発に挑戦した（竹田彩香『保健教育のカリキュラム開発に関する臨床的研究』宮城学院女子大学大学院健康栄養学研究科修士論文、2011年9月）。

目の絵を見ている黒田洋子氏と子どもたち

　ここで紹介するのは、保健指導と総合的な学習の時間の枠で研究授業をさせていただいたものである。授業の流れはおおよそ以下の通りである。

　・自分の目を鏡で観察しながら「はてな？」を見つける。
　・子どもたちから出された目の不思議をもとにして「目のしくみ」についての理解を深める。
　・「目」の多様性について学ぶ「目の色の違い」「見え方の違い」等。

　竹田は目を描き、目のしくみについて学んだ後、目の多様性を考えるために次のような授業展開、発問を創った。

【問題】

（教師はひまわりの花を見せて、これは何色かと聞く。子どもたちは「黄色」と答える）

　みなさんは、今、黄色と言ってくれました。みんな黄色に見えているようです。ただ、黄色にも濃い黄色、薄い黄色、明るい黄色、暗い黄色等、いろいろありますね？　どの人も同じ黄色に見えているでしょうか？　①か②を選んで、その理由も書いてみましょう。

①同じに見えている　②違って見えている　理由（　　　　　　　　　　　　　　　　　　　　　　　）

　仙台市内の5年生複数クラスに実施した研究授業で、同じであるとした子どもは5〜6人、違っているとした子どもは20〜25人、迷っている子どもは2〜3人であった。同じに見えていると言った子どもたちの意見は、「目の見えるしくみは一緒なのだから、見え方も同じだと思う」「黄色のひまわりに色を塗るときは、みんな同じ黄色の鉛筆を取るのだから同じに見えている」というもの。違って見えるという理由は「同じしくみでも微妙に違っていると思う」「見えるしくみが同じでも、視力も一人ひとり違うように見え方も違っていると思う」「どの角度から見ているかとか明るさによっても違って見える」というもの。ひまわりを描くときに、赤や緑ではなく黄色を手に取る。でも、その黄色が同じに見えているのかどうか、その人になってみないとわからない。子どもたちの討論の後、教師は次のような説明をした。

【説明】

　黄色は黄色でも、その感じ方は一人ひとり違っています。色を感じ取っているのは網膜です。網膜には2種類の細胞があります。

　一つは「かん体細胞」と言って明るさを感じる細胞で、1億個以上の数があります。もう一つは「すい体細胞」と言って色を感じる細胞で、約700万個あります。明るさのかん体細胞と色のすい体細胞がつかんだ情報が視神経を通して脳に伝えられて、色を感じるのです。

　この細胞の数は、一人ひとりみな違っています。同じ人の目でも、数や働きがいつも一緒ではありません。自分がどんな色を見ているかはわかりますが、他の人がどんな色を見ているかはその人になってみないとわかりません。（略）

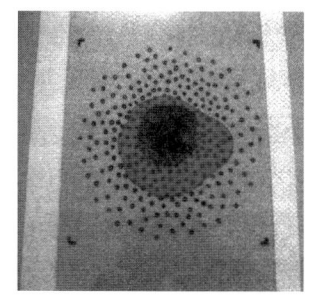

かん体細胞とすい体細胞
（竹田彩香作成）

　小学生に試みた実践のすべてをここに紹介できないが、授業プランを検討する段階で、担任の先生は「（色を識別するしくみと多様性は）小学生には難しすぎるのではないか」と心配し、消極的だった。しかしながら、しくみを学び多様性について討論している子どもたちの姿やアンケートの「わかった」「楽しかった」「もっと知りたい」という回答を見て、からだのしくみとその違いを学ぶ意義に共感し、研究の理解者となってくださった。この経験は「からだの学び」の可能性を共有できた喜びと同時に、教育理念を授業の具体にすることで共有し、その事実をもとにカリキュラム開発していくことの重要性を示唆してくれた。

4）「共生する社会」を考える「性と共生」の学び

　柴生彩は、小学5年生を対象に「性」には「生物的な性」「社会的な性」があること、そして、「社会的性」は社会や文化によって作られたものであり、私たちの力で変えていくことができることを考える授業を実施した。「次に生まれ変わるとしたらどちらの性がよいですか」という問いからはじまる授業構成となっている。祖父母が小・中学生だった50年前のデータ、父母が子どもだった20年前のデータ、そして授業を実施した5年生に事前にとったアンケート結果をもとに考える授業である（柴生彩『小学校における保健のカリキュラム開発―自立と共生に焦点をあてた性の授業づくり―』宮城学院女子大学大学院健康栄養学研究科修士論文、2015年1月）。

【説明】

　男性は、50年前も20年前も「次に生まれるときも男性がよい」と回答している人が多いです。女性を見てみると、50年前は「男性に生まれたい」と回答している人が多く、20年前も「男性に生まれたい」と言っている人が多いけれども、50年前よりは「女性に生まれたい」と言っている人が多いです。では、5年1組の結果はどうだったでしょう？

　上記の変遷を示すグラフを黒板に貼り、各時代の「男性に生まれたい」理由、「女性に生まれたい」理由をもとにその背景を探っていく。そして、そこから社会的性、それを変えていくことができるのか

どうかについて議論していくという流れになっていく。「当たり前」と思っていることの中に、実は当たり前ではないことがある。そして、「それが人を不自由にしているのだとしたら、どうすればよいのだろうか？」、「社会的性は自分たちの力で変えられるのかどうか」が後半のヤマ場である。すべての人が今の自分を肯定できるようにすること、多様性を受け止め、柔らかな社会を作っていくための学びを意図した授業であった。まだ開発途上のカリキュラムであるが、健康は社会に規定されていること、連帯と共同、市民の力で社会を変えていくことを意識した実践の今後に期待している。

＊   ＊   ＊

　「からだ」のしくみとその違い、多様性について認識することが、違いを超えて共生する市民を育むことにつながる。筆者が入手したスウェーデンの小学校低学年の教科書に「皮膚の色はメラニンで決まります」と記述されていた。「皮膚の色で差別してはいけません」というのではなく「皮膚の色は色素の違いである」という認識を多様性に対する寛容性につなげようとしているのである。小学校低学年の子どもが、メラニンという言葉が理解できなかったとしても、皮膚の色は色素の違いであることを知ることが重要であるというスタンスに立っているのである。からだを学ぶことは「自分を知ること」、そして「他者を理解すること」である。そして、小学校の教育課程における「からだ」の学びを共生の観点から創造すること、教材の具体をもとに議論することが重要だと考える。

　繰り返し強調するが、今後は、私たちの健康は社会に規定されていること、そして課題を連帯と共同に変えていくことを考えるような授業づくりに挑戦していきたい。社会の問題を小学生の段階からスパイラルで取り上げていくカリキュラムを開発したいのである。健康と社会との関係は、中学・高校生の授業で取り扱うと思われがちであるが、小学生は小学生なりに社会の問題を考える。社会的な問題は学年が上がるにつれて内容を拡大させ深めていく必要があるが、大切なことは低学年から繰り返し考え続けていくことにある。前述の授業で出会った小学生たちの発言から、子どもたちは大人が考えている以上に大人の世界を見ているし、そこから社会を考えていることを教えられた。連帯と共同で社会の課題の解決に向かっていける市民を保健学習で育むためにも、教科の理念（使命）を共有した実践者と研究者による小学校から高校までの系統的なカリキュラム開発が求められている。

（戸野塚厚子）

●参考文献
1）戸野塚厚子、山梨八重子：スウェーデンの健康教育—共生する社会を創る学び—、学事出版、2001
2）戸野塚厚子：健康学習のこれまでとこれから、授業づくりネットワーク14（6）、2001、学事出版、pp. 6〜8
3）戸野塚厚子：総合的学習でもっと広がる健康学習〜スウェーデンの健康学習に学ぶ〜、授業づくりネットワーク13（2）、2001、学事出版、pp.6〜9
4）戸野塚厚子：スウェーデンの義務教育における「共生」のカリキュラム、明石書店、2014、pp. 1〜314

② >> 中学・高等学校における保健学習をつくる

　新型インフルエンザ、心臓病・ガン・糖尿病等の生活習慣病、異常気象による飢餓や災害、食品汚染問題など、私たちの生命や健康を脅かす健康問題は絶えることはない。これらの健康問題に向き合うために私たちはどのような知と能力が必要とされるのか。ここでは、「何のために」「何を」「どう教えるのか」に分節して、保健学習のあり方について考えていきたい。

1．保健授業は何のために行うのか

1）保健授業のイメージ

　保健の授業は何のために行われるのか。この問いにどう答えればよいか。「自分の健康は自分で守る。そのための能力を形成するのが保健授業では」、さらには「保健授業は行動に結びつかなければ意味がない。実践力が大切」という保健授業イメージがあるように思われる。

　このような保健授業像が抱かれるのには原因がある。一つは、感染症の時代から生活習慣病の時代に健康問題の比重が移ってきたことである。生活習慣病では、病気の早期発見・治療という二次予防にも意味があるが、それよりも生活習慣病にならないためのライフスタイルを選択して実践できる能力が必要とされる。つまりリスク回避のための一次予防がより重要となり、それを実践できる能力が要求されるようになった。

　二つは、グローバル化する社会の中で新自由主義的な風潮が強調され、「自己責任」が厳しく問われる時代となってきたことである。医療費問題に見られるように限られた社会資源の分配が問題となり、リスク回避の生活行動が日常の至るところで要求されるようになった。たとえば飲酒・喫煙などの嗜好品の選択、医療や医薬品の選択、安全な食品選択、健康的な住環境の選択など、現代社会の様々な危険因子を回避し、「〜にならないための何箇条」など「賢い消費者」となるための教訓が満ちあふれている。健康な生活を維持するための自己管理や、そのための実践能力の育成だけが保健授業の主要な目的なのだろうか。

2）ヘルスプロモーション

　健康な生活を獲得するためには、自己管理能力や実践能力が必要なことは理解されるが、しかしそれが過度に要求されると問題が生じる。なぜなら、自己管理能力や実践能力の高低だけが問われてしまうからである。たとえば、大きな病気やけがなどに陥ってしまった場合、その原因は個人の自己管理能力や実践能力が低いからだと考えられてしまう。このように、問題の責任を個人の能力不足に求めてしまう傾向となりやすい。

　しかし、健康問題を改善したり解決する能力は個人の努力だけでは形成されず、周囲の人々や他者との関係性（連携や共同）の中でこそ形成されていく。また問題の解決においても共同的、連帯的なつながりこそが力となっていく。したがって、他者との関係性のもとに能力が形成されたり発揮されることを軽視して、健康問題の原因を個人の能力の低さに求めて責任を追及する方法は、個体能力主義の能力観といわざるを得ない。また、求められる実践力が身近な健康問題の処理であるならば、保健授業で扱われる内容が狭められるとともに、「できる」ことが優先され、科学的認識の形成が希薄になることも

懸念される。

　そもそも健康問題では、個人の努力で解決できる範囲はごく限られた問題でしかない。過去の健康問題を改善して今日の健康的な社会を実現したのは、多くの犠牲者とその解決に向けた人々の努力によりもたらされてきた。つまり健康は個人の力だけでは獲得されないことを証明した歴史でもある。たとえば、かつて公害列島といわれた我が国に厳しい環境基準が設定されたのは、多くの公害被害者と四大公害裁判を戦った人々、それに世論の賛同が行政を動かし、公害対策基本法の制定につながったのである。また、交通戦争と呼ばれる事態が収束したのも、交通事故の犠牲者とその改善に向けた取り組みが、行政やメーカーを動かし、安全な道路環境の整備や安全な車輌開発につながったのである。

　社会的弱者への共感、健康的な社会に向けての共同性、社会環境改善への権利意識などを健康教育の中で意識化したのが「ヘルスプロモーション」の考え方である。

3）健康リテラシーの形成（健康に関する共通教養）

　ヘルスプロモーションの具体的展開としては、①健康的な公共政策づくり、②健康を支援する環境づくり、③地域活動の強化、④個人技術の開発、⑤ヘルスサービスの方向転換が提唱され、個人のライフスタイルの変革にとどまらず、その個人を取り巻く周りの環境をより健康的な方向に変革していける能力の形成が目指されている[1]。

　そしてこれらの保健行動の必要性を認識したり実践するためには、健康リテラシー（健康に関する共通教養）の形成を保証していくことが必要となる。子どもたちは、保健の授業を通じて健康文化の担い手・作り手として自立し、生涯にわたり公共的な健康文化づくりの実践に参加し、健康の主権者として責任を果たしていけるための保健的教養ともいえる能力の基礎・基本を育てることが求められている。

２．保健科教育では何を教えるのか

　教科教育学は、それぞれの教科の背景となる専門の学問体系と教育学とにより構成される。保健科の場合、背景となる学問を総称して「保健学」となるが、必ずしも体系化が行われているわけではない。むしろ保健科の場合は、健康に関する関連諸科学、たとえば医学、公衆衛生学、発育発達学、生理学、心理学、環境科学、産業衛生学、社会福祉学など健康問題の解決に関係する学問や科学から、一定の論理により教える内容を抽出するという方法がとられてきた。つまり様々な健康問題を解決し、将来の健康問題に向き合える知識や能力、また個人や社会の健康への価値意識を高めるための知識や能力が関連諸科学から抽出され、教科課程として編成されることになる。

1）保健の基礎・基本的な知識とは

　保健関連諸科学からどのような論理で保健の知識と能力を選び出すのか。藤田は以下の四つの観点を指摘している[2]。

①「自分のからだの状態がわかること」

　からだの構造や機能だけでなく、からだに見られる様々な現象の意味、その変化の様子、変化を感じ取る感覚（身体感覚）などについての認識や実感。

②「健康がどのように維持・破綻・回復されるかわかること」

　健康の維持・破綻・回復に関わる自然科学と社会科学の諸知識。

③「健康の維持・回復に関わる方法が使える能力」

　健康維持や回復の方法や技術だけでなく、健康的な行動選択や意思決定を強めるライフスキルの形成も含まれる。

④「自分や集団の健康維持や回復のために必要な社会的行動がとれる能力」

　生命の尊厳と権利を尊重する意識と、そのために必要な社会的行動をとろうとする意識を醸成することが必要である。

　以上の四つの観点をもとに保健関連諸科学の成果を抽出し、教科課程として編集することになる。特に④は憲法25条（生存権）により保障されており、健康の権利主体を育成するうえでも重要な観点である。

3．保健学習をどう教えるのか

　保健学習の良否を決める大きな要因は教材づくりにあり、よい教材は二つの機能に優れているといわれている。一つは教えるに値する内容の価値が高いかどうかという文化的価値であり、二つは生徒の認識を深めたり意欲を引き出す要素などが含まれているかどうかという授業展開価値である[3]。

1）文化的価値のある教材づくり

（1）将来の健康課題の把握

　社会の健康問題は数限りなく存在しているが、保健授業に与えられた授業時数はわずかしかない。どのような健康問題を取り上げるのか取捨選択する必要がある。他教科の場合は背景となる学問の大系があり、それをもとに教育内容を編成（教科課程）することになる。ところが保健科の場合はその背景となる「保健の科学」が体系化されていない。したがって、保健科教育では将来を生きていく子どもたちにとって必要となる健康問題は何かを見据えた選択方法が採用されてきた。

　たとえば医薬品について教える場合、正しい薬の飲み方、副作用など、賢い消費者行動に関わる知識だけでなく、からだと薬の関係についての基本的理解や多くの薬害事件とその背景、医薬品行政と国民の健康保持など、医薬品に関して私たちがどのように守られているのか。また、医薬品の安全性を保つためには何が基礎的教養となるのかという観点で教材化することが必要となる。

（2）「願い」を大切にした教材づくり

　数見は教材化にあたって教師の「願い」の重要性を指摘している[4]。願いとは、「現実の健康課題や子どもの保健意識の状況から、教師が子どもたちにどのような能力を育てたいと願うかを先行させ、その願いを実現させるためにどのような内容を教材化するかという自主編成の努力」が大切であるという。先の医薬品の例でいうと、医薬品の適切な使用は、国民の健康の維持や回復のためには重要な健康問題であり、授業で取り上げる必然性は高い。

　その教材化にあたっては、将来を生きる子どもたちが医薬品について知っておくことが必要な知識や能力と、もう一方では医薬品についての子どもたちの現状認識を突き合わせながら、医薬品に関する子どもの認識を発達させる方向で教材をつくることが求められる。子どもたちが医薬品に対して誤った知識や不十分な知識を持っていないか、また考え方や価値観が歪められていないかなどを把握することである。そして子どもたちの知識・行動や価値意識などをゆさぶり、新たな認識のネットワークを再構築することが必要となる。「願い」のない教材化は、「正しい科学」の一方的な押しつけとなりやすく、子どもの認識の発達を促す契機とはならない。

2）授業展開価値のある教材づくり

（1）「確かな学力」形成の問題点

　学習指導要領では、「確かな学力」として「基礎的な知識・技能の習得」とそれを活用しての「思考力・判断力の育成」が強調されている。学力形成にとっては必要な要素が取り上げられているが、問題はその論理構成にある。ここでは「知識・技能の習得」と「思考力・判断力の育成」が分離してとらえられ、前者の発達段階に応じた「習得」に基づき、その活用（観察・実験・レポート作成、論述等の学習）によって後者の能力が育成されるという論理になっている。

　しかし、知識理解と思考力や判断力とは密接不可分の関係にあり、その形成も相互作用的になされる。教材への深い理解は、その健康問題への思考力を高めたり、判断力を確かなものに導いてくれる。また反対に、思考力や判断力が求められる学習を通して知識が広がったり深められることにもなる。したがって、本当に「確かな学力」を保証する学習を実践するならば、知識・技能と能力の形成を一体のものとしてとらえる教材づくりや授業づくりが求められる。具体的には、「わかり方の質」を豊かにする教材づくりと授業づくりへの取り組みが必要となる。

（2）「わかり方の質」を豊かにする教材づくり、授業づくり

　子どもたちの感想から、授業で何が学ばれていたのかを推測することができる。以下は、「みんなで調べる大気汚染」の授業後の感想である[5]。この授業は中学2年生を対象に東京の大気汚染の実情と問題点を考えることをねらいとしている。

　授業では二酸化窒素の捕集管を用いて大気汚染の実情を測定して汚染マップを作成したり、都心と郊外の汚染度の違いや緑の樹木の効果などについて測定し、仲間と共に課題解決学習として取り組んだ。また、いきなり測定活動を設定するのではなく、測定の必要性や問題意識を掘り起こすための授業を4時間設定した（全11時間）（表III-2）。

表III-2　「みんなで調べる大気汚染」の構造図

対象：中学2年生

時間	テーマ	主な内容	授業形態
第1時	東京の大気汚染	・発問「富士山の見える日数」の変化 ・改善されていない東京の大気汚染	一斉授業
第2時 第3時	大気汚染物質の変遷 汚染物質による健康被害	・見える汚染物質から（SO_2）見えない汚染物質へ（NO_2） ・浄化作用のメカニズム ・NO_2の健康被害（喘息を例に） ・教材：ストローによる喘息被害体験	
第4時	NO_2濃度を測定してみよう	・環境基準値以下でも喘息は発生する ・環境基準値は住民意識で厳しくできる ・学校のNO_2濃度の測定（教師測定）	
第5時	みんなで調べる大気汚染	・自宅周辺の平日と休日のNO_2測定 ・測定値のプロット（東京都のNO_2汚染マップを作成）	課題学習1
第6時	酸性雨による大気汚染	・生徒測定中のため酸性雨被害のビデオ	
第7時 第8時	自分の大気汚染問題	・授業での興味・関心、疑問より各自のテーマ設定 ・研究計画作成、共同研究者募集	課題学習2
第9時	研究発表会	・研究結果の報告書（レポートと抄録）の提出 ・抄録集の作成	
～11時		・研究報告、質疑応答	

表Ⅲ-3　生徒の感想

ア．「今まで、新聞などで『大気汚染』について知っていたが、ただそれが『大気汚染』という言葉・知識でしかなかった。しかし保健での発表学習とそれの準備で実際に調査してみることで『NO2による大気汚染』『フロンガスによるオゾン層破壊』などが、ただの知識としてだけでなく身近なことと考え、その状態が想像できるようになった。」
イ．「今まで自分が住んでいる地域の大気汚染のことなど考えたこともなかった。…今回の調査で汚染度を知ることができた。…大気汚染はまったく関係がないと思っていたが、自分にも危険があると、このときはじめて考えた。」
ウ．「今回、自分のまわりの環境（大気）の汚れを自分たちで調べた数字によって、新聞などのマスコミで伝えられていることを実感した。しかし、本当に実感はしていない。何となくしか実感していないのである。もっと実感して、自分から動き解決するようにしたい。」
エ．「また交通規制されているときとされていないときでも2倍もNO2濃度が違うということにも驚いた。僕は今まで『交通規制なんてやってもどうせたいしたことがないのに』と思っていたからである。この結果を知りもっと交通規制をして、自動車から電車への利用へ変えていったらいいと思う。」
オ．「友だちの発表を聞くということは、同じ問題を取り上げていても、自分と違う視点から、その内容を見ていてよく考えさせられるものだった。…その中で、一番思ったことは、どの問題もどこかにおいて重なり合っていて、それが人間を中心として、ぐるぐる回っているということであった。だからこそ、やはり人間には環境問題を解決する義務があると思った。」

　表Ⅲ-3のア、イ、ウの感想は、大気汚染という言葉、概念は知っていたが、自分の問題として理解されていなかったことが示されている。つまり授業では最初は所与の課題であった大気汚染問題が、学習が進むにつれて自分の課題として意識されている。またエの感想では、学んだ内容が交通規制という社会的事象と結びついてその意味が理解されたことが示されている。学びが広がり、その意味の重要性が理解されている。オの感想は、学習がその子なりの考え方や価値意識に突き刺さり、「環境観」の形成にもつながっていることが示されている。

この授業では、豊かな「わかり方」を保証するために様々な工夫がなされている。 ①興味・関心を耕す授業過程 　生徒が二酸化窒素を測定してみたくなるように、興味や関心を耕す授業過程を設定した（第1時～第4時）。その結果、生徒は必然性をもって楽しく測定活動を行っている。 ②主体的活動の位置づけ 　捕集管による二酸化窒素の測定活動を位置づけた。これにより大気汚染の実態をより実感をもって理解するだけでなく、自分の生活や生活意識（大気汚染に対する）を振り返る契機となっている。 ③共同・協同学習 　課題学習2で展開された共同・協同での測定活動である。仲間との共同研究が大気汚染の認識をさらに深めている。たとえば新宿駅から郊外の駅に順に捕集管を設置したグループは、都心と郊外の大気汚染の違いについて実感をもって理解を深めている。 ④多様な見方、考え方の共有 　研究発表会では、大気汚染という大きなテーマに対して多様な取り組みが報告されている。多様な見方や考え方が、生徒の環境観の形成に影響を及ぼしていると考えられる。 　このように、豊かな「わかり方」を保証する授業が、学力形成（興味・関心・意欲・態度）に繋がると考えている。

（岡﨑勝博）

●引用・参考文献
1）和唐正勝：現代社会における保健科教育への期待、保健授業づくり入門、大修館書店、2002
2）藤田和也：保健の学力形成を保障する教育内容の編成、保健授業づくり入門、大修館書店、2002
3）横須賀薫：授業における教師の技量、国土社、1981
4）数見隆生：保健の教材づくりに込めるもの、保健授業づくり入門、大修館書店、2002
5）岡﨑勝博：『授業書』方式によるみんなで調べる大気汚染、SPASS 中学校体育・スポーツ教育実践講座 第14巻、ニチブン、1998、もしくは、保健授業におけるアクティブ・ラーニング、体育科教育 2015年7月号、大修館書店

③ >> 教育課程全体に多彩な保健指導を組み込む

　学校では、教育活動のいろいろな機会を意識的に利用すれば、様々な場面で多彩な保健指導を行うことができる。それらの指導は、学校生活を健康で安全に過ごすために行われると同時に、一人ひとりの子どもが、生涯にわたって自分のからだと命の主体となって生きていく力を育むために行われるものでもある。

　教育課程全体にちりばめられたこうした保健指導が、同じテーマで関連づけられ、養護教諭をはじめとした全教職員が連携して取り組むことができると、それは一層効果的なものになる。

　それぞれの学校の条件によってどの程度の保健指導が実施できるかには多少の違いはあるが、可能な限りの機会を利用して指導をちりばめ、共通理解を広げながら全体を編み上げていくことが必要である。

1. 効果的な指導の手立て

1)「生きて働く認識」を育てる

　保健指導を行う際、望ましい行動や結論を指導者が一方的に説明したのでは、子どもの力にはなりにくい。重要なのは、子どもの生活実態や知識、経験などを土台にして、子どもが主体となって学べるような指導を工夫することである。例えば、子どもが持っている既成概念を覆したり、何となくわかっていたことが、明確な根拠を伴って理解され、「そうだったのか」と思わせるような過程が組み込まれていると、子どもの理解は一層深まることになる。または、生活経験とつながり、「よし、やってみよう」という意欲を引き出したり、からだが持つ合理性や脆さ、不思議さを理解させ、「からだってすごいね」という思いにつながるものなどでもよいであろう。つまり、子どもの内面にすとんと落ちるような内的変化を伴う保健指導が必要なのである。

　このような学びを通して得た知識は、単に「知っている」というだけのものではなく、「生きて働く認識」とも呼べるものである。そしてこういった指導が繰り返されていくことで、からだと命の主体となって生きていく力が育まれていくのである。

2)「観」を育む

　保健指導を繰り返すことで、子どもの心の中にはからだに対する様々な思いが生まれる。それは「からだってすごい」「不思議な力を持っている」「うまくできているなあ」「でも簡単に壊れることもあるんだ」といった思いである。そしてその思いは、健康であるということや病気であるということ、さらに自分が存在するということの「見方」を育んでいく。それが「観」である。「健康観」「病気観」「からだ観」「生活観」「命観」「死生観」など、様々なものがある。

　さらにこれらの「観」は、自己肯定感にもつながる。「すごい力を持ち、実にうまくできている」のが自分のからだであることを納得して理解することで、自分自身の存在に対する自信と安心感が生まれる。そして目には見えなくても、日々、生きて働く自分のからだに対する愛しさが、「自分のからだや命を大切にしよう」という気持ちにつながっていくことになるのである。

2．保健指導のいろいろな展開例

1）学校行事に組み込む保健指導

（1）健康診断に組み込む保健指導

　健康診断は、健康管理の一環として考えられることが多いが、検診部位のしくみや検診によって発見される異常などを学ぶ場と位置づけ、保健指導を行うこともできる。とかく時間に追われ流れ作業のようになりがちな健康診断だが、事前指導に保健指導を取り入れることで、子どもが自分のからだに興味関心を持ったうえで検診を受けることになり、より教育的な活動になっていく。

　例えば、内科検診では心臓や肺の働き、背骨の形や姿勢を正しくすることの大切さを学んだり、喘息やアトピー性皮膚炎の簡単な病理を知り、患者への思いやりの気持ちを育むための指導を行うことができる。養護教諭が全体指導として実施する機会がなくても、指導内容を精選して提案すれば担任による指導も可能になる。

　表Ⅲ-4は小学校高学年の内科検診事前指導用「教師用指導資料」である。実際の指導の流れがわか

表Ⅲ-4　内科検診事前指導（小学校高学年用）

テーマ：「背骨をまっすぐ？」　使用するもの：①背骨の模型、②背骨の絵

教師の発問・説明	予想される児童の反応
今日は間違い探しゲームをしたいと思います。これから先生が読む文章には、間違っているところがありますから、どこなのか探してください。では、読みますね。 「明日は内科検診です。内科検診は、目に病気がないかどうかを調べるために行います。お医者さんに見てもらうときは口を大きく開いてください。胸を張って姿勢をよくしましょう。特に背骨はまっすぐになるようにしましょう」（もう一度繰り返して読む） さて、どこが間違っていますか？	
そうですね。目を調べるのは、何の検診ですか？	・目を調べる
ほかに間違いはありませんでしたか？	・眼科検診
そうですね。口を開くのは、何の検診ですか？	・口を大きく開く
「歯の検査」より「歯科検診」と言えるといいですね。ほかにはありませんか？	・歯科検診 ・歯の検査
そうですか？　あとは大丈夫ですか？　では、もう一度読みますよ（読む）。ありませんか？ ではみなさん、明日の内科検診では、背骨もまっすぐにできますね？	・もうない ・あとは正しいと思う
本当にできますか？　（①提示）実は、私たち人間の背骨はまっすぐにはなっていないのです。こんなふうに横から見ると「S」の字に曲がっているのです。どんなにがんばってみても、まっすぐにすることはできません。背骨は1本の骨でできているのではなく、（②提示）こんなふうに小さな骨がたくさんつながってできているので、自由にからだを動かすことができるのです。もし1本の大きな骨だったら、動けなくなって、とっても不自由になりますよ。ということで、「背骨をまっすぐに」というのは間違いでした。でも、姿勢をよくすることはできますので、明日の内科検診では、よい姿勢で検査を受けてくださいね。	・できる ・できない ・そうなんだ ・だから動けるんだね ・わかった ・気をつけよう

るように、指導者の発問や説明の内容、予想される児童の反応などが書かれている。この指導では、紙粘土とスポンジで作った背骨の模型と背骨の絵を教材として使用する。このような資料や教材を配付することで、養護教諭以外の教師による指導が可能になる。

　また、身長や体重の測定時に養護教諭が行う保健指導は、従来から行われているものである。この場合は、学年や学級ごとに指導を行うため、発達段階に合わせ子どもや学級の実態を考慮して、指導内容を選択することができるという利点がある。

（2）その他の学校行事に組み込む保健指導

　すべての行事が実施される前後は、行事の内容に合わせて体調管理に関する保健指導が行われる場合が多い。体育的行事の際は、けがや事故防止について指導し、安全に参加できるような指導が大切である。また儀式的行事の際は長時間起立する機会があるため、練習中も含めて生活リズムを崩さないための指導が必要になる。旅行・集団宿泊的行事では、生活リズム全般にわたる指導が必要であるが、生活班や学級単位で仲間の健康に気遣いながら生活できるようにするための指導も重要である。

2）保健だよりによる保健指導

　保健だよりは、保健室から発信される保健指導用の配付物である。季節や学校内の状況に合わせて、連絡や注意喚起のために発行する場合もあるが、それ以外にからだのしくみを学ぶことを目的にして発行する場合もある。作成するのは養護教諭であるが、実際の指導にあたるのは担任であるため、担任にとって指導しやすく、かつ子どもにとって有効なものになるよう工夫が必要である。先に健康診断の事前指導で示したような「教師用指導資料」を作成すると、担任による指導もスムーズに行える。紙面の内容はポイントを絞り、多岐にわたる項目や説明を盛り込まないようにし、見たり触ったりして実感できるように教材を準備するとさらに効果的である。

　図Ⅲ-2に示した保健だよりは、小学校低学年用だが、乳歯が抜けるという低学年のほとんどの子どもが持っている経験事象から、乳歯と永久歯の違いの一つを理解させるために作成したものである。ここで重要なのは、たくさんある乳歯と永久歯の違いすべてを説明せず、抜けるときの乳歯は歯根部や神経が消失している、という1点だ

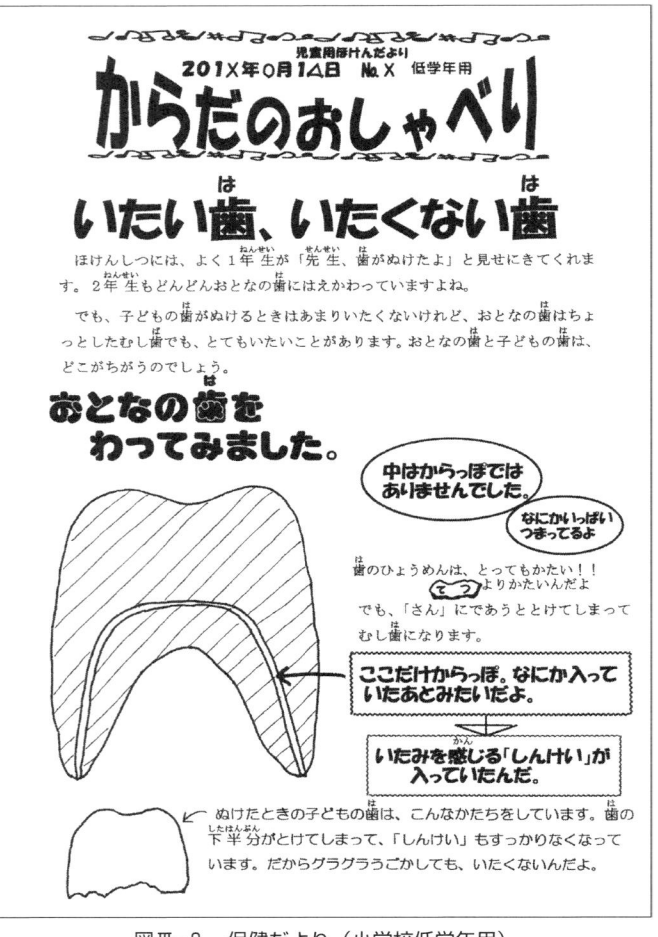

図Ⅲ-2　保健だより（小学校低学年用）

けに指導内容を絞ったことである。さらにこの保健だよりには、半分に割った永久歯の実物が教材として添えられている。この永久歯は歯科校医に提供してもらったものである。

3）保健室来室時の指導

けがや体調不良で保健室に来室した際、その症状の改善や予防のために、養護教諭は様々な保健指導を実施する。また、常日頃抱いている疑問を保健室で養護教諭に質問する子どももいる。

いずれの場合も、指示的な対応や説明だけに終わらず、できるだけからだのしくみをきちんと学ばせることが大切である。特に保健室には、手づくりの教材や模型、絵や文献などがたくさんあるので、それらを使って短時間であっても効果的な指導をすることができる。また、子ども一人ひとりの思いや疑問に合わせて指導できるのも、保健室での指導の利点である。けがや病気による来室時だけでは時間が足りないときは、少し長い時間を確保できる休憩時間での再来室を促し、さらに指導を重ねることもできる。その際、「昼休みに来るときは、友だちも誘ってごらん」と声がけをすると、何人かで来室することもあり、こういったときの保健室は仲間と一緒に楽しく学べる場、にもなり得る。

4）特別活動（学活）

特別活動（学活）では、「基本的な生活習慣の形成」や「心身ともに健康で安全な生活態度の育成」などを目的に、保健指導が行われる。特に歯と口腔の健康に関する指導や、喫煙防止指導、性の学習、薬物乱用防止指導などを実施する場合が多い。指導者は担任や養護教諭、あるいは両者によるＴＴ、外部講師など多様である。

5）グループ指導

同じ健康課題を持った子どもをグループにして集団で指導する方法は、長く行われてきた保健指導の形態の一つである。例えば肥満指導などはその一例であるが、特に小学生期の肥満が必ずしも成人肥満につながらないことや、グループの1人に選抜されることで、周囲の子どもから差別的な扱いを受けることがあるなど、問題点も多い。そのため肥満指導は、一時ほど熱心に行われることはなくなってきている。ただ、子ども自身が自分の健康上の問題点を改善したい、という思いを持っているときは、その支援のためにグループ指導を行うことは必要である。

その際は、ただ単に健康課題を解消することだけに重点を置くのではなく、課題にかかわるからだのしくみや、生活とからだの関連について保健指導を行うことが重要である。

また、同じグループ内の子ども同士、悩みを共有し、互いに励まし合いながら取り組むことも効果的である。

6）委員会活動

委員会活動は、子どもの主体性を重視した自治活動の一つである。そのため、子どもにとってより身近な健康課題や疑問について、自主的に学ぶことができる。さらに委員会の子どもたちが学んだことを全校に発信することで、子ども同士の学び合いが成立し、教師による指導とはまた違った効果を生み出すこともある。

３．保健指導の組織的展開

　教育課程全般にちりばめられた保健指導は、それぞれが効果的なものである必要があるが、さらにそれらが相互に関連づけられて全体的に展開される。つまりそれらが全体的に編み上げられていくことで互いに補い合い、強化し合う取り組みにすることも重要である。

　例えば、運動会や体育祭を間近に控えた時期は、行事の事前指導として運動時の安全やけが予防のための一斉指導が行われる。教科体育の時間に競技の練習が開始されれば、その時間にも、さらに競技ごとの細かな指導が行われるだろう。保健だよりでは、けがをした際の応急手当の方法が紹介され、運動によって筋肉が強くなるしくみや、睡眠と疲労の関係などが、教材を使ってわかりやすく指導されていく。実際にけがや病気が発生すれば、保健室来室時には、それぞれのけがや病気の状態に合わせて、さらに細やかな指導が行われる。応急手当に使われる用具も掲示物として保健室前に並んでいるので、けがをしなくても三角巾や副木を子どもが手にとって触ってみることができるようになっている。また、教科の保健体育の時間に「けがの防止（小学校）」「傷害の防止（中学校）」について学習する時間もある。委員会活動では、昨年度校内で発生したけがの件数を原因ごとにまとめ、運動時にけがが多く発生していることを全校集会で発表したりする。さらに保健だよりや学級通信を通して、家庭での生活習慣が崩れないよう保護者に協力を依頼することも必要であるし、地域の医療機関には、緊急時の受診体制を確認することもある。

　このように、教科や行事、保健だよりや掲示教育、保健室来室時や委員会活動など、それぞれの場で行われた保健指導は、同じ「運動とからだ、けがの予防と手当て」というテーマで関連づけられ、共通理解に立って進められていくことになる。それによって、一斉指導で行われた保健指導の内容が保健室来室時や掲示教育で補われたり、１年を通して運動時のけがが最も多いという委員会の発表によって、安全の呼びかけがさらに強化されたりする、といったことが起きるようになる。さらに、学校での運動会や体育祭への取り組みに、家庭や地域が参加協力する、といった形で、子どもを取り巻くたくさんの人との連携にも発展していくことになる。

　保健指導を実施する際には、一つひとつの指導の質を問いながら、より効果的な指導をより多く教育課程全体にちりばめて実践しながら、さらにそれを組織的に編み上げていく活動が重要である。

（髙山みつる）

●参考文献
１）数見隆生：教育保健学への構図―「教育としての学校保健」の進展のために、大修館書店、1994
２）藤田和也：養護教諭が担う「教育」とは何か―実践の考え方と進め方、農山漁村文化協会、2008
３）髙山みつる：保健室発「からだの学習」～"観"を育む小中の健康教育、東山書房、2009

6 保健の自治的・文化的活動

1. 子どもの自治活動の現状と保健委員会活動

かつて地域の中には子どもの異年齢集団があり、自分たちでルールを作り、もめごとが起きたら自分たちで解決しながら遊んでいたものである。大きい子がリーダーとなって遊び、小さい子も楽しめるようにみんなで相談してルールを変えるなどし、まさに自治活動を組織していたのである。人とのかかわり方を知らず知らずに学べていたその文化は、時代の流れによりほぼ消えている。今では学校でも自治という言葉がほとんど聞かれなくなった。1980年代末には特別活動の領域から自治の言葉が削除され、学習指導要領の改訂のたびに自治活動の扱いが縮小された。それと並行して、職場の多忙化や管理強化が進み、教師自身の自治への意識が希薄化してきている。委員会活動の時間と学級での話し合い活動の時間が削られ、子どもたちが民主的手続きを踏みながら話し合いを進め、決定し、みんなで実行するという経験をする時間は少なくなってきた。他者とのかかわりを苦手と感じ、孤立する子どもたちが増えてきたことは、自治活動の体験不足も関係していると思われる。

このような状況の中ではあるが、養護教諭は自治の力を育てることにこだわり、保健委員会といういわば「養護教諭の教室」で実践を積み重ねてきた。

2. 委員会活動の中で成長する子どもたち

保健委員会活動の中で、子どもたちはどう成長し、それはどのような教育の営みで成されてきたのか、実践事例を通して確かめてみよう。

1) 活動を通して自分の殻を破り、成長していった保健室登校のH子（小学校）

何事も否定的で自己肯定感の低かった保健室登校児のH子は、保健集会で人前に出ることを渋っていた。ここで自信をつけてほしいと願った養護教諭は、「一人一役」の活動の約束に挑戦させることにした。「しゃべらなくてもいい役があるよ」と安心させて活動にのぞませた。H子は仲間と練習を重ねていくうちに次第に自信をつけていく様子が見られた。今がチャンスと思い「台詞を言ってごらん」と促すと、H子は自分の殻を破ってステージで声を出すことができた。H子の成長をそばで見ていた仲間たちは、「自分たちもいい発表にするためにH子と一緒にがんばろう」と、より練習に力を入れて集会を成功させた。

養護教諭が日頃からH子の様子を見守り発達課題をつかんでいたこと、担任と相談したうえで共に成長を促す活動を仕組んだことが功を奏したと言える。委員一人ひとりへの指導と委員会全体への指導を結びつけたことにより、個も集団も成長することができた。

2) 反抗的だったN男が保健委員会を居場所にしてリーダーに育っていった（中学校）

中学1年生で保健委員会に入ったN男。文化祭の準備中、集中できていない様子に養護教諭が注意し

たところ、「すればいいんじゃろ！」と捨て台詞を吐いた。その日から日常的に何かと反抗してくる彼との関係に悩んだが、「絶対に背は向けないようにしよう」と決心し、養護教諭は声をかけ続けた。家族の課題も抱え、教室で孤立していたこともあったＮ男は、自分を見捨てない養護教諭にやがて心を開き自分から謝ってきた。その後、Ｎ男は、自分を受け入れてくれる保健委員会の中で活動を続け、委員一人ひとりを大事にし、１年生も安心して意見を言える民主的な活動を展開できるリーダーに育っていった。

　悪びれた態度は子どものＳＯＳのサインのことが多い。時間はかかってもＮ男を受け入れ、信じぬこうとした養護教諭の揺るがぬ姿勢が、Ｎ男のやる気と主体性を引き出した。

３）いつも斜に構えていたＭ男が、委員長になると一変してリーダーに（高等学校）

　いつも斜に構えていたＭ男は２年生の春に保健委員会に入ってきた。部活も勉強も中途半端で何事にも真剣に取り組めなかった生徒であった。養護教諭は、時々保健室に甘えるように来室していたＭ男を、居場所を求めて保健委員会に入ってきたのではないかと感じていた。そのＭ男が２年生の後期に自ら委員長に立候補した。Ｍ男を知っている担任教師は「Ｍ男で大丈夫か？」と心配していた。ところが、Ｍ男は委員長になると、一変してリーダー性を発揮するようになった。環境問題に取り組み、自分から「節電ステッカー」を作製しようと提案して活動を進め、それを地域の小・中学校や企業にまで広げたのである。保健委員会の活動が外部団体から表彰を受け、壇上で校長から賞状を受け取るとき、Ｍ男は後を向いて保健委員全員にその場に立つようにと指示を出した。誰からも指示されていないのにこのような行動をとれるようになったＭ男を見て、教師たちは「あのＭ男が…」と驚きの声をあげた。

　Ｍ男は、ようやく自分を生かせる場所を探すことができた。立候補した自分を、みんなが信じて委員長をまかせてくれたことで、Ｍ男ははじめて自分に自信が持てた。保健委員会は、仲間を信じ、自分を大切にでき、そして成長させてくれる「教室」となった。

４）激しい口論を通しても思いを伝え合うことの大切さを学んで（高等学校）

　年１回のロングホームルームの発表場所を、例年どおり各教室で行うか体育館にするか、班長会で話し合いを持った。「活動をもっと発展させたいので体育館でやりたい」と委員長Ａ子が提案したところ、部活動を優先したいＢ子が「体育館ではやれっこない」と強い口調で反対し、対立した。「そんな言い方はない」とそれをとがめるＣ子。ふだん、自分の意見を言えなかった生徒たちが、自分の思いを、声を震わせ、涙を流しながら言い合いをする姿は、よりよいものを追求する姿そのものだと感じられた。涙の班長会の最後、メンバーたちは、より発表内容が伝わりやすい場所として、会場を体育館にすることに決定した。

　もめることは悪いことではない。自分の考えを言葉にして相手に伝えることが苦手な子どもたちにとって、それはとても勇気のいることであるが、超えさせたいハードルでもある。一生懸命取り組む生徒とそうでない生徒との間には必ずと言っていいほど矛盾が生まれる（問題が生じる）。そのとき、逃げずに向き合わせるとドラマが生まれる。矛盾が生まれたときは生徒が伸びるときである。生徒たちを信じて、口を出さずに成り行きをじっと見守ることも必要である。

３．活動の起点をどう創り出すか

　指示待ちで、自分から動くことが苦手な子どもたちが多くなっている。また教員も、自治活動を経験していなければ、時間がない中で話し合わせながら活動させることを不得手と感じがちである。保健委員会を動かすとき、最初に子どものやる気を引き出し、知りたい、学びたいという欲求を掘り起こしていくことが自治活動では大事なポイントとなる。自分たちの健康課題を自分たちで見つけることは難しい面もある。しかし、子どもの課題に気づいている養護教諭が、ヒントを投げかけ、気づかせ、学ばせていくことができる。

１）子どもたちの疑問を手がかりに、委員会で探究して紙芝居にして取り組む（小学校）

　６年生Ａ子「○○君ってゲーム脳じゃないの？」。２年生Ｂ男「ゲーム脳って、なに？」。６年生Ａ子「目も悪くなるけど、頭も悪くなるって、お母さんが言っていた」。日頃から、ゲームをやりすぎる傾向の子どもたちの生活が乱れがちで、体調を崩してしまうことを気にかけていたときに聞こえてきたのがこの会話であった。

　保健委員会の子どもたちにこの会話を伝えると、「ゲーム脳って、僕も聞いたことがあるけれどよくわからないなぁ」とある子がつぶやいた。それを調べて紙芝居にしよう、と話が盛り上がり、みんなでゲーム脳とは何かを調べてみることから活動がスタートした。

　「ゲーム脳とは、脳の疲労によって起こる脳の前頭前野の機能低下のことで、無気力やコミュニケーション不足、記憶力の低下、キレやすい、笑顔がなくなるなど、人間らしさが失われる状態のことである」という森昭雄氏（日本大学教授）の説である。大好きなゲームにこんな落とし穴があると知った子たちは、みんなに知ってもらうために、お話を作り、絵を描き、自分たちの健康を自分たちで守ろうとする活動ができた。

２）実態からつかんだ健康課題を委員会に提案して（中学校）

　養護教諭は、生徒の朝食についてのアンケートを行ったところ、「パンだけ」「ご飯だけ」という生徒が多く気になっていた。成長期の今の時期、しっかり食べて来てほしいと機会を見つけて指導したいと考えていた。文化祭に向けての取り組みを計画することになり、委員長にそのことを伝えてみると、「あと１品食べよう」というメッセージをみんなに受け取ってもらえる取り組みをすることになった。委員会で提案すると、朝食についてのDVDを作製して発表することに決まった。委員長は「脚本は僕が書きます」と率先して活動を引っ張り、一人ひとりの委員もアイデアを出しながら楽しんで作製に取り組んだ。

　文化的活動の計画を立てさせる中で、提案の仕方、話し合いの進め方を学ばせ、民主的に活動を進めていく経験を積ませることも大切である。養護教諭がヒントや助言を与えながら、自分たちで決めて、自分たちでやったという自治活動の根幹（自主決定・自主遂行）を学ばせたいものである。

３）「地震が来たら先生の指示に従えばいい」との発言を聞いて（高等学校）

　東日本大震災から半年が過ぎた頃、放課後、保健室で地震について話していたとき「小学校のときから地震が来たら先生の指示に従えばいいと教えられてきた」という委員長Ｙ子の言葉を聞いて愕然とした。他の生徒も同様で、歴史に残る大地震が身近で起きたというのに、まるで他人事なのである。災害

にどう向き合っていけばよいのか学ばせていかなくては、と思った。それを学習するのは今しかない。被災地の経験から学ばせたいと考えた養護教諭は、被災地の高校生との学習会を計画した。出発前、現地で一番必要とされているのは資金的支援と知り、校内のボランティアサークルと共同して校内と街頭で募金活動を行った。全校生が復興を願って折った千羽鶴と花苗を植えた10個のプランターも準備した。これらの様々な準備と全校生徒に伝えるためのまとめの作業を通して、Y子は「災害はいつどこで起こるかわからないことだから日頃の備えと冷静な判断が大事。何が起こっているのかわからないではなく、まず状況を的確にとらえ行動したい」と感想を書いた。自分のいのちを他人まかせにせず、自分から動こうとするY子へと成長することができた。

　学びを通して子どもを育てようとするには、時には大がかりな計画も必要である。学校の他の組織とも協同した取り組みを展開し、全校に開かれた活動をすることができた。

4．保健委員会指導のねらい

1）保健の自治能力を育てる

　今、教師側も自治活動の具体的な指導法がわからず、「自主的」という言葉を「子どもにまかせる」と勘違いしている人がいる。民主的に活動するために、委員会の動かし方（どういう話し合いをすればいいのか。課題や方向が決められるか）、子どもたちが自主的に決定し、民主的に進めるための手続きや手順等を子どもたちが学べるように適切な指導が必要である。「自分たちで決めたことは自分たちで協力しやりきる」という自主決定と自主遂行を確認しながら、自分と仲間の健康を守るために伝える活動、働きかける活動、要求を吸い上げる活動を組織していくことが、保健の自治能力を育てることになる。

2）「全校生の健康リーダー」を育てる

　「皆で決めたことは皆で協力する」と確認し、「この人だったら協力できる」という人を委員長に選ぶ。サブリーダーや班長も立てられると活動しやすい。養護教諭と委員長の信頼関係や委員長と委員の信頼関係も育てる。保健委員会の歴史を次につなぐ大切な役割を全委員に担ってほしいと訴える。学年や学級の中では、その集団のリーダーという役割を一人ひとりの保健委員に自覚させることが必要である。役割は人を育てる。子どもは期待されると応えようとし、保健委員会に自分の居場所を求めようとするものである。

5．保健委員会指導の具体的ポイント

1）学習と記録を文化的活動の基本とし、自主性を引き出そう

　「歯をみがかないと何が問題なのか」等、取り上げたテーマについての学習の場を組み込んでいくことは、その活動のねらいと方向性を確かなものにするためにとても重要である。調べ学習（個人）・事前学習会（全体）・実験学習等、いろいろな学習形態はあるが、学習したときには、必ず次のようなポイントを提示し記録することを子どもたちと確認する。〈ポイント〉①はじめて知ったこと、②この学習会で学んだこと、③みんなに伝えたいこと・みんなに実行してほしいこと、などである。そして、一人ひとりの学習の記録は、子どもたちが主体となって作成していくシナリオの貴重な資料となる。シナ

リオは、学習によって子どもから出てきた驚きの言葉を大事にして作成していきたい。このシナリオ作成過程が、子どもの認識をさらに深める活動となる。自分の学習の記録がシナリオに活かされれば、子どもの意欲・自主性を引き出すことにつながり、聞き手の子どもたちにとっては教師が伝えるより、より身近なこととしてとらえることができる。

2）困難を乗り越えることで自治の力を育てよう

　「なかなか活動の時間がとれない」ことは大きな課題である。短時間でも集まれる時間を子どもたちで探させることも大事であるし、教師側も活動の時間を設ける工夫が必要である。リーダーを中心に個人のスケジュール等も組み込んだ計画表を作成し、活動日と時間を決める。内容・計画・分担などの原案も作成し、全体会に提案し決定、と進めていく。困難なことが多いほど、子どもたちは知恵を出し合いそのハードルを乗り越えようとする。その力こそ自治の力である。

3）具体的活動を通して意欲を育てよう

　「意欲がない子どもたち」とも時には出会う。「自治は苦手」という養護教諭もいる。そんなときは「これだったらできるかな、楽しそう」という活動をまず一緒に探し、取り組んでみてはどうだろう。楽しかった、自分たちもやれた、という思いを共に味わう喜びは、養護教諭が子どもとかかわって得られる醍醐味である。達成体験を積んで意欲を育てたい。

6．保健委員会活動から学校全体に自治が広がることを願って

　面と向かって人とかかわることに大きな不安を抱えている子どもや若者が増えている今だからこそ、人とつながることを求め、つながり合う喜びを感じ取れる関係性を築いていける力を子どもたち一人ひとりに育むことが大切である。そして、その力を土台にした自治の活動を意図的に仕組んでいく取り組みが学校に求められている。

　自分が今、身を置いている社会、所属コミュニティーを観る力（その集団の全体状況、集団内の人間関係、その中で困っている人はいないか）、考える力（今、何をすればいいのか、将来どうなっていくのか）、選択する力（解決するにはどの方法がいいのか）、協力する力（誰か一緒にしよう、誰か助けてと言える）など、こうした力を一人ひとりが身につけていくことによって自治の力が高まり、民主的で平和な社会を作っていく土台となる。共に健康に生きていける社会を築いていくために、保健委員会から発信していきたい。

（小久貫君代・黒澤恵美）

教育保健活動の組織的展開

① ≫ 学校保健委員会活動の組織的な展開

1．学校保健委員会とは

　学校は、社会的な変化を背景にした様々な健康課題を抱えている。児童生徒にとって安全で安心な生活・学習環境を確保するとともに、彼らの健康を保持増進し人間的な成長発達を保障するためには、学校における「保健目標」を的確に設定し計画的に実施していく必要がある。この学校保健計画を策定し、その実施、評価、改善のサイクルを確立・維持することが重要で、そうした学校保健の組織的な活動を展開する上で組織されるのが学校保健委員会である。

　それは、校長・教頭等、教職員代表（保健主事、養護教諭、保健部教諭、栄養教諭、教務主任、学年主任、生徒指導主事、保健体育主任）、児童生徒代表（児童生徒会会長、児童生徒会保健委員、その他の委員会）、保護者代表（PTA役員、各学年委員長、各学年保健委員、各部委員長）、学校医、学校歯科医、学校薬剤師、スクールカウンセラー等によって構成されることになる。

　第二次世界大戦後しばらくの「学校保健改革」の時期に設置が勧告された学校保健委員会は、「学校保健法および同法施行令等の施行にともなう実施基準について」（文部省体育局長通達、1958年6月）によって、学校保健計画に規定すべき事項として位置づけられ、その後も設置の促進と運営の強化が提言されてきたものである。そして、現在は、「子どもの心身の健康を守り、安全・安心を確保するために学校全体としての取組を進めるための方策について」（中央教育審議会答申、2008年1月）によって、学校における健康の問題を研究協議し、健康づくりを推進する組織として、様々な健康問題に適切に対処するため、家庭、地域社会等の教育力を充実する観点から、学校と家庭、地域社会を結んで機能させることが求められているものである。

2．学校保健委員会の現実

　財団法人日本学校保健会『学校保健委員会マニュアル』（2000年2月）に見るように、「年間に複数の議題を取り上げ、児童も参加して取り組む例」「年間テーマを設定して、5回計画で取り組む例」、「関係機関との連携を強化して取り組む例」「生徒代表を参加させて取り組む例」等々、計画的かつ積極的に開催して健康課題の解決に役立てている実績がある。一方で、2008年の「中央教育審議会答申」に見る限り、2005年度の学校保健委員会の設置率が、小学校81.9％、中学校78.6％、高校76.7％となっているにもかかわらず、設置だけで開催されていない学校や、年1回のみの開催が多く、充実した議論が行われないなど質的な課題が指摘されている。

　筆者も、健康づくりの「実践報告」に接する機会が多くあったが、直接的に学校保健委員会をテーマにした取り組み例に接する機会は少なかった。その中から、2000年の夏に、養護教諭の「学習交流集会」で報告された「学校保健委員会をみんなのものに」と題した実践報告と、その際に参加者から出さ

れた学校保健委員会に関する実情に触れてみたい。

　「食生活とマナー」をテーマとしたこの実践は、学校保健委員会の取り組みとしてではなく、「学校保健委員会を作る」取り組みであったと言える。それは、学校保健委員会を「作る」意義として実践者が語った次の言葉から理解することができる。「子どもたちが様々に呈する"発達課題・健康課題"に立ち向かい、問題解決することのためにということよりは、前任校4年間の経験に裏打ちされた"組織力"の大切さ、有効性にもとづくものだった」と。そして、その直接的な動機としては、従来から活動のあった「母親委員会」が、給食改善要求を出していたが、生徒の「好き勝手な要望」を上手く組織化できていなかったという状況の克服があったという。

　実際の取り組みの中では、養護教諭の目に映る、「寝ていない」「食べていない」というような中学生の生活現実から出発して、その背景にある生活実態の見つめ直しが意図され、①子ども同士の人間的な関係、②教師同士の関係、③教師と父母との関係、といった「関係性の構築」を目指し、それぞれの立場の人が、それぞれの言い分を出し合いながらも理解を共有し、共感していく関係をしっかり作っていこうということが意図されていた。

　子どもたちの発達課題や健康課題はどの学校にも存在し、養護教諭は、その課題解決のために何をなすべきなのか、との強い思いに駆られる。「食生活とマナー」の実践は、学校保健委員会の開催を通した一つの試みとして見ておく必要がある。

　ところで、この実践報告にかかわる討論の中で全国から参加していた養護教諭が語ったのは、まさしく「学校保健委員会の現実」と言えるものであった。その中には、「健康診断の結果にもとづいて、学級懇談会で投げかけて欲しい事柄を学校保健委員会で話題にし、提案もする」といった、比較的機能している例もあったが、多くは十分に機能していない状況と言えるものだった。そのいくつかを例示しておきたい。

　①子ども中心で、親の参画はない。

　②複数配置された養護教諭同士、学校医との連携で動いてはいるが、上手く回らない。

　③学校保健委員会の名による調査はよく行われるが、その調査結果を生かす形での開催ができない。

　④学校保健委員会の停滞を克服したいとの思いから、「学校での子どもの生の姿を知りたい」という全保護者に対して参加を呼びかけている。

　⑤学校保健委員会に生徒が入っていない。

　⑥委員会は年1回のみの開催で、それも学校医の講演が主である。

　的確な連携や十分な協議にもとづいて、この組織が本来持っている、学校と家庭、地域を結びながら、子どもたちの発達課題や健康課題を見据え、健康づくりを推進させるという機能を十分に果たしていくことは容易なことではない。しかし、多岐に亘る立場・分野の人々によって構成される学校保健委員会には、子どもたちの発達課題や健康課題が「いつ、何処で、どのようにして」生起したのかを把握し、その問題解決に向けた実際的な活動の具体化を組織することが求められている。

3．学校保健委員会の見つめ直し

　ここでは、学校保健委員会がその役割を発揮し、子どもたちの課題の解決のためによく機能した実践事例を二つ取り上げて、今後の学校保健委員会のあるべき姿を考えることにしたい。

　なお、参考とするのは、かつて雑誌『健康教室』（2000年7月号〜2002年2月号、東山書房）で企画

された連載「あなたの実践を記録に残してみませんか！」に応募し、分析・批評された実践記録である。

1）学校医、保健師、栄養士、PTA等との話し合いから取り組まれた「100％朝食・ちょっとの工夫」（2000年9月号）

　威嚇するような言葉を発して養護教諭に向かってくる生徒に見られる、予想以上に荒れた心と、その裏に隠された閉じこもった心をどうしたら回復させられるか、傷ついた心の癒しはどうしたらよいか、が大きな課題としてあった。年度末の学校保健委員会に参加した生徒の「切れると、自分でもどうしてよいのかわからない。頭の中が真っ白になる状態だ。そして、切れない日は、朝食をいっぱい食べてきたように思う」という言葉と、健康診断や予防接種等で来校した学校医や保健師たちとの話し合いの中から「生活リズム、朝食についてはどうなっているのだろうか」と、課題が導き出された実践である。

　「100％朝食・ちょっとの工夫」のスローガンは、生徒保健委員会が取り組みの核となり、生徒総会に提案して決定されたものである。第1回の学校保健委員会では、保健集会で出された、①12時までには寝る、②6時までには起きる、③夕食はしっかり食べて夜食はできるだけ食べない、の三つの内容について活発な発言がなされ、必ず朝食を食べて登校するなど生徒の変容の様子も出された。

　また、学校保健委員会の保健集会で作成された「実際の朝食内容」を資料として意見・情報交換がなされ、生徒の1年間の変容ぶりについて話し合われた。そこでは、「朝食を食べるということは、生活リズム、心の面、家庭環境等とも大きく関連があるので、たかが朝食でなく、されど朝食といった意識を持って実践していくほうがいい」といった共通理解がなされていた。

　この取り組みの中では、「保健だより」の発行にも後押しされながら、生徒たちの威嚇するような言動も減少し、教師の話が静かに聞ける面が多くなる、などの生徒の変化が見えるようになったという。

2）「基本的生活習慣の改善により、生徒の体と心の健康づくりに取り組む〜2年間のアンケート比較による積極的な保健活動と保護者や専門職による組織活動を通して〜」（2001年2月号）

　連日午前10時頃になると保健室に来る生徒が訴える体調不良。それは、「だるい」「気分不快」「頭痛」「腹痛」等の症状であり、その原因が「夜更かし」「朝寝坊のための朝食欠食」「朝の排便習慣の乱れ」ということだった。学校保健委員会で生活改善のためのテーマを設定して、生徒自身による保健活動が実施されたが、子どもたちの生活習慣が改善されたのは年内のわずかな期間だった。

　生活習慣が乱れている生徒は、身体症状のみならず心理的問題を抱えていることも多い。前年度の学校保健委員会のテーマを発展させ「生徒の体と心の健康づくりに取り組む」というテーマで保健活動が開始された。

　学校保健委員会には、生徒たちの生活習慣改善の提案がなされ、この提案を受けて奮闘するのが生徒保健委員会であった。生活習慣の乱れの具体的内容を把握するために、各学年で学活の時間を割いてもらってアンケート調査を行い、集計を行った。調査結果分析の後には、他の生徒の興味・関心を引くような形でまとめ、生活リズムのからだや心への影響についての学習会を開き、資料づくりにも工夫を加えた。また、教師の生活習慣に対する意見聴取も行い、健康なからだと心を保つ解決方法については、妥当な結論が出るまで、十分な時間を費やしていた。

　学校保健委員会は、生徒保健委員全員と、教員、保護者、学校医、スクールカウンセラー、栄養士が参加し、生徒の健康への関心を高め、連携を密にしていくための役割がとれるような形で開催され、発

表は生徒主体で行われた。

　全校生徒を対象とした調査結果は、「生徒のより詳細な生活実態が把握でき」「生徒の視点に立った問題の改善点が浮き彫りになる」などの成果をもたらし、校内テレビ放送に出演した保健委員の生活改善についての力説などもあって、生徒間で保健に対する関心が高まっていった。また、精神面でも、「くよくよ」するような多感な気持ちを前向きに切り替えられる生徒が出てきたという。そして、生徒たちの生活習慣に対する知識が増えたことで、より体調不良の原因が突き止めやすくなり、生活習慣を乱さないよう再確認する保健室での指導もできるようになったという。

　なお、学校保健委員会の開催と連結した取り組みがあったことを見逃してはならないだろう。PTA組織の一つである「保健厚生部会」は、「保健厚生部だより」を作成して、子どもの食生活に着目した活動を活発にし、その発展として学校栄養士を講師にした調理講習会も開催した。また、養護教諭は生活習慣調査にもとづく個別的指導やスクールカウンセラーとの協力による保健相談に取り組んでいた。

＊　　　　　　　＊　　　　　　　＊

　このように、学校保健委員会が上手く機能し、役割を十分に果たしている実践例が示していたことは、健康づくりに向けた地道な取り組みが、養護教諭による子どもたちの実態についての「保健室からの発信」に始まり、健康づくりの「主人公」である子どもたち自身の学びと主体的な活動を核として展開され、学校保健委員会を構成する専門・非専門の人々との協力・連携が豊かに結ばれている姿であった。それは、藤田和也氏が『養護教諭が担う「教育」とは何か——実践の考え方と進め方——』（農山漁村文化協会、2013、pp. 215〜216）の中で論じている、①生徒たちの生活実態から問題をとらえ、それを学校保健委員会に問題提起し、取り組みの発端が生み出されていること、②生徒保健委員会の子どもたちが問題意識を持って主体的に活動に取り組み、しかも全校に問題を投げかけて、全校生徒を巻き込んでいること、③学校保健委員会での話し合いを契機に、生徒保健委員会の活動を中心に全校生徒が組織され、それにPTA活動、学校医や学校栄養士、スクールカウンセラーなど専門家の協力も得ながら、多様な活動をリンクさせて学校保健活動を全体として大きく展開させていること、を改めて確認することにもなる。

４．求められる学校保健委員会の豊かな展開

　従来から、子ども、保護者、教職員との信頼関係に裏打ちされながら、スクールカウンセラー、保健師、学校医等との連携を密にした養護教諭・保健室での実践が地道になされてきている。そして、あえて学校保健委員会の開催を待つまでもなく、子どもたちを巡る様々な問題の解決が図られてきている実情もある。

　しかし、必ずしも判然とはしないが自死を招く深刻な「いじめ」が跡を絶つことがないし、「不登校」は依然として大きな問題である。そして今日的な「貧困」が拡がり、簡単に子どもたちの命が奪われてしまう事件も発生している。

　子どもたちの人間的な発達、そして命と健康を守り育てることは従来になく困難な状況であり、学校が家庭と連携し、地域・社会全体として、よりしっかりと子どもたちに向き合い、寄り添い合う営みが必要になってきている。それだけに、多岐に亘る立場・分野の人々によって構成される学校保健委員会が、的確で強固な連携や十分な協議にもとづいて、この組織が本来持っている子どもたちの発達を支援し、健康づくりを推進させるという機能が豊かに発揮され十分な役割を果たすことが改めて求められて

いる。

　確かに、制度的に確立しているはずの学校保健委員会の実態は、必ずしも芳しいものだけではなかった。そして、今更のように、健康診断終了後の時期に、あるいは年度末に、「開催しなければならない」として構成メンバーが招集され、表面的なデータの報告や確認に留まり、子どもの実態を十分に掘り下げられず、その解決策も導き出されることにならないということがあるという。また、子どもが参加しない場合や学校医の参加が得られないということもあるという。とかく、形式的な開催と運営になることが多いという実情もある。

　しかし、学校保健委員会が上手く機能し、役割を十分に果たし、成果を上げている実践例が示していたのは、養護教諭・保健室と結びついた、健康づくりでの「主人公」である子どもたちの生き生きとした活動の姿であり、学校保健委員会を構成する専門・非専門の人々の協力・連携が豊かに結ばれている姿であった。

　学校保健委員会には、①子どもたちの発達課題・健康課題の抽出・把握、②問題解決のための道筋の確認、③問題解決策の提示と組織化、などが的確になされることが求められる。そのためには、構成メンバー一人ひとりが、日常的に、養護教諭・保健室での多くの実践の蓄積から学び、その透徹した目で、学校や家庭、地域における子どもたちの実態を見据え、問題解決のための方策について知恵を出し合うことが重要である。そして、学校保健委員会は、そうした機能が十分発揮されるような場として開催・運営される必要がある。

（三浦正行）

②>> 教職員や地域を巻き込んだ健康づくり
保健委員会の子どもたちが学校保健委員会に問題を投げかけて

今日の子どもたちの健康問題を考えたとき、子どもを取り巻くより多くの人たちがつながりながら、子ども自身に力をつけていくことが必要である。

「教職員や地域を巻き込んだ健康づくり」として学校現場で行われる取り組みには、学校三師や地域の関連機関と連携をしたり、保護者を巻き込んだ取り組み（からだ・健康づくり、生活リズムづくり、食育や性に関する指導）など様々な活動があるが、ここでは児童生徒保健委員会活動とリンクした学校保健委員会の取り組みを事例にあげながら、そのあり方を考えることにしたい。

ここにあげる実践事例は、いずれも、養護教諭がとらえた子どもの実態から出発し、保健委員会の子どもたちが、学校生活をよりよく過ごしていくことができるように環境検査や生活調査に取り組み、それを学校保健委員会に報告し問題を投げかけることを通して、教職員や保護者の意識と行動を変え、学校生活の改善につないでいった事例である。

1. 視力測定の結果を教室の照度検査につないで

ある小学校での健康診断の結果、児童の視力は全国平均と比較して1.0未満が多く見られた。子どもの生活習慣に関係しているのか、それとも生活環境なのかと、毎日の校内巡視を行いながら、子どもたちの学習の様子を見る中で、「姿勢かな？」「椅子や机の高さかな？」「目と本の距離？」「遊びの種類？」などと、養護教諭として何に原因があるのかを考えた。あるとき、古い校舎の学校であったためか、晴れた日でも教室は薄暗く、雨でも降ろうものなら照明を点けていても薄暗かったことから、そこに視力との関係があるのではないかと考えた。

保健主事と相談し、その主事が担任している教室で照度検査を行った。雨の日であったこともあり、教室内も黒板面も学校環境衛生基準に満たない結果が出て、これが原因の一つかもしれないと考えた。そこで、教室や黒板面だけではなく、家庭科室や図書室、体育館などについても調べてみようと考え、委員会活動の時間に保健委員会の子どもたちに投げかけた。すると「照度検査を委員会のみんなでやってみたい！」という意見が出され、保健委員の児童と一緒に照度検査を行うことにした。教室や黒板面、体育館、テレビやパソコンの画面の照度の基準値を調べ、照度がどのくらい必要なのかを学習し、記録用紙の作成も行った。照度計の使い方、扱い方の注意も学び、児童保健委員会の子どもたちが主体になった自治活動が展開された。また、学校に保管されていた照度計が1台しかなかったことから、学校薬剤師に相談したところ、薬剤師会から照度計を借りることができ、さらに検査に立ち会ってもらえることにもなった。

児童保健委員会の子どもたち、保健主事、学校薬剤師、養護教諭で検査を行ったところ、保健主事の担任教室で行ったときと同じく、天気の悪い日の照度は学校環境衛生基準に満たないという結果が得られた。管理職に照明の増設ができないかを問うと予算がないとの返答であった。何か方法はないかと考え、学校薬剤師に相談したところ、「照明の反射板と蛍光灯の汚れを拭き取ると照度が上がる」との助言を得て、実際に拭き取りを行って照度を測ると確かに照度が上がることがわかった。

保健主事や学校薬剤師との話し合いの中で、これを児童の委員会活動として行ったことと、このよう

な環境の現状を視力測定の結果と合わせて教職員に共通理解してほしいこと、また、学校三師から助言を得たいこと、保護者や学校評議員のみなさんにも伝えたいという思いから、学校保健委員会で児童から「照度検査結果」として発表してもらうことにした。

　視力が1.0未満の児童が全国平均よりも多いこと、教室や黒板面などの照度が基準値よりも低かったこと、照明の反射板と蛍光灯の汚れを拭き取ると照度が上がることを、児童保健委員の生の声として発表し、委員会活動の中で蛍光灯の汚れを拭き取ることを提案した。その報告を聞いたPTA会長から、思いがけなく、「子どもに拭かせるのは危険が伴うから、親子奉仕作業の際に保護者が教室の蛍光灯を拭くことを作業内容に加えます」との積極的な意見が出された。児童の発表と提案を教職員やPTAの大人たちが前向きに受け止め、学校の学習環境の改善に向けたPTAの取り組みにつながっていった。

２．中学校における保健室利用状況の実態から

　それまでは小学校での勤務経験が長く、中学校の保健室を運営していくうえで小学校での運営の仕方とは明らかに違うと感じられた。具体的に述べると、保健室とは、「いつでも誰でも気軽に来られる所」から、「理由のない者は行ってはいけない所」と、異動先の中学校では「生徒指導上のきまりを守ることのほうが大切」とされていたのである。子どものニーズにきちんと向き合えない感覚が残ったが、そのような状況は後に多くの中学校で起きていることがわかる。

　「理由のない者は行ってはいけない所」といった状況の中でも、生徒は何かしらの理由をつけて保健室に来室した。その理由は不定愁訴が多く、また、円形脱毛や摂食障害、過換気症候群、リストカット、抜毛、眼球振盪等々、ストレスに起因すると考えられる症状を持っている生徒も少なくない状況であった。通学区域には児童養護施設があり、施設内のトラブルを抱えながら通学する生徒や、親の過干渉や過大な期待を背負っている生徒も多くいる現状もあり、子どもの置かれている背景をじっくり観察しなければならないと感じていた。

　養護教諭が子どもと向き合うとは「子どもと丁寧にかかわり、その子を取り巻く生活環境や背景もつかみながら、その子の発達要求、健康問題をしっかりとらえて柔軟な対応をしていくこと」と考えている。そして、子どもが笑顔で心身ともに健康で過ごすことができるように、問題を解決していくことが必要である。生徒の健康問題を認識できないままで、「明確な傷病の理由がなければ行ってはいけない保健室」と考える教職員の意識を、どのようにすれば変えていくことができるのかを考えた。そこで、小学校での経験を活かして保健委員会の生徒たちの活動を通して学校保健委員会に問題を投げかけていこうと考えた。

　学校保健委員会の発表テーマを決める際、生徒保健委員と相談し、「ストレスについて」調査することにした。委員会活動は生徒の自治的活動であるので、養護教諭が「ストレスについて調べよう！」と決定事項を伝えたのではなく、「今、みんなが困っていることや改善したいことは何だろう？」と問いかけテーマを導き出した。この調査は、作成・配付・回収・集計のすべてに生徒保健委員が携わり、調査項目についてはスクールカウンセラーの助言を得て、15項目からなるアンケートを全校生徒に行った。また、このアンケートは実態をつかむことが目的であったが、アンケートを行うことによって、生徒自身に自分の心とからだの健康に向き合わせ、健康問題に気づかせることができた。

　得られた結果を利用し、全校生徒の現状を保健委員の生徒から、直接、学校保健委員会の参加者に報告し、生徒の生の声として現状の共有を図った。主な結果としては「３年生女子の７割がストレスを感

じている」「勉強・進路、友人関係に悩む生徒が多い」「主な相談相手は友だち、3年生男子では1人で解決が半数、先生に相談はごく少数」であった。発表後の参加者の感想は、生徒からは「自分や周りの友だちが抱えている問題が改めてわかった」「いつも厳しい先生が改善するような感想を言っていて驚いた」などが見られ、また、教職員からは「学校全体で相談しやすい環境を作りたい」「相談相手に先生の割合が少ないので、気軽に相談できるような雰囲気を作りたい」「自分の精神状態で子どもに影響を与えてしまわないように気をつけたい」などがあがり、保護者からは「悩んでいるのはうちの子だけではないのだとわかって安心した」などの感想が見られた。

　これらの取り組みから、生徒たちは調査活動を通して自分自身と周りの友だちの悩みや健康問題を再認識し、それを教師や家族に伝えて共感を得ることができると共に、教職員は生徒の健康問題解決に向けて意識を高めることができた。そして、生徒の健康問題解決のために生徒の自治活動を組織することと、学校保健委員会を利用して関係者が共通理解をすることが有効であることがわかった。

　保健室とは、「理由のない者は行ってはいけない所」であって「生徒指導上のきまりを守ることのほうが大切」とされていた問題に対して、生徒の実態を共有することで改善への一歩が踏み出せる可能性がある。何よりも生徒自身の要求として、健康問題を解決していくことができるように自治活動に取り組ませることは重要である。問題解決のために、養護教諭が1人で「それは違う！」と言っても解決にはつなげることができない。実践後に、保健室とは、「いつでも誰でも気軽に来られる所」というように大きな変革を導くことには至らなかったが、意見を押し付け合わず、穏やかに物事を進める手段として、子どもに寄り添いながら「子どもの力を引き出し、問題解決につなげる学校保健委員会」を行うことができることをこの実践を通して学んだ。

3．登校後すぐに体調不良を訴える生徒の実態から

　以前、勤めていた中学校では、毎朝担任外の教員が玄関に立ち登校指導を行っていた。服装の乱れや遅刻がないように指導をすることが目的であったが、養護教諭にとっては、前日に保健室を訪れた生徒や欠席をしていた生徒へ声かけすることのできるよい機会であった。また、言動や雰囲気から生徒の様子をうかがい知る機会にもなっており、気持ちよく朝を迎えることができていない生徒を多く見ていた。そのような中、小学校に勤務していたときと違い、登校後すぐに体調不良を訴える生徒が多くいたことから、何か原因があるのではないかと考えた。

　健康的な生活習慣を実行できているのであれば、登校後すぐに保健室に来るようなことは考えにくい。保健室来室時の訴えは「眠い」「だるい」「気持ち悪い」であり、問診から「朝食を摂っていない」「排便していない」「すっきり起きることができない」といった状況が見られた。中学生になると部活動が始まり、学習塾へ通う割合も高くなる。そこで、生徒保健委員会の議題に生活リズムをあげ、話し合いを行ったところ、食習慣の乱れがあることが出された。その健康問題を解決につなげるため、学校保健委員会の研究発表テーマとして「食生活について」行うこととし、全校生徒に食生活のアンケートを行うことになった。

　アンケートは学校栄養士と保健主事にも相談し、生徒自身が自分たちの食習慣が見えるものにした。結果、部活動を終え帰宅した後、学習塾に行く間に軽い食事を摂り、学習塾から帰った後の遅い時間に食事を摂り、満腹状態で入浴・就寝、朝は登校ギリギリに起き、食事・排便がままならないまま登校するという実態がつかめた。また、こうした生徒に保健室来室が多いこともわかった。生活習慣の悪循環

からこのような結果に至っていることがわかったので、学校栄養士から学習塾後に摂る「夜食」に焦点をあてた指導をすることで悪循環を断ち切ることができるのではないかとの助言を得た。また、食事に関しては、生徒だけに指導をしても保護者の協力を得なければ改善されにくいので、学校保健委員会で保護者にも現状を伝えることが効果的であると考えた。

　学校保健委員会では、生徒保健委員会からアンケート結果を報告し、「体調不良の原因に、食習慣の悪循環があること」を伝え、学校栄養士から「消化によい夜食の選び方」を指導した。夜食を摂るのであれば、消化によいものを取り入れていくことで悪循環を断ち切り、睡眠がよくとれ、朝すっきり起き、朝食を摂り、排便を促し、気持ちよく登校することにつながる。この活動から、教職員は体調不良の原因が食習慣にあることを知り、怠けや甘えだと感じていたものから意識の変化をもたらすことができた。保護者には、夜食を子どもの食べたいものという視点で選んでいたが、消化によいという視点で選ぶことを学ぶ機会を与えることができた。学校医からは、成長の著しい中学生の生活リズムを整えることの重要性について助言があり、今回の活動の意義を裏付ける意見が出された。

　全校生徒や家庭には、「学校保健委員会だより」として、アンケート結果や夜食の選び方を掲載して配付し情報の共有を図った。保健室に来室する生徒には、個別の保健指導として、生活リズムを整えることに加え、食事の摂り方に関しても指導を行うことにつなげることができた。

　この活動を通して、生徒自身が自らの体調不良の背景を自覚すること、また、その問題の解決には大人の知識や知恵を借りることなどを学習した。学校保健委員会は、子どもと大人が問題を共有し、健康的な生活づくりをするうえで活用できる有効な手段である。

４．担任からの相談を出発点にして

　新任の担任から「先生。子どもたちの偏食が多く、どのように給食指導をしたらよいでしょうか？」と相談があった。まず、その担任に「他の先生方がどのように指導しているか調べてみたら？」と課題を出し、一方で保護者や普段子どもたちとかかわってくれている地域の人たちに「子どもたちの食に関して問題に感じていることはないですか？」と聞いた。その結果、それぞれの立場の人たちから問題が寄せられ、また、校内における給食指導も担任によって実に多様であることがわかった。給食だけでなく、食に関する問題を出し合い、どのような取り組みをすれば解決につなげられるかを、それぞれの立場で考え協議してもらう場を学校保健委員会とした。

　学校保健委員会のメンバーは、子どもと、子どもを取り巻くより多くの人たち（保健所・子育て支援センターなどの関係機関）、保護者、教職員である。問題を共有するため、教職員はできる限り全員が参加できる体制づくりをした。保護者には学校保健委員会のメンバーが各クラスにおり、子どもの実態や要求をまとめ、決定事項を各クラスの保護者会で報告をするなどの活動を推進している。

　学校保健委員会のメンバーとして活動している子ども自身も、自分たちの問題をどのように受け止めているのかを調べて報告した。その後、メンバー全員がそれぞれの立場でどのような取り組みならできるかを話し合った。そして、１年間の活動目標を決めて取り組み、年度末には成果と課題を確認し、次の年度の活動について話し合いを行った。学校保健委員会では、参加したすべての人が「自分には何ができるか」を考え意見を出す。これが大切である。代表で参加した子どもたちは、話し合われた内容を全校の子どもたちに全校集会や学校保健委員会だより等を利用して返していく。このプロセスの中で、それぞれの人たちがもつ要求が実現されるということも重要となる。

　学校保健委員会で話し合われたことを全体の取り組みに発展させるためには、参加者の問題意識を引き出し活動の主体者にすることである。特に、学校外の人たちとは日常的につながっていることが大切であり、そのためには地域に開かれた保健室づくりを心掛け、学校保健委員会のみでなく、普段から知恵や力を借りるようにしていく。まさに face to face でつながっていることがとても有効である。「地域や保護者と学校のつながりが弱くなっている」と言われる時代であるからこそ、子どもの健康問題でつながることができるように働きかけることが重要である。誰もが、子どもの健康や幸せを願っているはずであり、子どもを取り巻くより多くの人や関係機関に声をかけることが大切となる。

　また、大切なことは、学校教育計画の中に動ける校内組織づくりと年間計画をしっかり位置づけておくことである。組織的に取り組めるようになると、養護教諭が入れ替わってもその活動は続いていく。

＊　　　　　　　　　＊　　　　　　　　　＊

　平成20年1月に中央教育審議会から出された「子どもの心身の健康を守り、安全・安心を確保するために学校全体としての取組を進めるための方策について」（答申）において、「子どもの現代的な健康課題に適切に対応していくためには、学校が、学校内でできること、なすべきことを明確化し、すべての教職員間で共通理解を図るとともに、家庭、関係行政機関、医療機関などにもその内容を伝え、理解を求めること」として、「学校保健委員会」を推進することが述べられている。

　この答申の前半にある「子どもの現代的な健康課題に適切に対応していく」ためには、今回の四つの実践事例にあるように、まず「子どもの実態を出発点」に何をなすべきかを考えなければならない。健康診断や保健室来室状況、子どもたちの様子から、養護教諭は子どもの実態をとらえる場面がたくさんある。それを、教職員全員で共通理解することが重要である。そのうえで、子どもを取り巻くより多くの人たちが協働して、その解決にあたることが求められている。なぜならば、今日の子どもたちの抱える健康問題は、子ども自身への働きかけだけで解決することは困難と考えるからである。こうした現状を考えると、公的に認められている学校保健委員会を有効に活用することが重要である。子どもの実態をしっかりとらえ、目の前にいる子どもの健康問題を見つけ、勤務している学校の健康課題とし、課題解決につなげる。課題解決をするための方策として、上記答申の後半にある「教職員間の共通理解、家庭や関係機関に内容を伝え理解を求める」ために、関係者が一堂に会する「学校保健委員会」を利用するのである。

　子どもが主体的に活動できる学校保健委員会にしていくためには、子どもの「こうしたい、こうなりたい」ニーズを大切にすること。それを実現するためには、教職員や子どもを取り巻く大人たちも「こんな子どもに育ってほしい」という願いを持ち、子どもたちに働きかけること。こうした子どもと大人が一体になって活動できる場として、今回は学校保健委員会を活用した事例を報告した。予防的・課題解決的な視点で活動していくことで、意識が変化し、改善への道筋を作ることにつながる。また、児童生徒の自治活動としての委員会活動として、子どもたちが主体的に活動し、子どもたちの活動により変化をもたらしたことで成果を得ることができ、子どもたちに達成感を味わわせることができる。

　学校保健委員会を推進することが求められている中で、養護教諭はこうした活動を推進していくための核となり、人と人をつなげていくことができる存在である。そして、養護教諭が中心となり、教職員に共通理解を図り、関係者や関係機関と連携を取り、子どもを取り巻く大人が協力をして「子どもの健康を護り育てる」ためにしっかりと子どもの現状をとらえることに尽力しなければならない。「1人の問題はみんなの問題」を念頭に置き、子どもを丁寧に見る力を養護教諭も教職員も培わなければならない。そして、子どもの発育や発達を保障するという信念を持つことが重要である。　　　　　　　（中村千景）

③ ≫ 子どものいのちと健康を守る地域ネットワークづくり

1．学校保健委員会を核に地域ネットワークづくりを

　学校では子どものいのちと健康を守ることを前提として教育活動が展開され、子どもの発育発達を促していく。その中で教職員による学校保健活動は、より直接的な子どもたちのいのちと健康を守り育てることにかかわる活動である。学校保健活動に携わる職種は、学校長、保健主事、担任教師、養護教諭、学校医、学校歯科医、学校薬剤師、学校栄養職員など多種多様である。このような様々な専門職種が、それぞれの場で個々ばらばらに仕事を遂行するだけでは子どものいのちと健康を守るという目的を達成することはできない。また、生活の場である家庭と地域も子どものいのちと健康を守るために、学校と協働して役割を果たすことが求められる。そこで、子どもたちを含めた学校関係者と、家庭および地域社会の関係者の連携による組織的活動が必要となる。この組織的活動で、核として位置づけたいのが学校保健委員会である。これに家庭と地域の関係者を巻き込んで組織的活動を展開するのである。

　子どもにとって本来安全で安心な場であるはずの家庭と学校で、虐待やいじめなど、子どものからだと心にかかわる深刻な問題が"日常的"に見られるようになった。これらの問題には、学校、家庭・地域、そして社会のあり方が深くかかわっている。ゆえに学校や家庭が単独で問題を抱え努力するだけでは限界がある。本稿では、どの学校にも設けられ運営されている学校保健委員会を、学校・家庭・地域を太い絆でつなぐネットワークの核に据えるという提起をする。

2．学校保健委員会の"そもそも"

1）学校と家庭をつなぐ核として

　1947年、平和と民主主義を基調とする戦後教育改革が出発した。中央集権的であった教育行政からの脱却、教師の自主性の尊重、学校における教育内容をそれぞれの地域や社会の特性に応じて作り上げる方向が目指された。このような戦後の教育に関する基本的な考え方の下で、学校保健活動についてもGHQの助言により文部省が編纂した『中等学校保健計画実施要領（試案）』が1949年に刊行された。その中で学校保健委員会の基本的性格は以下のように記述されていた。

　「学校に保健委員会等を設けて、学校保健事業の企画運営にあたるようにすることも必要である。なお、学校以外の団体及び父兄等の協力を求めることが必要である。この計画によるすべての仕事は学校長の監督指導のもとに全職員の協議によって行われ、生徒の健康増進のためにこれらの仕事の運営を適切に調整しなければならない。」

　戦前のような管理職による学校運営を改め、子どもを中心として、子どものいのちと健康にかかわるすべての人々によって作り上げる民主的な組織的活動によって実現していくことが目指されていた。

　戦後まもなく文部省の事業として学校保健（健康教育）の研究指定校が設けられ、実践的研究が進められた。「学校保健実験学校研究報告」では、学校保健組織活動の意義を生活と健康の統一ととらえ、その具体的方策として子どもの自主的主体的活動の重視と学校、家庭、社会が一体となった学校保健委員会の推進という考えを示していた。この流れは今日も引き継がれ、1997年９月の保健体育審議会答申では、学校保健委員会を「学校における健康問題を研究協議・推進する組織」、つまり学校と家庭・地

域社会を結ぶ組織として位置づけている。2008年1月に出された中央教育審議会答申で、「学校保健の充実を図るための方策」の「3　学校、家庭、地域社会の連携の推進」で、「子どもの現代的な健康課題に適切に対応していくためには、学校が、学校内でできること、なすべきことを明確化し、すべての教職員間で共通理解を図るとともに、家庭、関係行政機関、医療機関などにもその内容を伝え、理解を求めることによって、適切な役割分担に基づく活動を行っていくことが求められる。」とし、学校保健委員会を学校、家庭、地域社会の連携の要として位置づけている。

2）委員会活動の意義を確認する

　学校保健委員会という組織的活動の意義の一つは、子どもの自主的主体的活動を重視することにある。学校教育の目的は教育基本法第1条（教育の目的）に示された「人格の完成を目指し、平和的な国家及び社会の形成者として、必要な資質を備えた、心身ともに健康な国民の育成」である。人格は思想と行動が統一されたものであると言われる。保健委員会のような組織的活動の中で、子どもの行動の自主性や主体性を保障し育てることにより、自治的活動がもつ教育力を人格形成につなげていくことができる。

　もう一つは、組織的活動の原則として意識される民主的運営である。組織活動はともすると、実施効果の速効性や効率化を追求するあまり、上意下達式の運営になりがちである。しかし健康問題の発生には、生活習慣や様々なリスクファクターを有する環境諸要因や社会における健康保護制度のありようなどが関連している。問題の解決には、子どもを取り巻く人々の参加と連携による組織的活動が不可欠である。委員会の活動は、健康状態を規定する「生活」をみすえ、子どもはもちろん、学校、家庭、地域社会が持つ知恵や力を出し合い、問題解決に向けて意思統一する場として民主的に運営することに意義がある。

3．実践例に学ぶ

　全国養護教諭サークル協議会が企画し、京都と奈良のほぼ中間にある城陽市の養護教諭「サークル太陽」の『地域ネットワークでつくる子どもの健康』という本がある。この中から学校保健委員会が核となり、養育者と地域の子どものいのちと健康にかかわる関係者とのつながりをつけ、広げていった実践とポイントを紹介する。

1）なんでも話せる保健委員会

　実践例の学校保健委員会は、校医、薬剤師、PTA役員、学校教職員の代表、養護教諭と標準的な構成である。PTA役員は、各クラスで3名選出される役員の中から保健委員会担当として選ばれた1人である。ここで改めて委員会の構成を確認しておく。図Ⅲ-3に「学校保健委員会構成例」を、「学校保健委員会を核とした地域ネットワークを組み上げるイメージ」を図Ⅲ-4として示した。

　実践では保健委員会を、なんでも話せ一緒に考える場とし、学校と家庭とのパイプ役を担うものと位置づけている。また、会議への参加は役員や委員だけでなく全家庭に知らせ、公開制にしている。年度初めに養護教諭として、委員になったメンバーに学校保健活動を進めるうえで、次の「これだけは大事にしてほしいこと」を伝え委員会活動を出発させている。

　・それぞれの立場から、子どもたちのからだや生活の様子を語り合い、なんでも話し合ってほしい。

　・専門の校医さんもアドバイスや指導をしてほしい。

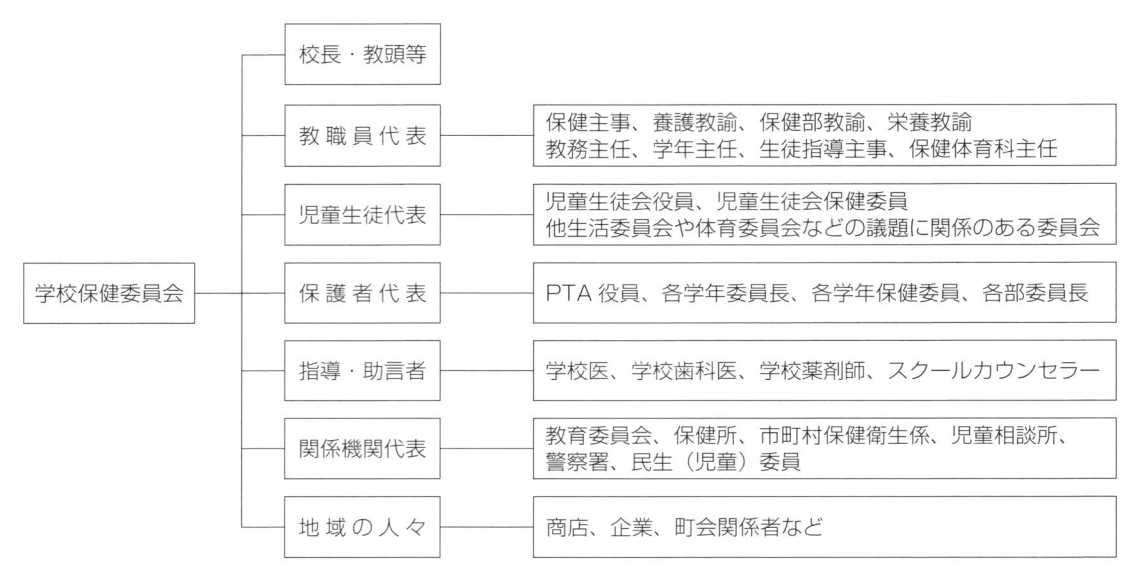

図Ⅲ-3　学校保健委員会構成例
出典：公益財団法人日本学校保健会『学校保健委員会マニュアル』、2000を参考に作成

・みんなで仕事の分担をして、話し合ったことや取り組んでいることを保護者に知らせてほしい。

「子どもたちのからだや生活の様子を語り合い」と、委員がまずもって意識すべき焦点を示している。委員の立場や専門性の違い、つまり多様で多面的な見方を重ね合わせて子どもたちの様子について「なんでも話し合おう」と提起している。次に、学校での活動を家庭に伝える役割を期待している。ここに、委員会を核に学校と家庭をつなぐネットワークを構築し、家庭と学校が連携して子どもの健康に取り組む意識が端的に表れている。

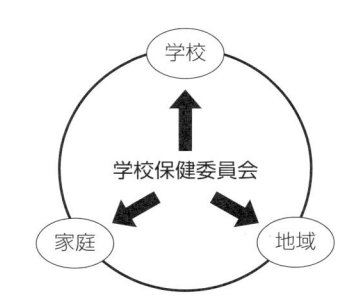

図Ⅲ-4　学校保健委員会を核とした地域ネットワーク

2）家庭の声を学校へ、学校から家庭へ

学校保健委員会の中で、PTA役員から出される子どもの健康にかかわる栄養や肥満への心配を取り上げ、「カルシュウムたっぷりの料理教室」の開催や、各人の体脂肪量を算出し、それを砂袋の重さで実感する肥満予防の取り組みへと発展させている。また何かと心配な子どものおやつについては、学校薬剤師の援助を得て、学校保健委員会で食品やおやつに含まれている合成着色料で実際に毛糸を染める実験を実施した。参加した親、医師らは、おやつに含まれている着色料で白い糸が染まるという事実に触れ、とても勉強になったと好評を得た。この取り組みは「委員会だより」によって家庭に伝えられるとともに、子どもの保健委員が朝会で合成着色料の実験を披露した。あわせて着色料がどんな食べものに多く使われているかについて調べたことが発表され、子どもたちにも伝え広められている。

親の子どもへの願いが「なんでも話せる」委員会の中で創意ある取り組みとなり、取り組んだことを発信したことで、児童の保健委員会活動へとつなげている事例である。

多くの学校で取り組まれている子どもの生活点検も、学校保健委員会発で展開されたことで家庭の壁を越える意味のある活動となった。「年々生活が夜型になり、朝、起きられなくて朝食抜きの子も多い

みたいね」という声に、「子どもだけと違う、親もムチャクチャ
な生活になっている」「子どもの生活は親の問題だと思う」とい
う意見が出され、子どもの生活の問題として取り上げられる問題
は、改めて親・家庭の問題であることが確認されていく。そこか
ら「親も生活点検をしたらいいのに」という発言をきっかけに
「親も生活点検しましょう」と決まっていった。役員みずから
「親の生活点検表」をつくり、PTA 会員に配り実施された。

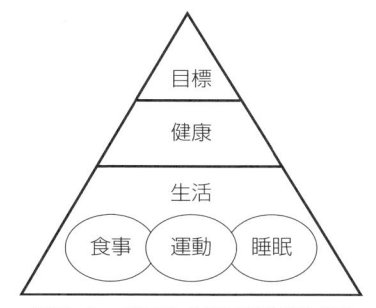

図Ⅲ-5　健康と生活の関係模式図

　生活点検活動は、ともすると点検そのものが自己目的化し、他
者による管理に傾斜して自律的な健康管理能力を育てる側面が弱
くなってしまうことがある。改めて「何のための健康づくりなのか」を問うことも合わせて進めること
が必要である。図Ⅲ-5は子どもの健康状態を左右する生活を三角形の土台部分として模式的に示した
ものである。食事、運動、睡眠に留意した生活を営むことにより、健康状態を維持したり高めたりする
ことができる。これを拠り所として、一人ひとりの人生の目標を十分に達成することができる。図で示
したとおり、生活に留意して健康状態をよくしていくのは、それぞれの目標を実現していくためである。

　学校では子どもの健康問題の背景に家庭での生活や親の姿勢に原因があると見ながらも、プライバ
シーの侵害になることを懸念し家庭の問題に介入することをためらう場合が多い。紹介した事例では、学
校保健委員会に参加した親たちが子どもの健康状態と密接にかかわる家庭生活に目を向ける必要性に気
づき、親たち自らの点検活動が展開された。委員会の中で親の自発性が引き出されることにより、プラ
イバシーという壁も越えられる可能性を示している。

＊　　　　　　　　　＊　　　　　　　　　＊

　学校保健委員会を核にして子どものいのちと健康を守る地域ネットワークを築くうえで踏まえるべき
ポイントを、紹介した実践例からくみ取ることができる。

　一つは子どものいのちと健康を守る学校の役割についてである。家庭、地域と協働でという学校の姿
勢が明確に意識されていることである。事例では、学校保健委員会を「参加は役員や委員だけでなく全
家庭に知らせ、公開制にしている」と、地域の人々に開いていることが示されていた。

　もう一つは、学校と委員どうしのつながりを実質化するために、委員会を「なんでも話せる」場とし
て機能させていることである。多様な考えや専門性の違いがあることを前提に、学校と家庭、地域が子
どものいのちと健康を守るという共通の目標に向けて、委員会を構成する委員の多様な見方、考え方を
活かして連携するということである。

　かつて学校保健の研究者、澤山信一氏は「70年代から現在まで、子どもの健康問題は、多様な心身の
異常から『自傷他害』へと深刻の度を増してきた。子どもの生きている現実と関係性の変容を直視し、
関係の再構築を進めることが今日の子どもたちの健康問題をくいとめる道である。」と述べていた。これ
からの学校保健委員会では、学校、家庭、地域、そして関係機関の人々が協働し、子どもの健やかな
発達を真に願う大人として魅力的な取り組みを創り出し、人と人がつながることのよさを子どもたちに
実感させていくことが求められている。

（佐藤　理）

●引用・参考文献
1）サークル太陽：地域ネットワークでつくる子どもの健康、農山漁村文化協会、2005

子どものいのち・人権を守り育てる教育

① >> ありのままの性を生きる
いのちと人権を守り育て、誰もが生きやすい社会へ

1．「多様な性」を巡る状況

2014年5月、NHKテレビで「"20人に1人" LGBTを知ってますか？」が放送され大きな反響を呼んだ。LGBTとは、L（レズビアン：女性同性愛者）、G（ゲイ：男性同性愛者）、B（バイセクシャル：両性愛者）、T（トランスジェンダー：性別越境者・性別違和（性同一性障害）者）の頭文字で、性的少数者を示している。従来は、「性的多数者（セクシャルマジョリティー）」に対し「性的少数者（セクシャルマイノリティー）」が主に用いられてきたが、「LGBT」は、より肯定的な概念として広まってきた。しかし、他のタイプの性的少数者が含まれていないため様々な呼び方がある。

2014年2月、英語版Facebookは、性的少数者に対する配慮の一環として、設定可能な性別を大幅に拡張した。Facebookに元々あった性別オプションは、「男／女／選択しない」の3種類だったが、56種類の選択肢の中から性別を選べるようになった。2015年3月にはさらに改正され、選択するのではなく、自分の思う自分の性を自分の言葉で自由に書き込めるようになった。「Facebookでは安心して、ありのままの自分でいてほしい」ための措置とのことである。2015年6月、アメリカでは連邦最高裁の判決によりアメリカ全州で同性婚法案が可決し、「同性婚禁止は違憲」と決定した。

日本では、2001年放送の『金八先生』（TBSテレビ）をきっかけに「性別違和（性同一性障害）者」が社会に認知され始めた。同じ頃、多様な性の当事者たちが自身のセクシュアリティをカミングアウトしマスコミが取り上げ始めている。性的少数者は、日本人の人口の5.2％（電通、2012）、20人に1人いると言われていたが、最近は、7.6％（電通、2015）、13人に1人と言われる。

多様性を受け入れることは性に限ったことではなく、それは、他の様々なタイプの少数者も受け入れることである。少数者が生きやすい社会は、誰もが生きやすい社会につながる。誰もが自分らしく生き、暮らせる社会を築くためにも、「多様な性」の学習と対応が、学校教育に求められている。

2．性はグラデーション

性別は多様で、男性と女性だけでなく様々な分け方がある。また、各々のセクシュアリティは、くっきりと分けられるのではなく、グラデーションになっている。

1）性は主に、以下の三つの視点でとらえられている

①身体の性…性器、性腺、染色体などの身体的特徴で分けられる性。
②心の性（性自認）…「自分自身をどのような性だと自認しているか」ということで、男性だと思う、女性だと思う、中性だと思う、性別は決めたくないなど様々である。

③好きになる性（性的指向）…好きになるかならないか、どのような性の人を好きになるかということで、異性を好きになる、同性を好きになる、どちらの性も好きになる、性別で好きになる人を決めたくない、特定の誰かを好きにならないなど様々。

2）その他の主な性

- インターセックス（性分化疾患）……「身体の性」を特徴づける性器・性腺・染色体等がどちらかに統一されていない等、判別しにくい。
- Ｘジェンダー……「心の性」が男性・女性のどちらかに規定できない、もしくは、しない。
- Ａセクシャル（無性愛者）……「好きになる性」を持たない。
- ノンセクシャル（非性愛者）……恋愛感情を持っても性的欲求を抱かない。
- パンセクシャル……「好きになる性」が性別にとらわれない。
- トランスヴェスタイト／クロスドレッサー……異性の服装を好んで着る。

3．国の性的マイノリティーへの行政的対応等

欧米諸国では同性愛等を弾圧した歴史があるが、旧来の日本は、寛容な伝統を持っていたと言われる。しかし少しずつ変化した。以下は、近年の日本の主な対応である。

- 1950（昭和25）年代：厚生省（厚生労働省）は同性愛を異常性欲の一つとみなし、治療の対象にしていた。精神病院でも同性愛者や性別違和（性同一性障害）者に対し、電気ショックやカウンセリングなどの治療が行われていた。
- 1979（昭和54）年：文部省（文部科学省）は、同性愛を「性非行」として問題視した。『生徒の問題行動に関する基礎資料』では「同性愛は一般的に言って健全な異性愛の発達を阻害する恐れがあり、また社会的にも、健全な社会道徳に反し、性の秩序を乱す行為となり得るもので、現社会であっても是認されるものではないであろう」ととらえ、「専門機関による治療が望まれる」と記述している。
- 1994（平成6）年：厚生省が、同性愛を治療の対象から除外したWHOの見解（1993年、「同性愛はいかなる意味でも治療の対象にはならない」と宣言）を踏襲。
- 1994（平成6）年：文部省が、指導書の「性非行」の項目から同性愛を除外。
- 1995（平成7）年：日本精神神経学会が、WHOなどの見解を尊重すると発表。
  ※米精神医学会が同性愛を精神障害とみなさないと決議したのは1973（昭和48）年。
- 2004（平成16）年：性同一性障害者特例法成立。性同一性障害者が性別適合手術後に法的な性別の変更を認める法。
- 2010（平成22）年：「児童生徒が抱える問題に対しての教育相談の徹底について」（文部科学省通知）。「心とからだの性が一致せずに悩む『性同一性障害（GID）』の児童・生徒について、教育相談を徹底し本人の心情を十分配慮した対応をするように」との内容で、人権教育の一環として出された。
- 2015（平成27）年：「性同一性障害に係る児童生徒に対するきめ細かな対応の実施等について」（文部科学省通知）。性同一性障害の児童生徒に対する学校での対応例をまとめ通知した。性的少数者の児童生徒への対応についても初めて言及した。

4. 「多様な性」の生徒との出会い

　現在、公立高校には多様なタイプの学校がある。初めて「多様な性」の相談を受けたのは、制服のない自由な校風の高校に勤務したときであった。

1）性別違和（性同一性障害）者のA子

　高校1年生のA子は、性別は女だが、外見からは「ボーイッシュな女子」か「美形の男子」なのかわからなかった。入学理由は「制服がないから入学した。スカートをはきたくなかった」と答えた。相談を重ね、「からだは女、心は男のトランスジェンダー」だと告げられた。A子は「自分の胸を見るのが嫌で、鏡でからだを絶対見ない。暗くして着替える」が、「親からもらったからだを傷つけるのは悪く、性別適合手術（性転換手術）は受けない」と言う。自分の意識の中での「男：女」の感覚の比率は「7：3」くらいで、自分でも微妙な感じと言い、Xジェンダーも想定された。

2）男性同性愛者のB男

　B男は、学力と容姿に恵まれた好青年で、女子の羨望の的だった。保健室で会話を重ねる中、同性愛の悩みを語り始めた。「誰にも言えない。特に厳格な母にはわかってもらえないだろう」と、敢えて彼女を作っていた。B男は、ゲイの文化人の会に入り、その中だけが自由で本当の自分でいられると語っていた。

3）思い違いだったC子

　ポッチャリ体型のC子は「私は性同一性障害者」と来室した。雑誌のチェックリストの結果だという。着飾ったスカート姿からはGIDの雰囲気はなく、C子が語る性同一性障害者としての悩みや、「○人の男性にナンパされた」「○人の男性から告白された」「でも私の心は男なので断った」など、現実離れした話には違和感を感じることもあった。半年ほど経ち、家庭が貧しいこと、父親がアルコール依存で幼少期から虐待を受け続けたこと、それにより姉が精神を病み治療中などと、一気に語り始めた。その後も様々な角度から相談を続けた中、「私は、性同一性障害者ではないと思う。でも、自分が何者なのかがわからない」と、新たな課題の自己に向き合い始めることになった。

4）性別違和（性同一性障害）者の治療を受けるD子

　長身でイケメンのD子は、入学後、保健室に来て、トランスジェンダーだと告げた。D子は複数の高校を転校しており、入学時は17歳だった。すでに専門医を受診し、近くホルモン治療を開始するという。その後、性別適合手術（性転換手術）を受け、将来は戸籍を変えるという。高校2年生のとき、「体育を男子として男子と共に受けたい」との相談があり、教職員全体で話し合い対応することになった。

5. 性別違和（性同一性障害）者のD子とのかかわり

　D子とのかかわりを通して「自己の性を生きること（自分らしく生きること）」と「学校対応（権利の行使と保障）」について考察したい。

１）治療の経緯

診断

　入学時、D子は専門医を受診し診断を受けていた。学校生活でD子を支えるため、スクールカウンセラー（SC）に協力を依頼し、毎週1回の面接を設けた。

ホルモン治療

　すでにホルモン治療を受けると決めていたD子だが、SCと協力し「治療を開始して本当によいか？」「長期間、注射や検査を受け続ける決意はあるか？」「治療費の工面は？」など、必要な確認をした。そして高校2年生（18歳）から治療を開始した。注射開始後、間もなく月経が停止した。「月経」を忌み嫌っていたD子は喜んで報告に来た。治療が進むにつれ、声は低くなり、からだも筋肉質になってきた。D子は「男性ホルモンで毛が抜けると嫌だ」と、櫛で頭をポンポン叩いていた。

性別適合手術（性転換手術）

　D子は、高校3年生（19歳）のとき、2年間休学した。主治医に紹介されたタイの病院で性別適合手術（性転換手術）を受けるためである。

戸籍変更

　復学（21歳）したD子は、男子として大学受験し合格した（大学に事前説明し許可された）。優秀な成績で卒業後、戸籍の性別を変えた。

２）D子の要望

　高校2年生のとき、「体育を男子として男子と共に受けたい」と相談があった。体育は男女別授業で女子の中で受けるのは耐えがたいという。1年生のときは体育授業を1回も受けていない。高校では体育は必修科目で履修しないと卒業ができない。学校として、今後、対応が増えるであろう「多様な性」の生徒たちを視野に入れた検討を始めた。

３）学校の対応

D子の要望等の確認

　養護教諭、担任、SCで、D子の具体的な要望を確認した。

保健部に提案し企画会議へ

　D子の要望を保健部で検討した。保健部内の教員間で性別違和（性同一性障害）のとらえ方が異なったこともあり、教職員の学習も必要と判断した。企画会議に研修会と体育授業対応の検討を提案し了承された。

教職員研修会

　養護教諭が司会進行、担任が説明、SCが講義をした。「同性愛と性別違和（性同一性障害）が違うことを初めて知った」という教員もいた。

職員会議

　研修会により教職員の理解が進み、「男子として受ける」ことが了承された。具体的な対応は、学年会と体育科の話し合いに任せられた。

学年会、体育科の対応

　生徒たちへ「なぜ男子として受けるのか」や「水泳授業で1人だけ海パンではなく水着を着ること（手術前のため）」等を何と説明するかの検討でD子の意見を聞いたところ、自らカミングアウトし説明

すると答えた。

カミングアウト

カミングアウトの場は、Ｄ子の希望で保健室になった。養護教諭に立ち会ってほしいという。まず友人たちに説明した。「女なのに何で男になることを選んだの」との質問には、「自分の好みで選んだのではなく、からだは女として産まれたが心は男である」ことをわかりやすく説明していた。翌日、体育授業を共に受ける男子たちにも説明した。

学校生活での対応

学校では男女別のものが多いため学校生活での具体的な対応を検討した。

・服装・髪形：制服はなく服装は自由で、髪形も規制がないため問題はなかった。

・トイレ：自ら地下の多目的トイレを使用しており、不便はないとのことだった。

・更衣室：手術前のため男子更衣室使用は困難であった。保健室で更衣としたが、多目的トイレで着替えるようになり、洋服だけ保健室で預かるようになった。

・体育授業：後に出された文部科学省「支援の事例」には「体育または保健体育においては別メニューを設定する」とあるが、Ｄ子の希望は「別メニュー」ではなく「男子として男子と共に受けたい」だったため、その要望を受け入れた。

・水泳授業：海パンの男子生徒たちの中、Ｄ子はウエットスーツ風の水着を着用し泳いでいた。当初は、むしろ体育教師のほうが「腰回りが女っぽく男子生徒は気になるのでは？」「胸がふくらんでいるが…」と戸惑っていた。後に出された文部科学省「支援の事例」には「上半身が隠れる水着の着用を認める（戸籍上男性）」「補習として別日に実施、またはレポート提出で代替する」とある。

・名簿：男女混合名簿であったため混乱はなかった。

・呼称：男女別の呼称は使わず、全員「さん」づけの学校のため問題はなかった。

・修学旅行：参加を希望しなかったため検討しなかった。後の文部科学省「支援の事例」には「１人部屋の使用を認める。入浴時間をずらす」とある。

・健康診断：内科検診を別枠で設けたほかは、問題はなかった。

・その他：教育委員会に対応策を尋ねたが、学校に一任とのことであった。Ｄ子の保護者は、Ｄ子の思いを受け入れ、経済的支援をすると決意していた。

６．自己を生き、他者と生きる

日本国憲法は「国民は、すべての基本的人権の享有を妨げられない。（以下略）」（第11条）と謳っている。1995年の世界医師会総会では、「自己決定の権利」が採択され、自己の心・身体・生命について、個人の決定・意思を可能な限り尊重する基本的人権が広く認められるようになった。しかし現在も、「多様な性」への差別や偏見により自らいのちを絶ったとの報道も聞かれる。だからこそ、教育の場で、多様なあり方の尊重と自己決定し意見表明する権利を学び、社会を創り動かす力を育んでほしい。現在は未だ「性は男女の二つ」と教育されてきた時代である。当然と受け止めていたことが間違っていたとき、事実を受け入れるのは難しい。しかし、遠くない将来、「多様な性」を当然と学んだ人々が、差別や偏見がない自分らしく生きられる社会を創っていくことだろう。

（鈴木世津子）

② ≫ 子どもの性と生を育む

　大学で「月経」の授業を終えた後、1人の男子学生が質問に来た。「先生、僕の彼女、寝込むほど月経痛がひどいんですが、どうしてあげたらいいんでしょう？」と心配そうに言うので、「女性によって違うからね。独りでそっとしておいてほしい、という女性もいれば、一緒にいてほしいという女性もいるからね、彼女に聞いてごらん」と私は答えた。2か月後、最終授業の後にうれしそうにその男子学生が報告に来た。「先生、ありがとうございました。彼女は一緒にいてほしいタイプでした。それでできるだけ一緒にいてあげるようにしたんです。それだけじゃなく授業で教わったように思いやりを見せようと、寝込んで何もできない彼女のために食事を作り、彼女の部屋の掃除もしたんです。そうしたら最近、彼女が、あなたとってもいい男になったね、と言ってくれたんです」。私もうれしくなって「よかったね。あなたの進歩ですよ。よい関係を築けて私もうれしいです。21世紀型のいい男性がまた1人増えましたね」と喜びを共有した。

　同じく大学で授業をすべて終えた後、女子学生が「この授業のおかげで、私の中で性が明るく、すてきなものになりました。何も知らなくて、できたら避けたいと思っていたんですが、彼氏ができて、そうもいかず悩んでいたんです。でも、授業でイヤなことはイヤと言っていい、しなくてもいいと聞いて安心しました。そこで彼と授業で言われたように話し合って、ゆっくり自分たちのペースで進めばいい、彼もイヤなことはしないで待つよ、と言ってくれたんです」と笑顔で語ってくれた。

　これらのエピソードは、関係性の改善にまで踏み込むこれからのセクシュアリティ教育の有効性を物語っている。セクシュアリティ教育とは、性を人権としてとらえ、多面的に包括した内容で自立・発達を促進し、身体・生理や生殖に限定しがちだったこれまでの「性教育」を包摂しながら、それを大きく拡大発展させる教育である。ただ日本では、かつての性教育バッシングの影響もあり、これまでの「性教育」さえ自粛後退傾向にある。本稿では性の現状や課題を理解し、これまでの「性教育」から脱しこれからのセクシュアリティ教育につなげる途を実践も含めて考えていく。

1．子どもや若者の性の現状と課題

　現代若者のセクシュアリティにおける問題行動は、関係性から見て二極化している。一方は早期から無謀な関係に走っての従来型性的トラブルであり、もう一方は、逆にいくつになっても関係を築けず、孤立して性的にも逃避して社会的に排除されるという課題で、最近急増している。しかし、一見両極に見える問題行動は、現代社会の生きづらさや貧困が背景にあって、自己信頼やキーパーソンがなく、「自分なんか」と思って他者と信頼関係を築けないという同じ根源を共有している。データから性的な経験率を見ても2005年から2011年の7年で大きく低下している（図Ⅲ-6、Ⅲ-7）。

　若者のこのような性的行動の変化は、社会の変化に若者がとりわけ早く反応していると言える。『若者の性白書』（小学館）では「性イメージ」（楽しい＝1〜楽しくない＝4で分類）で「楽しくない」のリスク意識の上昇が異性接触（異性の恋人や友人）のないグループほど高く、また1999年以来そのリスク意識は全体として増加しているという。

　「性」へのネガティブなイメージで若者の性行動が不活発化していくことを好ましいとは言えない。なぜなら性的な自立・発達とは結びつかず、前述の性的逃避となり、人間関係として大きな課題が残る

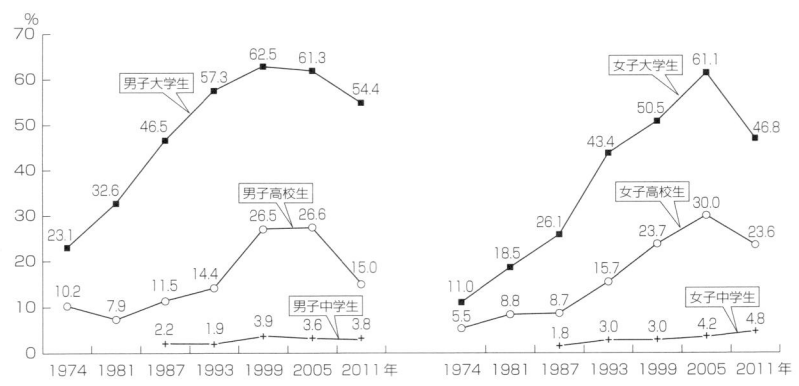

図Ⅲ-6　若者のセックス体験率の推移

出典：財団法人日本性教育協会による調査結果

注：1981年以前は中学生は町村部での調査がなかった。大学生には専門学校生を含まず。

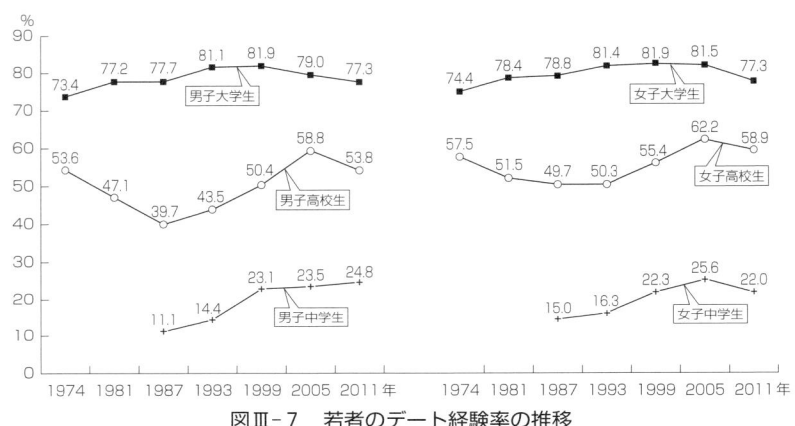

図Ⅲ-7　若者のデート経験率の推移

出典：財団法人日本性教育協会による調査結果

注：1981年以前は中学生は町村部での調査がなかった。大学生には専門学校生を含まず。

からである。今日の若者に見られるこの現象は、中高年世代の「性的関心はあるが、辛抱して結婚をしてから…」という規範的な思考による遅滞化とはまったく異なっている。この背景には、格差貧困の拡がりがある。それが経済だけでなく人間関係を貧困にし、さらに性教育の貧困による確かな情報の不足がそれに拍車をかけている。

　セクシュアリティという点で世界を見ると、1994年にエジプト・カイロで開かれた国際人口開発会議（ICPD）にて提唱された『性と生殖に関する健康・権利』以来、セクシュアリティを人権としてとらえる動きが加速した。翌年1995年に北京で開催された第4回世界女性会議（北京会議）でも、リプロダクティブ・ヘルス／ライツがすべてのカップルと個人が有する人権の一部であることが明記され、その後も1999年8月、第14回世界性科学学会（WAS）により「性の権利宣言」（2014年改訂）、2005年第17回性の健康世界学会「モントリオール宣言"ミレニアムにおける性の健康"」などの同様の動きが続き、それらの中で人権保障としてセクシュアリティ教育の必要性が謳われた。

　教育分野でも、これまでのセクシュアリティの発展を踏まえた世界の性教育指針とも言えるユネスコ「性教育国際指針」が2009年に出され、包括的な性教育を保障することは、各国の政府の責任であるとされて、この指針に沿って先進各国では性教育が推進されつつある。しかし、日本では小学校学習指導

要領理科編に「受精に至る過程は取り上げない」として性交を扱うことへの制限がいまなお続いている。ほかにも小学校体育科・保健や中学校保健体育科・保健分野でも、教科書検定において、小学校では性交を扱わないこと、中学校では妊娠の経過や避妊を扱わないこと、という制限をしている等、世界的な潮流からの遅れは歴然としている。

2. これからセクシュアリティ教育の考え方・方向性

では、どのような考え方や方向性が、これからのセクシュアリティ教育に必要なのかを観点別に考えてみたい。

（1）性教育と子ども観

子どもたちを性的存在としてとらえ、未来を考慮して互いに幸せな自己決定が行えるよう発達を保障する。性にかかわって正確な知識とスキルと行動力を育成することは慎重な性行動をとることにつながると考える。巷にあふれる興味本位の性情報を批判的に読み解き、自他の幸福につながる性のあり方を考え、それを保障できない社会の改善にもつなげて考える。

（2）セックス観や性的トラブル観

セックスを学習課題に取り上げ、男女間だけでなく同性愛などの生殖以外のセックスも含み、語らいやふれあいなど性器性交以外での豊かな心身共の満足・楽しみがあることを提言し性の多様性を教える。

中高生の性行動は、現状では残念ながらあり得るものととらえ、対等な相互の合意のうえでのより安全で慎重な性行動への質の向上を取り上げる。性的トラブルは性教育の不備がもたらす発達課題と受け止め、無知やバイアスこそ問題としてとらえ、教育で是正し立ち直りを援助する。

同時に、性的な関係への「あきらめ・無関心」にならざるを得ない性からの逃避も大きな課題として個人責任で終わらせず、背景の社会責任を問う。

（3）恋愛・結婚・家族観

恋愛を学習課題として積極的に取り上げ、異性カップル至上主義から結婚・家族という単一型だけでなく、同性愛、シングル家族などその多様性を教える。また離別もまた幸せのための選択となり得ることを教える。特に恋愛教育では「離別力」こそ、貧困・携帯世代のこれからには大切となる（デートDV排除のためにも）。また社会環境によって、恋愛・結婚・家族形成という選択肢を持てない性からの排除も取り上げる。

3. これからのために、これまでの反省

「性」という人間存在の根本にかかわる重要なテーマでありながら、日本では一部の熱心で先進的な実践を除くと、教育行政の遅れもあり、科学と人権の視点からはほど遠い「性教育」が行われてきた。それから脱却するために、わかりやすくいくつかの型に分類してみた。

①月経（手当て）教育：小学校高学年ぐらいの女子だけを対象に、月経（初経）への対処の仕方のみを教えるもの。一方で男子は蚊帳の外に置かれた。

②純潔教育：純潔とは、文字通り女性が婚前性交渉を避けるための教育。一方で男性を見ると、その性行動への規制はほとんどなくダブルスタンダード〈二重規範〉となっていた。

③生徒指導型：性行動を非行ととらえ、それにつながる恋愛など児童生徒に必要ないとして禁止排除

する教育。

④トラブル強調教育：「予期せぬ妊娠」のマイナス面ばかりで脅し的に性行動を抑制する教育。

⑤一元的幸福モデル教育：「健康な若い男女が、結婚をして子どもを産み育て、一生添い遂げ、愛情に満ちた家庭を築く」という一つの典型的モデルのみを強調して多様性を欠く教育。

　これら紹介したこれまでに多かった性教育は、「結婚するまで性行動をしないことが唯一の方法」とする禁欲主義教育に基づくものである。

4．実践イメージを拡げるために

　これからのセクシュアリティ教育の実践におけるイメージを拡げるために、具体的に何が必要かを考える。まず、小学校低学年までは、生（生命・生活）の主体者としての教育がいる。その具体例を項目別に説明する。

　「からだの学習」：「からだっていい、よくできている」と肯定的にからだの各器官のしくみを学習する。その中に大事な器官として性器の学習も必ず入れて、とっておきのプライベート器官として、大切に清潔に保護できるよう指導する。

　「いのちの学習」：「赤ちゃんはどこから、どうやって」の生命誕生の疑問を解くため科学的に事実を教える。子どもの素朴な疑問は、自他のいのちのルーツの確認である。そのため生命誕生のしくみを正確に理解度にあわせて教具や用語の工夫をして、理解してもらう必要がある。非科学的で不正確な教えでは、子どもには疑問が残りかえって不信感を持たせる。また誕生時の母親や家族からの愛情強調も個々多様なので避けたい。

　「安全の学習」：性的被害から子どもを護る。幼少期から性的な被害に遭うことがある。そのときの対処の仕方を教えておく。具体的には

①性的な誘いやタッチに「イヤ」ときっぱり言う。

②大声を出して助けを呼ぶ。

③その場から逃げる（明るい、人の多い方向へ）。

④親や先生に被害を告げる。

　このどれもだが、特に①については「自分を大切にできる力」が基盤となって発揮できる。さらに④の被害を告げられた大人は、子どもを非難しないで、「よく言ってくれたね。大丈夫、護ってあげるから」とエンパワーしてほしい。

　「性的な言動への対応」：子どもはときにおいて、不適切な性的言動をする場合がある。ピンチは教育のチャンスでもある。その際の具体的な対応を紹介する。

①性器を人前で触る場合、触ること自体は責めないでプライバシーと社会ルールを守るために独りの空間で行うように指導する。

②「ズボンおろし」「スカートめくり」等、性的いじめがあった場合、プライバシーや学習環境権を侵す重大な人権問題として毅然と対処する。遊びや悪ふざけで軽く済ますと被害が拡大する。特に攻撃的・搾取的な繰り返しや年齢差や地位差・知力差の利用等がされていたときは、さらに重大な注意と対応がいる。

③「そんなの女のやること、男でしょ。しっかりして」などのジェンダーバイアスのかかった言葉があった場合、ジェンダー平等や性別にとらわれない多様な生き方があることを教える。

　次に小学校中学年からは、性的な心身の変化を視野に入れて教育する時期となる。そのため小学3〜4年生から予め、ポジティブに月経や射精への対応を教えておく必要がある。早い女子ではこの年代で初経があり、男子も早いと5〜6年生で精通がある。小学校高学年になると思春期にさしかかる。思春期の変化は「個々多様」ではあるが、子ども期から離脱し、性的自立に向けて性の主体者となっていく時期である。性的自立とは、まず自分がどのような性を生きるのか、さらにどのような性的関係を作っていくのか否かを創造していくことである。思春期には、変化への戸惑いや不安もある。それを成熟への成長発達として肯定的に受け止められるようにする。月経・射精に関しては、新しいいのちを作る可能性を持つことへの畏敬とともに、ポジティブな扱いをして羞恥・嫌悪を感じないように教える。具体的には、月経の健康上の重要性や月経異常の克服、月経時のパートナー（男性が多い）からの思いやりの必要性や、射精の生理的科学、自慰の肯定とプライバシーの尊重、勃起などの性衝動と性行動は分離して人権に沿ってコントロールできる力を扱う等である。

　『若者の性白書』（小学館）では、思春期以降の児童生徒からの性教育への要求は「恋愛・異性の心」が一番多くなっている。冒頭で述べた通り「関係性の改善にまで踏み込む」教育を望んでいるのだ。学校教育では取り組みが進んでいない分野だが、これからは恋愛至上主義や興味本位の性情報を是正するためにも、恋愛やつきあい方の教育を是非行ってほしい。その際に伝えてほしいメッセージは次の三つである。

①「恋愛」をしていなくても人の価値は変わらない。独りでも片思いでもOK（恋愛至上主義からの解放）。

②「恋愛」してつきあってもノーセックスで、語らいやふれあいで十分満足できる（愛情表現＝セックスのみからの解放）。

③セックスをするなら、たとえ結婚していようが、相互の安心・安全・信頼が不可欠である。そのため対等な話し合いで、避妊、性感染症予防、デートDV防止の実行が最低限必要（トラブル・暴力からの解放）。

　最後に性的自己決定力をつけ、自立を保障するためには、個人的にも教育面でもその指標になる到達目標がいる。主な目標を紹介するので参考にしてもらいたい。

①自分の心とからだ・性を大切に思えて大事にできる。

②周りの人や特定の相手の心（意思）とからだ・性を尊重できて侵害しない。

③友人やメディアからの性情報のウソを見抜き科学的で正確な情報を得られる。

④性的な衝動に流されず、予期せぬ妊娠・性感染症や暴力・強制を予防できる。

⑤同性愛など性愛の多様性を理解し、自他の主体性個別性を尊重できる。

⑥性や恋愛で悩んだときや困ったときに信頼して相談できる人や機関がある。

⑦友人や特定の相手の悩みやトラブルの相談を受けて解決につなげられる。

（関口久志）

●参考文献
1）季刊セクシュアリティ、エイデル研究所
2）関口久志：性の"幸せ"ガイド─若者たちのリアルストーリー、エイデル研究所、2009
3）浅井春夫他：あっ！そうなんだ！性と生─幼児・小学生そしておとなへ、エイデル研究所、2014

③ >> 生きる力を育む食の教育

1. 学校における食教育の考え方（理念）について

　学校における教育は、どちらかというと「好き嫌いなく食べましょう」「調理員さんに感謝して食缶を空にして返しましょう」という指導で留まっている現状が多い。また、事故が起きないようにということで管理的指導に陥りやすいことも見受けられる。しかし、食教育はこのような目の前の指導だけでなく未来への視点で「健康を考えて能動的に食べていこうとする自立力を育てる、人間らしく科学的なものの見方がしみこむ」教育であろうと考える。具体的には後述するが、指導者がこのような考え方で一人ひとりの子どもたちの状態に合わせて実践をしたことにより、「好き嫌いを乗り越えたばかりか、生活全体に主体性や自分をしっかり見つめる姿勢が育まれた」という報告がある。食教育は子どもたちが人間としての発達をしつつ社会人となる資質を培い、豊かな食文化の担い手として育っていくことを目指した教育の土台としてあるのである。

2. 生活体験の乏しい子どもたちの実態

　「硬くてむけません」と子どもから尋ねられたのは小学5年生のゆで卵の調理実習の時間のことである。「殻にこうしてひびを入れるのよ」と答えたところ、「包丁でむくんですか？」という答えが返ってきた。子どもたちの生活体験の乏しさが覗えるエピソードだ。「骨が入っていました。何で骨をとってくれないんですか？」というのは、骨をつけたまま魚を出したときの子どもからのコメントだ。

　家庭においては外食をしたり、コンビニで買えばできあがった料理を食べることができたりして、学校に給食室がなければ作り手の姿が見えにくい。そのように「作る人」と「食べる人」が分断されているのが実態である。そのことによって「食べ手である子どもたち」は「作り手」の手間暇かける心を感じて食べることができず、作り手の思いを受け止めて食べるということも体験できないばかりか、素材そのものを見ることのできない環境に置かれることになっているのである。

　人気のある献立は「やわらかくてかまなくてよいもの」「家で食べ慣れているもの」「甘いもの」などであった。「新しいものに立ち向かう気持ちが弱く苦手な食べものに立ち向かえない子どもは、他の場面でも苦手なものに立ち向かえない」。これは学級担任からよく耳にすることだ。

　ひと昔前までは「家庭の食卓で家族揃って食事をする」中で、食に関する知識や食文化は伝承され身につけることが当たり前だった。そのため食教育はとりたてて学校で取り組む必要はないと思われていた。しかし、現在の子どもを取り巻く状況を考えると、学校で食教育として行わないと伝わらない子どもたちが多く存在するのである。

　図Ⅲ-8・図Ⅲ-9は、小学校で調査した子どもた

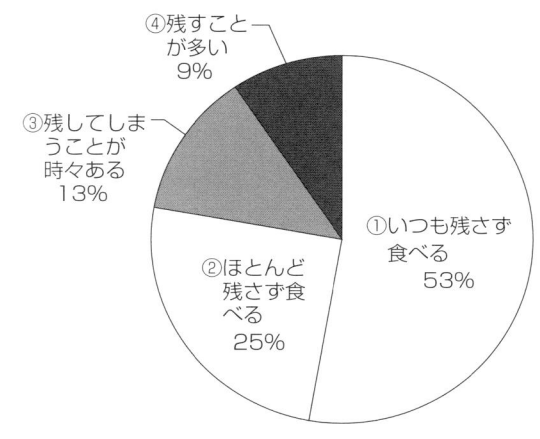

図Ⅲ-8　給食を残さず食べますか？

①いつも残さず食べる 53%
②ほとんど残さず食べる 25%
③残してしまうことが時々ある 13%
④残すことが多い 9%

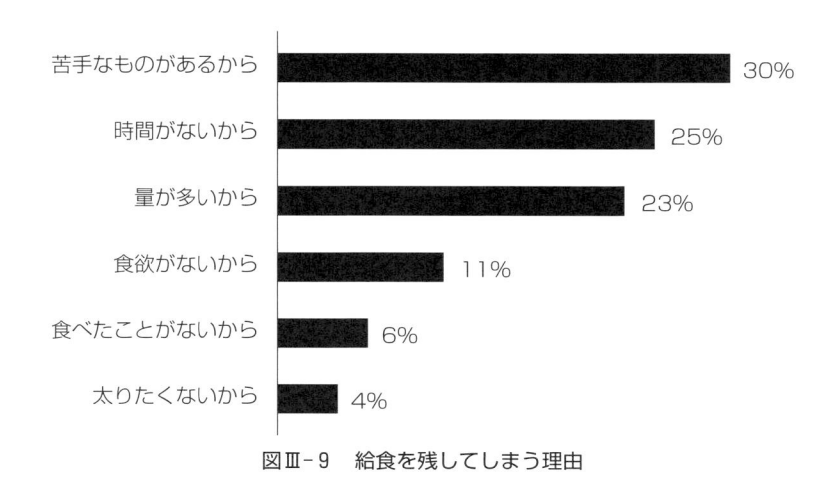

図Ⅲ-9　給食を残してしまう理由

ちのアンケート結果である（志木小学校「食に関する実態調査結果」より）。「給食を残さず食べますか？」の問いに対しては、約半数の児童が「いつも残さず食べる」と答えているが、「残してしまうことが時々ある」と「残すことが多い」と答えた児童を足すと2割を超えていることがわかる。残す理由を聞くと「苦手なものがあるから」がトップで3割を占める。朝食アンケートをとると「必ず毎日食べる」と答える児童が100％に近く、一見よい状況のように見えるが、食べた内容を見ると理想の形の「主食・主菜・副菜・汁物のすべて揃ったもの」と答えた子は8％に過ぎず、「ごはんやパンの主食のみ」と答えた児童が一番多いのが実態である。

　現代の子どもたちに食の指導をしない状態が続くと、人間として社会人としてきちんと自立することが困難だろうと予想されるのである。食べることにおいて、動物と人間の大きな違いは「火を使い工夫して作ること」と「周りの人のことを考えてみんなで楽しく食べること」と考える。その二つを失っていくということは、人間らしさを失っていくことにつながるのではないか。

　子どもたちのリクエストにも応えつつ、「なぜ苦手なものも食べる必要があるのか」「どういうものを食べるとよいか」を指導者が様々な手立てで伝えるようにしないといけない。

3. 生きる力が育つようにと考えた、ひとつの教育とその手立て

1）「食べるまでの物語」を伝えることで食事の重要性を知り、食への関心を育てる

　児童への働きかけは、継続的に行うことが大切である。通常は見えにくい「食べるまでの物語」のプロセスを伝える学級向けの通信を栄養教諭が発行する取り組みも増えている（図Ⅲ-10）。その日の献立は、どのような思いで立てられたものであるのか、どのような経過で作られたものなのか、野菜の生育状況や野菜の花なども伝えていることが多い。食物に対する関心を高め、さらに当日の意見や感想を書いたものを次の日に載せることで、作り手と食べ手をより近づけていく役割も果たせる。同時に「自分の意見を表明する力」をも育てることができる。また通信にクイズを取り入れることで、子どもたちの関心はさらに高くなり、これを毎日重ねていくことで、子どもたちの食に対する意識が次第に高まり、残量が減ることにもつながっているという教員からの声も聞く。

　学年末の振り返りのアンケートに、学級担任から次のような書き込みが見られた。

　「1年間、おいしく栄養のある給食をありがとうございました。1学期と比べると食べる量も増え、

> ＜こどもたちむけ　きゅうしょくしつからこんにちは＞
> **しゅん**の**はるきゃべつ**とあえてあるのは**いわのり**です。かおりがとてもいいの
> ですが、いわのりをしゅうかくするのは、とても「てま」がかかるんで
> すよ。きょうは「**八十八や**」なので、それにちなんで「**きすのわかくさ
> あげ**」のころもに「**せんちゃ**」をこまかくしていれました。
> 　　ではクイズです。みそしるの**とうみょう**は、おまめのかおりがしますね。お
> おきくなるとなにになるでしょうか？
> 　　ア、そらまめ　イ、グリンピース　ウ、とうもろこし
> ヒント　きょねん２ねんせいがかわむきをしましたね。

図Ⅲ-10　きゅうしょくしつからこんにちは

嫌いな食べものでも挑戦する子も多くなりました。苦手な食べものでもおいしく食べられるように工夫がしてあるので、挑戦する子が増えたと思います。またクラス全体が給食を残さないようにしようとする意識が強くなりました。"ありがたく"いただくことができる子に少しずつ近づいているのではないかと思います。給食をたくさん食べるようになってから、子どもたちがとてもいきいきと活発に学校生活を送るようになっています。"どう食べるかは、どう生きるか"につながっていると実感しました。」

作り手の思いがきちんと伝わって、それが確実に食べ手に伝わるということが子どもの心を動かし、能動的になるのだということを確信できる。

２）食材に触れ自然に触れることで生活能力を育み、感謝する気持ちにつなげる

目の前にある食事を「生き物をいただいている」という意識を持って食べ、生活能力を高めるための取り組みとして、「食材の皮むき体験」や「学校農園における栽培」等がある。

小学１年生は図書の時間に『そらまめくんのベッド』（福音館書店）の読み聞かせをしてから「むいてみたい」という気持ちでわくわくさせる。そして、生活科で「そらまめのかわむき」をする。実施後には今まで家で出しても「くさいからいや」と食べなかった子が「うちでも出して」というようになったという。同様に他の学年でもグリンピース、とうもろこしの皮むき、スナップえんどうのすじとり、枝豆のさやむき、ヤングコーンの皮むきに取り組むことができる。また学校農園での栽培は、生活科・総合的な学習の時間で取り組むこともできるが、給食委員会で取り組む方法もある。

３）保護者と共に「チャレンジカード」に取り組み、共に心とからだの健康を考える

各学年の食教育の授業の後で、チャレンジカードや料理づくりに取り組むことで保護者との連携を図り、生活に根付かせてからだの健康を意識していくことができる。例えば小学１年生の「苦手な野菜ともなかよくなろう」という授業の後、「たべものチャレンジペロリンカード」（苦手なものも食べられたら色を塗るカード）に取り組んだ児童からは「給食がおいしかったので、苦手なものも食べられました」「しそは食べたらおいしかったです。びっくりしました」。保護者からは「茄子や茸など苦手なものも、給食だとおいしく食べられるそうです。やわらかくスープにしたり、かき揚げのように他のものと一緒にしたり、工夫をして出すようにしてみようと思いました」「しそは苦手だと思っていたので、食べさせたことがなかったですが、おいしく食べられたことに驚きました。このような機会を作ってくださり、ありがとうございました」などの感想があった。家庭での苦手なものを克服した楽しそうな食事の様子が見えてくる。

4）目指す子ども像を共有し、教職員・子ども総意で献立を作る

　現代の子どもたちの実態を踏まえると「今、子どもたちに何を伝えていくことが必要であるか」ということを献立づくりの方針と決め、教職員・児童・保護者等が参加して作る「開かれた給食づくり」であることが望ましい。つまり「献立」は「食教育の教科書」であるのだから、教材研究をするのは公務なのである。食教育の教科書である献立は、学校栄養職員・栄養教諭（以下、栄養教諭）だけで立てるものではなく、目指す子ども像に向けて内容を話し合い、決められるべきだ。しかし、単独調理校であってもそのことについての話し合いを持つことは難しいのが現状だ。共同調理場方式や、単独校方式であっても本音の意見が出せないような風通しの悪い職場の場合や、統一献立である等、実施方式の違いで子どもたちの献立を実施することが困難な場合が多いのが実態である。

　さらに大学の小・中学校の教員養成課程において、人間形成としての食教育を学んでいることは、現在皆無に等しい。では、現在の教員は何を拠り所にして指導をしているのだろうか。教員の家庭での食生活が望ましい姿であったか、指導を受けてきた小・中学校での食教育の内容が優れていればよいが、そうでない場合には「子どもを成長発達させるための食教育」ではなく、単に「給食の時間を事故なく早く終わらせるための管理的な指導」になってしまわないとも限らないのである。それを補完するための現職研修として、体験型の「食教育研修会」を紹介する。

　これは長期休業日や始業式後の数日等、給食のない日に、調理だけでなく、食器の用意や配膳・片付け・会計などを分担しながら教職員みんなで試作試食会をする取り組みである。教職員実技研修会として位置づけ、手洗いから調理、アレルギー対応食の配膳を含めた配膳、片付けまでを、実際に教員も白衣に着替え給食室で作業を体験する。

　具体的な効果を二つあげると、「①みんなで一緒に配膳・味見をして、配膳する器具や切り方、味つけなどを検討することによって給食についての意識も高まり、実際の給食にその献立が出たときに指導がしやすくなる」「②普段はなかなかゆっくり話のできない調理員と担任が話をするよい機会にもなる」であった。次は実施後の教員の感想である。

　「衛生管理を徹底していたことに驚きました。調理員さんたちがチームワークよくてきぱきと動いていて感心しました。食中毒などへの対応のために2週間食品を保存していることや食物アレルギー対応では、きめ細やかに、何度も確認しているとのことで、改めて給食のありがたさを感じました。」「頭では理解していても、体験することで大変さと同時にありがたみをとても感じました。子どもへの指導（対応）も変わりそうです。」

5）食事づくりの力を育て、食べものの生産過程を知り、感謝する気持ちを

　小学6年生の家庭科の発展学習としての「給食の献立づくり」は、宿題として夏休みに実施すると効果的である。学期末の懇談会で保護者にも説明し、協力を仰ぐことで親子で取り組むこともでき、保護者の意識の変化にもつながる。「給食のメニューなので、まず子どもが好きな味つけで野菜もしっかり摂れることを考え、我が家のメニューから相談して選びました。材料も安価で手に入りやすいものにしました。調味料を含めすべて手作りするということは料理の原点であり、考え直すよい機会になりました。ありがとうございました」など、「作り手への感謝の気持ち」「旬の野菜を意識することができたこと」「親子で献立づくりや料理づくりをすることのよさ」「手づくりすることのよさを再認識したこと」などの感想が実施後、寄せられる。

6）「おもてなし会食」で人間らしい心の育ちと、みんなと一緒に食べる楽しさを学ぶ

　よく行われている「ランチルーム」での指導は、食物の栄養素等の指導が多く見られる。しかし、この「おもてなし会食」は、個人を尊重し、同時に、相手のことを考え思いやりながら楽しく食べる給食時間を活用した会食のことである。家族以外との会食の体験が乏しい児童にとって、このようにみんなで楽しく会食をすることで、心豊かな食生活への意欲や態度を育むことができる。特に会食後にたくさんほめてもらう体験ができるように、各班に1名ずつ担任外の職員や調理員、地域の方や学童の先生等を「お客様」として招いている。そのお客様との交流を通して、自分たちが様々な人によって支えられていることに気づき、お客様をお迎えして食べるときのマナーや楽しく食べるための方法を子どもたちは学ぶことができるのである。

4．進めるための体制と連携・協働の職場づくり

　子どもたちの実態を細やかに把握し、教職員みんなで相談しながら取り組みを進めてこそ効果があるのが食教育である。

●教員の意識調査をして共通理解を決める

　その際大切なのは「小学1年生のときにはこう習ったのに、担任の先生が代わったら違うやり方になって食べられなくなってしまった」などという話も子どもたちからよく聞く。そこで、教職員間の共通理解を作って校内で共通した給食指導をするために、教員対象の意識調査を実施する。その結果をもとに、「給食指導の共通理解」を作成提案することで、どのクラスでも同じきまりで進めることができるようになる。以下はこうして決められた共通理解の提案例だ。

　①自分で食べる量は主体的に自分で決めるようにする。（先生が決めるのではなく）

　②その日の献立や食材にはねらいがあるので、一口は食べるように声かけをするけれど、無理強いはしない。子どもの成長をゆっくり見守り励ますという観点で一人ひとりに合わせたきめ細やかな方法で指導をする。人間らしい生き方ができるようにという視点を大切にする。（以下省略）

　共通理解を作り上げるためには、給食時を含めた子どもたちの様子を踏まえ、今の子どもたちに指導が必要だと思われる内容について全職員で話し合い、年間の指導計画を作成することが望ましい。食に関する指導と各教科との連携はもちろん、献立作成との連携を図ることでさらに効果が上がる。また、授業参観時に「食に関する指導」の授業を行い、保護者への啓発や連携を図ることも効果的だ。

　前項、3．で具体的に提案した取り組みを行い、食を通して子どもたちを人間丸ごと育てていくためにも、栄養教諭が各校に配置され、子どもたちとはもちろん、教員とも調理員とも保護者とも、お互いを信頼し合うことができる単独調理場方式が理想的である。

　食教育を実らせるためには、教職員（栄養士・調理員含む）はもとより、農家を含む地域の方、保護者を含めた子どもを取り巻く大人たちが手をつないで、風通しのよい関係であることが不可欠だ。目指す児童像を明確にし、教職員全員で共有しながら進めるために、食教育の中心に「教科書となる献立」がなければ実っていかないのである。本音で意見を言い合える風通しのよい学校づくりを進める中でこそ、真の意味で「生きる力」を育む食の教育は実を結ぶと考える。

（猪瀬里美）

④ >> いじめ・虐待から子どもを守る教育

1. いじめ

　いじめが社会的事件となり注目を浴びたのは、昭和61年に中野区立中野富士見中学校で起きた男子生徒のいじめ自殺に遡る。「このままじゃ生き地獄になっちゃうよ」と遺書にある訴えは、今もいじめ被害者に共通した心の叫びである。

　最近も、平成23年に大津市の公立中学校で中学2年生の男子生徒がいじめによる自殺をした。煽動的と言えるほどメディアの扱いが大きく、全国的に大きな反響があり、文部科学省などから対応が出された。それでも平成27年に、岩手県の中学2年生男子生徒のいじめによる自殺が発生した。学校はいじめを把握しておらず、担任が1人で抱え込み、組織的対応ができず、管理職は初期の「保身、いじめの不在、因果関係の否定」会見と、その後の「因果関係の受動的な承認と謝罪」会見という従来のパターンを繰り返した。平成25年に「いじめ防止対策推進法」が施行されたが、全校のいじめアンケート調査といじめ防止対策校内委員会は機能していなかったのである。果たして、いじめから子どもを守るために、学校、教員、あるいは教育は何ができるのだろうか。

1）いじめの背景にある人間の攻撃性と権力的な社会関係

　いじめは人間の日常生活や社会関係に影のように付き纏う負の側面であり、遍在する社会問題である。人間に攻撃性が備わっている限り、いじめなどの暴力性は避けがたい問題である。小集団から国家、国際社会に至る現実世界のみならず、仮想のゲームやSNSの世界まで、いじめ、虐待、様々なハラスメント、暴力犯罪、紛争・戦争という攻撃性、暴力性に大人も子どもも日常的に晒されている。このような暴力性の背後には、非対称的な権力関係があり、強者が弱者を力で抑圧している。

　子ども社会のいじめは、大人社会の暴力と地続きである。いじめに象徴される暴力性は学校のみでなく大きな社会における不均衡な権力関係の問題であり、攻撃性という人間の生物学的特性に根ざした問題であり、両者を現代世界はコントロールできていないという問題である。学校でいじめや体罰がなくならないように、家庭で虐待や体罰がなくならないように、強い立場にある者（特権者、管理職、教員や親など）は、権力的優位性を盾にして、弱い立場の者（若手教員、児童生徒、女性、高齢者や障害者など）に暴力を振るう可能性が常にある。我々は、このような危険な社会構造の中で日常を生きていることを、十分に自覚する必要がある。力の優位性を背景にした暴力は、相手を孤立させ、無力化し、心を支配する手段となる。程度の差はあれ、加害者が忘れた後も、被害者の心に生涯にわたる傷を残す。最も重い症状が自殺であり心的外傷後ストレス障害なのである。

　ただし、攻撃性そのものは必ずしも悪ではない。ある種の攻撃性は、自己主張を通して自分や人を守るために必要で、その発達を抑制すべきものではない。いじめを仲裁する役割を取る者は、共感性と攻撃性の両方が高い児童生徒でもある。同様に、権力関係も、社会的正義や公正さを守るために、教員が毅然と児童生徒に対応するうえで必要である。問題は、その権力の濫用とコントロールを失った行使なのである。

　では、人間性や社会のあり方に深く根ざしたいじめをなくすことは可能なのだろうか。

２）いじめへの教育行政の対応

　いじめに対する教員の感度の鈍さ、学校と教育委員会を含めた隠ぺい体質、いじめに加担した児童生徒への対応など、根本的課題は何一つ解決していない。もちろん、文部科学省はただ手をこまねいていたわけではなく、様々な通知を出し、法律を策定し、対策を試みた。

　中学生のいじめ自殺の問題を受け、平成７年にスクールカウンセラーの全国配置を開始し、平成18年には活用を促した。同時に「いじめの問題への取組の徹底について（通知）」により、いじめの早期発見・早期対応の方針として、①どの学校、どの子にでも起こりうるとの認識に立ち、危険信号を見逃さないこと、②教員１人で抱え込まず、学校全体で対応すること、③学校のみでの解決に固執しないこと、④学校のいじめ対策について保護者・地域の理解を得、情報を隠ぺいしないこと、など基本指針を示した。いじめを許さない学校づくりにも言及し、「いじめの問題への取組についてのチェックポイント」も示している。

　さらに、文部科学省は、インターネットや携帯電話などの情報メディアの普及に伴う「ネット上のいじめ」への対応について、「学校における携帯電話の取扱い等について（通知）」を出し、情報モラル教育に取り組むこと、学校だけでなく地域や家庭における取り組みの重要性を示した。さらに取り組みを徹底させていくために「『ネット上のいじめ』に関する対応マニュアル・事例集（学校・教員向け）」の活用を奨励している。

　平成25年には、いじめ防止への包括的対策を定めた「いじめ防止対策推進法」が公布され、その基本理念は、「いじめの防止等のための対策は、いじめが全ての児童等に関係する問題であることに鑑み、児童等が安心して学習その他の活動に取り組むことができるよう、学校の内外を問わずいじめが行われなくなるようにすることを旨として行われなければならない」（第３条）と謳われている。児童等はいじめを行ってはならないこと（第４条）、学校はいじめ防止等のために必要な措置を講じる責務があること（第７条）などが明記されている。また、「いじめの防止等のための基本的な方針」において学校の教育活動全体を通して取り組むべき多くの指針が示された。

　次々と教育行政と政治のトップから教育現場に対策が降りてきたが、現実はいじめに有効に対応できる学校・地域とそうでない学校・地域がある。いじめ防止に学校と地域をあげて取り組むならば、健康と平等、平和を核とした働きやすく学びやすい学校づくりであるヘルスプロモーティングスクールに地道に向かうべきであろう（オーデンセ声明：平等、教育、健康のためのABC）。人間性や社会のあり方に深く根ざしたいじめに特効薬はない。

３）いじめの実態

　平成25年版「子ども・若者白書」（内閣府）の「第３章 成育環境」、学校に係る諸問題、いじめを見ると、アンケート調査の結果からいじめの実態を知ることができる。ジャーナリストや弁護士などが運営する「ストップいじめ！ナビ」（http://stopijime.jp/data）では、研究から抜粋された情報にもアクセスできる。

　一端を紹介すると、いじめ件数は、中学１年生、２年生が最も多く、次いで小学校高学年が多い。いじめに介入して止めてほしい人の第一は友だちであり、50％〜65％を占めている。１／４〜１／３は学級担任に期待している。いじめが起きやすい場所は教室で75％を占め、登下校中も起きやすい。また、小学校高学年時に信頼していたものから裏切られた体験が、中学校での加害者行動を高める傾向も報告がある。中学校では、いじめが深刻化していても、いじめを容認し黙認する教員が４割近くいる。一方

で、教員がいじめをなくそうと介入した場合、65％は改善している。しかし、生徒や教員の態度から生み出されたいじめを容認する風土は、目の前で起きているいじめを透明化し、教員や保護者、同級生の目からいじめの実態を見えにくくし、いじめの被害者は、保護者（53.2％）、教員（47.8％）、クラスの人（34.9％）は知らないと回答している。同時に、クラスのいじめを容認する雰囲気は、いじめの発生と攻撃性のエスカレートに大きく影響する、重要なポイントでもある。

　さらに注目すべきは、性被害との複合である。いじめの行為には性的暴力など、性に関する加害が潜んでおり、被害を訴えにくく、被害者の力を一層奪っているとの指摘がある。

４）教員はいじめにどのように対応するのか

　いじめが学校で発生すること自体は必ずしも問題ではない。問題は、発生したいじめに学校・教員が真摯に解決しようと取り組まないことである。では、教員から見えにくいいじめにどのように対応するのか。まず、教職員はSOSや異変信号を受信できるアンテナを高くし、自らが兆候を探知する積極的感性を持つことである。また、多くの教員は普通の人間である。だからこそ、被害児童生徒がこの先生なら何とかしてくれると打ち明けてくれる、信頼の厚い教員や養護教諭になろうと決意し、日頃から努力することである。そして、責任を取る覚悟のある管理職と信頼し頼れる複数の教職員が、保身に走らず、協力していじめの早い時期に迅速に加害者と被害者、その保護者に対応することである。

　事例を紹介した書籍や雑誌は数多くあるが、ハウツーは必ずしも役に立たない。いじめかいじめでないかの区別も教育実践には重要でない。学校や社会におけるいかなる暴力も容認できないからである。したがって、重要なのは、暴力に取り組む学校と教員の意識や姿勢である。非行少年への対応と同様に、いじめも、抑止する強さと教育的で福祉的なケアマインドの両方が求められている。

２．虐　待

　家庭という私的場で起きる私的関係における暴力である虐待は、学校という公共の場で起こる社会関係上の暴力であるいじめと異なり、しつけと虐待の区別を明確にする必要がある。しかし、その区別は共通理解が得られにくい。よって、虐待の根本的解決は保護者による虐待行為がなくなり、良好な親子関係を構築することであるが、体罰によるしつけに寛容な文化と言われる日本社会では、保護者の理解が得られないことがある。そのため、学校、児童相談所、警察などの公的機関が私的領域に介入する場合も、保護者は簡単には受け入れてくれない。したがって、学校や医療機関は、保護者との信頼関係と子どもの安全確保のジレンマに陥り、通報や介入を躊躇してしまいがちである。

　そこで、教員や養護教諭が児童虐待に取り組むには、まず児童虐待を扱う現場と対応について書かれた良書を読み、虐待と児童相談所の現状を知っておくことである。多くの経験と知識が集積しており、児童虐待対策における日本社会の課題が理解できる。

１）児童虐待防止法における虐待の定義、学校に求められる対応と課題

　平成元年の国連総会で「子どもの権利条約」が採択され、第9条1項において、父母が児童を虐待もしくは放置する場合には、保護をすることが盛り込まれた。この条約が、その後の日本における児童虐待への対応の契機となった。しかし、この頃の児童相談所が受けていた虐待に関する相談の件数は少なく、全体の0.4％程度であった。その後の急増（平成2年度1,101件から平成24年度66,701件と約60倍）

から推測すると、虐待は家族という密室で潜在化していたと思われる。平成26年度は実に8万9千件と過去最悪を記録した。

　児童虐待は、平成12年の「児童虐待の防止等に関する法律」において、いわゆる身体的虐待、性的虐待、ネグレクト、精神的虐待の四つが定義されている（第2条）。この法律は、学校の教職員に対し、早期発見と虐待防止に寄与するよう研修を受けること（第4条2、3）、早期発見に努めること（第5条1）、児童と保護者に対し教育・啓発に努めること（第5条3）を求めている。なお、児童虐待が疑われる児童を発見した場合の通告義務は、すべての発見者に負わされており、教職員に限らない（第6条）。

　また、学校等に対して平成16年に「児童虐待防止に向けた学校における適切な対応について（通知）」が出され、平成18年「学校等における児童虐待防止に向けた取組の推進について（通知）」、平成22年「児童虐待防止に向けた学校等における適切な対応の徹底について（通知）」が出されている。いずれの通知も、早期発見と通告の義務における学校教職員の立場の重要性を再確認し、自覚を促し、対応を徹底することを強く要請している。加えて後二者では、学級担任、生徒指導担当教員、養護教諭、スクールカウンセラーなど教職員等が協力した健康観察の実施と相談しやすい雰囲気づくり、他機関との連携などが求められている。早期発見と通告を含め、学校の組織的な取り組みが求められている。

　児童福祉法でも、児童虐待の通報は定められていたが、最近の法律は、促進を図っている。しかし、懸念されるのは誤った通告である。カナダ・オンタリオ州では誤報が通告の39％を占めていた（川崎二三彦『児童虐待─現場からの提言（岩波新書）』岩波書店、2006）。この誤報を、社会が子どもの安全を守るための対価としてどのように引き受けるのか。誤報で通告された保護者との信頼関係の修復、権利回復や精神的ケアへの対応が社会的に用意される必要がある。保身になりがちな学校がこのリスクをどのように扱うか、よく協議し定めておく必要がある。

２）虐待はなぜ起こるのか

　いじめも児童虐待も起こさない人間に子どもを育てていくのが教育本来の姿である。そのためには、児童虐待の要因を知り、未然に防ぐ教育活動に生かしていくことが望まれる。

　「子ども虐待対応の手引き」により、厚生労働省は児童虐待に関する詳細な解説とその対応のポイントを示し、事例を紹介している。この手引きによると、「虐待する保護者には、経済不況等の世相の影響からくる未経験や未熟さ、育児知識や技術の不足、さらに世代間連鎖等多岐にわたる背景が見られる。地域社会からの孤立や人的なサポートの希薄さもまた重要な要因となっている。」とある。つまり、①社会的・精神的な未熟さ、②保護者の親からの愛情不足、③子育ての知識・スキル不足、④社会的孤立、社会的支援の不足を指摘している。

　また、「健やか親子21検討会報告書」では、社会環境の影響も重要視しつつ、（1）多くの親は子ども時代に大人から愛情を受けていなかったこと、（2）生活にストレス（経済不安や夫婦不和や育児負担など）が積み重なって危機的状況にあること、（3）社会的に孤立化し、援助者がいないこと、（4）親にとって意に沿わない子（望まぬ妊娠・愛着形成阻害・育てにくい子など）であること、の四つの要素が揃っていることをリスク要因としている。予防には、四要素が揃わないよう働きかけることが必要とされているが、貧困と社会格差、利己的個人主義、望まない妊娠などを生む性教育の貧困にもっと目を向ける必要がある。

３）児童虐待への対応の基本姿勢

　「子ども虐待対応の手引き」では、八つの対応のポイントを示している。学校関係者にも当てはまるのは以下の五つである。①迅速な対応であり、初期対応の遅れで重大な事態に至るのを防ぐことである。②子どもの安全確保の優先であり、保護者との関係性への配慮や教員間の根拠のない楽観論より、危機意識と保護者に対峙する覚悟を持って臨むことである。③家族の構造的問題として把握することであり、虐待が生じる家族の背景は複雑であり、それをできるだけ総合的、構造的に把握するように努めることである。④十分な情報収集と正確なアセスメントを行うことであり、当事者である家族や子どもの心情に配慮し、丁寧にかつ正確に聴き取り、関係者で共有することである。⑤組織的な対応をすることであり、学校であれば、担当の教員や養護教諭任せにせず、組織でサポートするよう管理職が責任を持ってマネジメントすることである。

３．誰にとっても安全・安心な社会の構築を目指す教育

　児童相談所の現状は「児童虐待に適切に対応するのに見合った組織体制、十分な人員配置、ふさわしい専門資格、不可欠な研修システム、信頼できるサポート体制、根本的な法律上の枠組み、等々の何もかもが整備されないまま、最も困難な業務を担わされ続けている」（川崎、前掲書）。同様に、いじめや児童虐待をめぐり学校が担わされている業務も細かく規定されているが、現実は実施困難な状況ではないか。対策を実効化したいのならば、子どもの健康と安全、人権尊重のために、経済成長にこだわりカネとモノに投資する社会から、教育や福祉に社会的コストをかけ、誰にとっても安全で安心な社会を構築する価値へと根本的に転換する必要がある。シティズンシップ教育を導入し、成熟した民主的社会を担う人材を育成する学校教育のほうが、昨今の政治が過剰介入した学校教育と比べて、遠回りのようで解決への近道に違いない。

（朝倉隆司）

⑤ >> 学校における防災教育
津波防災教育の授業づくり

「天災は忘れた頃に来る」という格言がある。これに応える防災教育はどうあればよいのだろうか。一つは天災を繰り返す周期が、人間の生涯の三世代分以上の間隔で発生していること、つまり百年から千年の周期で起こる自然災害の教訓を世代を超えてどこでどう受け継ぐ仕組みを作ることができるのかということにある。もう一つは、災禍や天変地異等の事象を人間の脳は都合のよいように忘れるような仕組みになっているという。つまり、自然災害や危機管理は正常化への偏見に陥りやすいという。この格言を乗り越える人類の英知が今求められている。ここでは天災の被害を最小限にする防災文化の主体者を育てる津波防災教育の授業づくりを教育保健学の視点から提言する。

1. 学校防災・安全の背景と課題

　学校防災・安全の課題は、社会の変化とともに事件事故等によって、時代と共に変遷してきている。戦後の混乱と食料不足や不衛生な環境から子どもたちのいのちと健康を守ろうと「学校保健法」（1958年）が制定された。その後、交通事故、土砂災害、台風などの事件事故で安全対策が強化されてきている。近年、子どもの安全を脅かす事件事故が発生し、学校安全への意義が急速に高まったことから「学校保健安全法」（2009年）が51年ぶりに改訂された。その背景に何があったのだろうか。

　2001年6月8日には、大阪教育大学附属池田小学校に刃物を持った男が侵入し児童8名が犠牲となり、児童13名と教員2名が負傷する事件が発生した。この事件は学校関係者だけでなく、国民のすべてに二度と起こってはならない事件として刻まれ、国内のすべての学校で安全対策が強化された。各学校では「安全主任」を置いて「学校安全計画」の見直しを迫られ、「マニュアルづくり」と「不審者が侵入した場合の訓練」「引き渡し訓練」「非常ベル設置」等の安全対策が取られた。こうした対策だけで果たして再発を防ぐことができるのか、ははなはだ心許ない。

　また、1995年1月17日未明には「阪神淡路大震災」が発生し直下型地震で6,431名が犠牲となっている。その後に学校の耐震化や避難所設営等の対策が取られた。さらに、2011年3月11日には、「東日本大震災」で「巨大津波」が発生した。宮城県・石巻市・大川小学校の津波被災事故を教訓として各学校では、津波災害への新たな緊急対策がとられ、「避難マニュアルづくり」「避難場所・避難経路の設定」「引き渡しルールづくり」等を計画・立案する「防災主任」を配置する仕組みが追加された。そして「遠足」「修学旅行」「校外学習」等の学校のあらゆる教育活動に「避難マニュアル」を作成すると同時に集団的な「避難訓練」をも実施することになった。また、どんなに「マニュアル」を作成しても、マニュアルはあくまでマニュアルであり災害・事故は予想を超える場合があることから、訓練だけの防災対策では防ぎきれない課題も出てきている。

　教師の重要な仕事は、子どもの現実世界に向き合い、すべての子どもにわかる楽しい授業づくりである。この授業づくりのために教材研究と授業準備に十分な時間を保障すべきであるが、そのための制度的な保障が十分にはとられていないのが現状である。

　教育は、子どもの現実世界をしっかりととらえることからはじめ、子どもの成長・発達に必要なことを助ける社会の共同の営みである。子どもの現実世界は地域や生活者の現実と深くかかわっているので

あるから、その現実世界を分析し、課題を見つけ出すことが重要となる。子どもたちはもちろん、教師たちにも自ら判断し、行動し、協同を作り上げる力を備えた主権・主体者として育てる教育の役割はますます重要となってきている。

２．東日本大震災の犠牲者からの課題と教訓

　東日本大震災の「巨大津波」で犠牲になった児童生徒の合計数は、宮城・岩手・福島の三県で617名（宮城430名、岩手102名、福島85名；数見隆生『子どもの命は守られたのか—東日本大震災と学校防災の教訓』かもがわ出版、2011、p. 72）であった。宮城県の430名の犠牲者の中で小・中学生数は261名（小186名、中75名）である。私たちは、犠牲になった小・中学生の学校事故報告書と特別弔意金の申請書類等を情報公開制度を活用して収集し、子どもたちの被災結果を調査分析した。ただし、大川小の震災事故で犠牲となった数については、教師が付き添っていたことから除き、188名を分類分析している。その結果、約６割以上の子どもたちは、巨大地震後の巨大津波被災を予測できず避難せずに犠牲になっていることが判明した（宮城県教職員組合編『子どもの「いのち」を守りぬくために 第３集』p. 37）。

　また、大川小学校があった釜谷地区の住民への「避難のきっかけ」調査結果（大川小学校事故検証委員会『大川小学校事故検証報告書』p. 75）によると「津波について見聞きする前に」避難した人、つまり地震を体感して津波を予測して避難行動を取った人が30名中３人、「津波そのものを目撃して」避難した人が30名中10人、「津波を目撃した人に言われて」避難した人が30名中17人であった。いずれの避難者も現地での状況を判断し、公的な避難情報の前に避難を開始していた。つまり、津波から避難できた人々は、現地で危険度を感じ主体的な判断で行動していることが共通していたのである。

　二つの調査結果から、津波の犠牲になった人々は、３分も続いた巨大地震があっても津波を予測できなかったこと、津波避難場所として高台を選択できなかったこと、高台避難後に戻って犠牲になっていること等が課題となっていた。また、高台へ避難して助かった人々は、地震で津波が来ることを予測しすばやく避難できていること、海や川の異変を確認して避難していること、異変を確認した人々の避難の呼びかけで避難を開始していることが判明したのである。つまり、津波避難の判断は、公的な避難情報よりも現地の状況異変を察知し、すばやく判断し避難を主体的に開始していることが特徴であった。

　津波避難行動は、一人ひとりがその事態・状況を冷静に見極め危険度を予測する情報収集力と、思考洞察力と判断力で主体的な行為によって決定される。このような避難する力を身につけることこそが、子どもたちにとって自分の生命を守ることのできる力になるととらえられる。

　気象庁やマスコミ情報の避難速報も重要であるが、災害の危険はそれぞれの地域の現場で起こるのである。津波避難行動のきっかけを他へ依存することは危険度を高めることになる。津波避難は、高台への避難が大原則である。その場で事態の異変・状況を確認することを含め、最善を尽くして「高台へ避難する」ことができる力を子どもたちに身につけさせることが津波防災教育の重要課題と考えたのである。

　また、被災地の子どもたちは、被災中も被災後にも、地域社会の一員として避難所の運営や支援活動に主体的に参加し、被災した地域の住民を勇気づける活動をしている。被災した住民は、そうした活動する子どもたちに勇気・元気をもらい、復興へ踏み出す大きな力となり前進することができたと振り返っていた。こうした子どもたちの活動と教訓を学ぶことのできる学習プログラムを開発し授業研究を試みた。次にそのプログラム（学習目標、指導計画、内容等）と授業実践研究を紹介する。

3．学校防災教育の目標と学習内容・授業づくり

1）津波防災の意識を育てる教材の三つの柱とその考え方

　図Ⅲ-11は、津波防災教育の学習構想を一覧にしたものである。津波防災教育の教材化試案の小・中学校の共通目標は「災害時に、自ら考え、判断し、自分や周りの人の身を守れる行動が取れること」とした。そのための目標・内容として「津波を知る」「津波時に動ける（避難する）」「津波に備える」の三つの領域を設定した。これらの三つの関係の構造的なとらえ方は、最終的には津波という緊急事態が発生したときに、自分や周りの人間のいのちを守れるように動ける主体を育成するということある。そのためには、それなりの意識の持ち方や避難に関する具体的な備えが必要であり、そして、そうした意識や動きの備えができるためには、津波の特徴が理解されていなければならないということである。

　海での大きい地震が発生するとどうして津波が生じるのか、津波というのはどんな速さでどんな威力を持ったものなのか、こうした知識がないと的確な避難や備えができないことになる。ただし、中学校や高校などの防災教育の目標としては、単に「津波時に動ける＝避難」と狭くとらえるのでなく、「備える」とかかわって将来地域に生きる防災文化の担い手として「動ける」人材の育成まで考える必要があるととらえている。なおこの目標一覧は「津波」を「火山噴火」と替えることで噴火災害にも活用できるように工夫してある。

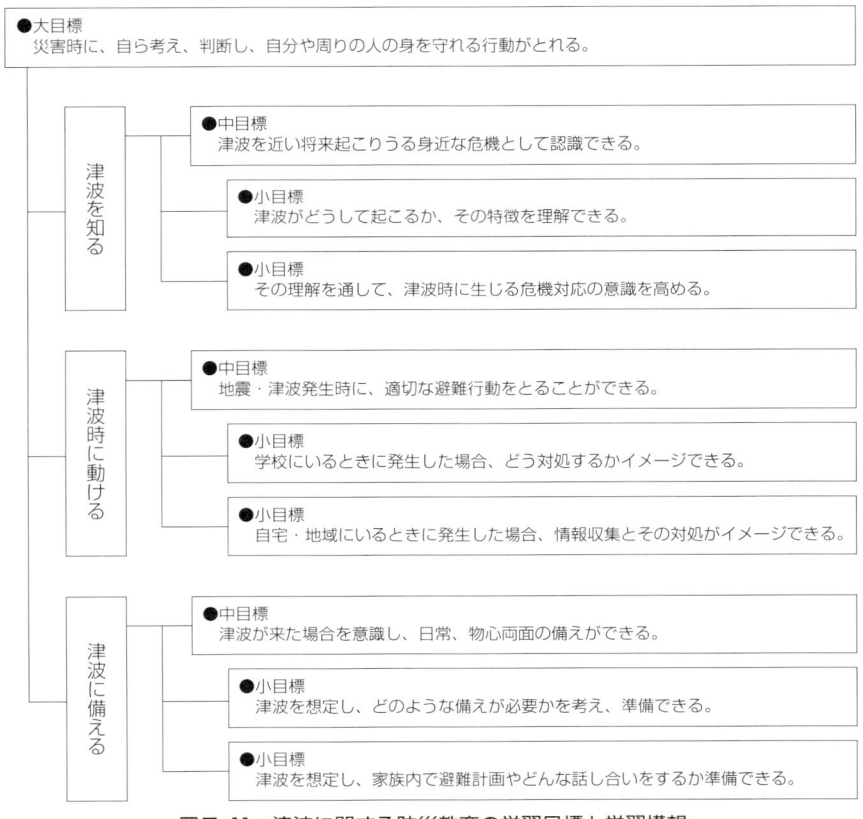

図Ⅲ-11　津波に関する防災教育の学習目標と学習構想

2）津波防災学習の全体計画と主な学習展開例〈小学校編〉

　小学校では、表Ⅲ-5のような内容での全体計画を立案し実践を試みた。

　なお、〈中学校編〉の学習展開内容や総合学習の時間を活用する学年重点の年間プランについては『子どもの命と向き合う学校防災』（数見隆生、かもがわ出版、2015）を参照されたい。

表Ⅲ-5

	学習課題	主な学習内容
津波を知る（1時間）	①東日本大震災・巨大津波を知る 　・宮城の津波被災・被害の写真 　・東日本大震災の巨大津波を見て知る ②津波の発生 　・津波はどうして起こるの？ 　・地震との関係から ③地震の発生 　・地震の発生と地震国日本？ 　・プレートとの関係から ④房総の歴史津波を知る 　・過去の歴史地震津波から、次に来る災害想定のために	・子どもの犠牲者数、被害状況等を知る ・映像で津波の威力を知る ・海底の地震による地殻変動によることを理解する ・プレートのひずみが地震の原因 ・四つのプレートの上にある日本 ・地球プレート数と地球誕生の歴史等を紹介する ・歴史（延宝房総沖・元禄・関東） 　地震・津波の時期・被害を知る
津波から避難する（1時間）	①津波避難のしかたを考えよう 　・海を背にすばやく高台へ 　・川や橋に近づかない 　・津波は何度も繰り返し来る ②津波避難の標識を知り、すばやく避難する 　・避難場所・ビルの早期発見 　・津波避難の不適表示の認識 ③津波に巻き込まれた場合の避難を考える 　・津波に巻き込まれても避難を工夫し助かることができる	・津波避難の原則を地図から考える ・標高地図で津波浸水地を予測利用 　津波避難原則を理解する ・奥尻島津波時の避難体験者に学ぶ ・標識を知り、安全な場所を早期発見 ・不適な場所のあることを理解する ・津波に巻き込まれても助かる事例を知り、避難の心構えを理解する
津波に備える（1時間）	①戸倉小の津波被災と津波対策に学ぶ 　・戸倉小の津波避難対策の経過と屋上避難 　反対の論議の内容に学ぶ ②津波避難の心に学び津波に備える 　・津波被災体験の教えの句を共通理解しながら津波避難の原則を復習する ③自宅の避難地図から津波避難に備える 　・自宅からの避難場所、経路は準備できているか？ ④被災中学生たちの活動に学び備える 　・被災地の中学生の絵、句、石碑から学び考えることがあるか？	・高台か屋上か、3分津波襲うを論議 　全教職員で地震・津波対策を検討 ・（　）を空欄に言葉を探す 　大きな（地震）で（津波）に用心 　（津波）の前にすばやく（高台）へ 　（津波）はなんども（繰り返し来る） 　（物）はいらない　まず（いのち） ・自宅にいる場合の津波避難対策の避難場所ルートの安全の確認をする ・被災地の中学生の活動と元気から 　自分たちの課題に気づく

4．学習プログラム開発・教材化試案の成果と課題

　次に紹介する子どもの学習記録は千葉県・南房総市立南三原小学校の5年生・6年生の子どもたちが授業後にまとめとして書いたものである。

●もし、家にいたとき、自分のいのちは自分で守るを心にとめて逃げたい

　私は3回の授業をうけて、津波がきた時どうするのか、津波に背をむけて走ることや津波の力がわか

りました。津波がきたら家や家具などがすべて流され津波はこわいと思いました。もし、家にいた時には、すぐに逃げたいと思いました。それに動画を見て訓練し自分のいのちは自分で守るをしっかりと心にとめていっしょうけんめいに逃げたいです。練習のときはひなんけいろを通るけど、本当に津波がきたら、田んぼの中をつっきっていち早く高台へ逃げるようにしたいです。家にいても同じです。すぐにそこまできていたらもっと高い所、高い所をめざしてうしろなんか見ないで高い所へひなんします。それでもだめな場合には電信柱につかまってでも生きたいです。（6年生・A）

●判断力が大事だ

　3時間の授業をうけて一番改めて考えたのは、3回目の「津波に備える」です。屋上と高台とどっちへ逃げればいいのかで最初、屋上がよいと思いました。でも海に背を向けて逃げるというのを思い出して高台のほうがいいなと思いました。いろいろ学ぶと高台の人たちが助かっていて、判断力が大事だと思いました。1回目、2回目では、わかると思っていた問題が自分が考えた答えとちがう答えがあって、この授業は未来に地震・津波が来てもすぐに行動できることを知ったと思いました。防災授業で習ったことを母と父に話したら、いっしょに考えてくれました。弟に話したら、「聞いてよかった」と言ってくれたのでよかったです。私は、ひなんの場所がわからない人がいたら、授業で習ったことを教えてあげようと思いました。（6年生・B）

　子どもたちは、「自分のいのちは自分で守るを心にとめて逃げたい」と、津波避難は「判断力が大事だ」と書き「母と父に話したら、一緒に考えてくれました。弟に話したら、「聞いてよかった」と言ってくれたのでよかったです」と書いている。学校で学習した内容を家族へ広めていることや避難の重要性を共有し津波避難行動の基本的なことは理解できていると思う。これらの学びと姿勢はこれからの津波防災教育の可能性を示唆している。

　子どもたちが災害やその事態に対応し主体的に行動する力を身につけるには、その事態の基本的なことを理解し「知る」ことが不可欠である。さらにその災害時にどう「動ける（避難する）」のか、そして災害にどう「備える」のかを一連の学びとして系統的・計画的に学習するプログラムを開発し、教材化試案を作り、私たちは授業実践で確認してきた。

　この津波防災教育プログラムは、地球科学の学問の成果の内容を基礎基本とすると同時に、最新の防災科学や震災学・子どものからだと心のケア学を含めて、より豊かな学問の成果を反映させながらさらによりよいプログラムに発展させていきたいと考えている。また、各教科の時間を渡り歩くようにして時数確保する学習指導ではなく、まとまった時間で集中的に実施することも重要である。さらに地域の実態にあったプログラムをそれぞれの学校が、地域の課題に即して編成し、改善・工夫できるような制度上の支援体制も必要である。最後に、学校の教職員が保護者・地域の防災関係者と連携して、教師の一人ひとりが子どもたちのいのちを守り抜く防災学習の素材を、地域に根ざした独自の視点から教材化し授業実践できる力量を高めながら、大震災で犠牲となった子どもたちと教師たちのためにも今回の被災教訓に学び、「いのち」を守る「学校防災」のありようを探究し続けたいものである。

（千葉保夫）

●参考文献・資料
1）鎌田浩毅：地震と火山の日本を生きのびる知恵、メディアファクトリー、2012
2）数見隆生：子どもの命と向き合う学校防災、かもがわ出版、2015
3）宮城県教職員組合編：子どもの「いのち」を守りぬくために 第3集、北出版、2014
4）大川小学校事故検証委員会：大川小学校事故検証報告書、社会安全研究所、2014

⑥ >> 特別支援教育
インクルージョンを目指す学校づくり

1．特別支援教育の理念と動向

　2007年4月より、障害のある子どもの教育は従来の「特殊教育」から「特別支援教育」へと法制上の呼称変更がなされ、次のような新しい理念と方向性が打ち出された。

　①特別な教育の場（特別支援学校・学級、通級による指導）だけでなく通常の学級を含め、

　②学齢期だけでなく就学前から卒業後まで生涯にわたって、

　③教育だけでなく医療・福祉・労働・余暇など関係機関の連携・協働によって、

　④一人ひとりの教育的ニーズに応じた教育を進める。

　また、特別支援教育の対象として新たに、学習障害（LD）・注意欠陥多動性障害（ADHD）・高機能自閉症等の発達障害が位置づけられた。発達障害を含めて、障害のある子どもの教育が、特別な場で特別な免許・資格を有する教員・専門家が行うだけではなく、通常の学校・学級においてもすべての教職員によって行われることが打ち出された点は、呼称変更だけでなく、わが国の教育・社会にとって大きな変化だと言える。

　こうした背景には、障害児教育をはじめ、すべての子どもの発達保障を目指してきたわが国の学校教育の成果がある。また国連障害者権利条約が発効し（2006年12月）、インクルージョン・特別な教育的ニーズが提唱されるなどの動きが重要な契機となっている。わが国も国連障害者権利条約を批准し（2014年1月）、差別禁止と関連法規の整備・策定が進められている。学校教育の分野においては、障害のある子どもの教育を受ける権利を保障するための「合理的配慮」や、障害のある子どもとない子どもが共に豊かに育つことを目指す「インクルーシブ教育」の具体化が急がれている。

　しかし、権利としての障害児教育の充実・発展を目指すうねりが高まる一方、「子どもの貧困」の深刻化や「学力向上政策」、教育予算の削減と費用対効果重視の流れの中で、特別支援教育の理念と現状には様々な矛盾も生じている。

　権利としての特別支援教育は、一人ひとりの子どものいのちと健康を守り、豊かな学習を保障し、自らの生活の主人公として、よりよい社会・地域を作る権利主体を育てることを目指す実践だと言える。いのちと健康を守る教育保健が、心身のケアだけでなく、豊かな学習によって生活の主人公を育てることを統一して目指してきたことと共通している。どの子も安心して育つ学校づくり・地域づくりを追求してきた教育保健の蓄積は、真のインクルーシブ教育を目指す重要な財産になっていくと言えよう。

　ここでは特にいのちと健康に直結する病弱教育と、通常教育での理解と支援の具体化が急がれている発達障害を取り上げて、教育保健との連携・協働を考えることにしたい。

2．病弱・身体虚弱教育と特別支援教育

　戦前の「特殊教育」では身体虚弱の子どもの割合が大半を占め、昭和初期の身体虚弱特別学級に在籍

する子どもは学齢児の５％と記録されている。明治期以降の富国強兵策の中で、子どもの健康を増進し結核感染を予防することが重視され、社会を結核から守る施策の一環として虚弱児教育が推進されたのである。しかし、結核やハンセン病などに罹患し隔離された子どもに対する教育は、学生や教師である患者によって行われることはあっても、公教育として行われることはなかった。

　戦後も、学校教育基本法制定時は、病弱児は治療優先とされ、就学猶予・免除の対象であった。病弱児のための養護学校は1961年の学校教育法改正まで規定されず、入院中の急性期の子どもの教育が広がったのは1990年代以降である。

　近年は在宅医療が推進され、病弱教育専門機関（国公立病院に隣接して設置された特別支援学校や病院内にある特別支援学級）の在籍者数の減少傾向が続いている。入退院を繰り返す子どもを含め、慢性疾患の子どもの９割が、通常の学校・幼稚園・保育園に在籍している。また、病弱児は、治療や病状によって状態が変化し、生活の場や形が変化する。そのため、他の障害と比べて、通常の学校・学級との転出入が前提となることが多い。さらに、病弱教育では医療機関の整備や自治体の教育予算によって教育の場の整備がまちまちであるため、子どものニーズに合った教育が受けられないという問題が生じている。

　特別支援教育が掲げた、通常の学校・学級を含めた一人ひとりのニーズに応じた支援の実現は、病気療養を続ける慢性疾患の子どもがいつでも・どこでも必要な教育を受けるために不可欠になっている。医療と教育、教育の場と場をつなぎながら、病気の子どもの多様な教育的ニーズに応えるうえで、教育保健の視点と役割が期待される。

３．病弱・身体虚弱教育の現状と課題

１）入院中の子どもの教育の現状と課題

　入院中の子どもの教育が開始されたのは、小児がんの治療成績が向上し、小児医療関係者から治療にとっての学校教育の効果が指摘されるようになった1990年代以降である。治療に専念するだけでなく、学校教育によって子どもの発達と心理的な安定を図る重要性が提起されたのである。入院中の教育は、主に小・中学校の特別支援学級（院内学級）や特別支援学校からの病院への訪問教育によって行われているが、入院期間の短期化・在宅医療の進展によって、入退院に伴う転入学の円滑化や退院後に地元校に通学できない期間の教育保障が大きな課題となっている。また義務教育期間だけでなく、幼児期や高校段階の教育の確立・充実が急がれている。

　残念ながらこうした問題が、通常教育の側から取り上げられることはほとんどない。「病気が治ったら学校」ではなく、入院中、治療中だからこそ必要な教育があることを教職員が理解し、病弱教育制度の改善と活用を進めていくことが重要である。

２）特別支援学校（病弱）の教育の現状と課題

　近年、特別支援学校（病弱）の在籍者数の減少が顕著である。その背景として、隣接する旧国立病院に入院する子どもの減少がある。また、在籍する子どもの疾患が心臓・腎臓などの慢性疾患から心身症へと変化し、心理的不適応と肥満・喘息・アレルギー疾患などを併せ持つ子どもの割合が増えている。

不登校経験者の割合が高く、そうした状態像の背景に発達障害がある子どもが多く見られる。こうした変化に対して「本来の病弱教育ではない」「不登校は地域の学校・家庭で解決すべき」と判断する自治体が見られ、特別支援学校（病弱）の統廃合問題が起きている。しかし、実際に地域の中での教育・医療、生活を含めた支援の場が用意されることなく統廃合のみ進行しているのが現状である。

4. 通常学級における病気の子どもの理解と配慮

　先述したように、子どものQOL重視の高まりや医療報酬の見直しから入院期間が短縮し、通院しながらの自宅療養や入退院を繰り返しながらの治療形態が広がり、通常学級に学籍を置く病気の子どもが増加している。

　しかし、学籍があっても、治療をしながらの学校生活には様々な制約が生じている。病気の子どもの学校生活には、欠席による学習空白のほか、体育・プールや校外行事への参加、学校での医療的ケア、教室配置やエレベーター、洋式トイレなどの環境整備等に関する理解と配慮の不足によって、教育を受ける権利が大きく損なわれている。

　また、「入院が決まったとき、学校から病弱教育が紹介されなかった」「入院中や自宅療養中、先生がお見舞いに来てくれなかった」などという声は、しばしば聞かれる子ども・保護者の失望・不満である。

　こうした問題の原因の一つは、学校では治療優先、教育は病気が治ってからという考え方が根強く、個別の配慮がなされにくいことである。通常教育における特別支援教育の一環として、子どもの実態に合わせた配慮、教育内容・教育方法の工夫が、病気の子どもに対しても提供される必要がある。

　もう一つは、通常の学校と入院中の教育、特別支援学校（病弱）の連携の不十分さである。医療・看護との連携も必要であろう。通常の学級の子どもが入院することになった場合、入退院に伴う引き継ぎをしっかりと行うことは言うまでもないが、現在、求められているのは入院したときから学校に戻ってくることを見通したかかわり・連絡を行うことである。子どもの入院中のがんばりの経過を教員自ら知っておくことや、クラスメートに知らせることも、スムーズな復学に不可欠だと言える（子ども・保護者の了解が前提になる）。今日の学校現場では、「子どもはみな、健康である」ことを前提にしてきた健康観を転換し、病気の子どもも含めた個別の配慮と教育保障を進める健康教育が求められている。

　これらはまた、特別支援学校の課題でもある。特別支援学校に通う子どもが入院したとき、地元の学校＝日常の学校である特別支援学校にも、入院中の教育機関と連携した支援が求められる。また、障害児の中には障害と疾患を併せ持つ子どもが少なくない。特別支援学校（病弱）だけでなくすべての特別支援学校・特別支援学級において、障害への支援だけでなく健康への理解と配慮を充実させる必要があり、教育保健の視点から、子どもの実態を的確に把握する健康診断や障害に応じた健康教育を一層進める必要がある。

　肢体不自由養護学校を中心に1990年代以降、吸引・経管栄養・人工呼吸器の使用など医療的ケア実施のあり方が模索され、学校に看護師を配置し看護師実施を基本とする実施体制が整備された。さらに平成24年度からは、手続きを踏んで研修（3号研修）を受けた介護職員等による医療的ケア実施を可能とする法改正が行われ、必要な研修を受けた教員も医療的ケア実施が可能になった。しかし、医療的ケアが必要な子どもの学校生活には多くの制限が残されている。医療的ケアや障害の重さだけに注目するの

ではなく子どもを丸ごと見ていくことが大切である。

　医療的ケア・医療的支援を実施すればよいのではなく、学校生活の中で主体的に学び社会参加の力を広げていくことが目標でなければならない。保護者の努力にゆだねるのではなく教育を受ける権利を保障することが必要である。そのためには教育職だけでなく、看護職や主治医・学校医・指導医等、他職種との連携を含めた学校運営・教育活動の充実が求められている。これらの改善のために、教育保健の視点がまさに求められている。学級担任任せではなく、担任と養護教諭が中心になりながら、コーディネーター・校内委員会と連携し、健康面への配慮だけでなく、心理面の不適応を残さず自信を持って生きていく力と確かな学習保障につなげていくことが教育保健の今日的課題だと言えよう。

５．発達障害と通常教育改革―インクルージョンと「合理的配慮」

１）発達障害の理解のために

　発達障害への理解はようやく学校現場に広がり、担任任せにすることなく全校で連携して支援するための校内委員会の設置と特別支援教育コーディネーターの指名、校外の専門家・専門機関との連携という基本枠組みが定着しつつある。旧文部省が通常学級に障害児は在籍していないという立場で、実態すら明らかにしてこなかった時代に比べると大きな前進と言えよう。しかし、教員配置を伴わないコーディネーター指名など教育条件未整備の努力目標では、通常教育での理解と支援は進まない。枠組みだけでなく、個々の子どもの生きづらさに寄り添った、実質的な教育保障をこそ目指すものでなければならない。

　現在、書店には多くの発達障害関係の書籍が並んでいる。発達障害の特性を理解し支援を工夫することは大切だが、心理検査や支援マニュアルの活用などを固定的・絶対的なものにするのではなく、一人ひとりの教員が個々の子どもの抱えている困難に気づき共感し子ども理解と実践を進めることが必要である。問題を抱えた子どもを「困った子ども」ではなく「困っている子ども」として共感的に理解し、二次障害を生じさせない予防的対応によって、青年期・成人期に問題を持ち越さないよう早期からの自己肯定感を高める支援が重要だと言える。「発達障害の子どもの多くが、仲間との関係づくりや活動の失敗に苦しみ、自己肯定感が低下している」（奥住、2013）と言われる。「問題行動の回避」「行動の変容」は大切であるが、問題行動だけに目を奪われることなく、子どもの内面、感覚過敏・鈍麻など、一人ひとりの心とからだをしっかり丸ごと理解していくうえで、教育保健の視点が有効だと言える。個別の配慮と集団の中での学び合いという両面から指導を組み立て、障害を個人の問題とせず「環境調整と安心できる人間関係づくり」、そして豊かな学びを実現することが求められている。

２）インクルーシブ教育を目指す学校づくり

　障害者権利条約の批准によって、わが国でも障害による「差別の禁止」と「合理的配慮」が義務づけられた。同時にインクルージョンに向けて「インクルーシブ教育システム」が推進されようとしている。「合理的配慮」では、一人ひとりのニーズに即して支援内容が決まり、支援・サポートは個人の権利として提供され、それが提供されないことは差別とみなされる。単に教職員・学校の努力ではなく、実効性のある具体的権利保障が求められてくる。インクルージョンは障害者権利条約の重要な考え方であり、

単に一緒にいるだけではなく、実質的な参加と自己実現を目指すものであり、「効果的で個別化された
サポートが提供される」こととされている。また、障害特性の理解は普及してきたが、障害児教育や教
育保健で大切にしてきた発達保障の視点を明確に位置づける必要がある。単に現状の通常の学級に障害
のある子どもが在籍することがインクルージョンではなく、「排除しない教育への通常教育改革」であ
り、「質の高い教育の実現」を目指すものとされていることを忘れてはならない。

　発達障害や発達障害に類似した困難を有する子どもは6.5％（文部科学省、2012）と言われるが、他
の障害のある子どもも通常の学級に多く在籍している。さらに、いじめ、不登校、虐待や養育困難、外
国人労働者の子どもなど、通常の学級においては様々な困難が生じている。障害のある子どもへの支援
は、特別な教育的ニーズを有する多様な子どもが育ち合う学級・学校づくりを創造する契機だと言える。
そのためには、まず1学級あたりの子どもの数を減らすなどの教育条件整備と、教職員集団として子ど
も理解と学習保障のための教育実践を創造する両面からの取り組みが不可欠だと言える。

　同時に、就学前の保育・療育、幼小、小中などの連携とスムーズな移行支援が重要である。また、学
校だけの支援ではなく医療・福祉との連携が必要なケースも少なくない。これらを通じて、問題が起き
てからの対症療法的な事後対応ではなく、予防的対応という視点で、子どもにとって魅力的な学校生活
を実現していく必要があるだろう。そのためには、安心できる人間関係と生活基盤を土台にして子ども
自らが生活・学習の主人公になっていく、子どもの自分づくりを支援するという視点が不可欠である。
インクルージョンは明確な答えが出ているわけではなく、理論的にも実践的にもこれから創り上げてい
くものだと言える。多くの実践上の困難が生じている今日の学校現場ではあるが、通常の学級における
教科指導・生活指導等、教育保健や障害児教育などの蓄積を生かした協働によって、教育実践の核とな
る教職員集団を形成することは、インクルージョンを目指す学校づくりにとって重要な鍵になるのでは
ないだろうか。

（猪狩恵美子）

●参考文献
1）奥住秀之：どうして？教えて！発達障害の理解、全国障害者問題研究会、2013
2）湯浅恭正：発達障害児と通常学級教育、SNE ジャーナル 19（1）、2014、pp.37〜52
3）全国病弱教育研究会：病気の子どもの教育入門、クリエイツかもがわ、2013

IV

教育保健活動を支える制度と体制

教育保健活動の法的根拠と制度・行政

① >> 子どもの健康、安全と発達にかかわる法と行政

　子どもが健康かつ安全に成長と発達を遂げていくことは権利である。この権利を保障する社会の実現は誰しもが希求するものであろう。そこで、以下では子どもの健康や安全、発達にかかわる法と行政について概説する。

1．子どもの健康、安全と発達に関する法

1）日本国憲法

　子どもが健康かつ安全に成長、発達する権利は日本国憲法（1946年11月3日憲法）に根拠を持つものであり、基本的人権として憲法において明確に位置づけられている。すなわち、国民の健康、安全に関する権利については、憲法13条において「生命、自由及び幸福追求に対する国民の権利については、公共の福祉に反しない限り、立法その他の国政の上で、最大の尊重を必要とする」と定められている。この規定における生命に対する権利とは、まさに健康や安全を含むものと解することができる。また、この権利の保障が立法上及び行政上、「最大の尊重を必要とする」と規定されている点は、健康や安全が基本的人権の中でも最も重要な権利であり、行政（国）の最優先の役割であることを示すものである。この他に、「健康」については憲法25条において、いわゆる「生存権」として、国民は「健康で文化的な最低限度の生活を営む権利」を有すること（1項）、その上で、国には「すべての生活部面」において「社会福祉、社会保障及び公衆衛生の向上及び増進」を図る努力義務があること（2項）が定められている。

　他方、子どもの成長、発達する権利については、憲法26条において保障されている。すなわち、国民の「教育を受ける権利」（1項）と、この権利が法律に基づきつつ（教育の法律主義）、保護者の子どもに教育を受けさせる義務（いわゆる義務教育）により保障されること（2項）が定められている。

　以上を踏まえると、子どもの健康かつ安全に成長、発達を遂げていく権利は日本における最高法規（憲法98条1項）である憲法上の規定に根拠を置くものであり、この権利は行政上の最重要の役割として法律に基づきつつ保障されるものである。そこで、日本ではこの権利を具体的に保障していくために数多くの法令が整備されている。

2）教育法—教育基本法、学校教育法等

　日本の教育法は、憲法26条の規定を直接的に受けた下位法として"教育憲法"とも言われ、"準憲法的性格"を有するとされる教育基本法（2006年12月22日法律120号、以下、教基法）が最上位法である。この教基法においては、子どもの健康が教育の目的として位置づけられている。すなわち、教基法1条において「教育は、人格の完成を目指し、平和で民主的な国家及び社会の形成者として必要な資質を備えた心身ともに健康な国民の育成を期して行われなければならない」と定められている。つまり、文理

的な解釈からすれば、子どもの心身の健康は教育を通じて保障されるものだと考えられる。換言すれば、教育を受ける権利当事者である子ども側は「心身ともに健康」に成長、発達を遂げることができるような教育を行政に求めることができる。つまり、健康と安全に関する教育内容—教育としての健康、安全—と、健康かつ安全な教育環境—教育のための健康、安全—への子どもの要求権としても考えることができよう。

このような教育の目的に立って、教基法では「健やかな身体を養うこと」（2条1号）や生命を尊ぶ態度を養うこと（2条4号）が教育の目標として定められている。そして、この目標を受けて、学校教育法（1947年3月31日法律26号、以下、学教法）においては、義務教育の目標の一つとして「健康、安全で幸福な生活のために必要な習慣を養うとともに、運動を通じて体力を養い、心身の調和的発達を図ること」（学教法21条8号）が定められている。なお、義務教育以外の幼稚園の目標においても同様の規定がある（学教法23条1号）。このような教基法や学教法における「教育の目標」規定は教科の設定を含む教育課程の編成（学校教育法施行規則50条・72条等）や学習指導要領（文科省告示）に直結していることは言うまでもないが、学校における健康や安全に関する教育活動として重要な「健康教育・保健教育」（保健学習・指導）や「安全教育・指導」の法的根拠となっている。

以上の通り、子どもの健康や安全、発達が教育の目的や目標、内容として法定されていることの他に、学教法では子どもの健康を保護していく観点から、同法12条において「幼児、児童、生徒及び学生並びに職員の健康の保持増進を図るため、健康診断を行い、その他その保健に必要な措置を講じなければならない」ことが定められている。いわゆる「保健管理」の根本的な法的根拠である。なお、具体的には学校保健安全法（1958年4月10日法律56号）と同法施行規則（1958年6月13日文部省令18号）において、国や地方公共団体、学校それぞれの保健や安全に関する責務や役割等が具体的に法定されている（同法については次節を参照のこと）。

他方で、子どもの健康や発達とのかかわりで言えば「学校給食」も密接である。学校給食法（1954年6月3日法律160号）では、学校給食を「児童及び生徒の心身の健全な発達に資するもの」「児童及び生徒の食に関する正しい理解と適切な判断力を養う上で重要な役割を果たすもの」として位置づけ（同法1条）、同法2条において目標が定められている。

3）その他の関連法—食育基本法、アレルギー疾患対策基本法、健康増進法

子どもの健康、安全と発達に関する法的根拠の多くは前述の教育法にあるがその他に関連する法律もある。例えば、前述の学校給食との関連で言えば食育基本法（2005年6月17日法律63号）があげられる。同法の前文には、「子どもたちが豊かな人間性をはぐくみ、生きる力を身に付けていくためには、何よりも『食』が重要である」「生きる上での基本であって、知育、徳育及び体育の基礎となるべきものと位置付ける」等と子どもへの食育の必要性が唱えられ、「子どもの教育、保育等を行う者」に対しては食育を推進する活動に積極的に取り組むことや協力を求めている（同法5条及び11条）。この食育基本法を受けて、学校給食法も2008年に一部が改正されている。すなわち、学校給食の目標について、改正前は「栄養の改善及び健康の増進」とされていたものが、改正後の現行法においては「適切な栄養の摂取による健康の保持増進」（同法2条1号）や「日常生活における食事について正しい理解を深め、健全な食生活を営むことができる判断力を培い、及び望ましい食習慣を養うこと」（同前2号）等と定められている。つまり、「学校給食」は今日、子どもの健康を守る意義を有する「食育」を実践する教育活動として大きな役割を担っているのである。そして、この学校給食と子どもの健康、安全に関連する

法律としてはアレルギー疾患対策基本法（2014年6月27日法律98号）もあげられる。近年の学校事故の中で耳目を集めたものに、学校給食中の食物アレルギーによる子どもの死亡事故があるが、この法律はそのような食物アレルギーを含めた様々なアレルギー（同法2条に定義）への対策を定めたものである。この法律において、学校設置者に対しては学校等におけるアレルギーを持つ子どもへの「適切な医療的、福祉的又は教育的配慮」の努力義務（9条）や、国には学校教育等を通じたアレルギー疾患の重症化の予防等の教育を推進するための施策の実施義務（14条）と「学校等の教員又は職員」への研修機会の確保等の取組の実施義務（18条2項）が定められている。

　以上の他の法律としては、健康増進法（2002年8月2日法律103号）があり、学校設置者や学校等は「健康増進事業実施者」として位置づけられ（6条7号）、それらに対する「健康教育、健康相談その他国民の健康の増進のために必要な事業」の推進や（4条）、受動喫煙の防止（25条）等の努力義務が定められている。

　以上の関連法を見ても、学校教育は「教育としての健康、安全」と「教育のための健康、安全」を実施していく機会として重要な役割を有していると言える。

4）国際法—国連子どもの権利条約

　さて、日本政府が1994年に批准した「国連子どもの権利条約」においては、18歳未満の子どもの養護や保護のための機関やサービス、設備等が特に安全、健康の領域について監督庁が設定した基準を順守することを国が確保すること（3条3項）や、国はすべての子どもが生命に対する固有の権利を有することを認め（6条1項）、その上で生存、発達を可能な限り最大限に確保すること（6条2項）が定められている。つまり、行政（政府や文部科学省）には子どもの健康、安全のために必要な最低基準の設定とそれを保障していくための指導や助言等が求められると言えよう。また、条約24条では、国は子どもが可能な限りの最高水準の健康を享受する権利等を認め、子どもや保護者等が子どもの健康や栄養、衛生、事故の防止に関する基礎的な知識に関する情報の提供や教育を受けられる機会と、実践への支援を確保すること等が示されている。すなわち、健康や安全に関する教育、学習の機会は国際法的にも子どもの権利として求められているのである。

2．子どもの健康、安全と発達に関する行政と役割

　子どもの健康、安全、そして発達は、以上の法的位置づけの下で、行政により政策や施策の実施等を通じて具現化が図られることになる。国レベルでは主に文部科学省（文科省）がその役割を担っている。文科省の所掌事務には「学校保健」（学校における保健教育・保健管理）と「学校安全」（学校における安全教育及び安全管理）、そして「学校給食」及び「災害共済給付」（学校管理下における子ども等の負傷その他の災害に関する共済給付）に関することが明確に位置づけられている（文科省設置法4条12号）。また、政策審議については、中央教育審議会とそこに設置されるスポーツ・青少年分科会が主に担当している（中央教育審議会令5条）。このような国の教育行政組織に対応する形で、地方行政では都道府県教育委員会及び市区町村教育委員会における組織も編制され役割を担っている。

　それでは、このような行政に求められる役割とは何であろうか。国については、前述の条約が求めているように、子どもの健康や安全、そして発達にかかわる国全体の最低基準（ナショナル・ミニマム・スタンダード）の設定とその保障に向けた管理、政策や施策の実施等が求められる。この最低基準につ

いては、教育内容面に関しては学習指導要領があり、教育環境面に関しては学校設置の最低基準である学校設置基準（文科省令、学校種ごとに制定）、そして、保健や衛生にかかわるものとして学校環境衛生基準（2009年3月31日文科省告示60号）等がある。具体的に、学校設置基準では「小学校の施設及び設備は、指導上、保健衛生上、安全上及び管理上適切なものでなければならない」こと（小学校設置基準7条）や、校舎に「少なくとも」備える施設として「保健室」等が定められている（同基準9条1項2号）。他方で、地方の役割については学教法5条において、学校の設置者が原則として学校を管理することと、その経費を負担するという学校の「設置者管理（負担）主義」が定められている。公立学校については地方公共団体と教育委員会が学校の管理と経費負担に権限と責任を有しているのである。そこで、子どもの健康、安全、そして発達の権利をよりよく保障していくためには、国による最低基準の上に、地方によるローカル・オプティマム・スタンダード（地域適性基準）があることが理想的であるが、そのためには次のような今日的課題の解決が必要である。

　すなわち、今日的課題として、さしあたり二点あげたい。第一は国の最低基準に不適合な学校があることである。例えば、前述の学校設置基準では学校施設・設備には「安全上」の適切さが求められているが、2011年3月11日に発生した東日本大震災では数多くの学校施設・設備で地震の揺れや津波等による被害があった。また、文科省の「公立学校施設における津波対策状況調査」（2014年5月1日現在）によれば津波による浸水が想定される学校数は2,860校に及ぶとされており、このような学校は設置基準から言えば不適合であると考えられる。以上を踏まえると、国が積極的に役割を果たしていくことが求められる。前述の設置者管理主義を踏まえれば、国は地方公共団体や教育委員会の自主的判断を尊重しつつ、最低基準の適合に向けて指導、助言を行っていくことが求められるが、地方公共団体や教育委員会の状況によっては人的規模（職員数）、財政的規模（予算）が小さいために国の最低基準への適合が難しい場合も考えられる。例えば、学校施設・設備の改善や校舎の移転や新築等が必要であっても、膨大な事務的、財政的な負担から判断、対応できない場合である。そこで、国には指導、助言よりも、地方への人的及び財政的な「支援」が求められると言えよう。なお、学校における保健や安全の取り組みに対する国の財政的支援に関しては、学校保健安全法3条1項においても定められている。

　そして、第二は「安全」（安全教育・指導）に関して教育課程上の位置づけが不十分なことである。保健学習・指導については、いうまでもなく教科として「体育」（小学校）や「保健体育」（中・高等学校）および「特別活動」等において明確に位置づけられている一方で、「安全」についてはそれらの教科や「特別活動」の内容の一部に組み込まれているのみである。この状況については、子どもや学校をめぐる「安全」の問題が多岐に亘っている中で、以上の教科の一部として取り扱うのみで内容面、時間面で十分であるかという点や、指導面で教職員が十分な知識を有しているかという点で問題を見出すことができる。このような問題に対して、国の「学校安全の推進に関する計画」（2012年4月27日）では、国は2016年度までに「教科等として位置付けるなど安全について系統的に指導できる時間」の確保を検討することや、教員養成段階にある学生への学校安全に関する教育について整理し、「学校安全に関連する講義の開設」等の取組を促進することが示されている。安全教育・指導については、不審者侵入事件のあった大阪教育大学附属池田小学校では「安全科」を創設したり、東日本大震災により甚大な被害がありながらも、多くの子どもが助かった岩手県釜石市では震災前より防災教育を実施したりしており、このような先行事例をもとに、子どもが「保健」とは別に「安全」に関する教育を受けることができる機会を保障していくことが求められる。

（堀井雅道）

② >> 「学校保健安全法」成立で変わった制度と行政の課題

2009年4月から「学校保健安全法」（以下「法」）が施行されている。日本国憲法・教育基本法そして学校教育法（第12条）に基づき学校における保健管理・安全管理に関する必要な事項を定め、学校教育の円滑な実施とその成果の確保に資することを目的（第1条）とした法律である。明治30年代に始まった学校医の指導中心の健康診断（身体検査）や疾病予防、学校環境衛生などの活動から、養護教諭だけでなく教職員が日常の学校教育活動として保健指導を行うことに転換した。つまり本法は保健・医療機関の力を借り、学校教育の営みとしての保健管理・安全管理をどのように進めるかを定めた法律である。

1.「学校保健安全法」の主な改正内容

1）国・地方公共団体、学校設置者・校長の役割と責任の明記

1958年制定の旧法との違いは、法3条に国・地方公共団体は「学校における保健及び安全に関する最新の知見及び事例を踏まえつつ、財政上の措置その他の必要な施策を講ずる」ものとし、法4条には学校設置者の責務、そして学校現場での校長の役割と、それぞれの責任を明記した法律になったことである。具体的にイメージするには、法6条の学校環境衛生基準が参考になる。1項に文部科学大臣が基準を定めること、2項で学校の設置者が維持に努めること、3項で適正を欠く場合には校長が、遅滞なく、改善に必要な措置を講じること、無理な場合は学校の設置者に申し出ることとしている。法28条の学校環境の安全の確保において校長の役割が同様に規定されている。なお、条文に〈遅滞なく〉必要な措置をとる項目は、この二つに加え法9条の保健指導にも用いられている。

法律に行政の責任を明記したことは前進であるが、財政措置を伴わないものであれば、現場の努力に依存することに終わる。実際に学校で改善措置を〈遅滞なく〉行うには、学校設置者や校長の理解と見識と財源が必要である。例えば平成14年度から始まった公立小中学校施設の耐震改修状況調査を見ると、まだ完了していない設置者が全国で4割あり、進捗に差がついている状況を文科省が報道発表している（平成26年6月2日）。国の財政支援を増やさなければ地域格差が生じ、それは子どものいのちにかかわり、健康・安全格差が生じる課題もあることに留意が必要である。

2）すべての教職員が行う保健指導・健康相談への位置づけ

学校保健分野での改正点は、法9条に「保健指導」の項目が新設されたことである。また法7条では、保健室で行う措置として「保健指導」が加えられている。

※養護教諭その他の職員は、相互に連携して、健康相談又は児童生徒等の健康状態の日常的な観察により、児童生徒等の心身の状況を把握し、健康上の問題があると認めるときは、遅滞なく、当該児童生徒等に対して必要な指導を行うとともに、必要に応じ、その保護者に対して必要な助言を行うものとする。

ここに「養護教諭その他の職員」という文言が挿入された理由について、「文科省スポーツ・青少年局長通知」（以下、「局長通知」）においては、その意味を「養護教諭を中心として、関係教職員の協力の下で実施されるべきこと」と説明している。

もう一つ、旧法では学校医・学校歯科医の職務であった「健康相談」「保健指導」を、関係教職員等

の職務に変更したことである。学校保健安全法施行規則では、新たに学校薬剤師の職務にも「保健指導」と「健康相談」が加えられ、旧法施行規則で使用されていた学校医・学校歯科医の「保健指導」は「措置に関し必要な指導と助言」に置き替えられた。

　また、法８条「健康相談」の条文は変わらなかったが、これも健康観察とともに心身の状況を把握する方法として、「養護教諭その他の職員」が行う職務となった。

　心の健康問題の深刻化に伴い、1997年９月の保健体育審議会答申において養護教諭の健康相談活動が、新たな役割として提言された。翌年には養護教諭に関する教育職員免許法が改正され「健康相談活動の理論と方法」が必修科目となるなど、養護教諭の専門性の一つの核である。

　すべての教職員に求める「保健指導」や「健康相談」は、やはり養護教諭の行う健康相談活動の理念と方法に基づくものを基本としたい。つまり養護教諭や担任教諭等が１人で抱え込むものではない。子どもの保護や成長・発達という視点を共有した校内連携、そして法10条に規定されるように、地域の専門機関や専門家と連携した活動である。

　学校医等が行う健康相談・保健指導とは異なる教育実践として養護教諭が切り開いてきた「健康相談活動」や「保健指導」の成果が法９条には反映されている。そのことをすべての教職員が共有化していく努力が重要となる。

３）学校安全に関する法的位置づけの強化

　「学校保健法」が「学校保健安全法」という名称になったのは、法律が学校保健と学校安全との二本立て構成となったためである。旧法においても1978年の改正で学校安全の強化が図られ、学校保健計画から学校保健安全計画へと変更し、さらに施行規則に安全点検、事後措置、日常における環境の安全が加えられた。今回の改正では法５条で学校保健計画、法27条で学校安全計画を、それぞれ策定し実施することとなった。

　また法29条で、新たに「危険等発生時対処要領の作成等」を義務づけた。その背景には、大阪・池田小学校の児童殺傷事件を契機に、より深刻になった学校への不審者侵入や登下校時に子どもが被害にあう事件が続発したことから、ほとんどの小・中学校で作成している〈危機管理マニュアル〉に類するものである。

　さらには増加する校内での事故や傷害などへの対応もある。例えば養護教諭が扱っている日本スポーツ振興センターへの災害報告のうち、学校管理下の負傷・疾病の医療費給付人数は平成24〜26年度はいずれも100万人を超えている。生徒に落ち着きのない大規模中学校の養護教諭からは、けがと事故のない日がほしい、と言われる状況である。

　今回の改正においては学校安全の対象となる範囲がさらに拡大し、法26条には、「学校において、事故、加害行為、災害等により児童生徒等に生ずる危険を防止し、現に生じた場合に適切に対処すること」を学校設置者の責務と規定している。局長通知には詳細な解説があり、「災害等」とは有害物質の発生などを想定していること、また津波、火山活動による災害、原子力災害についても学校所在地の実情に応じて適切な対応を求めている。この通知後、2011年３月11日には東日本大震災による大津波被害、原発事故による広範囲の放射能被害が生じている。これらは学校・地域だけで対応できるレベルではないことを明らかにした災害である。

　「加害行為」は不審者が子どもに危害を加える場合を想定しているが、局長通知では「いじめや暴力行為など児童生徒同士による傷害行為」も含むものととらえ、学校安全の観点から本法の対象になると

いう見解を示している。子どもを危険から守るだけでなく、これまで「問題行動等」として扱われてきた子どもの「加害行為」も、危険を及ぼす存在として子どもに対処することをどう考えるのか、慎重な検討を要する難しい問題である。

　また、学校での安全対策推進を誰が担うのか、そうした人材育成の研修や専門職の配置など、課題は残っている。

２．学校保健活動を教職員の教育活動にするための課題

　学校保健安全法の趣旨を実効あるものにするには、様々な課題がある。ここでは新法成立時に参議院文教科学委員会が国会に提出した附帯決議をもとに考えたい。附帯決議は法律の運用や改善についての希望などを表明したもので、法律的な拘束力を有するものではない。しかし政府はこれらを尊重することが求められ、教育行政への具体的な要望・課題でもある。

> 学校保健法等を一部改正する法律案に対する附帯決議（参議院・文教科学委員会、2008年6月10日）
> 一、近年、養護教諭に求められる、学校内外の連携を図るコーディネーター的役割や保健教育の推進、特別支援教育への対応等、その役割の増加にかんがみ、養護教諭の未配置校の解消・複数配置の拡充や退職養護教諭の活用の推進等、学校保健を支える人的資源及び学校における救急処置、健康相談又は保健指導を行うための保健室の施設設備など物的資源の一層の充実を図ること。
> 二、多様化・複雑化した子どもの健康上の課題への適切な対応が可能となるよう、養護教諭に対する研修及び教員養成段階における教育内容の充実を図ること。
> 三、学校保健の重要性に対する教職員の意識向上を図り、子どもの健康上の課題に学校全体で取り組む体制を整備するため、大学等における教員養成課程をはじめとして、現職教員研修、とりわけ管理職研修において、学校保健に係る知識や指導方法を習得するカリキュラムの一層の充実を図ること。（以下省略、全19項目）

１）すべての学校に養護教諭の配置を

　附帯決議の最初に「養護教諭の未配置校の解消・複数配置の拡充」があげられている。本法で〈養護教諭を中心とした学校保健活動〉をうたいながら、すべての学校に養護教諭を配置するなど人的整備について関連法規の改正は行われなかった。

　周知のように学校教育法には、「当分の間、養護教諭を置かないことができる」（附則７条）条項があり、養護教諭の養成制度が未整備であった戦後初期から今日まで、〈当分の間〉は続いている。さらに本法成立前には、この条項を理由に高等学校設置基準が改正され、養護教諭が必置職員から外され（2007年12月）、養護教諭への役割期待に逆行する法律改正も行われている。

　また、教職員標準定数法にも手をつけず、３学級未満の小・中学校には養護教諭を配置せず、500メートルの範囲内にある小・中学校は兼務配置のままである。法案審議過程においても、次期の標準定数基準は示されず、2008年度よりスクールヘルス事業〜採用４年以下の養護教諭を対象に退職養護教諭を再雇用しサポートする〜を予算化したことの強調にとどまっていた。

　養護教諭のいない学校を放置したままでは、本法の実効性に期待は持てない。まず養護教諭を必置にすること、大規模校には養護教諭の複数配置を進めることが不可欠である。

2）教職員の意識向上を図る研修と「学校保健・学校安全」を教職必修科目に

　附帯決議の第三項にあるように、学校保健の重要性に対する教職員の意識向上のためには、管理職ならびに教職員の研修が不可欠である。局長通知では学校安全計画に記載するべき事項として教職員に対する研修をあげているが、学校保健計画にはない。

　文部科学省は法成立後すぐに、国の役割を果たすため『教職員のための子どもの健康観察の方法と問題への対応』（平成21年3月）、『教職員のための子どもの健康相談及び保健指導の手引』（平成23年8月）を刊行し、教職員が健康観察・健康相談や保健指導を行うための知見を提供している。しかし、次々と新たな課題が突きつけられる多忙な教育現場で校内研修の時間確保も難しい。あらかじめ学校保健計画に記載するとか、短時間で効果的な研修方法の工夫もいる。何よりも実践場面での問題をとりあげ校内連携を深めるには、教職員の子どもを見る目と声を聴く耳を鍛えるような研修が必要である。

　研修方法の一例として、「KJ法を利用した子ども理解」という筆者が県教育委員会の健康相談活動支援事業でとりあげたものを紹介する。相談事例報告を聞き、質疑応答の後に参加者が感じたことや思ったことを一項目ずつ付箋紙に記入し、全員の声を聴くことに特徴がある。その後、模造紙に一人ひとり説明しながら付箋紙を貼っていき、仲間分けをしながら全員で子どもの置かれている状況や心情等を整理し、支援や対応を図解する方法である。なお実施にあたっては、事例の報告と質疑→付箋紙に記入→模造紙に貼り付け整理→支援・対応と、それぞれを短時間に分割実施することも可能な方法である（『事例検討の持ち方・進め方』山口県教育委員会、2003年3月）。

　もう一つの課題は、教員養成課程において、すべての教職員が学校保健・安全に係る知識や指導方法を習得するカリキュラムの構築であり、いわゆる教職科目として「学校保健」を必修科目にすることである。その意味では、本書の出版意図と重なるものである。

　学校保健安全法は〈教育の仕事としての学校保健を構築する〉方向性を示すものと考え、子どもの心身の発達のためにすべての教職員が取り組む体制づくり、その中で保護者や地域の保健・医療・福祉と協力・連帯して、みんなで子どもを育てることが重要である。そうした視点と方法を持つ〈教育保健活動〉が、この法を実効化する道である。

（友定保博）

教育活動を支える保健・安全環境の整備

① >> 健康や安全、発達をめぐる課題の多様化と人的環境

　子どもの健康や安全、発達の保障を具現化していくためには学校の人的及び物的な環境（条件）整備が必要不可欠である。以下では、子どもの健康や発達、安全をめぐる今日的課題を踏まえつつ、これを支える人的環境について概説する。

1. 健康・発達と安全をめぐる課題の多様化

　子どもの健康や安全、発達をめぐる課題は実に多様化してきている。中教審答申「子どもの心身の健康を守り、安全・安心を確保するために学校全体としての取組を進めるための方策について」（2008年1月17日）では、学校保健及び学校安全の分野におけるそれぞれの課題が整理されている。

1）学校保健をめぐる今日的課題

　学校保健法（現在、学校保健安全法）が制定された1958年当時は、「学校保健」分野では寄生虫やトラコーマ・結核等の伝染病・う歯等が子どもの健康上の重要な課題として認識され、それらの課題解決にあたっては学校保健の取り組みが大きな成果を上げてきた。

　ところが、近年、新たな課題として食や睡眠など生活習慣の乱れやメンタルヘルスに関する課題（いじめ、不登校、児童虐待等）、性行動と感染症、薬物乱用等の課題が顕在化していると答申では指摘している。この指摘については、様々な実態調査や学校現場における実情を踏まえると理解できよう。例えば、「不登校」の子どもの数は少子化傾向にも関わらず、小・中学校では約12万人に上り、割合としては1990年代以降、右肩上がりの状況にあり、高校においても約5万5000人に上っている（文科省・2013年度「児童生徒の問題行動等生徒指導上の諸問題に関する調査」より）。

2）学校安全をめぐる今日的課題

　「学校安全」分野では、依然として学校管理下における事故の発生が約109万件を超えており（日本スポーツ振興センター統計）、従来の生活安全（主に教育活動中の事故防止）に加え、交通安全（交通事故防止）、そして災害安全（防災）それぞれの取り組みが急務である。生活安全分野では2001年の大阪教育大学附属池田小学校事件等の学校への不審者侵入事件や、2005年の栃木小1女児殺害事件等の地域における子どもの略取・誘拐等の犯罪被害事件の発生を契機として、学校や子どもの「防犯」が重要な課題として提起されている。また、いじめについても、学校保健安全法（1958年4月10日法律56号）の施行（2009年4月）により「学校安全」が明確な法的根拠を持つ中で、この対象となり（文科省通知2008年7月9日付・20文科ス522号）、生徒指導のみならず学校安全の観点からも対応を迫られるようになった。

　他方、災害安全分野では、阪神・淡路大震災（1995年）や新潟県中越地震（2004年）とは異なり、平

日の日中に発生した「東日本大震災」は学校関係者の死亡・行方不明者数が659名を超え、学校における「防災」の問題を浮き彫りにした。具体的には、大規模災害発生時における学校の対応（情報収集、連絡や避難等の在り方）や学校における人的、物的両面における防災体制、そして、避難訓練をはじめとする防災教育の問題である。今日、首都直下型地震や東海・東南海・南海地震の発生が想定され、津波による浸水が想定される学校数が2,860校に上ること（文科省調査「公立学校施設における津波対策状況調査」、2014）が明らかになった中、学校の防災に関する取り組みの改善が求められている。

2．学校保健・学校安全を支える人的環境の機能

　学校教育に必要な人的環境（条件）については、学校教育法及び同法施行規則や学校保健安全法において示されている。例えば、小・中学校に最低限必要な教職員については「校長、教頭、教諭、養護教諭及び事務職員を置かなければならない」（学教法37条1項、中学校は49条で準用）と定められている。また、高校では「校長、教頭、教諭及び事務職員を置かなければならない」（学教法60条1項）と定められている。

　つまり、これらが子どもの健康や安全、そして発達を支える基本的かつ最低限の人的環境だと言える。ただ、現実的には前出した課題の多様化を踏まえ、教育以外の心理や福祉に関する専門職の配置や地域の関係機関との連携、さらには保護者や地域住民との連携の必要性が唱えられており、それらも子どもの健康や安全、そして発達を支える人的環境として考えられる。

1）校長・教頭等

　校長は「校務をつかさどり、所属職員を監督する」（学教法37条4項）とされ、学校運営の最終的な意思決定や判断を行う責任者である。これに加えて、教頭や副校長は校長を助け、校務の整理（教頭、同37条7項）や、校長の命令を受けて校務をつかさどること（副校長、同37条5項）、そして校長に事故があるときにその職務を代理すること（同37条6項及び8項）が定められており、学校管理職として位置づけられる。

　このような学校管理職には子どもの健康や安全、発達に関する学校の環境条件を整備するとともに、これらにかかわる取り組みを組織的、計画的に実施していくことが求められている。例えば、学校保健安全計画の策定と実施（学校保健安全法5条・27条）、学校の環境衛生や施設・設備に不備があった場合の改善措置や学校設置者への申出（同6条3項・28条）、危険等発生時対処要領の作成と教職員に対する周知・訓練（同29条2項）等である。これらの責務は校務分掌（役割分担）や学校保健安全委員会の組織化等を通じて果たされることになる。

　なお、学校事故裁判例（主に民法709条に基づく不法行為責任による）においては、校長の安全配慮義務として、教職員配置を含む体制の整備や教職員に対する指示や注意等をはじめとする管理上の過失とそこにおける注意義務の果たし方が問われることが多い。したがって、前述した法的責務を着実かつ積極的に果たしていくことが求められる。

2）教諭・養護教諭等の教育専門職

　教諭は「教育をつかさどる」（学教法37条11項等）とされる通り、授業をはじめとする教育活動について権限と責任を有している。そこで、学校事故裁判例でも指摘されるように学校管理職よりも具体的

な安全配慮義務（予見義務、結果回避義務）が求められる。例えば、教育活動の実施前における安全点検や実施中における立会・監督と子どもへの注意や指導、そして事故が発生した場合の適切な対応等である。また、担任教諭であれば学級運営において同様の安全配慮義務が求められる。学校事故は日本スポーツ振興センターの統計によれば、場面別では保健体育の授業中やスポーツ・運動系部活動の実施中に発生している割合が多い。そこで、特に保健体育科教諭や部活動の顧問教諭を中心に、研修を通じて学校保健及び学校安全に関する知識と認識を深めていくことが求められる。

　一方、養護教諭は教諭と同様に小・中学校で必置であり、「養護をつかさどる」（学教法37条12項）職として法定されている。そして、養護教諭は学校に必置とされる保健室において「健康診断、健康相談、保健指導、救急処置その他の保健に関する措置」（学校保健安全法7条）と、「健康相談又は児童生徒等の健康状態の日常的な観察」により、子どもの心身の状況を把握し、健康上の問題がある場合には子どもや保護者に必要な助言を行うこと（同9条）を職務としている。このように子どもの健康や安全、発達を支える必要不可欠の人的環境であり、学校組織上に必置とされる「保健主事（主任）」（学教法施行規則45条）として任命されることが多い。なお、裁判例では養護教諭の役割について、学校事故の発生の際にその状況を速やかに認識した上で、①自ら疾病の手当てをするか、②直ちに救急搬送すべきものか、③保護者の保護監督下に置くものか、④保健室で継続的に観察すべきものか、⑤教室に帰しても良いか等の救護診断義務を下すことと示されたこともあり（東京地裁1982年（ワ）12373号・1989年2月22日判決）、救護診断に係る知識や認識の研さんが求められている。

3）事務職員や学校用務員等

　教育専門職以外の学校の職員として「事務職員」や「学校用務員」等があげられる。特に、学校用務員については法令上必置とされていないが、その役割は「学校の環境の整備その他の用務に従事する」（学教法施行規則65条）とされており、学校の保健衛生及び安全に関する環境を清掃や修繕等を通じて、実質的に保持する役割を担っている。これらの職員は「教育専門職」ではない業務と視点で、子どもの心身の状況や、給食費等の学校徴収金の収納事務や就学援助等に係る事務等を通じて子どもの家庭環境を把握することもある。したがって、管理職や教諭、養護教諭等との子どもの心身の状況や学校施設設備の安全に関する情報の共有と、それに係る課題解決にあたり連携が求められよう。この他に、学校給食にかかわる管理栄養士や調理職員、学校防犯にかかわる警備職員等があげられる。

　ところが、このような職員は財政上の問題から合理化という名目で学校区や地域単位で配置される共同化やセンター化や非常勤嘱託化が進んでいる。しかし、校長・教諭等の多忙化の状況や、子どもの健康や安全、発達に係る課題の発見・解決のためには、より多くの視点と即時的な労力が必要であることを踏まえると、このような人的環境の合理化は子どもの健康や安全、発達を保障する観点から見直されるべきである。

4）心理・福祉に関する専門職

　いじめや不登校、児童虐待等の問題を背景に、国による政策において、スクールカウンセラーが1995年度、スクールソーシャルワーカーは2008年度より配置が進められている。そして、近年では東日本大震災の発生やいじめ自殺事件の発生を背景に増加の傾向にある。スクールカウンセラーは臨床心理士を基礎資格として、心理的アプローチから子どもの心身の健康やそれに係る課題解決を図ることを主な職務としている。他方で、スクールソーシャルワーカーは一般的に社会福祉士等の資格をもとに、福祉の

視点から、子どもや保護者、学校外の関係機関（自治体の子ども家庭関係部署や児童相談所等）に働きかけ、課題解決を図ることを主な職務としている。これらは法令上必置ではなく実態としては非常勤職員や嘱託職員として位置づけられているが、いじめ防止対策推進法（2013年6月28日法律71号）では国がそれらの人員を確保すること（同法18条）や、学校に必置のいじめ防止等の組織の構成員として示される（同法22条）等、学校にとって重要な人員として捉えられている。今後、これらの増員や正規職員化が求められる。この点につき、文科省は「チーム学校」の推進を掲げてこれらの配置拡充を図りつつある。具体的には、「次世代の学校・地域」創生プラン（2016年1月25日文部科学大臣決定）では、学校組織の「専門性に基づくチーム体制の構築」に向けて、スクールカウンセラーやスクールソーシャルワーカーの職務等を2016年度中に学校教育法施行規則（文科省令）を改正し明確化することと、配置の充実が示されている。子どもをめぐる成育環境が多様化、複雑化する中、心理的・福祉的アプローチは子どもの生活そのものの安定を図るためのものであり、子どもの健康、安全そして発達を保障するうえでの基盤とも言える。そこで、省令による職務の明確化のみならず、法において学校に必置の職として位置づけられることが求められる。

5）学校医・学校歯科医・学校薬剤師

　学校医や学校歯科医、学校薬剤師は学校保健安全法23条に規定されている通り、学校に必置の職であり、同法施行規則22条から24条においてそれぞれの職務が定められており、学校保健計画や学校安全計画の立案に参与することの他、健康相談や保健指導、健康診断に従事すること等が示されている。ただ、現実的には多くの自治体で教育委員会規則等により「非常勤」として位置づけられており、子どもの健康と安全、発達上の問題が様々に指摘される現状を踏まえると、子どもや保護者等が日常的に指導や助言を求められるような体制へと転換していくことや、学校医等が子どもや保護者等に指導、助言する機会（公開学習会や相談会等）を設けていくことが求められよう。

6）保護者と地域、そして子ども

　1990年代半ばより「開かれた学校づくり」が提唱され、「学校評議員」や「学校運営協議会」の法制度化を通じて、保護者や地域住民等が学校運営にかかわるようになった。そして、このような組織における協議を通じて、子どもの健康や安全に関する取り組みも展開されてきている。学校と子どもの安全を守るための地域巡回組織の結成や、啓発のための広報紙の作成、学習（授業）支援ボランティアの組織化等である。このように、「開かれた学校づくり」は保護者や地域という重要な社会資源を活用していく機能も有しており、子どもの健康と安全、発達をより保障していくうえでも積極的な展開が求められよう。

　なお、「学校運営協議会」制度については、必要に応じて、子どもの意見を聴取することができるとされている（文科省通知2004年6月24日付・16文科初429号）。子どもの視点は保健・安全環境の整備のうえでも有意義なものと言える。なぜなら、子どもの保健・安全環境の整備への参加は国連子どもの権利条約における子どもの意見表明権（条約12条）の保障に加え、健康・安全文化の創造への参加という点で安全教育・学習や主権者教育としての意義を見出だせるからである。このような意味で子ども参加の取り組みの充実も期待される。

（堀井雅道）

② >> 学校施設・設備など物的環境整備

１．学校における物的環境の要件と現状

　学校の目的には「心身の発達を助長することや発達に応じて、教育を施すこと（学校教育法）」とあるが、学校施設のような物的環境は物理的な枠組を超えて教育機能を包含している。学校施設は児童生徒などが１日の大半を過ごす活動の場であり、生きる力を育むための教育環境として重要な意義を持つものである。したがって、常に、教育を支える物的環境が機能しているかを確認する必要がある。

　教育を支える物的環境は大きく三つの階層で捉えることができる。第１は安全性、第２は快適性、第３は文化性に関する階層である。まず、教育における前提条件は安全確保である。学校教育制度の存立に影響する最も重要で普遍的な要件である。快適性は安全に関する主観的な感情である安心の上位に位置づく。つまり、安全が確保され自分自身に危害や損害が発生しないと見込む心理状態が常態する状況であって、さらに心地よさが加わった状況ととらえることができる。文化性は文化財的な価値と魅力を感じさせ、さらに、美しさや重厚さ、落ち着ける雰囲気、人間的な暖かさなど、地域の歴史や文化と結びついた暮らしや、学校生活から培われた愛着や誇りなどの主観的な感情と言える。故に、第２、３階層は主観的な感情要素による見方で表現され、特に、第３階層は感性レベルの見方が強く、客観的データで示すのは困難であって現在の科学で表せない階層と言える。安全は３層構造の最も基盤になる階層である。第１階層が保障されなければ、第２、そして３階層は成立しないと言えよう。

　学校施設を取り巻く現況を見ると、１校当たりの平均児童生徒数はピーク期には500人を超えていたが、近年は300人程度で推移し減少傾向にある。１学級及び児童生徒１人当たりの保有面積は増加しているが、小・中学校あわせて年間400校前後が廃校になっている。学校の統廃合や余裕教室・余裕スペースの活用が課題となっている。さらに、施設の老朽化が進行しており、経年25年以上の要改修建物は全体の約７割を占めている。公立小・中学校における建物の構造体の耐震化率は進捗しているが、天井材等の非構造部材については1/3程度しか改修されていない。施設の老朽化により安全性と機能性の両面で様々な不具合も発生している。一方で、全公立学校の約９割が災害時の避難所として指定されているものの、その指定と防災機能の実態が必ずしも整合していないとの報告がなされている（文部科学省「学校施設の現状について」2012（平成24）年６月）。

　学校の統廃合や余裕スペースの活用、老巧化に伴う解体改修、避難所の指定等々の問題は、いずれも児童生徒の安全・健康の確保、さらに教育における高機能・多様化への対応、地域の存続・活性にかかわる切実な問題である。子どもの発達や安全の観点から学校施設の価値を探り、どのような整備が必要とされるのか、教育を支える物的環境のあり方を再考する必要が求められている。

２．学校施設整備指針とその背景

　各学校には教育思想や理念が存在し、具体的な目標を掲げて様々な取り組みが行われているが、学校施設に対する三つの整備指針が示されている（文部科学省「小学校施設整備指針」2014（平成26）年７月）。第一は、高機能かつ多機能で変化に対応し得る施設整備である。第二は、健康的かつ安全で豊かな施設環境の確保である。第三は、地域の生涯学習やまちづくりの核としての整備である。

　これらは程度の差はあるが、近代教育制度が創始された学制発布（1872（明治5）年）から追求して
きたことである。つまり、第一への対応は、小学校令の改正に伴って義務教育年限の延長や教科の内容、
時数等の増加、特別教室や設備の需要の高まり、さらに児童の増加などの時代の要請に即して、学校や
教室、設備が増設や整備を繰り返して今日に至っている。近年では、オープンプランスクールのように、
弾力的な学習編成や方法の導入等を意図して、広い空間を仕切った配置や、IT機器の導入などの情報
化社会への対応に見られる。ただし、これまでの意図や対応したことが各学校において達成できたのか、
つまりPDCA（計画―実行―評価―改善）サイクルに基づく見直しや改善があったかが問われる。

　第二も学校教育を維持していくための必須要件であり、最優先に取り組まれてきたことである。例え
ば、校地、校舎の建築及び教室の構造、採光、換気、暖房、机・腰掛・黒板・書籍、体操・遊戯場、授
業・休憩等について（文部省学校衛生主事・三島通良著『学校衛生学』、1893（明治26）年）考慮され
ており、学校建築の建築基準書の規定（学校建築図説明及設計大要、1895（明治28）年）や、震災予防
（学校建築上震災予防法、1894（明治27）年）も留意されていた。ことに、環境衛生は学校教育制度の
存立にかかわる重要な要因であり、学校環境衛生基準は保障すべき最低の基準値と言える。近年、より
快適な学校環境を目指した整備が進められている。例えば、学校トイレの整備や教室のエアコン設置に
見られるが、地域差や各学校の事情によって一律に判断できない課題となっている。教育と保健の両面
から検討して、各学校の状況に応じて解決を図ることが基本となろう。

　第三も同様である。その当時の最高水準の校舎が建設され、地域と連携しつつ中心的な役割を果たし
てきたものが少なくない。中には現存する明治期の校舎で現在も使用されているものもある。学校が新
しい社会状況に対応し先導する役割を持って地域の協力のもとに作られてきた。その歴史を振り返れば、
多くは文化財として保存されるべき学校建築である。地域との連携の歴史を踏まえて、解体改修の問題
等を検討する必要がある。

　文化財としての価値を有する歴史と教育思想を併せ持つ施設での学びや生活は、潜在的な教育機能を
持っていると言える。そこでの教育実践のあり方に左右されるが、学校施設は学校独自の規律やマナー
などと結びつき、学校生活を送る中で子どもの自立と社会的な成長に密接に関連しているからである。
ただし、物的環境の教育的な価値については余り検討されていない。建築思想や施設に込められた思い、
そこでの教育実践等を含めた実証的な検証が求められる。

3．物的環境における安全確保と整備の実際

1）安全とその確保

　教育を支える物的環境は、子どもの発達と生活を支える物的環境として成立させ影響を及ぼしていく
には三つの階層間の連動と階層ごとの充実が必要であるが、ここでは最も基盤となる第1階層にかかわ
る安全の考え方と守る仕組みについて整理しておく。

　安全とは「人の危害または素材の破損の危険性が許容可能な水準に抑えられている状態（JISZ8115）」
と規定されている（古田一雄他『安全学入門』日科技連出版社、2013）。したがって、推測できるすべ
ての危険源に対して、前もって対策を施し許容可能なリスクまで下げなければ安全とは言えない。リス
クは危害の発生する確率及び危害のひどさの組み合わせの大きさである。例えば、東日本大震災のよう
な自然災害は発生頻度が少ないが甚大な危害をもたらすので、リスクは大きいと言える。逆に、校庭
での擦り傷のような軽傷事故は危害が小さくリスクが小さいと言える。ただし、頻度が多ければ特異な原

因が潜んでおりリスクは大きくなる。安全確保には自然災害も校庭での事故も許容可能なリスク（安全目標）まで低減する必要がある。つまり、安全確保は科学技術を用いて、「何から」「何を」「どうやって守るか」を明確にして、対処することによって実現する。

　「どうやって守るか」という仕組みは、技術的側面と人間・社会的側面で構成される。技術的側面は施設・設備によって作られた安全システムであって、例えば、施設の耐震構造、スプリンクラー、換気扇、照明等々、物的環境に備えられている基盤となるシステムである。教育を支える物的環境には、地域や学校の特性に応じた安全確保の技術的側面の仕組みの整備が必須要件となる。しかし、ハードの対策だけでは安全を確保できない。人間が注意や訓練・教育によって安全に関する知識や技術を獲得して主体的に対処できることや、組織や安全基準・法律などの社会制度によって安全確保する仕組みが必要である。そのようなソフトの対策が人間・社会的側面の守る仕組みである。防災意識が高く対応力に優れた子ども、あるいは市民に育っているかが、自らの安全確保にかかわっている。したがって、人間・社会的側面の仕組みの在り方やレベルによって、安全を確保できる程度が規定されていると言える。次に、その実際について示すことにする。

２）環境整備の実際

（１）PDCA サイクルに基づく環境整備

　快適な学習環境を保障する前提として、温熱条件や明るさ、換気等々の保健衛生面での条件の確保が必須であり、教室をはじめ施設環境には環境衛生基準が設定されている。ただし、その基準値は一般的には許容最低限度値であり、下回ることがあってはならない値として安全確保を前提に設定されている。例えば、エアコンの設置が話題になったが、財政問題などから一致した見解が得られず、設置を住民投票によって判断しなければならない事例が生じている。財政面の社会的な要因で設置できない状況にあるが、安全の観点からリスクを評定して判断すべき問題である。各自治体や学校において何を守り大事にすべきかを共有して、実現可能な目標を設定したうえで解決を図ることが原則になろう。

　エアコンの設置では、騒音対策で二重窓にしたことにより温熱条件が悪化し学習環境の改善要望につながった例がある。この問題はリスクトレードオフという課題を提起している。目標となるリスクの削減は何らかの対抗するリスクが発生することを示している。このことは教育活動と安全確保との関連にも見られる。教育は個や集団の持つ可能性を引き出す発達の論理をベースにしているが、その過程には挑戦やリスクを伴うことがある。教育においては、許容可能なリスクに低減する手立てを模索しながら目標達成を目指しているので、PDCA サイクルに基づく螺旋を描くようなプロセスと言える。教育実践は推測できるあらゆる危害、危険性に対して対策を講じるが、安全確保を前提にしているので、講じる対策がなければ実践は見送られるか、計画が見直される。エアコン設置をはじめ教育機器、遊具・スポーツなどの諸々の施設・設備の設置についても同様のプロセスになると言えよう。

（２）環境条件の見直し―発達の視座から―

　物的環境を変える場合にも教育的視点が不可欠である。例えば、普通教室の仕切りをなくし多目的利用が可能なオープンスペースを取り入れ学習空間を広げることが一般化されつつある。多目的スペースによって教育内容・方法に関する多様化への対応やクラス単位中心の画一化の克服が期待されたが、一方で、従来の落ち着いた授業ができ、静けさや１人で考えることができる場所、プライバシーなどのこれまで大事にされていた環境が確保されているかが問われる。子どもの自己認識や自立には他者の存在が不可欠であるが、その量的かつ質的な変化が発達に影響を及ぼしている。そのことが保障されている

かが問われよう。

　これまで確保されてきたことがどのようになったのか、教育を支える物的環境を発達や安全の観点から見直していく必要があろう。その際、子どもの目線を大事にしたい。コンクリートが剥き出しの飾り気のない、何ら特徴のない部屋であっても、学校の中で最も安らげて暖かく感じる部屋であると語る子どもに出会った。プライバシーの確保や教職員との関連などの様々な背景があって保健室が癒しの場になり、あるときは居場所、避難場所になっていたと思われる。子どもの置かれている状況と物的環境との関連を如実に示しているように思われる。このように子どものまなざしに注意を払ってみると、学校や教育の根幹にある問題に突き当たり、物的環境を含む教育条件の見直しを迫られる発見があるかもしれない。子どもの感じていることを丸ごと受け取り掘り下げる大事な視点と考える。

（3）地域と連携した防犯対策

　学校において防犯が重要な課題となっている。門の施錠などの閉鎖化と監視カメラ設置による監視化が強化されている。防犯対策によって一定の安全が確保されたが、一方で地域住民との連携が疎遠になっている例も見られる。保護者や地域の人たちとのつながりを深め、地域ぐるみで対応する安全協議会などの組織的なシステムづくり、連携による開かれた学校づくりといったソフトの対策が大事である。ハードの対策である監視カメラの導入には運用や機能について問題が指摘されている。学校には常時モニターを監視する人がいないので不審者侵入の発見につながらないという危惧や、得られた情報を異なる目的に流用されるというプライバシーの侵害などである。自治体によっては管理責任者を明確にして運用ルールを説明し、子どもや保護者、地域の人々の理解のもとに使用している。監視カメラによる技術的側面からリスク削減を図っているが、基本的には地域ぐるみの対策に見られるような人間的・社会的側面をベースにしたソフトの対策による運用を推進していくべきと考える。

＊　　　　　　　　　＊　　　　　　　　　＊

　施設・設備における技術的側面による安全確保は不可欠であることは再三述べてきた。安全を確保していくには、守る仕組みにおける技術的側面を土台にした人間的・社会的側面を重視すべきである。法律・規制、制度などの社会的側面の仕組みや、防犯対策や防災対策における人間的側面の仕組みがもっと重要視されなければならない。最終的な判断を迫られる場面では個人の意思決定が問われるのである。様々な訓練や教育などによって得た知恵・知識が状況把握、意思決定と行動につながる。このことは東日本大震災の避難行動で防災教育の成果として確かめられている。

　どのような学校文化を創ってきたか、創ろうとしているかが問われるのである。

（下村義夫）

子どものいのちと健康を守り育てる
学校・家庭・地域の連携

① ≫ 学校と地域の保健連携を進めるための養護教諭と行政の役割

　学校保健安全法の第10条には健康相談・保健指導だけでなく救急処置についても地域の医療機関等との連携が規定されている。また第3条には国及び地方公共団体の責務として「学校における保健及び安全に関する最新の知見及び事例を踏まえつつ、財政上の措置その他の必要な施策を講ずるもの」と定めている。ここでは山口県における学校と地域の保健連携の事例をもとに、養護教諭と学校保健行政の役割について考える。

1．ノロウイルス集団感染の経験を学びにつなげる

1）集団感染時の状況と対応の概要

　この事例は新開が小学校に勤務していたときに起こった。保護者からの突然の電話で、多くの児童が突然の嘔吐、下痢、腹痛などで受診していることを知らされた。あいにく土曜日で管理職に電話しても通じない。現状を把握しなければと病院に連絡し、医師に聞くと、3分の1の児童が受診し、入院している児童もいたことがわかった。医師が保健所への連絡をしていなかったため、学校から市の教育委員会経由で保健所に電話し、その日のうちに保健所が学校に入り検査を行った。

　周知のように、学校で感染症・食中毒（疑い）が発生した場合の関係機関への対応としては、市町村教育委員会へ感染症・食中毒（疑い）の発生を確認した状況、発症児童生徒数、症状の傾向、原因に関する事項、学校がとった措置などを報告し指導を仰ぐ必要がある。また保健所にも状況を報告し指導助言を受け、原因究明、被害拡大防止、二次感染防止等に関する保健所の対応に協力する、立ち入り検査や来訪を受けた場合は担当責任者を定めて対応することなどが必要となる。

　養護教諭はこのとき、給食主任を任されていたこともあり、行政からの指示にしたがいたくさんの書類を整えることで精一杯だった。保健所からの連絡の窓口もほとんど養護教諭であった。

　マスコミの動きは早く、まだ原因もはっきりしないうちに「小学校で食中毒発生」と報道された。休日後2日間休校とし、その後登校した児童には、喉の粘膜検査が行われた。感染児童の検便でノロウイルスが検出され、給食業務停止命令が出た。ただし、食材や保存食からの検出はなく、配缶時にも問題はなく汚染経路は特定できなかった。給食室での配缶から教室で口に入るまでの過程で何らかの汚染があった、と報告を受けた。

　この時点では学校内だけの集団感染であったが、保健所からは地域住民への二次感染を防ぐ措置をとるように指示されたため、その後、保護者会を行い、経緯や現状、見通し等について説明を行った。

　本事例の感染性胃腸炎（ノロウイルス感染症）は、学校において予防すべき感染症の第三種（学校において流行を拡げる可能性があるもの）で「その他の感染症」に該当する。

2）食中毒事件の振り返りと校内・校外連携の問題点

　集団感染事件の数日後、給食のパンの味に異常があった。結果的には業者の塩の入れ忘れだとわかったが、子どもたちが「パンの味が違う」と訴えたとき、教員は個々の判断で対応し行動していた。もし他の原因であったらと考えたとき、教職員で危機感を共有することの重要性を感じた。そこで、養護教諭の提案で「子どもの訴えた事実・教師の判断・とった行動・他の職員との連携・そのときの気持ち」を書いてもらい、まとめたものを職員に報告した。

　問題点として、味の違いに気づきながら「このくらい大丈夫だろう」と個々が判断し、子どもが訴えた時点で職員間の連絡が行われていなかった。いつ、どこで何をすべきか、具体的な対応について共通理解を図り、関係機関との連携はどうあるべきか等について話し合い、確認した。

　どの学校でも、国や県の指針をもとに健康・安全に関する各種の対応マニュアルが作成されている。そこには報告・連絡・相談の矢印（→）が記されているが、いざというとき、その通りにはいかない場合もある。本事例でも「管理職に連絡がつかない」から始まっている。感染症でもインフルエンザへの対応は毎年のことであるが、本事例のような食中毒事件が突発した場合、「矢印」の部分に重要な要素が含まれていることを経験した。ここをしっかり作っておかないとマニュアルが機能しないことも起こる。

　救急処置は養護教諭まかせになることも多いが、不在のときもある。教職員全員が症状を悪化させない処置ができなければ子どものいのちを守ることはできない。

　同様に、感染症の対応以外にかかわりが少ない保健所等と教育行政との連携はどうなっているのかを知り、学び合う機会も必要である。

　学校保健安全法の第18条（保健所との連絡）には、出席停止や学校の休業を行った場合（施行令第5条）となっている。この他にも、教育委員会と保健所の関係は「地方教育行政の組織及び運営に関する法律」第57条に規定があり、同法施行令には保健所に協力を求める事項や助言や援助を与える事項が、具体的に記されている。

　養護教諭は教職員との関係をしっかり持ち、学校で起きるけがのデータやヒヤリハット事例などをもとに話し合うなど、〈チーム学校〉で子どもたちの健康・安全を守り・育てる雰囲気づくりが必要である。

3）子どもたちと「自分のからだに起こったこと」を学ぶ

　食中毒事件の渦中、児童が手洗いに過敏になり、アルコール消毒が原因と思われる湿疹ができたことが気になった。子どもたちに単なる手洗い指導ではなく、からだには病気にならないための素晴らしい仕組みがあることを学んでほしいと考え、6年生を対象に3時間の保健学習（病気はどうして起こるのだろうか？　病気に負けないからだをつくろう！　細菌とじょうずにつきあおう！）を実施した（写真Ⅳ-1）。

　「食中毒症状が出た人と出ない人がいたのはなぜ？」の問いかけから、自分たちのからだに起きたことの原因や症状、からだを守る防衛機能、症状発生の要因等、子どもたちと共に考えた。自分たちのからだに起こったことの原因を考えることによって、病気にかかって起こる症状（発熱・嘔吐・下痢）は、実はからだを守る防衛機能であることに気づき、病気を防ぐ知恵や技を自分の生活の中で見つけ出していく力が育つという考えからである。また、寒天培地の実験結果を踏まえ、保健所職員と共に、「手にはいろいろな細菌がついている。ほとんどが自分のからだを守ってくれるよい細菌である。時と場合に

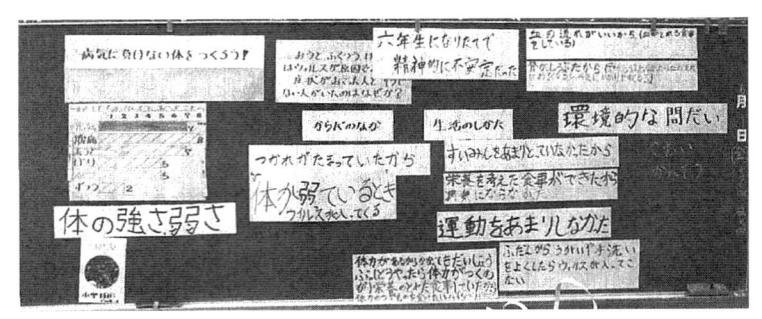

写真Ⅳ-1 第2時の板書

（新開奏恵：『保健室』No. 106、農文協、2003／第12回日本教育保健学会「学校救急活動のあり方と教育保健」報告、2015）
注）「小型球形ウイルス（SRSV）」は、食品衛生法の2003年改正により「ノロウイルス」と名称を変更。

応じた手洗いを考える。細菌をすべてなくすことはできない。また、細菌がない状態は危険で、よい細菌は悪い細菌がやってきたときのバリアになる」ことも学んだ。同時に養護教諭も、食中毒事件から保健所職員に協力依頼をできる関係を結べた、ということもできる。

2．学校と地域の保健連携を進めるために行政の果たす役割

1）山口県教育委員会の学校・地域保健連携事業の内容

　文部科学省の学校・地域保健連携の推進は2001年度から健康相談活動支援事業として始まり、山口県教育委員会は、その委嘱事業を受けて養護教諭の研修を進め、友定はその企画にかかわってきた。

　最初に、校内・校外連携の現状把握のため養護教諭を対象に実態調査を行った。スクールカウンセラー（以下、SC）の配置が始まった時期であり、養護教諭のSCに対する期待は大きかったが、一方で「教育現場の理解を」「連携を密にしてほしい」「できる限りの情報提供と具体的なアドバイスを」という声も多く聞かれた。養護教諭だけでなく教職員全員に理解してもらうため『子どもたちをみんなで支える健康相談活動』（2002年3月）として小冊子を作成し配付した。

　翌年度は養護教諭を対象に事例検討の演習を行った。従来から実施されている事例検討方式に加え、「KJ法を利用した子ども理解」という手法を導入し、地区別に研修会を開催し、その普及を図った。「KJ法を利用した子ども理解」は、参加者全員が事例を聞いた後、付箋紙に思いや考えを書き表明することを保障し、6～7人のグループで子どもの置かれている状況を推察し、支援・対応を図解する方法を採った（「事例検討の持ち方・進め方」）（写真Ⅳ-2）。

　さらに翌年には地区別にSCを招き、KJ法を活用した事例検討会を開催した。

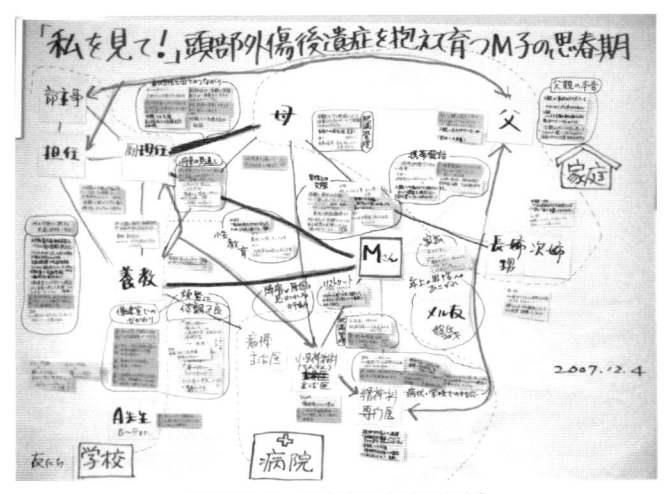

写真Ⅳ-2　KJ法による図解例

その意図は養護教諭が子どもをどのように理解し対応しているのかを、実際の事例検討に参加してもらうことで伝えることであった。対応の基本に違いはなく、SCに連携相手として養護教諭の専門性への認識を深めてもらうことができた。

　この頃から家庭や保護者の生活状況に起因する子どもの問題事例も多くなり、スクールソーシャルワーカー（以下、SSWr）との連携・協働を進める必要を感じ、講演会を開催し、そして地域の社会福祉士・精神保健福祉士などを招いて同様な地区別事例検討会を実施した。家庭状況への口出しが難しい学校関係者にとって、子どもの最善の利益を求めてエコマップを作成し、福祉課との交渉や民生委員への依頼なども含めて、子どもの環境調整を考える演習は新鮮であり、有益であった。その後、県の教育センターへSSWrが配置され、現在は6地区に1人を配置することにつながっている。

２）連携を深める顔の見える関係づくり

　2006年度からは学校と地域の保健連携事業が始まり、専門家派遣事業ではSCや助産師の性教育、学識経験者の講話等が多く、学校専門医電話相談事業は多忙な医師への遠慮からか利用は少なかった。知り合いでもない医師に直接アポイントすることは難しい。

　2007年には、地域の教育・保健・医療・福祉関係者の「顔を知り、人を知り、相手の仕事を知る」ことを目指して、「地域に根ざした健康支援ネットワークづくり」を行った。

　地区ごとに養護教諭や医療・保健関係者に集まってもらい、異種グループで、自分たちが必要とするネットワーク、その継続に必要な条件等の企画書作成のワークを行い、その中から一つの企画を選び、地域で実施することとした。写真Ⅳ-3の「縁ジョイ・ネットワーク」をはじめ、現在もいくつかの地域ネットワークが継続されている。

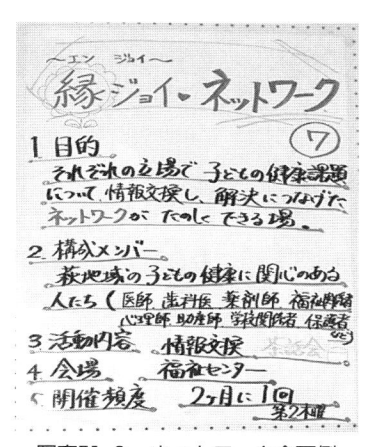

写真Ⅳ-3　ネットワーク企画例

　国や県が知見を提供し指針を出すだけでは、子どものいのちと健康を守るネットワークづくりを進めることは難しい。学校に課せられている問題は多く、数少ない行政研修の機会だからこそ、講演・講話で終わるのではなく、保健・医療・福祉等の関係者との出会いの場を作り、困ったときに顔の見える関係づくりが地域の連携力を高める一歩となる。

（佐伯里英子・友定保博・新開奏恵）

② >> 地域の専門家との連携で子どもの健康を守り育てる

１．地域の専門家との連携の必要性

１）学校保健安全法への位置づけ

　2009年４月に施行された学校保健安全法では、二つの事項が新設された。その一つは、養護教諭を中心とした教職員等が連携して健康相談や保健指導を行うことが規定された第９条である。「養護教諭その他の職員は、相互に連携して、健康相談又は児童生徒等の健康状態の日常的な観察により、児童生徒等の心身の状況を把握し、健康上の問題があると認めるときは、遅滞なく、当該児童生徒等に対して必要な指導を行うとともに、必要に応じ、その保護者に対して必要な助言を行うものとする」と保健指導について示されている。もう一つは、地域の専門家と連携して子どもの健康を守り育てることが明記された第10条である。「学校においては、救急処置、健康相談又は保健指導を行うに当たっては、必要に応じ、該当学校の所在する地域の医療機関その他の関係機関との連携を図るよう努めるものとする」と地域の専門家との連携について記されている。

　この法改正の背景には、生活習慣病の若年化、アレルギー性疾患、感染症などの疾病や、性の逸脱行動、いじめ・自殺や不登校などのメンタルヘルスの問題など、多岐にわたる子どもの心身の健康課題がある。これらの課題に養護教諭や保健主事が個人で対応するには限界があり、組織的に対応する体制や制度を確立することが求められて、このように法改正されたのである。

２）課題に応じた専門職種と人材のリストアップ

　専門家なら誰でも子どもの健康課題を解決する力量があるわけではない。学校は子どもの健康を守るために、それぞれの課題ごとにふさわしい専門職種等を選定することが必要である。表Ⅳ-１に示したのは、これまで筆者が地域で連携してきた専門職種の一覧である。生活習慣病予防を目的とする連携でも、健康課題によって連携職種は異なる。生活習慣病についての知識を身につけさせるのであれば学校医や地域の医師会の医師が適している。具体的な技術として、運動習慣を身につけさせるのであれば保健所・保健センターの健康運動指導士がよりふさわしい専門職種である。その職種の人であれば必ずしも、それぞれの課題に対応可能であるとは限らない。個々人の能力にも大きな違いがあるので、課題に応じた専門職種だけではなく、その職種における適切な人材をリストアップしておくことが重要である。

表Ⅳ-１　専門職種等一覧

歯科医　歯科衛生士　日本赤十字社指導員　健康運動指導士　整形外科医　理学療法士　消防署救急救命士　警察署生活安全課職員　麻薬取締官 OB　民生委員　児童委員　看護師　助産師　保健師　管理栄養士（食料品企業・プロスポーツチーム）　薬剤師（製薬会社）　携帯安全教室講師（電話会社）　教育カウンセラー　児童・思春期精神科医　心療内科医

２．地域の専門家と連携した教育のプロセス

　学校保健活動の多くは計画（Plan）→実行（Do）→評価（Check）→改善（Act）の PDCA サイクルによって進められている。しかし、学校外部の専門家と連携して教育活動を行うためには、より丁寧

にプランを立てるフェーズド・プランニング手法を用いることが望まれる。このフェーズド・プランニング手法は、岡本薫氏により提唱された、①現状把握、②原因探究、③目標設定、④手段選択、⑤集団合意形成（①～⑤までがPlan）、⑥実施（Do）、⑦評価（結果と目標の比較）（Check）、その後、⑦に基づき①へという七つのフェーズに分けて実践する方法である（表IV-2）。

　例えば、児童生徒にむし歯が多いという現状があったときに、フェーズド・プランニング手法では、まず、むし歯が多い児童生徒の生活習慣の実態や意識を分析し、原因を特定する。次に、原因となっている生活習慣や意識を改善するために必要な教育目標を設定する。さらに、その目標を達成させるための指導内容や方法を選択する。最後に、それらすべてについて関係者間で合意を形成するまでがPlan段階である。その後に、保健指導などの教育を実施する。この後が問題である。専門家と連携して指導を行った後、誰がどのように評価をし、その評価を次のプランにどう生かすのかが明確になっていない場合が多すぎるのである。学校側は、専門家と連携して教育を行ったことだけで満足しがちである。専門家も、学校で教えたことだけで満足している場合が多い。そのため、せっかく専門家と連携した教育活動が一度きりの連携で終了してしまったり、継続したとしても形骸化したりするのである。

　大切なことは、③目標設定の段階で、目標を達成できたか否かを明らかにするためのワークシートやアンケート、検査方法、誰がその評価をするのかをあらかじめ決定しておくことである。そこがしっかりと決まっていれば、実践後すぐに結果と目標との比較（評価）ができる。その結果は、次の連携のためのプランニングのフェーズ①となるのである。

表IV-2　フェーズド・プランニング手法

フェーズ①	現状把握
フェーズ②	原因探究
フェーズ③	目標設定
フェーズ④	手段選択
フェーズ⑤	集団合意形成
フェーズ⑥	実施
フェーズ⑦	評価（結果と目標の比較）

参考：岡本薫「PDCAはもう古い！～自治大学校で毎年800人が学ぶ新手法～」(http://www.hitozukuri.or.jp/jinzai/seisaku/81sien/01/15/onestep.pdf)

3．地域の専門家との連携事例

1）愛知県半田市学校歯科医会と学校との連携システムの構築

　現在では考えられないことかもしれないが、1990年頃までは各都道府県ともに12歳の平均むし歯本数は約4本以上あり、むし歯の減少と治療の推進が学校歯科保健の命題であった。半田市学校歯科医会では、その時期に半田市歯科巡回指導を開始した。この推進者は学校歯科医会会長を務めていた村井雅彦氏である。氏は校長会、教育委員会、市保健部会、市養護教諭部会などへ精力的に働きかけ、①歯科巡回指導事業、②よい歯の学校表彰事業を確立したのである。

　歯科巡回指導事業は、市立幼稚園・小学校・中学校で学校歯科医による歯科に関する指導を全校レベルで5、6年に1回実施するシステムである。これにより市内の子どもたちは、幼稚園入園後、中学校卒業までの間に全員が1～3回の歯科に関する授業を受けることができるようになった。

　よい歯の学校表彰事業は、児童生徒の歯科検診結果等に基づいて、歯科疾患や口腔内衛生の改善に努力したと思われる学校を表彰する事業である。その表彰式は、市内全小・中学校の校長、保健主事、養護教諭、学校歯科医師会が参加して半田市学校保健会主催で行われる。

　この巡回指導と表彰行事が、半田市学校歯科医師会と市内小・中学校との連携によって、30年間、子どもたちの歯科保健活動として取り組まれてきた。この取り組みが学校歯科医と学校との連携の中でどのように進展してきたかを、A中学校での初期の取り組みと、B小学校での最近の取り組みを通して見ることにしたい。

2) A中学校での事例（表Ⅳ-3）

　A中学校では、1992（平成4）年に初めての半田市歯科巡回指導を受けた。この頃の巡回指導は、①全学級の担任が指導案を作成して歯科指導を実施する、②学校歯科医が各学級でその様子を参観するという二つの条件で実施された。生徒の現状は、1人平均むし歯本数は7本であり、市内5中学校の中で最も悪い結果であった。トイレや校庭には、飴の包み紙がいくつも落ちており、タバコの吸い殻も散見されていた。

　経験の浅い養護教諭は、むし歯本数が多い原因をむし歯に関する知識が不足しているからであろうと判断した。そこで、担任は養護教諭の支援を得つつ、歯科に関する授業指導案を作成した。当時の中学生向けの歯科保健指導資料は充実しておらず、養護教諭も歯科指導に精通しているわけではなかった。多くの担任は、問題を抱える生徒への個別の指導のために睡眠時間を削りながら授業の準備をした。授業はむし歯の原因を説明し、むし歯を放置するとどうなるのかを伝え、正しい歯のみがき方を教えることに取り組んだ。

　一方、養護教諭は、歯科巡回指導の一環として行われる全校保健集会での保健委員会生徒の発表の準備に全力を注いだ。保健委員会の生徒は、学校歯科医からもらった抜歯した歯と生徒から採取した歯垢とを水、清涼飲料水などに浸け、その結果を比較する実験結果を発表した。生徒の発表後には、学校歯科医が歯科に関する講話を行った。

　こうした取り組みを終えた後、保健主事は、「各担任が生徒のために奔走して超多忙な中で、夜も眠らずに、こんなに苦労して歯科巡回指導で授業を行っても治療率は上がっていない」「もし、この歯科巡回指導に来て、各教室で担任による授業を見ていた歯科医の先生方が、歯科に関する知識が十分ではない担任に替わって授業をしてくれたのであれば、状況は違っていたのかもしれない」と、感想をもらしていた。

　1993年度から1996年度までの間に、年1回、各学級で担任による歯科指導を実施した。担任は自分が行った指導の成果を生徒のワークシートから分析し、指導内容の改善を重ねた。5年後に実施された歯科巡回指導では、学校歯科医と養護教諭、保健主事が相談し、治療率が低い現状に対して、歯・口腔衛生習慣に対する意識の低さが原因だと判断した。そこで、歯・口腔衛生習慣に対する意識の向上を目指して、担任と歯科医がペアとなって授業準備を進めた。授業前には、歯科医と担任による打ち合わせ会も開催され、授業が実施された。

　1993度以降、保健委員会では歯に関する全校生徒へのPR活動を続け、給食後の歯みがきタイムを創設した。毎年、保健委員会や各学年向けの学習会を開催した学校歯科医と保健委員の生徒の間の連携もうまくとれてきた。そんな中で最も成長したのは、特別支援学級在籍の保健委員Cさんである。なかな

表Ⅳ-3　中学校での連携の変化（※フェーズド・プランニング手法に基づき表現したが、当時この手法は未確立であった）

フェーズド・プランニング手法		平成4年度歯科巡回指導	平成9年度歯科巡回指導
フェーズ1	現状把握	1人平均むし歯本数7本	治療率が低い
フェーズ2	原因探究	歯・口腔に関する知識不足	歯・口腔の衛生習慣に対する意識の低さ
フェーズ3	目標設定	歯・口腔に関する知識の教授	歯・口腔の衛生習慣に対する意識の向上
フェーズ4	手段選択	担任による授業・保健委員の発表	歯科医・担任のTT授業・保健委員の発表
フェーズ5	集団合意形成	なし	歯科医・担任間の事前打ち合わせ会
フェーズ6	実施	担任による授業・保健委員の発表実施	歯科医・担任のTT授業・保健委員の発表実施
フェーズ7	評価	治療率は低い状態で変化せず	歯・口腔の衛生習慣に対する意識の変化

か道が覚えられないため歯科疾患の治療を中断したことを、主治医が養護教諭に連絡してきた。そこで養護教諭は、Cさんの母親の了承を得てCさんを連れて歯科医院まで歩き、自宅から歯科医院までの目印を教えた。その後、Cさんは1人で歩いて歯科医院へ受診し、治療を完了できた。その前後に、Cさんは養護教諭に教えられながら、歯科巡回指導で保健委員が発表に使用する資料をプレゼンテーションソフトにローマ字入力して作成した。

　1998年度の歯科巡回指導からは、学校歯科医会の歯科医と各学級担任とのTTによる授業実施という半田市歯科巡回相談のシステムが構築された。

3）B小学校での事例（表Ⅳ-4）

　B小学校では、まず児童に歯・口腔衛生に関する実態調査を行った。その結果は、放課後に学校に遊びに来て、お菓子を食べながら遊ぶ者が多く、土日には3食しっかりと食べる者が少ないなど、食習慣に問題がある児童が多いことだった。それに基づいて担任に指導案原案を作成してもらった。そしてTTで授業を担当する歯科医と担任との個々の打ち合わせの機会を夏休み中に設定した。しかし、子どもの実態に即して作成した指導案に対して学校歯科医の一部から異論が出た。「これまで、何度かこの事業に参加したが、この学年の指導案はいつも同じだった」と。小学校担当の歯科医は、多くの学校で巡回している指導案に基づいて指導していることに慣れており、子どもの実態に即した指導に慣れていなかったのだ。そして、同時開催した学校保健委員会では、保護者から、学校公開日や土日に学校保健委員会を開催してもらえると、多くの保護者が参加できるという意見が出された。授業の成果としては、多くの児童に食習慣・生活習慣の改善が見られた。その一方で改善されない児童も少ないながら残った。

　2013（平成25）年度に開催した歯科巡回指導では、児童の実態の二極化が2007（平成19）年度よりさらに進んでいた。リズムが整った生活をしている児童が多い一方で、劣悪な状況にいる児童もいた。学校では、これまでに各校で行われていた授業の指導案を取り寄せた。歯科医との齟齬を避けるためにその指導案をもとに、授業で使用するデジタル資料を作成した。市内各学校に配置されたデジタル黒板での授業を全学級で実施するためである。その資料を用いて夏休み中に各担任・歯科医での相談を実施し、直前の打ち合わせ会を経て授業を実践した。実施後の反省会では、デジタル教材に関する問題指摘が多く出された。その授業の成果か、あるいは低学年と高学年の児童のペア活動に基づく健康づくりを推進した児童保健委員会の活動の成果かは定かではないが、歯科にかかわる問題を抱える児童が減少したことは確かである。デジタル教材については、2015年現在、学校歯科医会で作成し、各学校へ配付する予定である。

表Ⅳ-4　小学校での連携の変化

フェーズド・プランニング手法		平成19年度歯科巡回指導	平成25年度歯科巡回指導
フェーズ1	現状把握	食習慣に問題がある・歯みがきをしない	児童の実態の二極化
フェーズ2	原因探究	食習慣・生活習慣に対する意識の低さ	歯・口腔の衛生習慣に対する意識の二極化
フェーズ3	目標設定	食習慣・生活習慣に対する意識の向上	歯・口腔の衛生習慣に対する意識の差の減少
フェーズ4	手段選択	TT授業・保護者を巻き込んだ取り組み	歯科医・担任のTT授業・歯科医との反省会
フェーズ5	集団合意形成	歯科医・担任間の事前打ち合わせ	歯科医・担任間の事前打ち合わせ会
フェーズ6	実施	TT授業・学校保健委員会の同時開催	TT授業・歯科医との反省会の実施
フェーズ7	評価	食習慣・生活習慣の改善	歯・口腔の衛生習慣に対する意識差の減少

（山本浩子）

V

教育保健の歴史と
教育保健学の今後

戦前の教育保健の源流を探る

① >> 教育保健の源流としての近代教育思想

　幕末から明治初期において、日本が積極的に受容していた近代西洋教育とは、ルソーの教育思想であり、ペスタロッチの教育理論・教授方法であった。

　本稿のテーマは、明治初期の「教育と医学の融合」論の中に、近代学校教育が子どもの身体健康について教育保健の源流とも言える生命尊重及び健康形成の思想を内包していたことを述べることにある。

　その前提として、日本の近代学校教育に影響を及ぼしたルソーの教育思想とペスタロッチの教育理論について概説していく。

1. ルソーの「子どもの発見」とペスタロッチの「子どもへのまなざし」

1) ルソーにおける「子ども」の発見

　西欧社会において、子どもの存在、生命（身体）が医学的、社会的に認知されるのは、そう遠い昔のことではない。小児医学が誕生する18世紀に入ってからのことであり、ルソー（1712～1778）によって〈子どもの発見〉がなされてからのことである。

　ルソーは『エミール』（1762）において、子どもの存在を善と認め、「自然は子どもが大人になる前に子どもであることを望んでいる」と〈小さな大人〉ではなく明確な〈子ども期〉があることを表明した。子どもをアダムとイヴの原罪を背負った罪ある存在としてではなく、その存在を「善」とし、子どものありのままの姿を自然の本性とした。ルソーが、それまで〈子ども観〉という認識もなく〈子どもの権利〉など存在しなかった旧来の教育観を覆し、人間の生涯の中で、子ども期の概念を打ち立て、子どもの教育は生命の誕生から始まるとし、大人になる前の発育発達期を明らかにしたことは、教育学上意義深いことであった。

　ルソーの説く養育・教育の原則は、人間の「自然」の法則を見誤ってはいけないこと、そのためには子どもを注意深く観察し、その子に宿る「自然」が何を示しているのかを理解し、その自然の示す道を排除するものを取り除くことであり、それが親や教師の役割であるとした。

　ルソーの言う子どもの育ちの「自然」とは何であろうか。例えば「赤ん坊はただ乳を求めているのではない、母親の心づかいを必要としている」（J. J. ルソー、今野一雄訳『エミール（上）』岩波書店、1996、p. 38）と、母乳は栄養のためだけでなく、母の心づかい、すなわち赤ん坊は「母の愛」を母乳に求めているのであると説く。また、子どもの発育にとって重要なことは「大きくなろうとしている内部の力」（p. 34）を遮らないことであり、そのためには空気のいい、野原で、日の光を浴びながら駆け巡り、「おもうままに跳びはね、駆けまわり、大声をあげなければならない。かれらのあらゆる運動は強くなろうとする体の構造からの必要から生まれているのだ」（p. 116）と説明する。子どもの成長にとって「自然が主席の教師」であり、どんな「自然」も教材にできる、としたように、子どもの心身を逞しく健康にすることは合自然としたのであった。また、ルソーは有益な学問は衛生学である（p.

59）と指摘していることからも、子どもの“いのち”や身体の健康育成に配慮し、将来の苦難に立ち向かうことができる健康で逞しい心身を育成することをいかに重視していたかが理解されよう。

ルソーの言うところの、学校教育の中にもしその〈子どもの自然の発達を阻害し、“いのち”を阻害するものがあれば、それを取り除く〉べく役割、活動を、「教育保健」という言葉に置き換えることもできるのではなかろうか。

以上みてきたように、ルソーの子どもの本性を「自然」とした自然主義教育は、今なお新鮮であり、現在のわれわれの教育にとっても示唆に富む内容と言える。

２）子どもへの〈まなざし〉を教育の原点と説いたペスタロッチ

ペスタロッチ（1746〜1827）は熱烈なルソーの信奉者であったことはよく知られている。彼はルソーの『エミール』にならって息子ヤーコブの育児日記をつけている。その意味でルソーの教育思想の根幹である「子どもの本性を善」とする「自然主義教育」、さらに最初の教育をいのちの誕生からとらえ、「感覚（五感）の教育」から始め、教育の中核においていることなどルソーの教育思想を引き継いでいる。ただ、ルソーと異なるのは、ペスタロッチは孤児院や貧民学校など一貫して貧しい子どもたちの救済を目的とし、彼らの養育・教育の実践を通して教育理論と教授方法を打ち立てた点にある。

1799年、スイスにあるシュタインツの孤児院で80人の孤児たちと生活を共にし、養育と教育に献身的に奮闘したペスタロッチは、ルソーと同様な〈まなざし〉で、居間で母に抱かれる乳児の発育に目を注ぐ。ペスタロッチが実践したのは、終始、子どもたちに慈愛の〈まなざし〉を注ぎ続けることであった。その結果、「深く見捨てられ、罪深く、粗暴にされている孤児でさえ、わずかな月のあいだに根本から変わり」（ペスタロッチ、ゲルトルート教育法・シュタインツ便り）、彼らの緒力の根源的力を引き出すことができると、ペスタロッチは子どもたちの自己醇化の可能性を確信する（森川、2010）。

シュタインツでの孤児への教育実践が、ペスタロッチの教育理論、教授法の原点を生み出したのである。それは、日常生活の中で、子どもの感覚を大切にしながら、全人陶冶＝調和的人間形成を目指したと言うことができよう。

こうしてペスタロッチは、合自然の原理のもと「生活が陶冶する」という親子の養育的タクトが教育的タクトに向かう原理から直観教育〈直観から概念へ〉を導き、さらに親と子の身体（五感）を通じた教育的タクトから口授（オーラル・ティーチング）、庶物指教を導き出し、それを教授方法として昇華させていくのである。

また、ペスタロッチは、人間教育を構成する三大根本力を精神陶冶、身体陶冶、道徳陶冶とし、それらが相互に作用しあって初めて、調和的人間形成の完成に向かうことができるとした。逆に、それら緒力の偏った教育（発達）は“生き生きとした生の全体性に偏りが生ずる”ものとして強く戒めていたのである。

以上みたように、ペスタロッチは、母が子に注がれる慈愛を基盤とした、居間における養育的タクトから教育的タクトに向かう過程に、生活陶冶を基礎陶冶する教育の根本原理を見出した。ペスタロッチをして、「教育愛の天才」と呼ばれる所以はここにあると言える。

「教育保健」の源流とも言える、ルソーやペスタロッチの近代教育思想を、明治初期の日本はどのように採り入れていったのであろうか。次項では、「教育と医学の融合」の過程をみていくことにしたい。

２．明治初期の日本における近代西洋医学と教育の受容

１）日本の近代学校教育の始まりと「教育と医学の融合」

　日本の近代学校教育は、1872（明治5）年、近代西洋教育に範を採った「学制」によって始められた。日本の医学・医療においても近代化が目指され、長崎をセンターとして積極的に近代西洋医学が受容され、結果的に西洋諸科学の受容に医学者が先駆することとなった。そのため維新後、西洋医学者が文部省の役人や学制取り調べ係など教育行政に名前を連ねることとなり、明治の近代教育推進の背景に医学者の存在があった（田口、2010）。

　日本の医学・医療は歴史的に中国の漢方医療が長きに亘って代々受け継がれてきた。鎖国後は長崎の出島において蘭医師シーボルトらの指導による個人的次元での西洋医学の受容がすすめられた。ところが1857年から、長崎において蘭医ポンペによる系統的西洋医学伝習が開始され、全国の優秀な医学生らが参加した。この伝習を先導したのが幕府の奥医師・松本良順であった。すなわち良順は幕府公認の近代西洋医学受容という国家的プロジェクトを組織したということになり、この伝習により多くの西洋医学者が輩出した。

　1862年、松本良順は長崎から帰府後、幕府の（西洋）医学所の頭取（1863）となり日本の近代医学の成立に尽力する。その松本良順がポンペの医学伝習後、最初に著したのが近代衛生学に基づいた『養生法』（1864）であり、この衛生書が明治5年「学制」で最初の保健教育と言える「養生法」の教科書の一つとされたのである。

２）近代学校教育で始められたペスタロッチ教育

　当時、日本が範を採り学校教育に導入した教育内容、教授方法は、いずれも19世紀の欧米に広がっていたペスタロッチ教育であった。

　日本でのペスタロッチ教育への受容は幕末から始まっている。例えば、福沢諭吉は『西洋事情　初編』（1866）においてルソー、ペスタロッチの自然主義教育に通じる、〈遊び〉を中心とする身体運動教育を紹介している。それだけでなく、福沢が1868年に設立した慶応義塾の遊園には、ブランコが置かれ、木登り、玉（ボール）遊びなど自然の運動遊びができるように設計されていた（『慶応義塾百年史（上）』1958）。近代化を進める日本にとって、将来を担う子どもを心身ともに健康で逞しく成長させることは、喫緊の課題であった。

　まず、近代学校教育の始まりである1872（明治5）年8月「学制」に導入されたペスタロッチ教育がどのようなものであったかみてみよう。

　「学制」頒布の翌9月の文部省「小学教則」には、下等小学5、4、3級に「養生口授」（「養生法」「健全学」等ヲ用テ教師縷々口授ス）が示され、翌1873（明治6）年に制定された師範学校「小学教則」では、下等小学7級「問答」において「人体ノ部分　通常物及色ノ図ヲ問答ス」と「人体ノ部分」について問答することが課せられている。

　文部省「小学教則」にある「養生口授」の「口授」は、直接書物によって概念を与える前に教師により卑近な例を出して子どもに話して聞かせ、それにより認知力を養うという「オーラル・ティーチング」という教授法であり、「問答」は庶物を示教しそこに現れる感覚を重視し、直観から知識につなげることを意図したペスタロッチの「直観教育」であった。

　ペスタロッチ教育を受容した事例として注目したいのは、近代教科書の濫觴とされ、明治期を通じ最

も使用頻度が高かったとされる田中義廉編『小学読本』である。この読本教科書は、当時アメリカに導入されていたペスタロッチ教授法に基づき編集された Willson's Reader を医学者である田中義廉が訳述編集したものである。

　Willson's Reader は生活陶冶を基調とした初等教育用の「リーダー」であり、生活の中で友や動物たちと遊び戯れる健康的な子どもの姿が問答形式によって描写された教科書であった。

　田中は大部な Willson's Reader から最初に「Play-ground」を選択したように、子どもの種々の遊びや安全に関する健康形成や生命尊重に関する内容を積極的に取り入れる教科書づくりをしていた（田口、2005）。すなわち田中は、ペスタロッチ教育に内在する "いのち" や身体健康への配慮の記述を医学者の視点で選択し、『小学読本』に組み入れたのであった。

　このように、日本の近代学校が、その創始期から子どもの身体健康に配慮する教育をスタートさせることができたのは、日本が範にした近代西洋教育がルソー、ペスタロッチ教育を基調としたものであったことに加え、ルソーの自然観、ペスタロッチの生活陶冶を違和感なく受け入れる自然観が日本にあった、ということもできよう。

　これまでみてきたように、明治初期に日本が積極的に採り入れたルソーやペスタロッチの教育思想に共通するものは、「自然」を人間の本性ととらえ、その子どもの本性を慈愛にみちた〈まなざし〉と〈注意深い観察〉により「人間完成」に導くというものであった。

　ルソー、ペスタロッチは共に、人間の持つ「心情」「感情」「情念」といった科学が避けてきた不可分で数量化できない最も根源的要素を重視し、あたかも地球の核のように、教育思想、教育理論の根幹に据えていた。言い換えれば、生命の誕生から子どもへ配慮の目を注ぎ、"いのち" を保障する、"いのち" を育むという視点、「ケア」の精神から出発しており、いわば「人間愛」「信頼」「徳」という言説で教育思想を貫くものであった。それらを "ケア" とするか、"福祉的" "保健的" とするか、その名称は何であれ、その人間愛を神髄とした教育思想、理論であった点に、「教育保健」の源流をみることができる。

＊　　　　　　　＊　　　　　　　＊

　『エミール』に代表されるルソーの教育思想は、それを受け継いだペスタロッチによって19世紀の欧米に広く浸透していった。しかしペスタロッチ教授法は、徐々に方法論のみが浸透し、形骸化の道を辿ることになる。

　日本においても、1890年以降、国家主義的な教育体制が確立・強化される中で、ルソーやペスタロッチの教育理論に内包された「教育保健」の源流とも言える子ども個々の "いのち" や健康への配慮を主眼とする教育は後退し、学校教育は身体を集団的に管理し強化する方向に向かっていくことになるのである。

（田口喜久恵）

●参考文献
1）森川直：近代教育学の成立、東信堂、2010
2）田口喜久恵：田中義廉編「小学読本」による健康教育の始動―子ども（幼稚園・小学校低学年）の遊びによる健康形成―、教育医学、第50巻 第4号、2005
3）田口喜久恵：近代教育黎明期における健康教育の研究、風間書房、2010

② ≫ 三島通良の「教育の基礎としての学校衛生」論

1.「わが国学校衛生の創始者」三島通良の功績とその晩年

三島通良（1866〜1925）が、「わが国の重要な学校衛生制度を生み出すうえで、大きな足跡を残した」（日本学校保健会編『学校保健百年史』、1973、p. 53）と評されている学校衛生顧問会議（1896年5月〜1903年4月）の主事として、勅令「公立学校に学校医を置く＝学校医制度」（1898）や文部省令「学校伝染病予防及消毒方法」（1898）、文部省令「学生生徒身体検査規程」（1900）の制定に尽力したことはよく知られている。「わが国学校衛生の創始者」（杉浦守邦）と言われる所以である。

しかし、晩年の三島が、大正自由教育と呼ばれる教育改造運動の"研究のための実験の場"である成城小学校の「顧問兼学校医」として、創設時から長く同校の運営にたずさわった、ということはあまり知られていない。

三島を「顧問兼学校医」として起用したのは、初代校長であり、『実際的教育学』（同文館、1909）の著者・澤柳政太郎（1865〜1927）であった。

本稿では、三島の「教育の基礎としての学校衛生」論の特徴を整理するとともに、澤柳教育学に見られる学校衛生観の分析を通して、三島の「教育の基礎としての学校衛生」論が日本の教育学説に及ぼした影響について述べる。

2. 三島通良「学校衛生事項取調復命書」と学校衛生の制度構想

三島が文部省から「学校衛生事項取調」を委嘱されるのは、1891（明治24）年9月のことである。同年10月、三島は九州地方への出張を命じられ、その後も、奥州地方（1892年1月）、四国・中国地方（1894年1月）、丹後・但馬地方（1895年5月）というように、全国各地の学校現場を訪れて学校衛生の状況調査に精力的に取り組み、「学校衛生事項取調復命書」を学務局長に提出している。

「復命書」を見ると、三島が何に関心を持ち、どのような制度構想を抱いたかがわかる。

初仕事の九州視察で三島は、まず設備（校地・校舎）、教室、校則（机・腰掛）などの学校衛生環境の調査を行っており、「未ダ一トシテ基本源タル衛生学ノ原則ニ適合ゼズ」と結論づけている。

さらに、児童の発育・就学の実態についても調査している。だが、小児科学を専攻していた三島が重大な関心を持って取り組もうとした発育や疾病罹患状況の調査は、必ずしも満足のいくものではなかった。学校現場に発育測定や疾病検査を行う専門家がいないため、信頼度の高いデータが得られなかったからだ。

そこで奥州視察では、自ら児童生徒の身体発育・疾病罹患調査に乗り出し、栄養不良や脊柱彎曲症、トラホームなど、学校衛生の立場からも無視できない状況にある児童の存在を知ることになる。

こうして、「わが国における学童の疾病に関する最初の報告書」（杉浦守邦）と言われる奥州視察の「復命書」は、九州視察のそれとともに、その後の学校衛生施策を方向づけるものとなっていったのである。

３．三島通良の「教育の基礎としての学校衛生」論

　奥州視察から帰った三島は、学校衛生の重要性を広く社会に知らしめるべく、精力的に理論活動を展開している。

　論文「教育の基礎」（『国家医学会雑誌』第73号、1893年５月）では、〈「教育ノ基礎」は「徳、智、体」の三育にあるのではなく、「児童身体ノ強壮活発」にある。つまり、学校衛生学が「教育ノ基礎」であり、「強壮有為ナル国民」を養うためには学校衛生に力をいれなければならない〉と断言する。

　さらに三島は、論文「学校児童の衛生」（『国家医学会雑誌』第76号、1893年８月）で衛生知識の普及という点からも学校衛生の意義を説き、〈国民に衛生を実行させるのに、法律や規則をいくら作っても無駄であり、「人民ニ衛生ノ智識ヲ与フル」ことが最善の方法であり、「学校ヲ措テ決シテ之ヲ他ニ求ムベキモノニアラザルナリ」〉と述べている。

　すなわち、三島は、学校視察の経験に基づき、調査データを示しながら、医学界に対して、教育者と力を合わせて「児童の身体の発達に留意して教育を施す」事業に取り組むべきであると主張したのであった。

　その後、次々と実現していく学校衛生施策の基調となる、三島の「教育の基礎としての学校衛生」論の骨格は、「文部省学校衛生主事・三島通良」の“所信表明”演説とも言える講演「戦後の経営としての学校衛生」（『国家医学会雑誌』第108号、1896年４月）に集約的に表現されている。

　三島は、児童生徒の発育や健康の配慮を、教育の実際上の問題として、現場に対して改善を求めたのである。その前提として、三島は、学校環境および教育活動の実際と、そこで生活する児童生徒の身体や健康の実態に大きな関心を払ったのであった。

　学校医制度こそ、三島の学校衛生構想の中核をなすものであった。

４．三島通良と澤柳政太郎

　澤柳政太郎は学校衛生に多大な関心を払っていた文部官僚であり、教育学者であった。

　1906（明治39）年２月のロンドン大学での講演草稿「我が国の教育」の中で、澤柳は、学校衛生のことを「最も学理的に実行されて居る」（『澤柳政太郎全集・第８巻』国土社、1976、p. 240）例の一つとして挙げるとともに、「学校衛生の方法に至つては想ふに日本は最も進歩した制度を採つて居るであらうと思ふ」（前掲書、p. 251）として、学校医による学校視察制度を紹介したほどであった。

　澤柳と三島のつながりを調べていくと、1900年前後までさかのぼることができる。

　1898（明治31）年11月、澤柳は文部省普通学務局長に就任している。1898年と言えば、「学校医」の設置に関する勅令が発布された年である。この年から８年間、澤柳は普通学務局長の地位にあって「小学校令」の改正（1900年８月）にあたっている。

　この改正に、澤柳のブレーンの一人として参加したのが三島（当時・学校衛生顧問会議主事）である。澤柳「35歳」、三島「34歳」の夏のことであった。この改正によって、「小学校令」の中には、以下に列挙するように学校衛生に関する条項が数多く盛り込まれた。

　①教授時間の軽減
　②通学離程（距離・時間）の配慮
　③夏季・冬季休業前後の授業時間軽減とそれにかかわる校長自由裁量化

④時間割編成上の配慮（授業開始時刻、休憩時間、食事時間）

⑤就学年齢の明記

すなわち、児童の健康保護と身体発育をはかる立場から"負担の軽減"に主眼を置いて小学校令の改正が行われたのである。

学校衛生学の知見を教育活動にかかわる実際問題（身体の状態が教育上に及ぼす影響、学校の位置、校舎・教室の配置、休憩・休暇の面での身体発育上の考慮など）の解決に生かすという観点は、澤柳教育学の特徴であり、澤柳が「従来の教育学」を批判する際の強調点でもあった。

「従来の教育学」への批判意識に立って著された『実際的教育学』の中で澤柳は、「空漠にして根拠を実際に置かない」研究態度に批判の矛先を向けて、およそ次のように述べている。「『従来の教育学』は『養護論』を論じる際もそのほとんどは、『生理衛生に於いて論ずが如きこと』を繰り返しているにすぎないものである」と。（『澤柳政太郎全集・第1巻』国土社、1975、p.223より要約）

衛生上の心構えを説くことでよしとした「従来の教育学」に見られる学校衛生観を鋭く批判したのである。児童の健康・身体発育にかかわる「事実」に即して「学校の衛生を如何にすべきか」を研究することこそが重要であると、澤柳は考えていたのである。

5．教育学と学校衛生学

教育学と学校衛生学との関係を、澤柳がどのようにとらえていたかを見ておこう。

「教育学に於ては、学校衛生学を説く必要はないけれども、体育の目的を達する為には、学校衛生に於て論究し得た所のことを参考し、その実行すべきものは、これを取つて論述することは、固より必要なることである」（『実際的教育学』同文館、1909、『澤柳政太郎全集・第1巻』国土社、1975、p.240）

「体育の目的を達する為」に学校衛生学の成果を大いに採り入れよ、というのである。では、「体育の目的」とは、いったい何か。

この点について、澤柳の考えが最も明確に示されていると思われるのが、論文「教育上に於ける体育の地位」（『帝国教育』417号、1917年4月）である。この中で澤柳は次のように述べている。

「学校に於ける体育の要点は第一に消極的でなければならぬ」（論文「教育上に於ける体育の地位」、『帝国教育』417号（1917年4月）、『澤柳政太郎全集・第4巻』国土社、1979、p.93）

「今日の言葉で学校衛生と称する部分は、実は体育の主要部分をなすべきものであると思ふ」（p.94）

こうした基本的見解を表明したうえで、次のような具体例を挙げる。

「若し又学科課程が過重にして、之を学習する為に、児童生徒が教授時間外に於ても、十分に自然の欲求や生理的の必要によつて活動する事が出来なかつたならば、身体の発育に恐るべき障害を与ふる故に、学校体育としては、是等の障害を除去する事に極力力を尽くさなければならぬ」（p.94）

すなわち澤柳は、体育の主要な目的を〈身体の自然の発育を阻害するものを除去すること〉と考えていたのである。

6．澤柳教育学における「体育論」の特徴と学校衛生

澤柳は、自らの教育学構想の中で「体育論」をどう位置づけていたのだろう。

『実際的教育学』において澤柳は、全体を4篇22章に分け、「第1篇 概論」「第2篇 知識技能の教育」

「第3篇 徳性の教育」に続けて、「第4篇 身体の教育」をあてている。目次構成は以下の通りである。

第4篇　身体の教育

第20章　体育概論　　　　　　　　　　　第22章　体育の間接方法

　第1節　養護論　　　　　　　　　　　　　第1節　生理衛生の知識

　第2節　体育の目的の具体的決定　　　　　第2節　学校衛生

第21章　体育の直接方法　　　　　　　　　　第3節　体格の検査

　第1節　体操　　　　　　　　　　　　　　第4節　学科の軽重

　第2節　遊戯及びその他の運動　　　　　　第5節　寄宿舎の生活

「体育の間接方法」が重視されていることがわかる。「消極的的方面」への澤柳の関心が、彼の教育学構想の中にはっきりした形で位置づけられているのである。なかでも、「生理衛生の知識」の教授を第一番目に挙げていることに注目したい。澤柳は、その意義を次のように説く。

「生理衛生の知識を与へることは、学校の体育を将来に亘つて有効ならしむ為に必要である。（中略）直ちに実行されなくても、将来には極めて、必要なることである」（『澤柳政太郎全集・第1巻』国土社、1975、p. 238）

すなわち澤柳は、やがて成人する児童生徒に対して「生理衛生の知識」を教授しておくことが、将来的に見て衛生思想を確固たるものにすることになると考えていたのである。

ここで想起されるのは、三島の「教育の基礎としての学校衛生」論である。

そして、この「生理衛生の知識」の教授という考えは、後に澤柳が創設（1917）する成城小学校における学科課程改正案の中に、「尋四年以後の遊戯体操には生理衛生に関する教授をもなすこと」（佐藤武「小学校に於ける学科課程の改正を論ず」『教育問題研究』第4号、1920年7月、所収）として具体化されていく。三島が「顧問兼学校医」として起用された成城小学校のカリキュラムの中に、である。

学校衛生を教育の不可欠な構成部分として位置づけようとした澤柳の教育学構想は、こうして成城小学校での「生理衛生知識の教授」「顧問兼学校医」への三島の起用という形で結実したのである。

以上見てきたように、三島の「教育の基礎としての学校衛生」論は、単に学校衛生に関する諸施策に反映されただけではなかった。三島と同時代を生き、仮説と実験・検証という実験教育学の立場から、現場での事実を重視し、そこから実践を構想した澤柳の教育学構想に大きな影響を及ぼしたのであった。

（近藤真庸）

●参考文献

1）近藤真庸：学校衛生顧問会議の研究（1）〜（4）、中京女子大学紀要（20〜23号）所収、1986〜1989

2）近藤真庸：養護教諭成立史の研究、大修館書店、2003

③ >> 大西永次郎「教育的学校衛生」論と竹村一「教育としての学校衛生」論

1891（明治24）年、文部省は学校衛生制度の整備に着手した。その担当者に任じられた三島通良は、児童生徒の発育や健康のための学校環境を求めて、学校衛生は「教育の基礎」であると説いた（Ⅴ部1章の2参照）。本稿では、三島に続く、第二世代にあたる大西永次郎（1886〜1975）と竹村一（1890〜1983）との間でなされた、教育と学校衛生との関連をめぐる論争に焦点を当てる。このことで、教育保健の源流の一端が明らかになるであろう。

1．教育と学校衛生との関連をめぐる論争 ─「大西─竹村論争」

1938（昭和13）年、当時、大阪帝国大学医学部講師であった竹村は、「学校衛生は、学校体育の一分野」（「全体主義と学校衛生」『学校衛生』第18巻第2号、1938）という大西の論述に対して、「寧ろ学校体育は、学校衛生の一分野」であると、正反対の立場から痛烈な批判を加えた（竹村一「日本学校衛生の独自性に就て（一）」『学童の保健』第9巻3号、1938）。竹村は「野人」の立場から、文部省の学校衛生担当者・大西に対して、議論を挑んだのである。

これに対し、大西もすぐさま反論を発表し（「『日本学校衛生の独自性に就て』を読みて」『学校衛生』第18巻第5号、1938）、竹村もこれに応じて（「日本学校衛生の独自性に就て（二）〜（四）」（『学童の保健』第9巻5・10・11号、1938）誌上論争に及んだ。この論争は、これまでも「学校衛生そのものを教育としての営みととらえるか否かという、古くて新しい本質的論議」として研究史上、関心が寄せられてきた（野村良和、1998）。基本的には、二人の学校衛生論はどちらも教育の観点から説かれているが、学校教育をどのように理解するかという点で大きな違いがある。以下、その違いを検討しながら、二人の学校衛生論の特徴を明らかにしていこう。

2．大西永次郎の教育観・学校衛生観

大西が「学校衛生は、学校体育の一分野」と述べる背景には、1938（昭和13）年の厚生省新設という改革がある。それまで文部省が所管し、学校衛生の中心課題の一つであった学校伝染病予防は、新しい厚生省の所轄となり、文部省には「学校教育ノ内容ヲ為ス体育運動及衛生」が残留した（『厚生省五十年史』1988）。この改革に沿う形で、大西は、「学校衛生は（中略）文部省の指導に関する限り、学校教育の内容たる保護養護であり、（中略）学校体育の一分野として其の進路を明確にした」と述べたのである（前掲「全体主義と学校衛生」）。

大西が、学校衛生は体育の一分野としたのは、「学校体育は、全体としての学校教育の一分野」と考えていたからである。大西によれば、教育には「知育、徳育、体育の三方面」があり、「被教育者は身心一体としての生命的存在」であるため、常にこの三者が「融合帰一」されつつ「全体としての陶冶啓培」がなされねばならないと言う（前掲「『日本学校衛生の独自性に就て』を読みて」）。また、この三者は「渾然一体」となって指導されるべきとも言う（「教育に於ける健康の指導」『学童の保健』第9巻9号、1938）。

このうち、「体育」＝「学校体育」で重点を置くべき「指導の方法」や「陶冶の形式」には二方面があり、一つは「運動教育」、すなわち、運動を主体とする「鍛錬的体育」もしくは「体育運動」であり、もう一つは「養護教育」、すなわち、衛生を主とする「養護的体育」もしくは「狭義の学校衛生」であるという（前掲「『日本学校衛生の独自性に就て』を読みて」）。大西は、この「鍛錬」と「養護」を繰り返し取り上げているが、次のように明快に定義している。

> 養護とは、衛生を主としたる体育の消極的方面であって、主として健康の状態が一定の標準より劣位にあり、或は其の体位が低位に在るものを普通の標準状態に引き上げる為に行はる、ものである。（中略）鍛錬には、精神的の要素も含まれるのであるが、身体について言へば、決して無理をして練り鍛へるといふ意味は全然ないのである。鍛錬とは人間生活における生理衛生の方面に着眼しつ、外界に抵抗力を増し、神経や筋肉の動きを出来得るだけ増進させて、外部に発現し得る力として修練せしめ、これを能率的に発揮せしめんが為の陶冶である。（「教育に於ける健康の指導」『学童の保健』第９巻９号、1938）

「養護」とは健康の回復・保護といった保健のこと、「鍛錬」とは生理学・衛生学的に行う身体的な体力増進のこととなろう。

この二方面に加えて、大西の考える学校体育の三つめに、衛生の知と行による健康の陶冶・啓培という問題がある。大西はこれを「健康教育」と呼ぶ（前掲「教育に於ける健康の指導」）。大西によれば、健康教育とは「教授及び訓練の方法により、生活の指導陶冶を通して健康知識の実践と体験とにより強靱な身体を育成する」ことを目的とし、直接目標としているのは、健康に関する「習性を陶冶し、これを実践せしむること」、「知識を教授すること」、および「正しい態度、信念を保持せしむること」の三点である。また、これらは、児童の「発達段階に適応して」行い、低学年では「健康上の習慣即ち躾を涵養してこれを日々の生活において実行に移すやう訓練し」、高学年では「衛生の教授によりて健康に関する知識を授け、修養によりて健康に対する正しい信念と思想の啓培とに努力を払はなくてはならない」という（「健康教育の意義に就いて」『学校衛生』第18巻３号、1938）。

このような健康への知識と訓練を学年に応じて配当する大西の健康教育論は、すでに1929（昭和４）年の自著『学年配当準拠 衛生訓練の実際』（右文館）に説かれていて、日本が昭和初期に大いに影響を受けたアメリカの健康教育論、具体的に言えば、ターナーの健康教育論と同じ考えである。

大西の考える学校教育とは、当時の文部省の知育・徳育・体育の教育観をベースとしていた。そのうちの「学校体育」は、「渾然一体」としての教育の分野ではありながらも、その「指導の方面」である学校衛生や健康教育においては、児童生徒の健康な身体を目指し、健康への知識・習慣形成のためのはっきりとした教育プログラムが思い描かれていたのである。

３．竹村一の教育観・学校衛生観

これに対して、竹村は「学校生活」には特別な意味があると考えている。特に健康教育の観点から見た場合、学校生活とは、第一に「教育行動という領域に於けるこどもの生活」、第二に「発達過程にあるこどもの生活」、第三に「こどもの社会共同生活」の場だという（前掲「日本学校衛生の独自性に就て（四）」）。

第一の「教育行動という領域に於けるこどもの生活」とは、健康教育は「国民教育」で基礎が植え付けられるべきとすれば当然、「こどもの生活―即学校生活を通じてなされなければならない指導であ

る」という考えから述べたものである。また、子どもを「心身の健康なる日本人」にすることは、学校生活、なかでも「国民教育」を通じてなされるべきである点に日本の学校衛生の最大の独自性があり、教育としての学校衛生の特色があると竹村は言う。第二の「発達過程にあるこどもの生活」とは、健康教育ではもちろん結果も重要であるが、そもそも、学校生活とは「こども」が「健康へ健康へ」と発達する「過程」であるとする彼の考えから導き出されている。

> 学校生活はこどもが健康へ健康へと発達しつゝある過程の生活である、その生活過程が尊いのである、勿論その結果を必要としないの意味ではない、成長発達の過程に副ふて、教師の健康教育の心がまへがこどもの心がまへに培はれて行くことの生活指導が尊いのである。(「日本学校衛生の独自性に就て(四)」『学童の保健』第9巻11号、1938)

それゆえ、教師の「心がまへ」が、成長過程にぴったりと沿いながら、子どもの「心がまへ」に培われて行くような生活指導が重要だと言う。第三の「こどもの社会共同生活」の場という理由は、彼が「学級は国家を小さくしたものであると云ふ人があるかも知れないが、それは正しい考へ方ではない、然し学級は国民教育の最小単位である」という考えを前提に、学級とは「日本精神に基づく理想的なこどもの生活協同社会」であり、「社会全体としてのあり方に於いて健康生活を指導されなければならぬ所」だと考えているからである。さらに「学校教育はいまやこども個人主義、自由主義、学科学習主義に偏すべきものではない」とし、その意味でも「日本のこどもをより心身の健康な日本人に教育すべき学級でなければならぬ」と竹村は言う(前掲「日本学校衛生の独自性に就て(四)」)。

こうした竹村の教育観が、先の大西と大きく異なっているのは、竹村が「生活指導」の観点から、「そこに教育の全野に拡充されたる健康教育が其根幹をおくべきである」(前掲「日本学校衛生の独自性に就て(二)」)ととらえる点や、学校生活とは子どもが発達して行く「過程」だとする点である。大西の場合、学校における健康生活の指導は、「修養の契機であり、修練の道場である」と表現していたからである(前掲「『日本学校衛生の独自性に就て』を読みて」)。また、先述したように、大西の健康教育の考えはアメリカの健康教育論と親和性に富む点でも竹村と異なっている。

竹村は、論争以前の段階ですでに、こうした学校教育観に立って、自己の「教育としての学校衛生」論を確立していたと考えられるのである。その趣旨は次の通りである。

> 学校衛生とは何を目標とするか、それは学校といふ社会に於ける**こども**の生活を通して、其の生活を指導し、其の**こども**が自己の生活に衛生の本質を顕現するやうに指導して行くことである。「健康といふことは社会に生活するものゝ守らなければならない道徳である」といふ健康に対する認識を高めつゝ生活する人間を作るのが目的である。(「教育としての学校衛生」『学校衛生』第14巻第1号、1934、ゴチックは竹村)

こうした竹村の学校衛生論は、近代衛生学の人間や生活の考え方を大いに参考にしつつ、もともと人とは「生活意欲」を持つ存在だとする人間観が基礎になっていると思われる。「生命ある存在」、言い換えれば、子どもを含めて人間には「生活意欲」があり、それは「自発的な衝動的な」ものであると竹村は述べているからである。また、人間の「意識」には「価値あるもの」が「実現」するようにしようとする能力がある、とも竹村は考えている(「生活指導としての学校衛生(三)」『学童の保健』第4巻3号、1933)。

さらに、竹村の言う「憧憬」させる教育とは、「健康に対する価値認識」を高める教育のことであった。

> 健康教育とは朗らかなる健康を要求してやまない人間通性を以て健康感を呼起し、之を追求し、憧憬し、之を助長し、之を伸展せしむる様に教育し、かくして衛生の本質にかなふ生活に陶冶し、行

動を指導し、且それに対する智識を欲求する人間に教育し、遂に健康に対する価値認識を高めることであらねばならぬ。(「生活指導としての学校衛生(七)」『学童の保健』第4巻10号、1933)

　竹村が「価値認識」を重視する根底には、「手を洗ふべき事を知り乍ら、手を洗はざるこどもを作るが如き衛生教育は捨てゝ、智識は行為としての為の智識であるべく、生活としての健康教育が望ましい事である」(前掲「生活指導としての学校衛生(七)」)と述べているように、知識があってもそれを善いこととして自発的に行動しないような古い衛生教育をどうにかしたいという、彼の早くからの素志があったと想像される。

4．大西と竹村の学校衛生論と教育論の時代思潮

　竹村は、大西との論争過程の中で、篠原助市や長田新の教育学説を根拠に自説を展開しつつ、日本の独自性を説いて、皇国主義的な論調に傾いてゆく。

　　健康なる心身の保持者としての日本人、そは「お国の為に」といふ認識の下に育成すべき健康教育
　　の契機は、歴史的風土、風土的歴史が生んだ民族の自然発露である、この感情を確保しなくてはな
　　らない。(前掲「日本学校衛生の独自性に就て(四)」)

「感情」を重視する竹村の人間観はそれまでと変わらないが、健康になることが「お国の為」と位置づけられていることには注意すべきである。

　一方、学校衛生(学校体育)は学校教育の内容だと述べる大西は、「文部省の指導に関する限り」、と述べ、行政所轄という事実を論拠にしていて、「学校衛生の理想を語るにあらずして、現実の生きた行政機構を通しての指導に就いて述べるのである」とさえ説いて(前掲「『日本学校衛生の独自性に就て』を読みて」)、肝心の子どもの健康問題や学校衛生の課題と政策に関する議論は乏しくなっている。

　われわれが「大西―竹村論争」を通して知るべきことは、教育と学校衛生を結びつけるあまり、大西は政府の教育行政に沿う議論に陥り、竹村も時の教育思潮に無批判に靡いていたという点である。ことに竹村においては、皇国主義が宣揚される時代思潮の中で、彼特有の人間観・子ども観を維持しつつも、誰のための健康かという学校保健の本質論が国家のための内容に変化してしまっていたことを明記しておかねばならない。

(高橋裕子)

●参考文献
1）高橋裕子：昭和13年の大西永次郎と竹村一による学校衛生論争、愛知教育大学研究報告 人文・社会科学編 第64輯 所収、2015
2）野村良和：竹村一著『日本学校衛生学』(大熊廣明・野村編『日本体育基本文献集 別巻・解説』日本図書センター、1998 所収)
3）唐津秀雄：学校保健50年、日本教育保健研究会年報 第8号所収、2001
4）厚生省五十年史編集委員会：厚生省五十年史、財団法人厚生問題研究会、1988

④ ≫ 戦前学校衛生の実践に見る教育保健的発想

　1922（大正11）年4月、大阪市北区済美学区内の小学校6校すべてに1校1名の割で学校看護婦が配置されている。その最大の特徴は、「学校長の監督のもとにある学校職員として位置づけた」（杉浦守邦）ことにある。「一校一名専任駐在制」学校看護婦は、教育現場が学校衛生の重要性を認識し、その担い手として学校看護婦を社会的に承認し始めたことを意味する。

　以下、「一校一名専任駐在制」学校看護婦の嚆矢である大阪市学校看護婦（学校衛生婦）の実践報告（市内学校衛生婦の半数弱の91名による計102篇の手記が収められている）が収載された、大阪市教育部・編纂『学校衛生実務録 第一輯』（1927年3月発行）、『同 第二輯』（1930年4月発行）、及び雑誌『養護』に掲載された大阪市学校衛生婦の実践報告を手がかりに、本稿のテーマに迫ってみたい。

1. 『学校衛生実務録』に見る大阪市学校衛生婦の実践

　着任の日、校長をはじめ他の教職員もまた学校衛生婦を迎えるのは初めての体験である。もちろん学校衛生婦自身にとっても、それは未知の世界への旅立ちと言える。彼女たちはいったいどんな心境で校門をくぐったのだろう。

　松尾シカ（難波河原小学校）は、「六七百人の児童の前に校長先生より紹介されました時重い責任と自責の念に小さな胸は一杯でした」とし、「学校衛生の大きなしかも漠然とした仕事の前に立ってふみ入る道の見当もつかず二三日はただ衛生室に引き込んだまま備え付けの参考書と首引きと言ふ有様」（『第一輯』p. 85）であった、と語っている。

　また、西田はる（清堀小学校）のように、仕事に確信を持つことができずに退職を考えた時もあるという学校衛生婦もいる。

　「学校衛生婦を拝命致しましてから年だけは早五年近くになりますので、新任の方も時折訪ねて下さいますが、仕事の事など校医さんに相談すれば、傷病者の手当位して居ればよいとおっしゃるし、校長さんも同じ様な御言葉だし、衛生婦の栞には職務の数々が指定されてあるけど、如何にして手をつけてよいか分からないから折角奉職したけどやめようかと思ひますとこぼされる方がだんだんあります。実際私もそんな時がありました」（『第二輯』p. 93）

　一方、矢野須磨子（集英小学校）のように、校長から「あなた方の方から校長や校医を鞭達するといふ位にならなければ、学校衛生の実は上がらないのではないでせうか」（『第一輯』p. 164）として、病院勤務時代にしみついた"校長の命令待ち""校医の指図待ち"の態度を指摘してもらったことで、あらためて自らの使命を自覚して創造的な仕事に取り組み始めていった者もいる。

　とはいえ、創造的な仕事に取り組もうにも日々の仕事をこなすだけで精一杯という状況があったこともまた事実である。

　「今日も亦　同じ事して暮れにけり　明日は明日はと思いながらも」（香蓑小学校・藤井カズエ、『第二輯』p. 76）という嘆きは、当時の学校衛生婦たちの誰もが抱いていたものであったにちがいない。

　『第二輯』（p. 67）に収載された榎本ヒデノ（鯰江第二小学校）の1週間の執務状況を見てみよう。

　月　トラホーム洗眼。一年生延爪切。傷病者の処置。校舎内衛生状況調査の結果を児童朝会時に衛生係の先生より発表して注意して戴きます。

火　トラホーム洗眼。二年生延爪切。傷病者の処置。

水　トラホーム洗眼。三年生延爪切。傷病者の処置。

木　トラホーム洗眼。四年生延爪切の調査。教室巡視時間の都合にて他の日も致します。

金　トラホーム洗眼。五年生延爪切の調査。傷病者の処置。学校全体清潔整頓日に付き各学級受持場所の校舎内外の清潔整頓状況を調査致しまして衛生係の先生の所に報告致します。

土　トラホーム洗眼。六年生延爪者の調査。傷病者の処置。病児家庭訪問。病児と時間との都合にて他の日に参ります。

これを見ると、「トラホーム洗眼」と「延爪切」と「傷病者の処置」に明け暮れる日々であったことがわかる。

しかし、こうした状況の中にあって、彼女たちは他の仕事に当てる時間を生み出すための様々な工夫を行ったり、また逆に日常の仕事をより価値あるものに高めていったりする努力を怠っていない。

例えば、短時間にしかも確実に洗眼を完了させるための「洗眼時間割」「洗眼出席簿」づくり（榎並小学校・妹尾芳恵、『第二輯』p. 151）、身体検査の結果を確実に担任に伝え、それを指導に生かしてもらうための「衛生席次表」（各学級の座席表に一人ひとりの健康上の配慮事項などを記したもの）作成（鶴橋第四小学校・藤経貞子、『第二輯』p. 12）などがそれである。

また、「傷病者の処置」にあたるときも、ただ治せばよいとするのでなく、子どもの学校生活を保障するという観点を大切にしようとする伊藤きくを（市岡第五小学校）のような学校衛生婦もいる。伊藤はこんなふうに記している（『第二輯』p. 37）。

「私はいつも思います。こんな時若し私が胃散でも少し与えてベッドに臥さして置くだけしかないか、或はお家へ帰らしてしまったらどうであろう。児童は苦しいのみでなく其の日一日学校に何しに来たのか分からないだろうと」

2．雑誌『養護』に見る大阪市学校衛生婦の実践

ちょうど同じ頃に創刊された帝国学校衛生会看護婦の機関誌『養護』（1928年11月創刊）にも、大阪市学校衛生婦の実践報告が掲載されている。以下の通りである。

①安井テイ（済美第二小学校）「家庭訪問について」1巻1号（1928年11月）

②竹本熊子（愛日小学校）「学校看護婦より家庭への希望」1巻2号（1928年12月）

③松尾ツカ（難波河原小学校）「学校看護の一日」2巻1号（1929年1月）

④桑名勝也（天王寺第七小学校）「私の苦心に成る…毛虱駆除剤の発見について」2巻6号（1929年6月）

⑤ＨＴ生（大阪市学校看護婦）「私のヴィジョン」3巻3号（1930年3月）

⑥前田ふくの（難波河原小学校）「要観察児童の養護」3巻6号（1930年6月）

⑦松永シカヨ（東平野第三小学校）「私の目標は児童体育の向上」3巻8号（1930年8月）

⑧加川とらえ（恵美第一小学校）「小学校児童の外傷に関する研究」3巻10号（1930年10月）

⑨辻元道栄（渥美小学校）「健康のバロメーターである児童体重の毎月測定したる結果に就て」4巻5号（1931年5月）

⑩迪野千鶴代（道仁小学校）「小学校児童の扁平足に関する調査」5巻5号（1932年5月）

まず注目したいのは、安井テイの実践報告（①）である。「学校衛生婦の真価は、実に家庭訪問の成

績の良否で定めることができる」（『学校衛生の栞』大阪市教育部発行 改訂増補版、1927年）として、「家庭訪問」は、大阪市にあっては特に重視されていた分野の仕事であった。安井は次のような事例を紹介している（p. 34）。

「或る日、肺結核の病欠児を訪問して、この病気に対する種々の注意を述べましたところ、先方では『神様の御水を胸に塗ってさへおけば一カ月位で治ると神様の御告げがありました』といって、私の言葉なんかてんで受け入れて呉れませんでしたので困りましたが、根気よく様々に説き聞かせまして、遂に医師にかかるやうにいたしてかへりました。それからといふものは、先方は真剣になってまいりまして、滋養物はどんなものが良いかとか、その料理法はどうすれば善いかとかわざわざ私の医務室まで問いに来るやうになり、一生懸命養生させた結果、今では通学出来るやうになりました」

安井の「家庭訪問」の実践は、家庭への衛生思想の普及と子どもの健康回復を目指した直接的な働きかけが"迷信との闘い"であっただけに、それを克服したことは学校衛生婦の仕事についての理解と共感へとつながっていったにちがいない。

松永シカヨの実践報告（⑦）にも注目したい。松永は、毎月定期的に身体測定をするときに「伸びゆく私の体」というカードを配付し、そこに発育の経過を記入させることによって、子どもは自分のからだに関心を持つようになり、測定日を楽しみに待つようになった、と記している。

松永の実践は、継続的な測定と測定時に子どもの様子を観察したり、からだに触れることの大切さを教えたりしているだけではない。「医務室」来訪児への"問診"のあり方についての問題提起的な実践でもあった。「三、頭痛を訴へたる児童の取扱に就きての所感」の項から一部抜粋する（p. 26）。

「先生頭痛がするからお薬下さいと申して来ました女の児を見ますと、どうも睡眠不足の様です。それでよく尋ねてみましたところ適中致しました。其の原因はと思って色々尋ねましたけれど中々答えませんから病気は、一でも二でも薬を服用すればよいのでなく其の原因によって色々考慮する必要がある事を優しく教えて丁寧に再度尋ねますと、尿意頻数にして数回排尿に行き其の都度疼痛と掻痒がある、それが睡眠不足の原因をして居る事が発見できました」

さっそく医師の診察を仰がせ、その結果、淋毒性尿道炎であることが判明。松永は、「父兄方の感謝は一方ではありませんでした」（同上）という言葉でこの報告を結んでいる。

安井や松永の実践に見られるような発想は、大阪市だけでなく、雑誌『養護』に掲載された全国各地の学校看護婦の実践報告からもうかがい知ることができる。

特に、子どもたちの衛生に関する知識の教授への関心は高い。例えば、坂田照子（福岡県大名小学校）は、毎日の点検・応急手当・学校治療はむろん必要だけれども、児童によい習慣を与え自ら進んで健康を増進させるようにするためには、どうしても衛生教授が必要である、と記している（2巻3号）。

また、"学習室としての衛生室"の発想が読み取れる実践もある。瀬川明子（兵庫県御影師範付属小学校）は、衛生室の利用について、およそ次のように述べている。「…衛生室の測定器具やその他備品は児童から希望があれば随時使わせて子どもの研究心を満足させていますし、これによって子どもたちは、自分の発育状態や異常などを知って健康状態に留意するようになりました」と（3巻5号）。

3．教育保健的発想に立った学校衛生実践

学校の教育機能とのかかわりで学校衛生にかかわる諸活動をとらえようとする発想を「教育保健的発想」と呼ぶとするなら、これまで見てきたように、養護訓導の職制が成立する以前から、教育保健的発

想に立った学校衛生実践は存在していたと言える。

　当時、まだ職制は定められておらず、学校衛生婦の身分は未確立のままであった。そのことが、仕事をするうえでどれほど物理的・精神的な障害となっていたかは想像に難くない。しかしそうした状況にあっても、彼女たちは学校衛生婦としての誇りと自覚を失うことなく、むしろそうした困難をバネにして創造的に仕事を進めている。

　子どもはもとより父母や地域住民をして、"学校衛生婦のいる学校"への信頼感を高めずにはおかない。その後、大阪市学校衛生婦に突如として襲いかかってくる財政難を理由とした馘首"半減"事件の中で、"学校衛生婦のいる学校"はその真価を発揮する。全国の学校看護婦の支援や世論の猛烈な反対によって、「学校保健衛生の最も適切な機関」（『大阪朝日新聞』1932年3月17日付）として、市当局に対して学校衛生婦の存在意義を改めて確認させることにつながっていくのである。

＊　　　　　　　＊　　　　　　　＊

　本稿では、「一校一名専任駐在制」学校看護婦の嚆矢である大阪市学校看護婦（学校衛生婦）の学校衛生実践を分析対象にして、教育保健的発想の内実を見てきた。

　だが、戦前の学校現場では、学校衛生実践という枠組みにとどまらないで、学級の子どもの健康な発育を願う「教師の教育実践」も展開されている。例えば、三島通良が顧問兼学校医を務めた成城小学校（校長・澤柳政太郎）での実験教育学的実践や戦後の生活教育に連なる実践において、子どもの健康と発育は大きな関心事であったことを、当時の教育雑誌の記事は教えてくれている（「Ⅴ部1章の2」参照）。

　そうした「教師の教育実践」も含め、戦前の学校衛生に関する実践の中に教育保健的発想を確かめ、実践史として描く作業は、教育保健学の確立にとって不可欠の課題である。

（近藤真庸）

●参考文献
1）東京・芽の会・編：わたしたちの養護教諭論、あゆみ出版、1984
2）澤山信一：養護教諭史研究、順正短期大学研究紀要 所収、1987
3）近藤真庸：養護教諭成立史の研究、大修館書店、2003
4）瀧澤利行＋七木田文彦・編：雑誌「養護／学童養護（全9巻・別巻1）」、大空社、2015

2 教育保健論のあゆみと到達点

①≫ 教育学における教育保健論の系譜

　教育学における教育保健論の系譜という与件は、教育学に教育保健論が包含されているという前提に立っている。本稿では日本の教育学において健康や保健に関する論議がどのようになされていたかを検討することとする。

1．19世紀以降の教育学における健康と身体の位置
―「養護」の概念規定をめぐって―

　これまで「養護」という語が日本で初めて使われたのは、明治20年代にヘルバルト教育学が日本に紹介されたときであるとされてきた。杉浦守邦は、養護の語は、1893（明治26）年にヘルバルト学派のリンドネルの著書『Allgemeine Paedagogie（一般教育学）』を湯原元一が翻訳して『倫氏教育学』（金港堂書籍会社、1893）として出版したとき、Pflege の訳語として提案したものであるとしている。湯原が訳した『倫氏教育学』では、人間の生活一般の原則として、「（甲）一般の生活法」と「（乙）特別の生活法」があり、（乙）は「イ．養護に関する生活法」と「ロ．養成に関する生活法（体操）」に分けられている。「養護に関する生活法」はさらに「消化作用に関する生活法」と「呼吸、皮膚、循環及び神経作用に関する生活法」に分けて論じられている。それぞれの項目で栄養、食事、空気、光線、住居、衣服、温度、清潔等の衛生的環境を整え、消化や呼吸・循環・神経の作用を正常に保つことをさし、「養成に関する生活法（体操）」の内容は年齢と体力に応じた運動により身体を強壮にするとともに十分な睡眠、休息をとり過労を避けることをさした。この内容を見る限り、湯原の訳述したリンドネルの教育学における養護論は明治期の養生論あるいは衛生論そのものである。

　他方で、1906年（明治39）年の森岡常蔵『教育学精義』（同文館、1906）では「教授」「訓練」「養護」という語が用いられており、この時期以降、この三方法概念が定着していった。森岡の『教育学精義』では、第五編「方法論其の三、養護論」とある。森岡は、「身体の健康を保持し、体力を発揚・錬磨すること」が「養護」の任務であるとする。

　明治後期の就学率の上昇によって生じてくる学校への種々の身体的、あるいはその背景にある社会的課題を負った子どもの量的増加は、医学的（もしくは衛生学的）視点から論じられる「学校衛生」と教育学の方法的概念としての「養護」とを、必然的に結合させる契機として働いたと考えることができる。

2．澤柳政太郎の『実際的教育学』

　近代前期日本の教育学において、最も集中的に健康や保健の問題を教育学の課題として取り上げたのは澤柳政太郎（1865〜1927）であろう。彼の主著とも言える『実際的教育学』（同文館、1909）の第4篇は「身體の教育」となっており、第20章「體育概論」は第1節「養護論」第2節「體育の目的の具體

的決定」の２項よりなり、第21章「體育の直接方法」は第１節「體操」第２節「遊戯及びその他の運動」、第22章「體育の間接方法」は第１節「生理衛生の知識」第２節「学校衛生」第３節「體格の檢査」第４節「學科の輕重」第５節「寄宿舎の生活」からなる。

　澤柳の「養護論」では、「身體の發育等に關しては、實は教育學に於て論ずる養護の働に依る所のものは極て少いのである。所謂養護なるものゝ働を毫も借りることがなくしても、身體の發育は大部分に於て遂げられるのである」（p. 452）と言う。澤柳は、知育や徳育については教育の力が大きいが、「しかるに體育に至ては教育の働を要するものが極て少いのである」（p. 453）と論断する。澤柳の前提として、まず身体はその自然性にこそ意義があり、そもそも教化の対象となる要素が少ないと見る。しかしながら、それは広義の「体育」に対する概念である。狭義の体育、すなわち学校の体育については「全體に身體の發育より言へば、學校教育は兒童生徒の體育を進めたる効が誠に著しいと看ることが出來るのである」（p. 454）と、別して学校教育における体育の価値は評価する。ただし、「これに反して教育學において論ずる養護論の大部分は學校教育と何等の關係のない、あるいは生理衛生に於て論ずるが如きものがある」（pp. 454～455）と記し、その時点での、すなわち明治30年代後半に知られていたいわゆる「養護論」の意義は高く評価しない。澤柳はこの当時の教育学における「養護論」は、食物の問題にしても学校の中で如何にかしようともせず、また家庭に対して何ほどかの指示も与えようとしていない空理空論であると断じる。また澤柳は、「體育の間接方法」で、生理衛生の知識を教授する必要を論ずる。ただし、それは「生理衛生の知識を與へることは、教授に屬することである。併しながらその目的は體育の爲にするのである。生理衛生の知識を與へることは、學校の體育の効果を將來に亘つて有効ならしむる爲に必要である」（p. 466）と体育優先論の立場に立つ。

　一方で、学校衛生については、「教育學に於ては、學校衛生學を説く必要はないけれども、體育の目的を達する爲には、學校衛生學に於て論究し得た所のことを參考し、その實行すべきものは、これを取つて論述することは、固より必要なることである」（p. 469）というように、あくまでも体育の目的遂行のために必要な学理として理解している。

　澤柳は、学校の清潔法を徹底すべきことや空気の清潔や煖房の問題は教授訓育にも影響が及びうるとして、いわゆる教育衛生的視点を持ち合わせてはいる。しかしながら、それが「教育学において学校衛生学を説く必要がある」という認識に達していないところに澤柳の限界がある。

３．谷本富の「養護」解釈

　澤柳が京都帝国大学総長時代に「澤柳事件」で教授職を辞すことになる谷本富（1867～1946）は、その著『科學的教育學講義』（六盟館、1895）で大略次のように述べた。即ち、谷本自身が御雇外国人教師ハウスクネヒト（Emil Paul Karl Heinrich Hausknecht, 1853～1927）から学んだヘルバルト学派教育学の欠点として体育の観点が欠如していると論難されるが、ヘルバルトとて体育を無用と言ったわけではなく教育の本務ではないとしたまでである、チラーも身体の監護成長を直接図りたければ医師に任せればよい、教育は児童の内面を養成するものである、もし教育が積極的に身体のために行われるとすれば教育は生理学や医学に随従しなければならなくなる、としている。ただ、谷本もラインは心身相関の観点から学校教師たる者は生理学・衛生学を知らなければならないとしている。

　ただし、谷本もヘルバルトの言として引くように「凡べて天稟の基礎は身体の健康なり、病弱なる生れ付きは、自ずから從屬すと感じ、強健なる者は意志するに敢為なり。されバ健康に注意するとは眞に

品性陶冶に属す。勿論教育學に属するにはあらず、教育學は是に關する原則さへ缺如すと云へるにて知るべし」とあるように教育における健康の意義を否定するのではなく、それは品性の陶冶、すなわち人格の形成に属するものであり、科学としての教育学の範疇ではないと論じる。谷本における教育学の基礎は、あくまでも倫理学であって、形而下の事象としての身体の原理から帰納的に総合される学的構成ではなかった。

この谷本の認識を、明治期のいわゆる理論的教育学者に概して見られる目的論的・価値論的要素を哲学的・倫理学的思考に求め、その方法論的基礎を心理学に求める教育学の存立基盤の認識を示すものと理解することはたやすい。しかしながら、そこには、デカルト以来、あるいはさらにさかのぼればキリスト教神学の世界認識・人間認識に起源すると見られるいわゆる心身二元論、そして精神を身体に優先して価値形成を行う西洋形而上学の系譜を忠実に引き取っていたのが当時の教育学認識であるということが改めて描出されていることをも考慮する必要がある。

4．1930年代以降における教育学と健康

1）阿部重孝の教育改革論における「保健」の把握

明治期における日本の教育学の形成期から大正期におけるその普及を経て、大正末期から昭和期に入ると、台頭する社会主義への対応や対外進出の基盤となる人的資源の育成を目的として日本の教育制度改革が課題となった。こうした教育制度改革の下で、教育学もそれまでの思弁的教育学から制度改革を前提とした機教育制度論を中心とした教育学研究の視点が萌生してくる。

その旗手とも言える存在が、阿部重孝（1890〜1939）であった。阿部は、アメリカ留学から帰朝後に間もなく著した『小さい教育学』（大倉広文堂、1927）、『教育学』（春秋社、1929）において、当時の教育学者としてはめずらしく学校衛生に関連する項目を設け、その論点に言及している。彼は「学校衛生の仕事は、最初伝染病の発見や、視力や聴力の検査等から始まつて、一般身体検査に及び、さらにこれが衛生教授や体操遊戯等と密接な関係を結ぶやうになつた」（『教育学』p. 238）と、これまで本稿で概括した明治期から大正期にかけての学校衛生と養護の結合を端的に看取している。しかしながら、彼はその現状を楽観視しなかった。その状況を次のように見た。

「併しながら、学校に於ける身体検査も衛生教授も必しも予期の効果を収めるものではない。何故ならば、父兄をして児童に必要なる医療上の注意を払はさせることは決して容易なことではないからである。父兄の中には児童の身体的欠陥を知らぬ者も沢山あるし、知つてゐても、貧困の為め必要な手当をすることの出来ぬ者もある。それであるから、学校衛生上の努力がその効果を収める為めには、どうしても学校は家庭と協力して活動しなければならない」（『教育学』p. 239）

この阿部の認識は、言うまでもなくアメリカ留学の中でおそらくは見聞したであろう同地の学校と地域の連携、とりわけ学校看護婦の巡回制における家庭の保護者への健康教育的活動や訪問教育制度の知見に多大な影響を受けている。彼が「家庭と学校との連絡を保つ上に於て、価値ある活動をしてゐるものは家庭訪問教師 Visiting Teacher の制度である」（『教育学』p. 239）とアメリカのコミュニティの中で普及していた訪問教育の成果を評価している。また、貧困や疾病が学業にあたえる影響に着目し、家庭と学校の連携をもってしても解消できない栄養不良や結核児童などへの対応については、学校給食や露天教室（開放教室：Open-air school room）の必要を説き、公費負担の必要を論じている。このような議論は、少なくともそれまでの講壇教育学の中では先に見た湯原や澤柳、谷本らの明治期の確立期に

健康問題にふれた教育学も含めて、ほとんど見ることができないものである。

　阿部は遺著『教育改革論』（岩波書店、1937）を著して間もなく急逝する。彼がいち早く紹介したアメリカ教育学に基礎をおいたプラグマティックな教育学は、敗戦を経て改革を迎える戦後初期の学校改革、教育内容改革に間接的に大きな影響をあたえたと言える。

２）細谷俊夫の「教育環境学」の教育保健的視点

　教育と健康の社会的関連について、同時期にその理論的構成の独自性から着目されるのは、細谷俊夫（1909〜2005）の「教育環境学」の視点である。細谷の東京帝国大学文学部教育学科の卒業論文は「教育環境学」と題され、卒業と同時に単著『教育環境学』（目黒書店、1932）として刊行された。

　細谷の関心は、教育という行為が特定の意図を持った人間から人間への形式的相互作用であるという前提のもとで、特に環境が人間形成におよぼす影響の大きさに着目する。細谷が重視する環境の概念は、いうなれば「社会的環境」であり、そのアプローチはいわゆる社会学的、特に社会病理学的アプローチを想定している。しかしながら、細谷の「教育環境学」構想はそれにとどまらない。細谷は「教育環境学の第二の根源は、教育が医学と接触する分野に見出すことが出来る」という。彼はその教育学と医学との関係を直接的には当時の呼び方でいうところの「異常児童」、すなわち障害児や病弱児を想定しているが、「環境に原因のある障害は器官又はその一部の破壊、又は遅怠した発達を表すもので、望ましくない環境が去り、好都合な環境がこれに代れば再び良くなると言ふ望みがある」といわゆる矯正・治療教育の可能性を示唆している。

　また、彼は「養護」という教育機能を同化や陶冶と併せて検討し、ヘルバルト教育学における「管理」「訓練」「陶冶」は、人間の「生物的層」「社会的層」「文化的層」に対応するものであり、「管理」概念には「児童の福祉の保護に対し又は訓練及び教授の前提として必要なすべてのものを含ませ」ていると論じている。そして、この３層は発達段階がより高次に進んでも中核にあるものがなくなるのではなく、これらの３様式は学校生活において絶えまなく構造的に行われているとする。

　以上のように、細谷の「教育環境学」は直接に児童生徒の健康問題を言及した箇所は多くないが、教育学において、環境の概念を人間形成全体の重要概念としてとらえたことは教育保健学の形成にかかわっても意義深い。

５．戦後日本の教育学と健康

　前項までで、戦前教育学理論の中での学校衛生や児童生徒の健康問題のとらえられ方を概観した。以下では、紙幅の余裕はないが、戦後日本の教育学の展開における健康問題の位置を見ておく。

　保健・健康の視点から見た戦後教育学の理論的論点は、一つは持田栄一（東京大学教育学部教授：1925〜1978）の教育管理論の立場からの保健的事項のとらえ方である。持田は、教育行政学の中でも学校の教育組織を管理論的視点から検討することを終生の課題とした。彼は1960年代の学校の機能を「教授―生活過程」と「教育管理―経営過程」の二領域ととらえ、前者を「内的事項」とし、後者を「外的事項」とする内外事項区分論を批判的に検討し、内的事項にのみ教師集団の自立性を求めるような従来の教育学的認識を批判しつつ、「外的事項」すなわち施設設備、教職員の人事と勤務条件、学校予算編成とその執行などの教育財政的事項、当時広く行われていた教育費の父母負担、そして学校環境、さらには学校制度などの問題をいわゆる内的事項と有機的な関連のもとでとらえながら、管理的事項を総体

的に含みつつ教師集団が自立的に教育内容や教育方法などの教育課程事項を検討して学校運営がなされるべきであると主張した。この視点は、今日の学校保健の体系を「学校保健管理」と「学校保健教育」に分節し、後者を内的事項として教育の主体的実践がおよぶ領域として把握し、前者を法令遵守が前提となる基準的業務としてビューロクラティックに運営するという学校保健に関する「通俗的」理解への根底的な再検討を迫るものとしてきわめて重要な示唆を含んでいる。学校保健に関する研究領域では、この点についてはほとんど顧慮されることがなかった。今後の研究の深化が求められる領域である。

結びに代えて

　ここまで小考を経ての筆者の疑問は、改めてなぜ、教育学における健康のとらえ方と医学（衛生学、公衆衛生学）における教育への関心は学問的価値と方法論として具体的に統合されなかったのかという点である。

　教育学は、ながらく、そして今もなお規範科学的側面が色濃い。一方、医学としての衛生学・公衆衛生学は、その真の本質は優れて規範科学的であることは言うまでもないが、成果として社会が要求し続けたのは実証科学的側面としてのデータであり、それに基づくプラグマティックな方法的提案であった。今日、EBM（Evidence Base Medicine）の広汎な基準化によって、実証的成果の承認基準は高度化している。おそらく今後しばらくは、いわゆる有意な研究水準として「教育保健的」事実なるものを従来の保健学的方法とされる手段で実証化することには困難がともない続けるだろう。これまでの科学史を通観しても、客観性に立脚すべき実証科学のあり方と現実に向き合うときの「科学的態度」との違いは、科学哲学、科学社会学的課題として議論され続けてきた。健康や保健の視点から規範科学としての色彩が強い教育学の構造を脱構築していくことができれば、この状況は変動していくことであろう。ただし、そのためには「教育保健学」を称する立場が、教育学の規範科学的側面や従来の教育学の中で積み上げられてきた実証性（あるいは経験知）を鳴動させるような保健学的実証成果を挙げることなしに変化が始まることはないだろう。

（瀧澤利行）

注）本稿は同標題の総説（『日本教育保健学会年報』第23巻、pp. 3〜14、2016年3月刊）を縮小改稿したものである。

②>> 戦後の教育保健研究・実践のあゆみと到達点

1. 戦後における学校保健復興の動向と教育的視点

　第二次大戦後、大戦前の学校衛生を復興させようとする動きは、文部省と各地の学校衛生関係者の連携のもとに起こった。1947年に第1回全国学校衛生大会を開き1950年まで4回開催した後、1951年度からは全国学校保健大会として福岡で開催した（この会は今日まで続いている）。大学関係・学校教員・校医・栄養士などの職域からの代表が集まり、分科会と全体会を行い「学校保健法の制定に向けて」や「日本学校保健学会の設立に関する構成の件」なども協議されている。そうした動向を踏まえ、1954年に島根大学に於いて第1回日本学校保健学会が開催され、その趣意書では「医学各領域、教育学、心理学、社会科学関係領域など、相協力して新しき学校保健に関する協同作業をさらに強化すること」になった旨、述べられている。発足時の役員としては学会長に栗山重信（小児科学学会）、副学会長に長田新（教育学会）と高木貞夫二（心理学会）の各学会長が就き、理事には石山修平・梅根悟・依田新などの教育学の代表的人物が就いている。こうした趣意書や役員構成からも、戦後新たな日本を担う子どもたちの心身の健康を立て直すべく意気込みが感じられる。そしてそこには、子どもの健康な発達を学際的に担い発展させる学問として学校保健学の樹立を意図していたことが推察される。

　しかし、こうした布陣での学会活動は長くは続かなかった。とりわけ、学校という教育世界における子どもの問題を研究対象にしながら教育学会の主要メンバーが手を引いていった経緯については、今後の再構築を展望する意味でも検討が必要であろう。教育学者や心理学者がいなくなった後、この学会を中心的に担っていく立場に就いたのは、医学分野の中でも、衛生学や公衆衛生学領域の人たちであった。1950年代後半から60年代にかけては佐守信男や唐津秀雄は「教育衛生学」を、野尻与市や小倉学は「教育健康学」を、須藤春一や猪飼道夫は「教育生理学」を唱えた。そしてその後、1970年代に入って先の唐津や小倉、そして黒田芳夫などが、自分たちの衛生学や生理学、健康学を教育と絡めて多様に使ってきた用語を「教育保健学」という言い方で、それぞれが論を提起するようになった。

　また、学校保健プロパーとして研究活動を始めた森昭三や数見隆生なども「教育保健」の内実やあり方を学校保健学会の一般発表の中で行い始めた。1971年に森は学会の一般発表で「教育保健序説～その概念をめぐって」を報告した。それは、1960年代に出された諸種の主張を整理し、管理面の強い学校保健を学校教育の独自性の観点から問い直す理論化の主張（前掲した唐津や小倉等）と教職必須の学校保健理論化の主張（黒田、1968）に分け、後者の実質化のためには前者の研究の必要を論じた。また、1972年から1974年までの3年に亘って数見は「教育保健理論化の基礎作業」と題して、各々に次のサブタイトルを付け報告した。①戦前の学校衛生理念の総括（なぜ戦前に大西や竹村の「教育的」「教育としての」の考えが出てきたかの考察）、②生活教育思想との関連（健康の「生活化・実践化」発想の問題点として、子どもの生活現実から教育理念・方法をとらえ返す観点の必要を提起）、③健康と発達保障理念との関連（健康を教育の視点からとらえるとは、子どもを発達的存在ととらえ健康の主体に育むことと考察）、の三つであった。

２．学会シンポジウムでの討議と唐津秀雄の「教育保健学」の提起

　シンポジウムとしては、1972年に「学校保健の理論的構築のために」が開催され、森の司会のもと若手４名（細川・内山・青山・福井）の研究者をシンポジストにし、小倉・佐守・唐津・黒田のベテランが追加発言するというものだった。子どもたちのいのちや健康の課題を学校という教育現場に根ざすための模索が若手とベテランの協同で創り出す試みだったと言えるし、その中身では、学校保健研究は単に子どもや学校の場を対象にするだけで成立するのではなく、学校教育という独自性（機能論）の観点からとらえ直す理論化の必要性が論じられた。そして、1975年の第22回学会は唐津学会長のもと愛媛大学で行われ、そのシンポジウムは小倉を司会役に森・教育学者の汲田克夫・養護教諭の小林静枝で、「教育における学校保健の役割」をテーマに行われた。創造的実践を行う養護教諭、教育学者を交えたシンポジウムは新鮮であり、とりわけ汲田の子どもの健康課題はまさに教育課題でもあり、学校における保健管理の仕事（健康診断等）も大事な教育過程の仕事、という位置づけが注目された。また、この1975年には、黒田を執筆代表とする『教師のための学校保健〜教育保健学試論』（ぎょうせい）が教員養成系の学校保健担当者の執筆で出版されている。

　こうした1970年代における学校保健学会やそれに関連する動向は、教育に学校保健を根づかせようとする動きであり、教育保健の理論化にとって、その概念を進展させる契機となった。この動きをさらに一歩進める理論化の動きとして、私たちに気づきを与えてくれたのは唐津の論文「教育保健学への模索」（愛媛大退官記念論集、1973）であった。それには、教育保健学の自立・対象・方法、そして構築の考え方が書かれている。唐津は1960年代に「板書視力に関する研究」という実証的研究を発表していた。そうした衛生学を基盤とする実証的研究にも教育的視点が貫かれていた。健康診断での視力検査は、視力異常の有無を判別はするが、その状況が子どもの学校での教育活動とは無関係な検診になっていることが多く、視力異常の子が教室の最後尾の席に座らされていたりする。唐津の研究は、後部座席の子にとって、どのくらいの視力で、どのくらいの大きさなら板書文字が見えるのか、見えないのか、それを実証しようとしたものだった。1970年代の唐津の研究と主張は、私たち学校保健の研究を志ざす者にとって強い刺激となった。

　唐津は1980年代になると、さらに２本の教育保健に関する論文を書いた。1980年に中国・四国学校保健学会の機関誌名が「教育保健研究」となるが、それは唐津の提案だった（唐津は学会名も「教育保健学会」にすべきだと提案したがそれは通らなかったらしい）。そしてその創刊号に、唐津は論文「教育保健論〜学問的自立のための再提言」を寄稿し、「教育保健とは何か」「何を研究するのか」「どのように研究をすすめるのか」を提案した。この中で、教育保健研究の対象・領域・方法についての考えを提起するとともに、研究と実践の結合についてふれ、研究者と実践者の共同研究が不可欠なことを主張している。また1984年には「教育法学的学校保健論の試み〜教育保健学の構築」を機関紙３号に寄稿し、教育を受ける権利という教育法学的立場から見ての学校保健の見直しとあり方を提起している。こうした唐津の1960年代から20数年に亘る理論的・実証的研究の一連の業績を、沢山信一は、『教育保健学序説』という形で冊子にまとめた（1990）。

３．子どもの健康問題の質的変化と教育的視点から課題をとらえる研究と組織の広がり

　1979年、日本体育大学の正木健雄によるNHK放送「子どもの体は蝕まれている」が国民への大きな反響を呼んだ。近年の子どもの健康問題は、従来型の急性疾患や医療的ケアを要する問題よりも、日常生活に起因する体調不良や発達上の歪みなどの半健康的な「蝕まれ」が増大していることの問題提起だった。高度経済成長後の生活の便利さや豊かさ（テレビや家電製品の普及、等）は生活リズムを変え、運動不足をもたらし、心身に「おかしさ」をもたらしているというものであった。1980年代に入ると、こうした子どもたちの問題状況の変化を背景に、教育的な視点からの理論や実践現場からの問題提起の書が数多く出されるようになる。その代表的なものをいくつか挙げると、数見の『教育としての学校保健』（青木書店、1980）、正木・中森を編集代表とする双書『からだをみつめる』『からだを育てる』（大修館書店、1982）、また養護教諭の教育的観点からの実践を踏まえて著された松田信子・数見の『養護教諭の教育実践』（青木書店、1984）、東京の養護教諭・芽の会編の『私たちの養護教諭論』（あゆみ出版、1984）、藤田和也の『養護教諭実践論』（青木書店、1985）、養護教諭・富山芙美子の実践記録『俺だってまっとうに生きたい』（あゆみ書店、1985）、長野の養護教諭・こだまの会編の集団的実践記録集『保健室からのメッセージ』（全２巻、銀河書房、1985）、藤田・数見・沢山・近藤編の実践者と研究者の共同で書いた『養護教諭実践の創造』全３巻「子どもをつかむ」「からだを育てる」「教師として育つ」（青木書店、1988）、等である。

　こうした動向ともかかわって、先の唐津の提起に刺激を受けた当時比較的若手の学校保健研究者が、1993年の第40回日本学校保健学会で「教育保健の概念をめぐって」と題したシンポジウムを開き、その終了後に森昭三を代表とする「日本教育保健研究会」を立ち上げたのだった。そして、翌年３月に、第１回の研究大会を筑波大学附属駒場高校で開催した。それから10年間、研究会としての取り組みを継続するが、その間に会として行ってきた主な中身は、「教育保健の概念」を明確化する取り組みや、養護教諭の「養護」の概念を教育の視点からとらえ直す討議、学校保健の活動や事業を教育の視点から実践的に裏付けをする理論化の取り組み、等であった。

４．教育保健研究の進展と現状の課題

　日本教育保健研究会時代、教育保健の概念を明確化しようとしたプロジェクト研究では、1996年に「当面」と付しながら、研究の対象と方法について、次の二つのアプローチの方法を提起した。一つは、「様々な教育的現実に対して保健学的な分析や検討を加えて、その現実の科学的解明をし、課題解決に向けての提起をする研究」であり、もう一つは、「学齢期の子どもをとりまく様々な保健的現実とそれを踏まえた学校保健諸活動のあり方について教育学的照射をすることで、課題の解決や実践の方向を探る研究」である。

　当初この規定は、当面という前提付きであったが、すでに18年を経た今、このアプローチでどこまで研究が深められ、蓄積できたのかの検証が必要となっている。この間に、子どもたちの心身の発達上に立ち現れてきた健康上の問題は実に多様化し、深刻な問題も出てきているが、その「教育的現実」に保健学的メスを入れたり、「保健的現実や保健活動の事実」に教育学的照射をし、その課題解決に向けた理論の構築や実践的成果を十分創出し得たとは言えない。とはいえ、この間、当学会ではプロジェクト

研究として『教育としての健康診断』（大修館書店、2003）や『保健室登校で育つ子どもたち』（農文協、2005）などを著し、先の研究的視座を生かした集団的成果も少なからずある。前者は、健康診断という保健管理的事業に教育的照射を当て、学校における健康診断の教育的展開の仕方と考え方を実践的・理論的に提起したものである。後者は、教育的現実であり同時に保健的現実でもある保健室登校の問題を、保健室空間での養護教諭による受容と発達支援によって、発達上のつまずきや心の苦悩を克服していった実践的事例から、そうした子どもへのかかわり方の原則を抽出したものである。そうした取り組みの事実によって保健室というケア空間が教育空間でもあることを描き出したのである。

　また、この1990年から2000年代にかけては、研究会メンバー個々の論の提起（例えば、数見の『教育保健学への構図』（大修館書店、1994）、沢山の「教育保健試論」（年報1997）、森の「臨床教育保健学の発想」（年報1998）、等）があったし、養護教諭の仕事を教育の視点から見直す検討も盛んに行われた。藤田の『養護教諭の教育実践の地平』（東山書房、1999）、宍戸洲美の『養護教諭の役割と教育実践』（学事出版、2000）、数見の「保健室の歩みと教育機能に関する研究」（年報2001）、中安紀美子の「養護教諭の養護とは何か」（年報2003）、瀧澤利行の「教育保健学の人間形成論的基礎」（年報2004）、藤田編集の『保健室と養護教諭〜その存在と役割』（国土社、2008）、藤田の『養護教諭が担う「教育」とは何か』（農文協、2009）等の論の公開やこの間の年次学会で行ってきた数度に亘る養護概念と教育に関する講演やセッション（年報参照）は、養護教諭の仕事やその質的把握を深めてきたものと言える。

5．教育保健学研究のこれまでの蓄積と分類

　「教育保健の研究」と言うにふさわしい研究は、唐津による1960年代から始まったと考えてよいが、それ以降約50年を経過した。この間に教育保健の実践と研究は必ずしも十分に蓄積・発展してきたとは言えないものの、先に示してきたように、模索的とは言え一定の知見と理論的深化を生み出してきたように思われる。ここでは、私自身の取り組んできたことを想起しつつ、これまでの教育保健（的）研究の分類整理を試みたい。

　筆者は、教育保健研究をその方法論から三つに分類して整理できると考えている。一つは歴史的・原理的研究、二つは実証的研究、三つは実践的研究、である。

　まず、「歴史的・原理的研究」であるが、歴史研究では、日本の学校保健の生成・発展過程に関する史実の分析やその過程における教育視点はいつからどのように導入されてきたのか、その必然性や背景分析等の検討がそれに該当する。私の研究はまさにそこからの関心によるものであった。また、原理的な研究としては、先に示した唐津の一連の教育保健学構築の試案や提起（「教育保健論」（1980）、「教育法学的学校保健論の試み」（1984）や小倉の「学校保健の教育におけるレーゾンデートル（存在理由）の研究」（1967）を挙げることができるだろう。私の行ってきた研究では、健康の概念を医学的にではなく教育学的にとらえた論述、例えば「障害のある子や不登校の子は不健康なのか」を検討したもの（前掲『教育保健学の構図』）などがある。

　「実証的研究」は本学会での蓄積は必ずしも十分ではないが、その典型は先述した唐津の「板書視力に関する研究」（教室の最後部座席の子が見える板書の大きさを実験調査）であり、私自身もその研究から約40年後にその追試研究をするとともに低視力の子がどの座席配置になっているかを調査した（東北学校保健学会、2001）。また、朝の1時間目にボーっとしている子が多くなった時期に、朝のいきいきタイムを持つことの有効性をフリッカー測定で検証した研究（東北学校保健学会、1980）や学校建築

やタイムテーブルと子どもの学校生活・心身の状況調査、子どもが生き生きと活動する学校づくり実践校と一般校における子どもの心身状態の比較研究、等の実証的研究を行ってきた。

　「実践的研究」としては、本学会で取り組んできた『教育としての健康診断』（大修館書店、2003）や『保健室登校で育つ子どもたち』（農文協、2005）などがその典型であるが、その他、この50年間ほどの間に、様々な心身の健康問題を抱える子どもたちに対応して取り組まれた養護教諭を中心とする教師たちの実践とそのあり方を原則化・理論化してきた蓄積はたくさんある。保健室登校や不登校だけでなく、リストカットや摂食障害、様々な心身症、アレルギーに悩む子ども、保健指導や保健学習への取り組み、等々である。

６．日本教育保健学会の発足からこれまで、そしてこれから

　2004年の岡山集会より、研究会から学会としての組織・運営に切り変えたのだが、当時、理事長だった和唐正勝はその理由について次のように語っている。「教育保健の概念を学問的、実践的に掘り下げ、教育的視点に立つ学校保健や子どもの健康形成のあり方がどのような特徴と具体的方法を持つものであるかについて、同じくこれらの課題を研究・実践している人々にも知ってもらい、共に理解を深めて行く必要がある。そのためには、より開かれ、また公的にも認知を受けやすい学会として活動していくことが望ましい」（講演集）と考えたと。学会化したことで、その後少しずつ「年報」への論文投稿が増え、年次学会時の一般発表数も増えてきている。この間の特徴としては、約10年間のメインシンポジウムでは、ほとんどが子どもや思春期・青年期の健康・発達の現実問題に注目し、その課題解決と向き合うための討議を行ってきたことである。

　高度経済成長期を経過しての1970年前後からは、急激な近代化の進行の中で、学校保健や保健室の課題、養護教諭の仕事にも大きな変化が現れた。子どもたちの健康問題には、社会的背景の激変により食事・運動・睡眠等の基本的な生活様式が変化し、テレビや電化製品の普及による夜型で便利な生活の広がり、核家族化や受験競争を背景とするストレス、等が問題視された。それからさらに40年あまりが経過した昨今、一層現在的時代背景を反映した問題へと広がり、多様化が進行してきている。体格や体力問題の両極への偏在化、様々な不定愁訴や慢性疲労の訴え、心身症的兆候、諸種のアレルギー疾患、不登校や保健室登校問題、いじめや虐待の問題、心理的ストレスによる様々なメンタル・ヘルスの問題等、が表面化するようになった。とりわけ、この間、格差社会を反映した子どもの貧困問題、子育て環境問題を背景とした虐待やネグレクト問題、携帯・ネット社会を反映した孤立化と関係性の障害、そして通常学校に通う発達障害児への対応の課題、等々、様々な健康や発達上の課題がクローズアップされている。そして、こうした課題は保健的現実であるとともに教育現実でもあるだけに、教育という「機能」に着目した対応が一層求められるようになっている。そうした現実と向き合う真摯な研究と実践に努力を傾注しなければならない。

（数見隆生）

3 教育保健学の確立に向けて

①>> 教育生理学・教育衛生学から教育保健学へ

「教育保健」概念のとらえ方は、十分に市民権を得ているとは言い難い状況であろう。本稿における「教育保健」概念は、教育生理学・教育衛生学等の系譜から、学校保健を身体・健康に関する教養として、さらに教員養成カリキュラムに教職必修科目として位置づけようとする発想と規定する。この概念規定は、今日において、狭義の「教育保健」概念として位置づけられるものと考える。

1．「教育保健学」確立への道程

教員養成における学校保健の教職必修化については、日本教育保健学会の取り組みにおいても幾度かその視点が取り上げられている。こうした動向は、近年の発想に止まらず、戦前昭和期からの「教育保健」的発想の系譜の中で同様の考え方が生起しながらも、普及、そして制度化への定着が見られないまま今日に至っている。

教員養成における学校保健必修化の可能性を探ろうとするとき、政治的アクションとしては、学校における危機管理や学校安全の視点が新たなきっかけとして注目される。

例えば、2001（平成13）年６月、大阪教育大学附属池田小学校で起こった無差別殺傷事件は、社会に大きな衝撃を与えるとともに、学校における危機管理と学校安全の弱さを露呈した。また、学校保健法の改正により「安全」が強調された背景には、保健体育を専門とする教諭や養護教諭といった一部の教員のみに閉ざされていた「学校保健」から「安全」の視点を通して管理職や全教員へとその理解を開くきっかけとして見ることもできる。

さらに、2011（平成23）年３月の東日本大震災における学校・教師の危機対応は、学校保健・安全の視点を含みながら教職必修科目に求められる学校保健・安全的視点の再検討を要請した出来事としてとらえることができよう。

日常の学校生活への視点においては、近年、内田良が指摘する柔道事故の分析（内田良『柔道事故』、河出書房新社、2013）や組み体操（人間ピラミッド）の事故分析も、安全・危機管理的視点を含んだ教育保健への内容議論に一石を投じるものと思われる。

以上に示した事例等は、学校保健の教職必修化に向けた政治的アクションへのきっかけとして影響力のある視点を含み持っている。

一方で、戦前昭和期からの「教育保健」的発想の系譜の中で生起したムーブメントが、なぜ普及、制度化へ至らなかったのかを分析する必要があるだろう。養護教諭、保健主事、学校三師等の専門家が学校に組織されていたために、各教員が身体や健康についての教養を備えなくても学校が運営できたとする視点もあるだろう。そこで、「教育保健」の発想をその系譜から確認してみたい。

2．「教育保健」の発想と系譜

　今日の「教育保健」概念と似た発想は、これまで幾度も立ち現れては包括的概念へ絡め取られたり、衰微した歴史を持つ。大正期において、教育に関する衛生の取り扱いは「教授衛生」といった概念により体系化が模索されている。その発端は、文部大臣官房学校衛生課に北豊吉が着任後、段階的に行われた海外学校衛生調査によって抄訳・紹介された『学校衛生叢書第一輯 教授衛生』（1922）として公にされたことに求められる。1943（昭和18）年には文部省がまとめた師範学校テキスト『師範衛生 巻一』において、師範学校における教職必修科目に位置づけられた「教育科衛生」としての体系が公にされた。「教育科衛生」は、師範学校における「教育実践の方法的基礎」として「教育科心理」と並置された。「心理」と「衛生（身体）」に二分されて教職教養の基礎が考えられたのである。

　同様の考え方は、戦後にも継続されている。1946（昭和21）年、『師範衛生 巻一』は戦時色が払拭される形で文部省内において再刊が検討されている。

　また、1949（昭和24）年、戦後教育改革によって東京大学が新制大学へ移行する際、教育学部新設による講座編成に同様の考え方が示されている。当時、教育学部の講座編成をデザインした海後宗臣は、教育学研究の基礎研究として、他の科学的研究との関係を持った「教育心理学」「身体教育学（当時は体育学・保健）」「教育社会学」の三講座を並置させる考えを示している。

　海後の発想により設置された身体に関する講座（体育学・保健）は、後に「教育生理学」「教育衛生学」として、「教育保健」へと通底する視点を持った研究の創造へと接続する素地を形成した。後に同講座から誕生した学位論文には南哲の「鉛筆に関する教育生理学的研究」（1973）や鈴木路子の「学習環境としての室内至適温度に関する教育生理学的研究：小児の温度環境への適応能力の発達に視点をおいて」（1983）などがあり「教育保健」的発想の研究がなされている。そして、猪飼道夫・須藤春一『教育学叢書17 教育生理学』（第一法規、1968）において具体的、かつ体系的研究へと結実した。

　一方、神戸大学教育学部では、佐守信男を中心として「教育衛生学」を教職専門科目の必修に位置づけた独自の試みを展開した例も見られ（佐守信男『人間の歴史的自然—教育衛生学序説—』六月社、1965）、戦後の新制大学において教職必修化の動向は、いくつかの試みとして展開されている。

3．「教育保健」のカリキュラムデザイン—体系化・構成試案の作成—

　学校保健を教職必修科目に位置づける場合、どのような内容が選択される必要があるだろうか。学校保健といったワードを使用してその内容を考えると、既存の学校保健体系をそのまま連想してしまうので、本稿では教職必修として全教員に習得が目指される身体・衛生（または健康）的教養の内容を「教育保健」といったワードを用いて表現したい。

　戦後、教育保健学を構想した唐津秀雄は、「教育保健」を考える視点として、①「発達や身体の理解に関するもの」、②「教授学習の衛生に関するもの」、③「生活指導に関するもの」、④「管理経営に関するもの」の四つをあげている（唐津秀雄「人間形成の生理—学校保健に関する教師の問題意識を中心に—」学校保健研究第6巻第5号、1964）。同視点は、唐津が、教師に対して学校保健の問題意識を調査する中でまとめた視点である。後に、「教育健康学」として、「教育生理学」「教育保健学（あるいは教育衛生学）」「教育病理学」といった三分野に系列化しているが、三分野の具体的内容が明確ではないこと、さらに前者四分類のほうが教師の問題意識より導かれた内容であることから、「教育保健」の体

系化を試みるうえで、重要な視点を形成していると考えられる。このような「教育保健」の考え方は、後に小倉学が学校保健管理の領域として提示した「主体管理」「環境管理」「生活管理」の三領域設定とも一部オーバーラップしている（小倉学『学校保健』光生館、1983）。

そこで、本稿では、これまでの研究的蓄積を教師の今日的課題に接続させつつ、一旦、唐津の示した四領域を参考にして「教育保健」の構成試案を作成してみたい。この作業は、一種の力技にすぎないかもしれないが、教職必修科目「教育保健学」のカリキュラムデザイン（試案）として今後修正を加えていくことを前提としながら提示するものである（表V-1）。紙面の関係上、ここで、構成試案の細目のすべてについて説明することはできないが、以下、表V-1に示した概略を説明する。

①「発達や身体の理解に関するもの」については、子どもの「からだ」（body）の発育や機能（function）の発達を理解させるための科学に対して、教育心理学と同じ重みづけをした身体的教養としての内容が設定される。

形態の発育や機能の発達を基礎としながら、発達の「正常」や「異常」を見分けるための方法や発達加速現象等の身体諸計測の発育経過、そして、身体の発育発達に影響する要因と条件として、遺伝的要因、環境的条件、社会的条件の内容を位置づけている。

その具体的内容については、髙石昌弘・樋口満・小島武次『からだの発達—身体発育学へのアプローチ—』（大修館書店、1981）、猪飼道夫・髙石昌弘『教育学叢書19 身体発達と教育』（第一法規、1967）、猪飼道夫・須藤春一『教育学叢書17 教育生理学』（第一法規、1968）等に示された考えによってさらなる詳細項目がデザインできる。

②「教授学習の衛生に関するもの」については、教授学習過程の前提条件についての内容となる。

この内容は、先の教育生理学の応用的側面として、「気温と学習」「照度と学習」といった学習環境と学習効率の関係、また、鉛筆の芯の堅さ（発達段階と筆圧）などの筆記用具や教具と学習能率の関係について位置づけた内容となっている。

さらに、始業時刻や下校時刻、授業時間・休憩時間の長さ、時間割の教科配列など、身体的疲労と学習効率との関係の内容を位置づけている。

また、測定視力とは異なり、実際の授業の中で黒板の文字を見ることができる「板書視力」や騒音の中で音を聞き取ることのできる「騒音聴力」なども同項目に位置づけられる。

そして、発展的には、近年全国的に拡大している「学びの共同体」における組織の考え方についても同項目中にあげられる。男女4人1グループによる「学び」の組織（教室における机の配置）やコの字型による「学び」のスタイルは、ケアの視点を含みながら「学び」の環境（状況）を形成している。これと同様に、細谷俊夫が『教育環境学』（目黒書店、1932）を探求したように、教師が授業を行ううえでの前提として、「状況（環境）」の組織と学びを支える教師・子どもの身体技法として「教育保健」研究は一定の知見を提示し得るのではないかと思われる。また、佐藤秀夫『ノートや鉛筆が学校を変えた』（平凡社、1988）、永井理恵子『近代日本幼稚園建築史研究』（学文社、2005）に示された「モノ」や「場」が「教育」や「学び」を規定するとした内容も教授学習との関係から重要な分析視点となる。

③「生活指導に関するもの」については、①と密接な関係を持ちながら、「学校の暦」と「生活の暦」（「産育と教育の社会史」編集委員会『生活の時間・空間 学校の時間・空間』新評論、1984）を連続した生活空間の中でまるごととらえる視点である。

起床時刻、就寝時刻、睡眠時間は、個々の家庭とライフスタイルの中で設定されるが、睡眠時間などは、学校における授業中の集中力や疲労度、活動時のけが等にも直結する。

　また、各家庭で選択されるランドセルは、大きさや形態、重量、材質、色、デザインなど、子どもの身体の発育発達や姿勢、交通安全にも接続する人工力学の知見が反映された重要な「モノ（ツール）」である。子どもが毎日使用する「モノ」について、どのようなものが適切であるかの視点から同項目に位置づけられる。

　今日の学校は、毎日の持ち物（持参物）が多く、忘れ物によって誘発される学習の遅れなどの側面も無視することはできない。保護者が日常的に感じていながらも、示唆的なエビデンスを持っていない「モノ」について、その細やかな一つひとつが子どもの「学び」や発育発達を保証する事項として検討される必要がある。

　さらに、学校という生活空間は、授業以外の時間も多く、同時間帯の子どもたちの居場所やすごし方についても同項目に位置づけている。

　以上のように、家庭と学校を往還した生活空間の形成について、「家庭・生活の時間・空間」、「学校の時間・空間」として「生活指導に関するもの」に位置づけている。

　④「管理経営に関するもの」については、法規で定められた学校環境衛生の基準を含みつつ、長倉康彦・高橋均『教育学大全集15 学校環境論』（第一法規、1982）や菅野誠『日本学校建築史』（金子書房、1973）、上野淳『未来の学校建築』（岩波書店、1999）に見られる「学び」の空間論といった内容から、学校建築、学校環境と「学び」の視点を形成している。

　そして、学校は、立地と関係して、コミュニティに開かれた機能を有している。生涯学習機能や避難所機能といった役割、登下校時のスクールゾーン設定とも関係して、地域社会と学校の関係を考慮した役割についても検討が必要となる。

　以上の①から④は実際場面においては、相互補完的な側面を有する。それらの視点を含みつつ、身体の発育や「学び」を規定している状況（環境と関係）によって、子どもの成長が無限のヴァリエーションを可能性として示すといった視点、そして、教育管理がどのような形で進められるかによって教師の仕事とあり方が具体的に規定され、したがって教育実践の質が方向づけられるとする視点（持田栄一『持田栄一著作集1 教育管理（上）』明治図書、1980）を考慮しながら、今後、内容と体系化を再検討するとともに、教職必修科目としての「教育保健学」を構築する必要がある。

　本稿では、「教育心理学」と並置される身体・健康に関する教養としての教職必修科目「教育保健学」の内容として、教育生理学、教育衛生学の発想と系譜、その内容を含みながら構成試案を模索・作成した。本書の各章の報告にちりばめられた一つひとつの実践の中に応用的に結実した「教育保健」の内容を読み取りながら、さらに実験や実証（エビデンス）を経て、教師に必要な身体・健康に関する教養を示す必要がある。

（七木田文彦）

●参考文献
1）唐津秀雄：人間形成の生理—学校保健に関する教師の問題意識を中心に—、学校保健研究第6巻第5号、1964、pp. 2〜9、p. 16
2）海後宗臣：教育五十年、評論社、1971

表V-1 教育保健カリキュラム（試案）

① 「発達や身体の理解に関するもの」（教育生理学：教育の受容を可能にする諸条件）

項目	細目	具体例
子どもの発育・発達 （形態の発育と機能の発達）	形態の発育（体型の変化、姿勢の変化、骨格の発育、歯牙の発育）	長育（身長・座高・下肢長）、幅育（頭長・頭幅・腹囲）、周育（頭囲・胸囲・上腕囲）、量育（体重・皮下脂肪）
	機能の発達（筋骨格系、神経系の発達、循環機能の発達、呼吸機能の発達、代謝機能の発達、内分泌機能の発達、運動器）	視力、聴力、味覚、嗅覚、痛覚（痛み）、身体の知恵（ホメオスタシス）、環境適応能力、体温、血圧（貧血・高血圧）、排尿・排便、発汗機能、脱水、運動の発達、体力（持久力、瞬発力、敏捷性、平衡性、バランス感覚）、柔軟性、行動体力・防衛体力
身体諸計測値の発育経過	身体発達の年代的推移（評価と測定）	発達加速現象、発達の「正常」「異常」を見分ける評価基準、年次推移データ、発達の科学的予測、母子健康手帳、就学時健康診断、定期健康診断、臨時健康診断
	男子・女子思春期の身体的特徴（ジェンダーへの考慮）	変声、体毛・初経、精通・射精、乳房発達等
身体の発育発達に影響する要因と条件	遺伝的要因	性差、遺伝、身体発育の異常（先天異常、発達障害、精神的素因差、疾病との関連、高齢出産と子どもの発育不全等）
	環境的条件	民俗差、地域差、気候差、季節差、運動影響
	社会的要因	社会経済的条件、栄養状態、年代別差、ストレスと発育状況、痩身、肥満

② 「教授学習の衛生に関するもの」（教授衛生）

項目	細目	具体例
学びと環境	学習環境（生体と環境との対応）	気温と学習、湿度と学習、換気と学習（教室内の二酸化炭素濃度等）、照度と学習、気候と学習、季節変化と学習、ICTと学習
	空間認知・知覚認知の範囲	子どもの寸法と空間スケール（落ち着いて学べる環境のサイズ）
学びの組織	学習組織・教授組織（スタイル）の編成	グループ学習形態、一斉教授形態、体験学習等の学習形態、教育機器の登場と病める教育技術、発達段階差と学習
	日課の保健的構成	年齢別学習持続時間の生理学的実証（日／曜日別／年間）、始業時刻、下校時刻、授業時間の長さ、授業時間の増加（学習の量と質）
	学習能率と教育課程	「おぼえる・忘れる」の生理学、満腹・空腹と学習、宿題と学習、親の学習参加
	教材・教具と学習	鉛筆の生理学、ペンケース・下敷き・鉛筆削り・教科書（サイズ・形態・カラー等）・ノートなどの用具と学習
	学習と生理	騒音聴力（聞こえる・聴く：音ときこえ、騒音ときこえ、発達ときこえ）、板書視力（見る・見える）、嗅覚（臭う・嗅ぐ）、味覚（食べる・味わう）、ストレスとからだ、都市の中のからだ、自然の中のからだ、「書く」「読む」「聴く」「見る」の生理学、子どもの寸法知覚・感覚能力（学齢段階別・身長別）、座席の変更
	学習と疲労	教科と頭痛・腹痛の発生状況、保健室利用の曜日と時間帯の増減、疲労と測定、疲労と回復、「疲れる」原因（運動器、消化器、呼吸器、神経系）、慢性の疲労（疲労感）、慢性疲労による障害（眼精疲労・視力低下、騒音疲労、振動疲労）、大気汚染障害、ICT、休息と学習
	学習と安全	水泳（飛び込み）、柔道事故、遠足、修学旅行、運動会・体育祭（組み体操、綱引き、騎馬戦）

③ 「生活指導に関するもの」（「学校の暦」と「生活の暦」）

項目	細目	具体例
家庭・生活の時間・空間 （家庭との協同）	学校生活開始前後の行動（時計と時間の生活支配）	睡眠（睡眠と疲労回復）、起床・就寝（起床時刻と就寝時刻）、登下校時の通学形態（徒歩、自転車、自動二輪、公共交通機関等）、通学距離、登下校通学路、下校時の災害（豪雨、地震、津波等）、放課後の遊び、帰宅後の家庭生活、塾通い（塾の時間）、栄養（飲食物、嗜好、食事のリズム、朝食、偏食）、住居、入浴、歯磨き、生活習慣
	日常生活の指導	手洗い、うがい等の生活行動の把握や生活改善・維持・増進の視点
	学校への持参物	制服、運動服、ランドセル（色・材質・形態と安全）、ランドセルカバー、シューズ、帽子、名札、給食着、持参給食セット（ランチョンマット、はし等）、連絡帳、安全笛、歯ブラシ
	長期休暇と子どもの生活	夏休み、冬休み、連休
	疾病と家庭・学校生活	感染症、食中毒対策、慢性疾患（通院・経過観察・入院）、学校生活管理指導表、連絡網、投薬、出停停止（停止指示・期間の基準）、臨時休業、日本スポーツ振興センター災害給付
学校の時間・空間 （学校生活と行動）	授業中の生活と行動	授業中の児童生徒の疲労・姿勢、着衣の状態などの観察、授業時間の長さ
	休み時間のすごし方（戸外活動）	運動量：疲労と運動不足
	学校という生活空間（生活的な時間と居場所：住居としての学校）	公共施設と同様のロビーやラウンジなどの居場所、くつろぎの場所（集会、学校給食、休憩、掃除など、生活的な行動にあてられる時間帯を過ごす居場所）、保健自治活動

④ 「管理経営に関するもの」（「教える」の空間から「学び」の空間へ）

項目	細目	具体例
校地の選定・基準、学校建築 （校舎：施設・設備）	学校立地状況（都市部の学校、過疎部の学校；学校統廃合）、環境衛生学、自然科学的環境	学校区、学校規模、住区、危機管理、安全管理・避難所としての学校（囲体構造と避難器材能）、防災無線、救急体制、環境工学、地域社会と学校（学校の閉鎖性・開放性）、生涯学習機能（コミュニティー・スクール）、学校複合化・連携、共生する学校（エコスクール）、学校開放、転校
	通学路の設置、運営（地域と学校）	交通安全、スクールゾーンの設定、バス・電車通学、交通安全指導（学童擁護員）、集団登下校（天候等）
	学校建築（学校の空間デザイン、コンセプト「教える学校」から「学ぶ環境としての学校」へ）	オープンスクール、空間構成（北側校舎・南側グラウンド、採光・通風等）、建築様式、校舎建築（平屋建ての学校、R・C造、鉄骨造、木造校舎等）、環境構成、テラスの外への連続性、バルコニー、グラウンドの広さや空間構成（天気に応じて）、オープンスペースの端っこ、子どもの寸法と空間スケール、画一化とフレキシビリティ、修繕、改築
	学校生活機能を支える施設・設備	【空間】ホール、多目的教室、保健室、音楽室、調理室、給食室、ランチルーム等、水質、コンクリート製流しと水栓、蛇口回転式、鉄棒、石けん、ジャングルジム、うんてい、砂場、学校の入り口（校門・塀）、昇降口、階段、廊下（北側廊下）、運動場、体育館、プール
		【機能】生活空間としての学校（施設須面、教室、廊下、便所（ウエット仕上げ床）、しゃがみ式の便器（家庭とは異なる、怖がって用を足せない児童の増加））、子どもの居場所
	学校の設置	男子校、女子校、男女共学、中高一貫
	学級の編成・学科の配当・表簿の整理・校規の制定など（学級、学年の教育的編成）	時間割編成（時間割における教科の配列、同一教科の連続）、学校行事、児童生徒数、年間指導計画、チャイム、休み時間の長短、始業時間、学年別年間授業時数
教室の設計・教具の設備 （開かれた学習環境・「学び」の空間）	児童生徒数の編成、教職員の編成、学級の定員数（科学的根拠）、学年配置位置、「普通教室」型・「教科教室」型運営、教室移動、天井高、床・壁・天井等の材質、広さ、換気、温度（暖房・冷房）、採光（照度・照明）、湿度、防塵、椅子机（材質、机・腰掛けの高さ調節）、黒板・チョーク、テレビ、座席の配置（座席位置）、物置の配置、財政	高学年と低学年の生活圏の分離構想（高低分離；教育空間を発達段階によって区分）、ハウスシステム（ハウス制）、学校管理部門と教育部門の区分、普通教室ブロックと特別教室ブロックの区分

② >> 教員養成における教育保健学

1. 愛媛大学における「教育保健」の授業づくり

1974年4月、憲法26条を根拠に教育保健学の構築を目指した唐津秀雄（1908～2000）の後任として愛媛大学教育学部に赴任した。以来40年、子どもの健康を守り育てる健康教育の仕事、子どもの健康保護と発達保障の研究・教育・実践が山本の主な任務であった。周知のように唐津は、教育現象を「学習者と学習環境が相互に依存しあいながら存在している事実の総体」ととらえ、子どもの発達と一体化していく全過程を対象とし、発達・学習を指標として接近する方法論を展開した。つまり、教室の一番後ろに座っている子には、文字の大きさはどのくらいがいいのか、あるいは板書の際チョークの色で見えにくいことはないかなど「学習能としての板書視力」を提起したのである。山本の担当する「教育保健」（学校保健の名称変更）では、教育への権利（憲法26条）を根拠に「生存権としての学習権」（大田堯）を、また生存権は、教育権、労働権（27条）、労働基本権（28条）をつないで考えてきた。

「未来の教師」たちの小学校の体育科教育法や中学校の保健体育科教育法の授業では、少ないコマ数ではあったが、教育保健学の成果を伝えるように心がけた。例えば、教育勅語の発布直前に発行された、森林太郎の学校教育論「教えを授くるに衛生の道を履む事」（1889～1890）をまず紹介。教育の基本は健康の基本と主張する若き森鷗外は、ドイツ型教育批判から、学校の授業教科目が多すぎて、生徒がその負担にたえられなくなってくる詰め込み教育の弊害の救正策を示した。教育は知的活動だが、「授業」は「給食」と同じようにしたらいいと言う。「心の食も亦脳の消化し得べきものを要す」とか「心の食は心の消化器の現況に適応すべし」「心の食を受くる児は快味を覚えざるべからず」とか、わかりやすく教えるには、教育家と衛生家の協力が必要といったことなど、現代の教育を考える上で歴史から学ぶ大切さに触れた。

教育保健研究の歩みと到達点を意識しながら、唐津理論である「板書視力」のこと、あるいは教師の発声法の大切さや子どもがザワザワしているとき、とりわけ女性の声はかき消されがちになるので腹式呼吸で語るほうがよく伝わること、また低学年の子どもの鉛筆は筆圧のことも考えて芯のやわらかいものがいいことなどを伝えた。こうした授業を受けた学生の一人は、次のような感想を書いてくれた。「今まではせいぜい『生徒の気持ちにたって…』とか感情論レベルで考えるだけで、ここまで根拠を提示した上での助言は知らなかった」と。

このような教授法を伝えながら山本は、「未来の教師」にからだ・健康の科学的認識と、健康の権利性に裏付けられた権利としての健康観を育ててきた。その際、とりわけ未来の教師には、いのちと排泄、性と生、学校災害など、いのちの尊厳を打ち立てる教育の仕事にこだわってきた。ここでは、今までに持っていた学生の排泄観を転換させるほどの「いのちとうんこ」の授業で引用する子どもの詩を紹介することにしたい。

```
　　うんこ　　　　　　なるみ　たかすみ
　がっこうから　はしってかえって
　うんこをしました
　パンツをぬいだら
```

いきなり　にゅっとでました

ながいなあと見ていたら

べんじょのさきまでありました

大ごえでおかあさんをよんだら

ヒヤーといってびっくりしていました

ぼくがした　うんこで

これが一ばん大きかった

おとうさんのちんちんより

すごくながいです

ぼくは　よるまでながさなかった

おねえちゃんもびっくりして

ものさしではかってくれたら

30センチもありました

　　（鹿島和夫編『一年一組せんせい、あのね』理論社、1981 所収）

　この詩の中には、いのちとくらしと生き方とが見事に織り込まれている。まずテーマがいのちそのものである。次に「30センチのうんこ」は、暮らしの日記帳であり、その子の暮らしを見つめさせてくれる。そして学校のトイレが安心できるか、居場所の問題である。実際、トイレ環境によっては子どもが気兼ねして、学校での排便ができない子もいる。それ故、学校から走って帰る子の切なさを受けとめてやらなければならない。残念ながら現代の教師養成において「学校保健」は、教職の単位として必修ではない。教育現場ではどうなっているか。その事例を中脇初枝の小説『きみはいい子』（ポプラ社、2012）と教育科学研究会の『教育をつくる―民主主義の可能性』（旬報社、2015）に登場している教育実践で見てみよう。

2．教師の仕事に見る「教育保健学」

　子どもが授業中にトイレに行きたいと言い出した時、教師はどう対応するか。先の小説では、おもらしをした子の保護者に電話をしたら、「先生は、授業中にこどもたちをトイレに行かせないそうですね」「いえ、そんなことはありません」「娘が言いますには、こわくてとても言えないそうです。だからいつもがまんしていたそうです」。

　一方、保護者からのクレームに対してこの若い教師は校長室に呼び出され、校長、副校長、学年主任から厳しい注意を受けた。「こどもがトイレに行きたいと言い出したとき、言い出したことをほめてあげるべきです」「教室のうしろの扉をあけておくといいですよ。安心感を持って学習することができますから」うつむいてメモをとった彼はつぶやく。「そんなこと、大学では習わなかった。はじめてきくことばかりだった」と。翌日、「トイレに行きたい人はどうぞ」と言ったら、クラスのあちらこちらから一斉に手が上がり、学級崩壊の状態になる。（『きみはいい子』から）

　ところでトイレ指導と教師の成長と言えば、大江未来（公立小学校教諭）の実践記録「一年生と生きる」は示唆的である。集団下校の出発間際に、「うんち！」と叫ぶ１年生の岳さん。母親に連絡をしてきてもらうと、「岳、うんちがしたくなってもすぐには出ないからがまんしなさい。みんなといっしょ

に帰らなくてはダメ」と繰り返し、教師に向かっては、「うんちと言っても、行かさないでください」と激しい口調で抗議。教師は、「『トイレに行かさない』なんて約束できません。みんなの前でうんちを失敗したら、それこそかわいそうでしょう」とできるだけ穏やかな声で答える。「うんち！」と叫ぶことが岳の唯一の言葉と知った大江は、家庭訪問の時、「最初は『うんち』が学級や学年の活動を妨げるような言葉でしかなかったけれど、今は、私とつながる重要な言葉で、しかも、出ないときは自分からトイレを出られるように成長していることを丁寧に伝える」のだった。しかし、母親は納得しない。子どもにがまんをさせるのは、母親なりの背景がある。辛い現実だけれども、そうするにはそうするだけの理由があるのだ。

　さて、「いのちと排泄」を学生たちに伝えたいと願うあなたならどうするか。山本の場合、小学校や中学校に行って、いのちの尊厳を子どもたちに語ってきた。その実践の一つは、『マッキーの子育て讃歌』（草土文化、2012）の中で、「たのしく、元気に、リズムよく」というテーマで報告している。生きづらい現実にもかかわらず、けなげに生きる子どもたちに励まされながら、人間らしくともに生きていきたいものである。

３．未来の養護教諭に伝える「教育保健」論

　2010年から愛媛大学医学部看護学科の「未来の養護教諭」たちにも、非常勤講師として「学校保健総論」という授業を担当してきた。この授業は、豊かな養護教諭経験者による「養護概説」の講義を受講した学生たちに、さらに歴史的・教育的視点で子どもの発達に寄り添いケアと共感の目を養い、すぐれた養護教諭の仕事に学び、実践的資質を育むことを目指している。

　この授業では、まず唐津秀雄が語る「学校保健50年」（『日本教育保健研究会年報』第８号）を手掛かりに、学校衛生―学校保健―教育保健という学校保健の歴史から、とりわけ学校看護婦の職制運動に学ぶ。戦前から子どもの現実に悩みながら実践し、運動なくして養護教諭の身分確立はなかったこと。さらに戦後、京都市の養護教諭集団の組合運動によって、小学生の歯科治療が公費治療になり今も継続していることを知ると、学生たちは一様に驚く。養護教諭集団の学習・組織力が教育行政を動かし、子どもの健康の権利が守られている事実はもっと注目されていいのではないか。従来の学校保健論では、この歴史的・運動論的視点が弱かったように思われる。

　次に、子どもの健康保護と発達保障の柱では、1955年に起こった森永ひ素ミルク中毒事件の「14年目の訪問」で知られている大塚睦子（養護教諭）の、子どもたち一人ひとりを大事にする教育実践を典型教材として取り上げる。てんかん発作を持つ子どものプール指導において、子どもが見学ではなくどうやったらプールに入ることができるか。そのために五者協議会（保護者・主治医・担任・プール指導者・養護教諭）を開き、そこでの丁寧な協議によって子どもの学習権を保障した1971年の事例である。憲法26条の教育への権利の実現は、このような先駆者たちの努力によって積み重ねられてきたことを伝えてきた。

　さらにこの授業では、養護教諭へのインタビューも重視する。冬休みを利用して母校などに行って、養護教諭から直接に保健室実践の聞き取りをし、そのレポートを発表する。語り手は、教え子が養護教諭を目指しているそのことがうれしく、養護教諭の仕事の喜びと困難さを率直に語ってくれる。学生はもらってきた「保健だより」を提示しながら、養護教諭への憧れをより強くしているように思われる。同時に、いま大学で学んでいる「教育保健」論を伝えることで現場教師の実践と理論の交流が一層促進

される。そのレポートは、協力してくれた先生へのお礼として送ることにしている。このフィールドワークによって彼女らは、例えば「保健だより」の発行に四つの印が求められる厳しい現実を知るとちょっと考え込むこともあるが、その管理的な教育現場の実態を知ったうえで教員採用試験に臨む。それ故、教師と歩むサークル活動が大事になってくる。

サークルの仲間と言えば、長年交流を重ねてきた養護教諭たちが、いま定年退職の季節を迎えている。そこでこの数年、山本はサークルを支える若手たちに、ともに学んできた教育保健実践の成果を伝えてきた。その旅は、宮城・杜の会をはじめ、宮城・山形・福島3県合同の会、東京・茅の会、千葉・たんぽぽの会、神奈川健康サークル、静岡・未完の会、愛知・てのひら、京都・ひとみ、大阪・たけのこ、全教・神戸、山口・保健実践研究会、鹿児島県小学校・中学校養護教諭研修会になる。さらに今後、島根県浜田市の養護教諭研修会や北海道保健サークルでの語りの旅が待っている。もちろん愛媛では、夜間にもかかわらずこの20年、内子町に通いまじめな会で学び合い、語り合ってきた。このまじめな会のメンバーは、養護教諭だけでなく、農業やコンビニで働く人、お寺の住職や住民運動の活動家まで幅広い人が参加する。

教育実践の継承と言えば、大学での40年、山本は学生の感想を週刊の「授業通信」にして発行し続けてきた。書くことは考えること。表現力と仲間づくりは、彼女たちの生きる力になっていることは確かである。教育保健の観点から選んだ学習内容にはどのような意義があったか。それを検証したいという気持ちから、常々交流のある養護教諭と教育保健研究者の仲間に授業通信を送っている。一方的な実践報告であるにもかかわらず、その返信には的確な言葉が添えられており、意味ある他者評価になっている。例えば、熊本県人吉の養護教諭からは、「『信頼なくして安心なし、安心なくして感想文なし』、いい言葉だなと共感しました。今、情報と安心がキーワードと思います。それから先生のように授業のねらいをしっかり持って、それにもとづいての授業、授業通信、レポート。実践されている先生がいると思うと、ホッとします。私もがんばろう！」と。このように大学における授業通信の実践は、保健室実践の創造とも見事に響き合うのである。

そして最後の授業総括では、学生の一人が学んだことを次のようにまとめてくれた。

「養護教諭の歴史から学ぶ中では、特に『子どもたちの命を守るということ』について考えさせられました。『平和の中でこそ養護教諭の仕事がある』という言葉がありました。学校内だけに目を向けていては子どもたちの命は守れません。これからを生きる子どもたちが平和に暮らしていけるよう、私たちは政治や社会の動向に関心を持ち、主権者として社会に参加していかなくてはなりません。そして、子どもたちの命を多角的な側面から守りながらも、養護教諭は教育職として、子どもたち自身が命の大切さを感じられるような教育をしていくこと、子どもたちが自らの健康観を養うための働きかけを行っていく必要があります。保健室は安心と信頼を基にするケアの機能に止まらず、学びの空間としての役割も担っていく必要があると言えます」と。

さて、教員養成大学・学部・学科で学校保健の授業がどのように実践されてきたか。教員養成系への財政的締め付けが強められているいま、教育保健学構築のためにもこうした大学教育実践の交流が活発になることを願っている。

（山本万喜雄）

諸外国の学校保健の動向

①≫ 諸外国におけるヘルスプロモーティングスクールの動向と教育保健

　WHO は学校を通して世界中のヘルスプロモーション（HP）・健康教育を促進するため、1995年に「世界的学校保健構想（Global School Health Initiative）」を立ち上げた（以下、「構想」）[1]。この構想の目的は、学校を通じて児童生徒、教職員、家族や地域社会その他の人々の健康を改善するために、真に健康を促進する「ヘルスプロモーティングスクール」と呼ぶことができる学校の数を増やすことであり、そのために地方、国、世界中の健康増進と教育活動を強化することであった。

　WHO のヘルスプロモーティングスクールは公衆衛生の拠点として学校を位置づけているが、国によってその推進状況は異なる。独自のシステムを開発しているイギリスのヘルシースクール、アメリカの学校保健の動向等から、日本の学校保健の課題を考察する。

1．ヘルスプロモーティングスクール（Health-Promoting Schools：HPS）

1）ヘルスプロモーティングスクール

　ヘルスプロモーティングスクール（HPS）は「常に生活、学習及び仕事のための健康的な場としてその地位を高めていく学校」であると定義され、活動方針は次の五つである[2]。

　①あらゆる方策と配置によって健康と学習を促進する。

　②学校を健康的な場所にしようと努力している保健及び教育公務員、教員とその代表的組織、児童生徒、保護者、地域リーダーに参加してもらう。

　③学校と地域が協同し、健康的な環境、学校保健教育・管理を提供するプロジェクトを進める。また、職員のためのヘルスプロモーション、栄養及び食品安全プログラム、体育・レクリエーションの機会、カウンセリングや社会的サポート、メンタルヘルスプロモーションのプログラムを進める。

　④個人の自尊心を尊重した方針に基づいて実践し、うまくいくように様々な機会を提供し、個人の達成度と共に努力と意図を十分に認める。

　⑤児童生徒はもとより、学校の教職員、家族、地域の人々の健康を改善するように努力する。

2）世界のヘルスプロモーティングスクール・ネットワークの状況

　最初の HPS 地域ネットワークは、WHO 地域事務局、欧州評議会、欧州共同体委員会によってヨーロッパで開始された（1991）。次いで WHO 本部・各地域事務局が協力して、西太平洋（1995）、ラテンアメリカ、アフリカ南部（1996）で始まった。1997年には公共・民間団体が関与して、東南アジア及び西太平洋北部の国々で HPS ネットワークづくりの会議が開催された。各国政府、NGO、民間組織、国際教員組合、国連合同エイズ計画（UNAIDS）、ユネスコ等が加盟した。さらに WHO と CDC（米国疾病管理予防センター）は、ネットワーク参加国の HP・学校保健責任者の会合で定期的に方策や経験を交

流し合った。WHOは第4回HP国際会議（ジャカルタ、1997）で、専門家から各国の教育及び保健大臣が政策立案者を定め、学校ヘルスプロモーションを一層推進できるように働きかけることを要請した。

　国際的な連携の一つにIUHPE（国際健康教育連合）があり、3年ごとに総会を開催している。2013年学会のシンポジウムを契機に、学校保健の連絡網（ISHN）が組織された。

2．イギリスおよび関連国のヘルシースクール

　イギリスでは、HPSではなく、ヘルシースクールという呼称で推進された[3]。ヘルシースクールプログラムの一環として、教育雇用省と保健省が主導して『全国ヘルシースクールスタンダード』（1999）が作成された。ヘルシースクールとは、「児童生徒が最善を尽くして彼らの学業成績を向上させられるように支援し、また、その支援を常に改善し、進展し続ける学校」のことである。ヘルシースクールでは、児童生徒に彼ら自身の健康について、入手可能な関連する情報を提供し、情報に基づいた意思決定を行えるようなスキルや態度を形成させることにより、身体的・精神的健康を促進する。ヘルシースクールでは、児童生徒の学力レベルを高め、学力基準（スタンダード）を向上させるプロセスを支援するために、健康に投資することが重要であり、また物理的・社会的環境の両方を整えることがよい学習成果を上げるためには必要であると考えられた。

　全国スタンダードは地方のプログラムコーディネーターをサポートするものである。全国スタンダードにより、教育と保健部局が協力して適格性の認定をすることによって信頼が得られ、学校と効果的に協働できると考えられた。三つの区分（パートナーシップ（4基準）、プログラム管理（6基準）、学校での展開（9基準））ごとに評価の観点がある。

　イギリスでは「学校の優秀さ白書（The White Paper on Excellence in Schools）」（1997）の発行によって、政府がすべての学校がヘルシースクールになるように支援すると発表した。また「命を救う：わが健康的な国民」（1999）と「健康の不平等に関する独自調査」報告（1998）には、すべての子どもたちや若者、特に社会経済的に不利な立場にある者に対して、より良い健康と精神的安定をもたらすような健全な教育の重要性を認めた。学校は健康と教育の両方を改善するための重要な場と考えられた。

　『ヘルシースクールステータス』（2005）[4]は、学校向けの手引きであり、ヘルシースクールに適合するための基準を示したものである（4基準が示された）。

　2011年以降現在、徐々に国家予算の削減により、国の主導ではなく地方行政独自の取り組みに委ねられている。地方では自己評価ツールを利用して、スタンダードに適合しているかどうかを評価している（どのように実施しているか、証拠、次の活動、何が成功したか）。

　カナダ等のイギリス連邦のいくつかの国々も、ヘルシースクールとして活動している。

3．アメリカの学校保健の変遷
―協調的学校保健プログラム（CSHP）から学校・地域社会・子ども一体型モデル（WSCC）へ[5]

1）協調的学校保健プログラム（Coordinated Scholl Health Program：CSHP）

　米国の従来の学校保健は保健教育・保健管理・健康的な学校環境の3要素モデルによって行われてきたが、1987年にCDC（米国疾病管理予防センター）による8要素の「総合的（Comprehensive）学校保健プログラム（CSHP）」モデルが導入され、それは1998年に「協調的（Coordinated）学校保健プロ

グラム（CSHP）」と改称されて進められた。八つの構成要素は図Ⅴ-1の左に示した通りである：①健康教育、②学校保健サービス、③栄養サービス、④カウンセリング・心理的・社会サービス、⑤体育、⑥職員のためのヘルスプロモーション、⑦家族と地域社会の関与、⑧健全な学校環境。CDC は米国学校保健学会（ASHA）と共に著書（Health is Academic、1998）を発行し、国、州や地方の行政機関などと協働して CSHP アプローチの普及に努めた。

　一方で、教育分野の ASCD（NPO のカリキュラム管理・開発協会）が CSHP を利用するようになり（2003）、ASCD は "No Child Left Behind Act"（落ちこぼれ防止法、2001）による学業優先の教育政策を批判して、「良い学校、良い教育、良い生徒」を目指す理想的な教育のあり方を目指し、学校保健を重視した「すべての子ども（Whole Child）構想」を提案した（2007）。

2）学校・地域社会・子ども一体型モデル
（Whole School Whole Community Whole Child：WSCC）[6]

　CDC と ASCD は2013年に合同会議を招集し、「学習と健康の統一を目指した協働アプローチ構想」の検討を開始した。2015年10月の米国学校保健学会で CDC 他の研究スタッフによる新しい学校保健モデルへの転換について発表があり、米国学校保健学会誌（Journal of School Health、85（11））の2015年11月号に公表された。新しい WSCC モデルは図Ⅴ-1の右に示した通りである。子どもが中心にいる。その周りを「健康な、安全な、参加する、支援される、意欲的な "すべての子ども"」を表す要素が囲んでいる。その外側に「子どもの学習と健康の改善」と、学校・保健・地域機関に必要な「方針、過程、実行の調整」の機能が強調されており、その外側を10要素が囲んでいるが、これは CSHP の8要素のうち2要素が二つに分かれて10要素になったためである（「家族と地域社会の関与」が「家族」と「地

協調的学校保健プログラム（CSHP）モデル　⟹　学校・地域社会・子ども一体型（WSCC）モデル　〜学習と健康への協働アプローチ〜

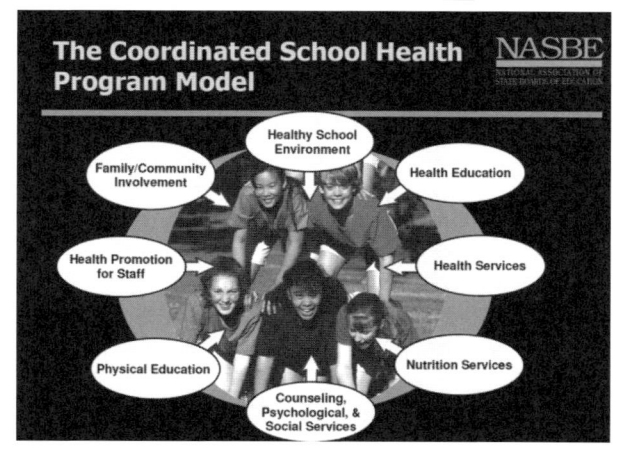
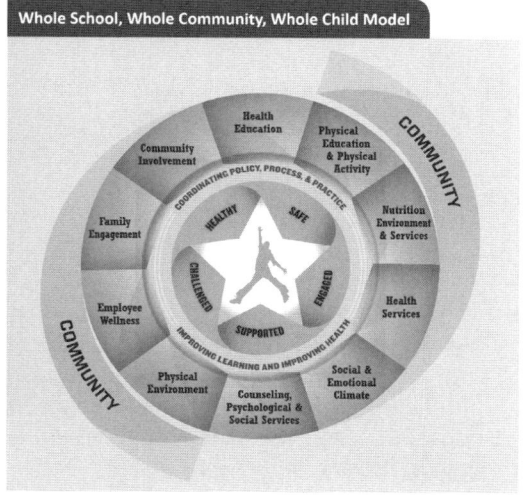

図Ⅴ-1　学校保健の概念の変化

出典：（左）CDC:Comprehensive School Health Program, NASBE（米国州教育委員会協議会）の2006年9月14日資料（http://iom.nationalacademies.org/~/media/Files/Activity%20Files/PublicHealth/HealthLiteracy/10BogdenCDCSchoolHealthProgram.ashx）、（右）http://www.cdc.gov/healthyyouth/wscc/pdf/wscc_fact_sheet_508c.pdf

域」の関与へ、「健全な学校環境」が「物理的環境」と「人間関係」へ）。これらは学校で子どもの学習と健康を支援する中核要素である。最も外側は地域社会である。学校には地域の影響が大きく、地域の情報、資源、協力が必要であるとしてこのモデルが構成され、今後展開される。

3）オレゴン州ポートランド市・ルーズベルト高校の例

　筆者は、市の貧困地区にある高校を見学する機会があった（2014年10月）。その学校にはスクールベイストクリニックがあり、訪問時は閉鎖曜日であったが、施設を見学した。この高校では大学進学率が低く、生徒指導面で問題のある高校とのことであった。日本でも最近社会的な関心事となっている子どもの貧困の対策について参考となる取り組みがあった。貧しい子どもたちに提供する食料と衣類の倉庫があった（写真V-1、V-2）。スクールナースや教員が部屋のカギを持っており、要望に応じて子どもたちにそれらを提供する。ちょうど保健室に食品をもらいに来る生徒を見かけた。アメリカは州や学区によって、昼食以外に朝食、さらには夕食の提供を行っている学校がある。教育と社会福祉の境界領域であり、日本で同様の対応となるかは不明だが、地域・社会の問題が反映された学校での課題解決への取り組みとして参考になる活動であった。

写真V-1　貧困家庭の生徒用の食品備蓄室　　写真V-2　貧困家庭の生徒用の衣類保管室

4．ヘルスプロモーティングスクール、ヘルシースクールと学校保健

　日本は学校保健安全法（平成20（2008）年改正、昭和33（1958）年制定）に基づいて、設置者の下、各学校で学校保健・安全が計画、実施されており、それを推進するために全国及び都道府県レベルでの学校保健・安全表彰事業が行われている。日本を含むいわゆる先進諸国ではヘルスプロモーティングスクールを実現していると言える。しかし、日本でも常に様々な子どもたちの健康課題がある。世界の健康推進の取り組みを視野に入れつつ学校での子どもたちの実態をしっかりと見つめ、教育と保健の接点から、健康・安全の課題に可能な取り組みを問い続けることが重要と考える。　　　　　（面澤和子）

●参考文献
1 ）http://www.who.int/school_youth_health/gshi/en/（2015. 11. 4）
2 ）http://www.who.int/school_youth_health/gshi/hps/en/（2015. 11. 4）
3 ）Department for Education and Employment（DfEE）. National Healthy School Standard Guidance. 1999
4 ）Department for Education and Skills, Department of Health. National Healthy School Status A Guide for Schools. Department of Health. 2005
5 ）Catherine N. Rasberry, et al. Lessons Learned From the Whole Child and Coordinated School Health Approaches. Journal of School Health. November 2015；85（11）：759-765.
6 ）Theresa C. Lewallen, et al. The Whole School, Whole Community, Whole Child Model：A New Approach for Improving Educational Attainment and Healthy Development for Students. Journal of School Health. November 2015；85（11）：729-739.

②>> 欧米の健康教育の動向と教育保健

　学校における健康教育は、子どもたちの健康に関する認識と主体的な実践力を豊かに育む活動である。「欧米の健康教育」とひとくくりにして論じることには限界があるが、総じてその動向をつかむことは、日本における健康教育の位置づけを明確にするとともに、今後のあり方を考えるうえでの指標を得ることにもつながる。

　欧米、とりわけ米国や英国において、近年の健康教育の動向として認められることは、共通基準（スタンダード）の策定に基づく学力の保障、生きて働く力としての健康リテラシーへの焦点化、評価に着目したカリキュラム設計、多様な学習機会の提供と指導者の検討といった点であろう。これらは互いに密接に関係する事柄であるが、ここではそれぞれを、欧米の健康教育の動向を探る分析視点としてとらえ論じることとする。

1．共通基準（スタンダード）の策定に基づく健康に関する学力の保障

　米国において教育の権限は基本的に州や地域にある。英国、特にイングランドにおいてはかつて地方教育局の権限が強く、またパブリックスクールと呼ばれる私立学校では独自の教育が伝統的に施されてきた。これらは、国際的にナショナルスタンダードと呼ぶことのできる学習指導要領をかつてより有してきた日本の状況とは異なるものであった。しかし、両国ではこの四半世紀ほどの間に、教育機会の平等性や高い教育水準維持の名のもとに、全国レベルの共通基準が設けられるようになり今日に至っている。

　米国では、全国レベルの共通基準が1990年代半ばより作成されている。まず、先に策定されていた全米数学教師協議会のものをモデルにして、科学、歴史、芸術、公民と政治、地理、国語、外国語といった教科の専門団体によって開発が進められ、その後、社会科、健康、体育、経済が独立して共通基準を策定している[1]。

　健康教育におけるものは、米国がん協会がスポンサーとなり、健康教育推進協会、学校保健学会、公衆衛生学会などが共同で作成し1997年に公表、その後、2007年に『ナショナル・ヘルスエデュケーション・スタンダード改訂版』[2]（以下 NHES と称す）が策定されている。2012年には四分の三ほどの州がこれに基づくカリキュラムを作成している[3]。

　ここには、八つの基準が示されている。①児童生徒は、健康を高めるための健康増進と疾病予防に関する概念を理解する、②児童生徒は、家族、仲間、文化、メディア、テクノロジーあるいはその他といった健康行動にかかわる要因の影響を分析する、③児童生徒は、正しい情報や製品、そして健康を高めるためのサービスを入手する能力を明示する、④児童生徒は、健康を高めたり、健康リスクを避けたり軽減したりするために対人コミュニケーションスキルを用いる能力を明示する、⑤児童生徒は、健康を高めるための意志決定スキルを用いる能力を明示する、⑥児童生徒は、健康を高めるための目標設定スキルを用いる能力を明示する、⑦児童生徒は、健康を高める行動の実践と健康リスクを避けたり軽減したりする能力を明示する、⑧児童生徒は、個人、家庭、そして地域の健康を唱道する能力を明示する。

　このように共通基準では、児童生徒は健康教育によってどのような学力を持つことができるようになるのかという学習のゴールが示されている。これを高い期待値として見るのか、それとも最低基準とし

て見るのかについては議論の分かれるところではあるが、教科の専門家集団が共同で全国レベルのものを策定している点は注目できる。ただし共通基準の策定は多くの分野に見られるもので、もし児童生徒がすべての共通基準を学ぼうとすると、その範囲は膨大で大きな労力と多くの時間を要するという批判があること [4] を忘れてはならない（なお、2015年12月に、米・オバマ大統領が新しい初等中等教育法 "Every Students Succeeds Acts「すべての児童生徒を成功に導く法」"に調印し、連邦政府の定めたものを州や地域が権限を持って選択できることが明確にされている。またこの新法では健康教育（保健）が主要な教科の一つとして、体育とともに位置づけられている） [5]。

　英国においても1988年の教育改革法の成立以後、全国共通カリキュラム（National Curriculum）が作成され、健康教育はその必修教科ではないものの、PSHE（Personal, Social and Health Education のちに Personal, Social, Health and Economic Education）という特別教科として、さらに必修教科である体育の中にも健康関連の内容の共通基準が設けられている [6]。

2．生きて働く力としての健康リテラシーへの焦点化

　さて、NHES の八つの共通基準を見ると、①の健康に関する概念の理解とともに、②から⑧には健康や健康行動に関する分析と健康を高めるための方法やスキルの習得が含まれている。このように健康リテラシーの習得が強調されている。リテラシーという言葉はかつて「読み書き能力」と定義されたが、知識基盤社会のもとでは、批判的な思考力とコミュニケーション能力、あるいは関心や協調といった概念を含むものとして広く解釈されるようになってきている。またそれは、アウトプットされるパフォーマンスで見て取ることのできる能力として表されるようにもなってきた。NHES では、このことを背景に健康リテラシーについて「基本的な健康情報や健康サービスを獲得し、解釈し、理解する資質であり、そしてそのような情報やサービスを高める際に活用する能力」と定義したうえで、それを獲得するという人間像を基盤としながら、八つの共通基準を設けているのである。

　さらに注目しなければならないのは、共通基準に沿ったパフォーマンスの指標（Performance Indicators）が示されていることである。これは共通基準とは次元が異なり、ゴールである共通基準を行動目標で具現化したものである。児童生徒が学習したうえで行うことのできるパフォーマンスを、就学前・幼稚園から2年生、3年生から5年生、6年生から8年生、9年生から12年生の四つの学年段階で明示している。例えば、「基準2：児童生徒は、家族、仲間、文化、メディア、テクノロジーあるいはその他といった健康行動にかかわる要因の影響を分析する」の6年生から8年生では次のようになる。

2.8.1　家族がいかに思春期の健康に影響するかを調べる。
2.8.2　健康信念、健康習慣、健康行動にかかわる文化の影響を述べる。
2.8.3　健康行動と不健康な行動にいかに友人が影響するかを述べる。
2.8.4　学校と地域がいかに個人の健康習慣と健康行動に作用するかを分析する。
2.8.5　メディアからのメッセージがいかに健康行動に影響するかを分析する。
2.8.6　個人の健康と家族の健康に関するテクノロジーの影響を分析する。
2.8.7　規範の認知がいかに健康行動と不健康な行動に影響するかを説明する。
2.8.8　その人の健康習慣と健康行動に関する個人的価値観と信念の影響を説明する。
2.8.9　ある健康に危険な行動がいかに不健康な行動につながるかの可能性を述べる。
2.8.10　学校の健康政策と公衆衛生政策がいかに健康増進と病気予防に影響するかを調べる。

　NHES では、このような過程で健康リテラシーへの焦点化をはかり、その達成を子どもたちの生きて働く力へと転化しようとしているとまとめることができる。

３．評価に着目したカリキュラム設計

　２．に示したパフォーマンスの指標は、共通基準とは次元が異なり、共通基準を具現化したものと述べたが、これは、逆に、示されたパフォーマンスをできることが共通基準に達したことになる、あるいはこれらパフォーマンスの指標が、共通基準に達したことの根拠となるという点で重要である。それによって、評価に着目しながらカリキュラムを設計開発していくことが可能となるからである。これは日本で「逆向き設計」論として紹介されている過程[7] に通ずるものであり、実際に NHES においてもその元となる著書[8] が引用されている。第１段階：求められている結果を明確にする（共通基準）→第２段階：承認できる証拠を決定する（パフォーマンスの指標）→第３段階：カリキュラムと授業を計画する、という過程である。米国疾病予防管理センターは、NHES に沿いながら、そのカリキュラムを評価する Health Education Curriculum Analysis Tool（HECAT）[9] を作成している。ただし、このようなパフォーマンスを達成するための学習計画や実際の授業については特に紹介されておらず、今後の展開が期待される。

４．多様な学習機会の提供と指導者の検討

　その他、欧米の健康教育の動向を筆者の調査と聞き取り[10][11] からまとめておきたい。まず無視できないことは、授業以外での、特にネットを使っての若者向けの健康を学習する機会が多様に提供されてきていることである。例えば、カナダ・ブリティッシュコロンビアがん協会は、がん予防の健康教育プログラムを小学生・中学生・高校生向けに WEB サイトによって提供しており、子どもたちは質問に答えながら知識を増やすとともに自分の生活を振り返り評価できるよう工夫がなされている。

　その一方で、事実や体験を大事にした健康教育の展開も忘れてはならない。スウェーデン・ウプサラ県では、「健康冒険プロジェクト」と呼ばれる健康教育が実施されている。これは訓練を受けた健康教育士の資格を有する健康局のインストラクターが、学校ではなく、街中に用意された健康教育教室で授業を行うものである。ここでは、体験的な学習を通して、知識（事実）の習得と楽しさの両立を目指した授業が行われている。例えば、１年間に１日１箱喫煙するとどれだけになるか、そのときタールはどれくらい蓄積するか、そしてお金はどれだけ使うかといった事実を示す教材、私たちの体はどのような骨で形成されているかをインストラクターと模型を作製しながら学ぶ教材などである。

　また、学校における健康教育の指導者に関して、例えばウプサラ県の例では、訓練を受けた健康教育士が、学校とは別の場所で（実際には学校から子どもたちがその時間に健康教育を受けに行く）指導を行っている。スウェーデン性教育協会では、これまで教師に対して現職教育を熱心に行ってきたが、現在は若者を中心とした指導者を独自に養成し、その指導者が学校に出向いて授業をすることに方向転換がなされてきている。これらには、教師が健康、特に性に関することへの指導に消極的であること、そしてそのほうが費用対効果が高いという背景がある。

　一方、英国（イングランド）では PSHE を推進する非営利団体が国から援助も受けながら、教師の指導力向上のための現職教育を進めている。カナダの DASH（The Directorate of Agencies for School

Health）も同様の取り組みを進めている。このような教師の能力開発とともに、他の指導者の協力を積極的に取り入れながら、また多様な非営利団体が国や州との協力をはかりながら、より効果性の高い健康教育を推進しようとしている点も指摘できる。

（植田誠治）

●参考文献

1）山根徹夫：アメリカの学校教育と児童生徒の資質・能力、国立教育政策研究所『諸外国における学校教育と児童生徒の資質・能力』、国立教育政策研究所、2007、p. 13

2）Joint Committee on National Health Education Standards：National Health Education Standards（2nd ed.）– Achieving Excellence. American Cancer Society, 2007

3）L. Kann, S. Telljohann, H. Hunt, et al. ：Health Education：Results from the School Health Policies and Practices Study 2012. U.S. Department of Health and Human Services Centers for Disease Control and Prevention, 2013, p. 21

4）R. J. Marzano and J. S. Kendall：A comprehensive guide to designing standards – based districts, schools, and classrooms. Association for Supervision and Curriculum Development, 1996, p. 33

5）植田誠治：アメリカ最新「保健体育」情報トピック、体育科教育 64(2)、大修館書店、2016、p. 56

6）植田誠治：イギリスの保健教育、国立教育政策研究所『保健のカリキュラム改善に関する研究―諸外国の動向―』、国立教育政策研究所、2004、pp. 36〜42

7）G．ウィギンズ、J．マクタイ著（西岡加名恵訳）：理解をもたらすカリキュラム設計―「逆向き設計」の理論と方法、日本標準、2012

8）G．Wiggins and J. McTighe：Understanding by Design Expanded 2nd Edition, Association for Supervision and Curriculum Development. Association for Supervision and Curriculum Development, 2005

9）CDC：Health Education Curriculum Analysis Tool（HECAT）, 2012, http://www.cdc.gov/healthyyouth/hecat/（2015.9.22）

10）植田誠治（研究代表者）：厚生労働省科学研究費補助金（がん臨床研究事業）学校健康教育におけるがんについての教育プログラムの開発研究、平成24年度　総括・分担研究年度終了報告書、厚生労働省、2013

11）植田誠治（研究代表者）：厚生労働省科学研究費補助金（がん臨床研究事業）学校健康教育におけるがんについての教育プログラムの開発研究、平成25年度　総括・分担研究年度終了報告書、厚生労働省、2014

あとがきに寄せて

　子どもが自分のからだの悲惨さを知らないことが悲惨さを二重にしている。教師がそのことを知らないことが、悲惨さを三重にしている。(佐々木賢太郎)

　このような思いを背景に、「すべての教師に保健学的素養を」という発想から、「教職必修としての学校保健」の取り組みに筆者が参加したのは昭和40年代である。それから約半世紀、この思いは、すべての教師がもつべき学校保健学的素養（リテラシー）を「教育保健学」と考え、そのあり方の究明を試みた本書の執筆者にも通底しているのではなかろうか。

　本書の「Ⅰ　教育保健の理念と方法」や「Ⅴ　教育保健の歴史と教育保健学の今後」で述べられているように、「教育保健は同じ対象を保健と教育の両視点でとらえてそのあり方を考える」という立場から、教育保健学の研究と対象と方法について、①学齢期の子どもを取りまく様々な保健的現実とそれを踏まえた学校保健活動について教育学的照射をすることで、課題の解明や解決を図る方向と、②様々な学校での教育的現実に対して保健学的照射をすることで、課題の解明と解決を図る方向との二つのアプローチが示されている。

　このうち、本書は、「序」にあるように「子どもの健康を守り育てるとはどういうことか、またそのための学校における保健にかかわるさまざまな活動を教育の一環として展開するにはどうすればよいのかについて、（中略）そのあり方を提起したもの」であり、①の方向から、「従来、学校保健と呼んできた事柄を教育の内実が伴ったものでなければならないと考え」、「教育としての学校保健」というアプローチから研究・実践とその成果物を具体的に示したものということができる。

　問いの立て方で答えは変わる。「教育学的に子どもの健康課題を見つめる」ことと、「保健学的に子どもの教育課題を見つめる」こととでは、どこがどう違うのか？　「発刊に寄せて」で森が指摘するように、教育保健学が「教職科目」である教育社会学や教育心理学と横並びを目指すならば、「教育保健学は、教育を保健学の理論や手法を用いて分析することを目的とする」ことになる。たとえば、「保健と教育の両視点でとらえてそのあり方を考える」ための典型のような「保健室登校」という教育的現実を、保健学の視点から分析し、「教育をティーチングだけでなく、ケアリング、ヒーリング（癒し）をも含みこんだ概念として再定義（佐藤学）」することで、教育再生の可能性の方向と道すじが見えてくる。このように、②の方向から、今日の子どもの教育課題に対する保健学的対応のあり方について、エビデンスに基づく研究と実践をどう具体化していくのかは、日本教育保健学会の今後に残された大きな課題と思われる。

　おわりに、教育保健学の創出を目指して取り組まれた執筆者に謝するとともに、本書が、学校保健を教育の視点から見直すとともに、学校教育や「学校文化」を保健学の視点から見直す契機となり、新たな視角をもつ素晴らしい実践と理論を生み出し、教育保健学のさらなる発展の出発点となることを期待したい。

宇都宮大学・新潟医療福祉大学名誉教授

和唐　正勝

教師のための教育保健学

子どもの健康を守り育てる実践と理論

2016年4月27日　初版第1刷発行

日本教育保健学会編
日本教育保健学会出版企画プロジェクト

発 行 者　　三好　信久
発 行 所　　株式会社 東山書房
　　　　　　〒604-8454　京都市中京区西ノ京小堀池町8-2
　　　　　　TEL：075-841-9278　FAX 075-822-0826
　　　　　　URL：http://www.higashiyama.co.jp/

印　　刷　　創栄図書印刷 株式会社

©2016　日本教育保健学会　　　　Printed in Japan　ISBN 978-4-8278-1547-4
定価はカバーに表示してあります